독자의 1초를
아껴주는 정성을
만나보세요!

세상이 아무리 바쁘게 돌아가더라도 책까지 아무렇게나 빨리 만들 수는 없습니다.

인스턴트 식품 같은 책보다 오래 익힌 술이나 장맛이 밴 책을 만들고 싶습니다.

땀 흘리며 일하는 당신을 위해 한 권 한 권 마음을 다해 만들겠습니다.

마지막 페이지에서 만날 새로운 당신을 위해 더 나은 길을 준비하겠습니다.

길벗 IT 도서 열람 서비스

도서 일부 또는 전체 콘텐츠를 확인하고 읽어볼 수 있습니다.
길벗만의 차별화된 독자 서비스를 만나보세요.

더북(TheBook) ▶ https://thebook.io

더북은 (주)도서출판 길벗에서 제공하는 IT 도서 열람 서비스입니다.

쉽게 따라 만드는 파이썬 주식 자동매매 시스템

PYTHON AUTO TRADING SYSTEM

초판 발행 · 2021년 10월 14일
초판 4쇄 발행 · 2023년 7월 20일

지은이 · 박준성
발행인 · 이종원
발행처 · (주)도서출판 길벗
출판사 등록일 · 1990년 12월 24일
주소 · 서울시 마포구 월드컵로 10길 56(서교동)
대표 전화 · 02)332-0931 | **팩스** · 02)323-0586
홈페이지 · www.gilbut.co.kr | **이메일** · gilbut@gilbut.co.kr

기획 및 책임편집 · 이원휘(wh@gilbut.co.kr) | **디자인** · 박상희 | **제작** · 이준호, 손일순, 이진혁, 김우식
영업마케팅 · 임태호, 전선하, 차명환, 박민영, 지운집, 박성용 | **영업관리** · 김명자 | **독자지원** · 윤정아, 최희창

교정교열 · 김윤지 | **전산편집** · 박진희 | **출력 및 인쇄** · 금강인쇄 | **제본** · 금강제본

ISBN 979-11-6521-716-7 93000

(길벗 도서번호 080298)

정가 28,000원

독자의 1초를 아껴주는 정성 길벗출판사

(주)도서출판 길벗 | IT교육서, IT단행본, 경제경영서, 어학&실용서, 인문교양서, 자녀교육서 www.gilbut.co.kr
길벗스쿨 | 국어학습, 수학학습, 어린이교양, 주니어 어학학습, 학습단행본 www.gilbutschool.co.kr

페이스북 · www.facebook.com/gbitbook
예제 소스 · https://github.com/gilbutITbook/080298

쉽게 따라 만드는

파이썬
주식
자동매매
시스템

박준성 지음

길벗

다음 숫자는 무엇을 의미할까요?

20 + 1 + 2 + 3 + 1 + 6 = ?

이 숫자를 모두 더하면 33입니다. 이 숫자에는 대한민국 평범한 1992년생 남자의 삶이 담겨 있습니다. 20살에 대학에 입학하여 대학 생활 1년을 쏜살같이 보내고 군대로 사라져 2년 동안 복무한 후 다시 대학교로 돌아와 3년을 보냅니다. 중간에 사정이 생겨 휴학과 취업 준비 1년을 거쳐 드디어 취직에 성공해서 사회로 나가 한 달에 150만 원씩 매달 꼬박꼬박 6년을 모아야 33살에 1억 원이란 돈이 생깁니다.

이 계산의 주인공인 필자는 이제 30살이고 1992년생입니다. 이대로라면 필자는 앞으로 3년을 더 모아야 1억 원이라는 돈을 손에 쥘 수 있지만 현금 가치는 계속해서 하락하고 있습니다. 그 와중에 서울의 아파트 중위 가격이 10억 원을 넘어선 지금, 3년 후 1억 원의 가치는 얼마나 더 떨어져 있을지 잘 모르겠습니다.

중·고등학생, 대학생 시절 최고 성적은 아니었지만 나름 고민과 노력으로 살아온 필자 인생은 서른 중반이 되어서도 내 집 하나 구하기 어려운 상황에 놓여 있다는 계산이 됩니다. 그러다 보니 '밤낮으로 열심히 일하는 성실함으로 성공할 수 있는 세상이 아니다'는 생각이 들기도 합니다. 필자가 생각하는 성공이 그리 대단한 것이 아님에도 직장에서 아무리 야근하며 헌신적으로 일해도 평생 내 집 마련이라는 목표 하나 이루기 힘든 세상입니다.

그러면 도대체 무엇을 하며 살아야 할까요? 최근 여러 매체에서 사용하는 말인 '경제적 자유'를 얻으려면 주/부/사(주식, 부동산, 사업)를 해야 한다고 합니다. 하지만 실제로 거주할 작은 방 하나도 부담되는 우리 2030세대에게 부동산 투자란 그리 쉽지 않을 수 있습니다. LTV(Loan To Value)(주택담보대출비율) 70%를 적용해서 대출받는다 하더라도 수중에 1.5억 원은 있어야 중위 가격 5억을 넘는 경기도 아파드를 실 수 있습니다. 또 사업은 본입을 축소하거나 사회생활 시작 후 모아 둔 목돈을 전부 창업 비용으로 사용한다는 점에서 리스크가 있습니다(물론 작은 온라인 사업을 시작할 수도 있기는 합니다만, 누구나 쉽게 시작할 수 있다는 것은 그만큼 경쟁력을 갖추기가 쉽지 않다는 의미입니다).

반면 주식 투자는 시작하기도 편리하며, 소액으로도 충분히 투자할 수 있다는 점에서 큰 인기를 얻고 있습니다. 하지만 주식 투자도 결코 녹록치 않습니다. 내가 샀다 싶으면 최고점이고 이내 하락하는 구간을 견디다가 팔면 오르기를 반복합니다. 행여 타이밍을 놓칠까 걱정되어 집에서나 직장에서나 HTS/MTS에서 눈을 떼지 못하기도 합니다. '그때 샀어야 했는데, 팔았어야 했는데'라고 후회하며 나중에는 내 생각이 맞았는데 시간이 없어 실행하지 못했다고 손실이라도 난 것처럼 안타까워합니다. 그런데 시간이 있었다고 한들 '그때' 주식을 사거나 팔 수 있었을까요? 그 순간에 느끼는 공포와 탐욕이 우리 선택을 방해하기 때문에 생각은 하되 행동하지 못하고 마치 일확천금 기회 같았던 '그때'를 지나고서야 후회하게 됩니다. 바로 여기서 시스템 트레이딩이 도움을 줄 수 있습니다.

정해진 룰에 따라 트레이딩하는 자동매매 시스템은 규칙대로 매매하며, 우리가 섣불리 하지 못하는 행동들을 대신해 줍니다. 또 주식 시장이 열리는 동안 수백에서 수천 가지의 많은 종목이 내가 정한 매수, 매도 조건에 해당하는지 확인하기 때문에 우리 시간을 훨씬 아껴 줄 수 있습니다. 이렇게 나를 대신해서 매매 종목들을 선별하고 조건에 부합하면 사고팔기까지 하는 트레이딩 시스템 개발은 한순간의 일확천금은 아닐지라도 나 대신 주식 시장에서 꾸준히 돈을 벌 수 있는 분신을 만드는 일이라고 생각합니다.

하지만 이 과정 역시 쉬운 일은 아닙니다. 파이썬 프로그래밍을 알아야 하며, 다소 복잡한 증권사 API 사용법도 익혀야 합니다. 하지만 그렇게 공부했다고 해서 끝난 것은 아닙니다.

배운 내용을 바탕으로 트레이딩 가능한 실전 시스템을 만드는 과정이 필요합니다. 이 책은 이 각각의 모든 단계를 최대한 상세히 설명하고 마지막 장에서는 프로젝트 개발까지 다룹니다. 이것으로 여러분이 주식 자동매매의 원리를 익히고 자신만의 전략을 개발하여 경제적 자유에 더 가까워질 수 있길 진심으로 기원합니다.

박준성

책 구성

이 책에서 다루는 내용은 다음과 같습니다.

① 개발 환경 구축 및 파이썬 기초 문법

프로그래밍을 잘 모르는 사람들을 대상으로 개발 환경 구축 및 파이썬 기초 문법을 예제로 자세히 설명합니다.

② 키움증권 API 사용 방법

증권 데이터를 주고받는 기본 원리부터 예수금, 일봉 조회 및 프로그래밍을 이용한 매수 및 매도까지 키움증권 API 사용에 대한 전반적인 내용을 다룹니다.

③ 실전매매 전략 설명

Naver Finance를 이용한 매매 종목 선정 및 유니버스 구성 방법을 설명하고, RSI(2)를 이용한 역추세 전략도 설명합니다.

④ 전략을 구현한 프로젝트

매매 대상 종목을 선별한 유니버스 구성, 매수 · 매도 로직을 바탕으로 실제 자동매매까지 할 수 있는 프로그램을 만드는 프로젝트를 함께 진행합니다.

예시 설명 및 프로젝트 진행에서 사용하는 개발 환경은 다음과 같습니다.

- **운영체제:** Windows 10
- **개발 툴:** PyCharm 2021.1.1, Anaconda 4.10
- **프로그래밍 언어:** Python 3.8
- **증권사 API:** Kiwoom Open API+
- **데이터베이스:** sqlite3

학습 가이드

이 책은 주식 자동매매 프로그램에 관심이 있다면 누구나 (프로그래밍 경험 여부에 상관없이) 만들 수 있도록 돕는 것을 목표로 합니다. 파이썬 기초부터 증권사 API 사용, 실전 프로젝트까지 오랜 시간과 노력을 들여 최대한 자세히 설명하고자 했습니다. 당연히 이 책을 처음부터 끝까지 읽는 것을 권장하지만 물리적으로 정독할 시간이 없거나 빨리 무언가를 만들고 싶은 마음이 크다면 다음과 같이 여러분 선수 지식에 따라 몇몇 내용은 건너뛰어도 좋습니다.

프로그래밍을 처음 배운다면

먼저 프로그래밍을 아예 처음 다룬다면 처음부터 끝까지 순서대로 정독할 것을 권장합니다. 그래서 어느 세월에 다 배울까 싶을 수도 있지만 책에서는 프로젝트를 만드는 데 필요한 최소한의 기초 지식만 다루었습니다. 꼭 필요한 내용 위주로 채웠으므로 한 번쯤 시간을 들여 읽어 보길 바랍니다.

프로그래밍을 배운 적이 있다면

증권사 API를 처음 사용한다면 3장부터 학습하길 권장합니다. 3장에서 API 설치부터 다양한 예시로 어떻게 API를 사용하는지 배울 수 있습니다.

키움증권 API를 사용한 적이 있다면 4장 실전매매 전략부터 읽어도 좋습니다. 또 예제 코드를 내려받아 실행한 후 전체적인 흐름을 살펴보면 더욱 이해가 빠를 것입니다. 최대한 많은 주석을 작성했기 때문에 키움증권 API를 다룰 줄 아는 사람이라면 앞 내용을 읽지 않아도 이해할 수 있을 것이라고 생각합니다. 물론 코드만 보아서 이해되지 않는 부분은 해당 내용을 찾아서 공부할 수도 있습니다.

예제 파일 내려받기

이 책에서 사용하는 예제 코드는 길벗출판사나 지은이의 깃허브 저장소에서 내려받을 수 있습니다. 예제 코드 사용법은 부록 A를 참고하세요.

- **길벗출판사 깃허브**: https://github.com/gilbutITbook/080298
- **지은이 깃허브**: https://github.com/papadaks/SystemTrading

당부의 말

이 책은 프로그래밍 학습 여부에 상관없이 누구나 쉽게 주식 자동매매 시스템을 구축하는 방법을 가르쳐 줍니다. 책을 완독하고 얻을 수 있는 것은 주식 자동매매 시스템 구축 방법입니다. 책이 제공하는 것은 물고기를 잡아 주거나 잘 잡는 방법을 알려 주는 것이 아니라 물고기를 잡는 데 사용하는 좋은 도구를 만드는 방법입니다.

이 책에서 사용하는 전략(RSI(2))이 돈을 많이 벌게 해 주는 만능은 아닙니다. 그럼에도 전략을 사용하는 프로젝트를 진행하는 것은 어떻게 전략을 구성하고 코드로 만들어 실제 매매가 되는지 보여 주기 위해서입니다. 처음에는 당연히 주식 자동매매 시스템을 만드는 것 자체가 어렵지만, 어느 정도 프로그램을 구축한 후에는 매매 전략이 더 중요함을 느끼게 될 것입니다.

당장에 큰 돈을 벌게 하는 전략까지 제공해 줄 것을 기대했다면 실망할 수도 있습니다. 하지만 주식 시장에서 항상 돈을 벌게 하는 절대 수익의 전략은 없다고 생각합니다. 그런 것이 있었다면 미국의 거대 투자 은행, 투자 기관들은 이미 초국가적 자본가가 되었을 것입니다. 따라서 항상 돈을 벌어 주는 절대 전략이라는 신기루를 쫓기보다는 자신만의 논리와 원칙을 바탕으로 지속 가능한 매매 전략을 만드는 것을 목표로 삼길 당부합니다.

그럼 이제 본격적으로 나의 매매 전략을 일관되게 유지해 주는 주식 자동매매 시스템이라는 좋은 도구를 만드는 방법을 알아보겠습니다. 생각보다 긴 여정이 될 수 있지만 당장에 엄청난 것을 만들겠다는 과한 의욕보다는 조금 느릴지라도 천천히 그러나 결국 해내겠다는 마음으로 시작한다면 좋겠습니다.

이 책은 프로그래밍 능력이 뛰어나지 않더라도 책의 커리큘럼을 천천히 따라 하다 보면 어느새 나만의 주식 자동화 시스템을 구축하게 합니다. 코딩이 익숙하지 않은 사람을 위해 꼭 필요한 부분만 포인트로 설명하는 점, 시스템 구축의 A부터 Z까지 세세히 설명하여 전체 과정을 독자에게 온전히 이해시키는 점이 좋았습니다. 특히 후반부에는 실전 적용 가능한 매매 전략을 소개할 뿐 아니라, 나아가 조금만 응용하면 나만의 투자 전략까지 시스템에 녹일 수 있다는 것이 참 매력적으로 느껴졌습니다.

김성윤_플랫폼 서비스 기획자

어느새 주식매매는 직장인의 필수 교양처럼 자리 잡은 것 같습니다. 프로그램으로 주식을 매매할 수 있다고는 알고 있었지만 관련 지식이 없는 직장인 입장에서는 어디서부터 시작해야 할지 막막하기만 했습니다. 이 책의 장점은 복잡하게 머리 쓰지 않고 따라 하기만 하면 기본적인 프로그램 매매를 할 수 있다는 점입니다. 퇴근 후에나 주말에 짬을 내어 책 내용대로 코드를 입력하다 보니 코딩을 전부 이해하지 못하더라도 큰 뇌 부하 없이 프로젝트를 완성할 수 있었습니다. 게다가 이 책을 모두 읽고 나니 좀 더 정교한 프로그램을 만들고 싶다는 생각이 들기도 합니다. 업무에서 엑셀이라는 툴을 활용하듯 투자에서도 유용하게 활용할 수 있는 나만의 툴을 만들었다는 생각에 뿌듯하고, 잠시 잊고 있었던 배움의 즐거움을 다시 느꼈습니다.

양대건_회계사

1^장

개발 환경 구축

1장에서는 트레이딩 시스템 개발에 필요한 툴(tool)을 설치하는 방법을 배우겠습니다. 이미 툴이 설치되었다면 다음 장으로 넘어가도 무방합니다. 툴을 처음 접하는 사람들은 천천히 따라 하면서 설치하되, 이것들이 정확히 무엇인지 완벽히 알아내겠다는 마음보다는 왜 이 툴이 필요하며 대강 어떻게 쓰이는지 인식하는 정도면 충분할 것 같습니다.

1.1 아나콘다 설치

이 책에서 우리가 사용할 프로그래밍 언어는 파이썬(Python)입니다. 파이썬을 사용하여 주식 자동 매매 프로그램을 만드는 데 꼭 필요한 툴들을 하나씩 설치해 보겠습니다. 그 전에 간단한 파이썬 코드를 살펴볼까요?

```
print("Hello World")
```

이는 파이썬을 처음 배울 때 가장 먼저 작성해 보는 코드입니다. 이 코드는 "Hello World"라는 문자를 출력(print)하라는 의미입니다. 그러나 이 코드를 작성했다고 해서 컴퓨터가 "Hello World"를 바로 출력하지는 않습니다. 우리가 작성한 코드를 실행하라는 명령이 컴퓨터에 전달되지 않았기 때문입니다.

이때 파이참(PyCharm)이라는 개발 툴을 사용하여 이 코드를 실행하라는 명령어를 컴퓨터에 전달하고 실행 결과를 확인할 수 있습니다. 물론 파이썬을 실행하는 데 파이참만 사용해야 하는 것은 아닙니다. 다른 툴도 있고 툴 없이 명령어 창에서 실행시킬 수도 있습니다. 그러나 파이참은 단순한 코드 실행 말고도 편리한 개발 환경을 제공합니다. 우리가 만들 트레이딩 시스템을 배(ship)라고 한다면 파이참은 배를 만드는 조선소 작업장이라고 생각할 수 있습니다.

그렇다면 아나콘다(Anaconda)는 무엇일까요? 파이참이 조선소 작업장이라면 아나콘다는 작업에 필요한 공구(장비)를 모아 놓은 상자라고 할 수 있습니다. 한참 파이참을 소개하다가 아나콘다를 이야기하는 이유는 파이참을 설치하는 과정에서 아나콘다와 연동이 필요하기 때문입니다. 파이참과 아나콘다 중 무엇을 먼저 설치하든 상관없지만, 파이참을 설치하다가 잠깐 멈추고 아나콘다를 설치하면 헷갈릴 수도 있으므로 여기서는 아나콘다를 먼저 설치하겠습니다. 사실 설치 순서는 크게 상관없습니다.

앞서 아나콘다를 공구 상자에 비유했습니다. 이것을 조금 더 설명하자면 배를 만들 때 필요한 공구를 공구 상자에 담지 않고 여기저기에서 구하여 만들 수도 있을 것입니다(배를 만들어 본 적은 없지만요). 마찬가지로 파이썬을 개발하는 과정에서도 반드시 아나콘다가 필요한 것은 아닙니다. 다만 파이썬을 이용한 다른 여러 프로그램을 개발할 때 아나콘다가 필요할 테니 미리 설치하고 진행하겠습니다. 그럼 이제 설명을 잠시 멈추고 아나콘다 설치 방법을 알아보겠습니다.

1.1.1 아나콘다 설치하기

1. 공식 사이트(https://www.anaconda.com/distribution)에 접속한 후 **Download**를 누릅니다.

   ❤ 그림 1-1 아나콘다 내려받기 페이지

   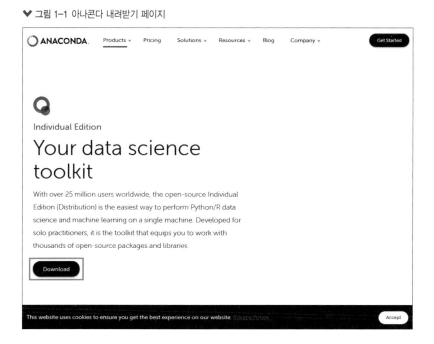

2. Anaconda Installers 화면에서 자신의 운영 체제에 맞는 **Installer**를 선택합니다. 여기서는 Windows를 사용할 것이므로 Windows 아래에 보이는 **32-Bit Graphical Installer**를 클릭합니다.

❤ 그림 1-2 운영 체제 선택 화면

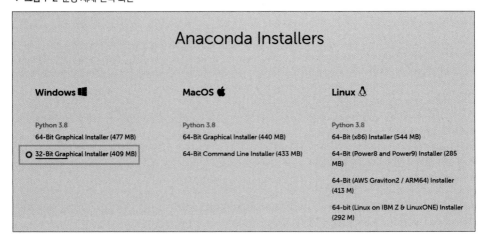

Note ≡ '요즘은 대부분 64–Bit 컴퓨터를 사용하는데 왜 32–Bit를 설치하지?' 하고 의문스러울 수도 있지만, 설치 후 환경 설정을 좀 더 편리하게 하려는 것이니 일단 32–Bit를 설치해 주세요. 조금 더 설명하자면 키움증권 API를 이용하려면 파이썬 32–Bit를 설치해야 합니다(파이썬도 32–Bit, 64–Bit 구분이 있습니다). 물론 파이썬과 상관없이 아나콘다는 64–Bit를 설치한 후 아나콘다 내에서 파이썬 32–Bit로 사용하도록 설정하면 되지만 진행 과정에 혼란이 없도록 똑같이 32–Bit를 설치하겠습니다.

3. 이제 내려받은 실행 파일을 더블클릭하여 실행하고, 아나콘다 설치 화면이 나오면 Next를 누릅니다.

❤ 그림 1-3 아나콘다 설치 화면

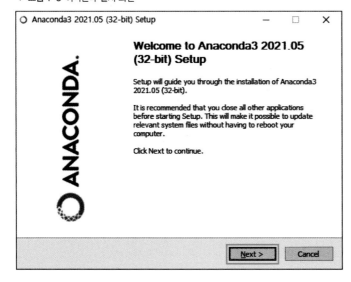

4. 라이선스 동의 화면이 나오면 I Agree를 누릅니다.

▼ 그림 1-4 라이선스 동의 화면

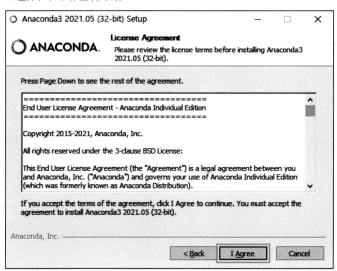

5. 설치 타입을 묻는 화면이 나오면 Just Me를 선택하고 Next를 누릅니다.

▼ 그림 1-5 설치 종류 선택 화면

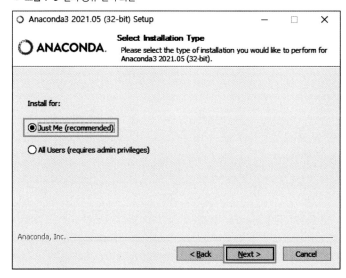

6. 설치할 위치를 선택하는 화면이 나오면 원하는 폴더를 선택하고 Next를 누릅니다.

❤ 그림 1-6 설치 위치 선택 화면

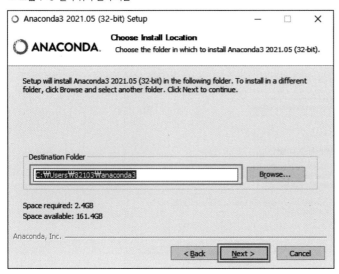

7. 설치 옵션을 선택하는 화면이 나오면 두 옵션을 모두 선택하고 Install을 누릅니다.

❤ 그림 1-7 설치 옵션 선택 화면

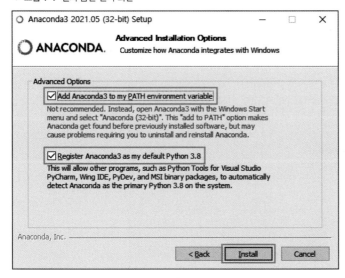

- Add Anaconda3 to my PATH environment variable: 이것은 컴퓨터가 아나콘다를 쉽게 찾아 쓸 수 있게 도와주는 옵션이라고 볼 수 있는데, 파이썬이 이미 설치되어 있다면 체크하지 않는 것을 권장합니다.

- **Register Anaconda3 as my default Python 3.8**: 이 옵션은 다양한 파이썬 버전 중 기본 설정을 3.8 버전으로 한다는 의미입니다.

8. 설치 완료 화면이 나오면 Next를 누릅니다.

▼ 그림 1-8 설치 완료 화면 1

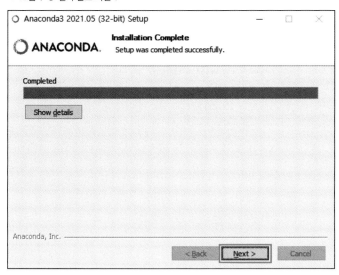

9. 한 번 더 Next를 누릅니다.

▼ 그림 1-9 설치 완료 화면 2

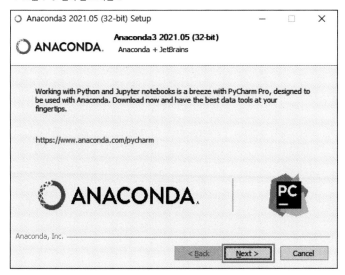

10. 다음과 같이 튜토리얼을 제공받고 아나콘다를 바로 실행하겠냐고 묻는 화면이 나오면 체크 박스를 모두 체크 해제하고 Finish를 누릅니다.

▼ 그림 1-10 설치 완료 화면 3

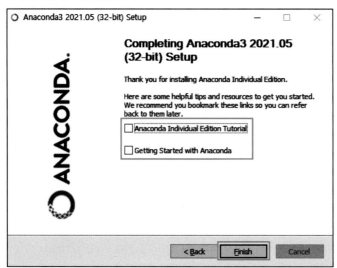

11. 설치가 완료되면 **시작** 메뉴에서 Anaconda Prompt (Anaconda3)를 찾아 실행합니다.

▼ 그림 1-11 Anaconda Prompt (Anaconda3) 실행

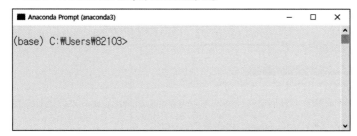

12. 다음과 같이 Anaconda Prompt에서 conda --version을 입력하고 Enter를 누릅니다.

▼ 그림 1-12 아나콘다 설치 확인

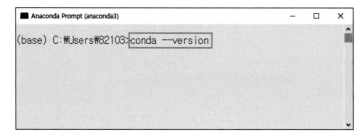

13. 설치가 제대로 되었다면 아나콘다 버전이 출력됩니다.

❤ 그림 1-13 아나콘다 버전 확인

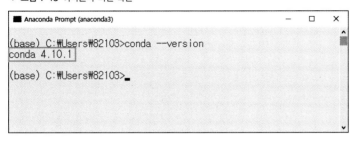

Note ≡ 화면에 출력된 버전(4.10.1)은 여러분이 아나콘다를 설치한 시점에 따라 다를 수 있습니다.

1.1.2 아나콘다 가상 환경 설정하기

파이썬 버전은 다양합니다. 그리고 이에 맞게 제작된 패키지(파이썬 개발을 도와주는 것들이라고 생각하면 됨)들이 있는데, 파이썬 버전이 바뀌면 사용하지 못할 수도 있습니다. 같은 패키지라도 파이썬 버전에 따라 사용 가능 여부가 달라집니다. 특정 패키지를 사용할 수 없는 파이썬 버전이 컴퓨터에 설치되어 있다면 에러가 발생합니다. 그때마다 파이썬 버전을 계속 바꾸어 설치하기보다 아나콘다를 이용하여 가상 환경을 만들어 그 환경 안에서는 지정된 버전의 패키지만 사용하도록 설정할 수 있습니다. 책에서도 가상 환경을 만들어 그 안에 필요한 여러 패키지를 설치해서 진행할 예정입니다.

1. 새로운 가상 환경을 만드려면 먼저 Anaconda Prompt 창을 열어 **conda create −n system_trading_py38_32 python=3.8**을 입력한 후 Enter를 누릅니다.

❤ 그림 1-14 가상 환경 생성

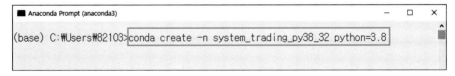

Note ≡ 이 명령어는 Python 3.8 버전의 system_trading_py38_32라는 이름으로 새로운 가상 환경을 만듭니다. 여기서 38은 Python 3.8 버전이라는 의미고, 32는 Python 32-Bit를 의미합니다. 다른 이름을 사용해도 상관없지만 책에서는 이 이름을 계속 사용하므로 그대로 사용하길 권장합니다.

2. 앞의 명령어를 입력하면 가상 환경이 설치되다 Proceed ([y]/n)?라는 문구와 함께 설치가 잠시 멈추는데, 이때 y를 입력하고 Enter 를 누릅니다.

▼ 그림 1-15 가상 환경 설치

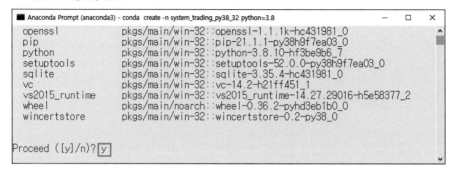

3. 우리가 만든 system_trading_py38_32라는 가상 환경이 제대로 설치되었는지 확인하고자 conda env list를 입력한 후 Enter 를 누릅니다.

▼ 그림 1-16 가상 환경 설치 확인

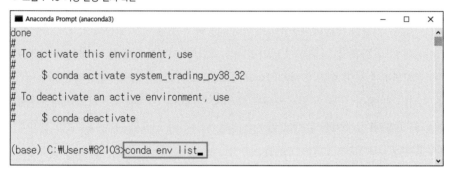

4. 명령어를 실행하면 설치된 가상 환경 목록이 출력되는데, 다음과 같이 system_trading_py38_32가 보이면 제대로 설치된 것입니다.

▼ 그림 1-17 가상 환경 설치 결과

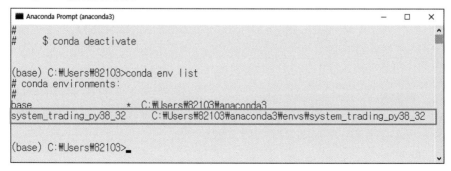

1.2 / 파이참 설치

그럼 이제 파이참(PyCharm) 설치 방법을 알아보겠습니다.

1.2.1 파이참 설치하기

1. 공식 사이트(https://www.jetbrains.com/pycharm)에 접속한 후 **다운로드**를 누릅니다.

▼ 그림 1-18 파이참 내려받기 페이지

2. 다운로드 PyCharm 화면이 나오면 여러분이 사용하는 운영 체제를 선택한 후 Community 버전의 **다운로드**를 누릅니다.

❤ 그림 1-19 운영 체제와 설치 버전 선택

3. 내려받은 실행 파일을 클릭하여 다음 화면이 나오면 Next를 누릅니다.

❤ 그림 1-20 파이참 설치 화면

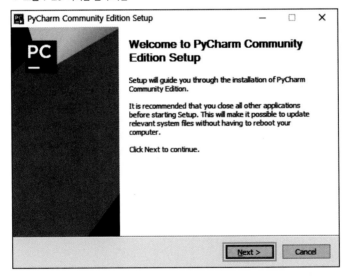

4. 설치 경로를 설정하는 화면이 나오면 Next를 눌러 기본 경로에 설치합니다.

❤ 그림 1-21 설치 경로 선택

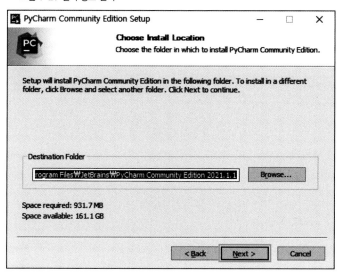

5. 설치 옵션을 설정하는 화면이 나오면 다음과 같이 64-bit launcher, Add launchers dir to the PATH, .py에 체크하고 Next를 누릅니다.

❤ 그림 1-22 설치 옵션 선택

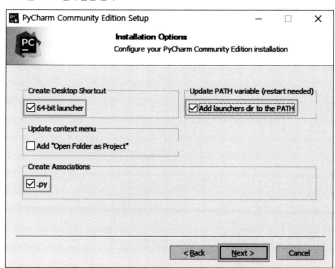

- **64-bit launcher**: 이 항목은 파이참의 바로가기 아이콘을 바탕화면에 만들 것인지 의미합니다.

- **Add launchers dir to the PATH**: 이 항목은 간단히 파이참 실행에 필요한 정보들을 쉽게 사용할 수 있게 하는 옵션입니다.

- **Add "Open Folder as Project"**: 이 항목은 폴더들을 파이썬 프로젝트로 간주하고 확인하는 옵션입니다. 여기서는 직접 프로젝트를 만들거나 미리 만들어진 프로젝트를 제공하므로 선택하지 않았습니다.

- **.py**: .py는 파이썬의 파일 확장자입니다. .py 항목을 선택하면 .py 파일을 열고자 할 때 자동으로 파이참에서 실행됩니다.

Note ☰ 파이썬은 32-Bit로 설치했는데 파이참은 64-Bit로 설치해도 될까요? 파이참 비트(bit)는 파이썬 비트보다 같거나 크면 됩니다. 비트란 데이터 처리 단위이며, 파이참의 사용 가능한 비트는 64인데, 파이썬이 32이면 데이터 처리 단위가 더 적어 여유가 생길 뿐 처리 자체에 문제가 되지는 않습니다.

6. 시작 메뉴에 만들 폴더 이름을 선택하는 화면이 나오면 기본으로 입력된 JetBrains를 그대로 두고 Install을 누릅니다.

▼ 그림 1-23 시작 메뉴 폴더 선택

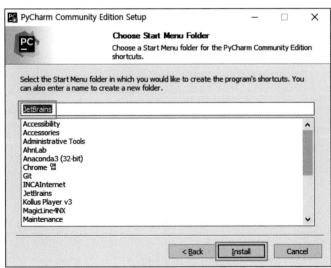

7. 설치가 완료되었다는 화면이 나오면 I want to manually reboot later를 선택하고 Finish를 누릅니다.

▼ 그림 1-24 설치 완료 및 재부팅 여부 선택

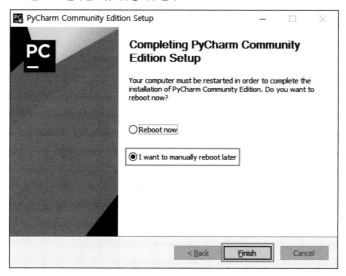

8. 설치가 완료되면 바탕화면에 생성된 JetBrains PyCharm Community Edition 20XX.X.X x64 파일을 더블클릭하여 실행합니다.

▼ 그림 1-25 파이참 실행

Note ≡ 파이참을 사용한 적이 있다면 기존에 사용하던 설정을 불러올지 묻는 창이 뜹니다. 이 책에서는 여러분이 파이참을 처음 설치한다고 가정했으므로 Do not import settings를 선택하고 OK를 누릅니다.

▼ 그림 1-26 파이참 설정 불러오기 화면

9. 파이참 개발사인 JetBrains의 이용 약관 화면이 나오면 I confirm that I have read and accept the terms of this User Agreement에 체크하고 Continue를 누릅니다.

▼ 그림 1-27 라이선스 동의 화면

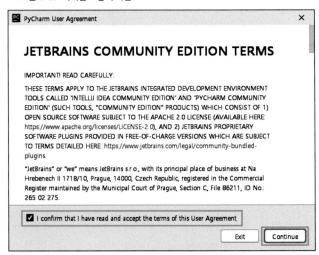

10. 파이참을 사용하면서 문제가 발생할 때 개발사인 JetBrains로 데이터를 제공할지 묻는 Data Sharing 화면이 나옵니다. 여기서는 데이터를 제공하지 않는 옵션인 Don't Send를 눌렀습니다.

▼ 그림 1-28 데이터 공유 여부 선택

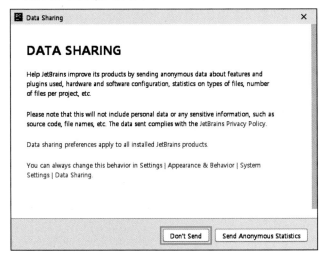

11. 파이참을 처음 실행하면 왼쪽에 보이는 **Customize** 탭에서 Color theme와 IDE font를 변경하여 파이참의 테마 및 폰트 크기 등을 조절할 수 있습니다.

▼ 그림 1-29 파이참 테마 및 폰트 변경

Note ≡ 테마와 폰트를 꼭 변경해야 하는 것은 아니지만 이 책에서는 테마를 'IntelliJ Light'로 변경했고 IDE 폰트를 '16'으로 설정했습니다.

1.2.2 새 프로젝트 만들기

드디어 파이참 프로젝트를 시작합니다. 여기서 프로젝트란 우리가 트레이딩 시스템을 만드는 작업 공간이라고 생각하면 됩니다.

1. 파이참 화면의 왼쪽 탭에서 **Projects**를 선택한 후 **New Project**를 클릭합니다.

▼ 그림 1-30 새 프로젝트 생성

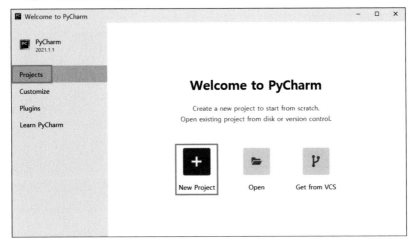

2. New Project 화면이 나오면 Location에 보이는 pythonProject를 우리가 사용할 프로젝트 이름인 **SystemTrading**으로 고치겠습니다.

▼ 그림 1-31 프로젝트명 설정

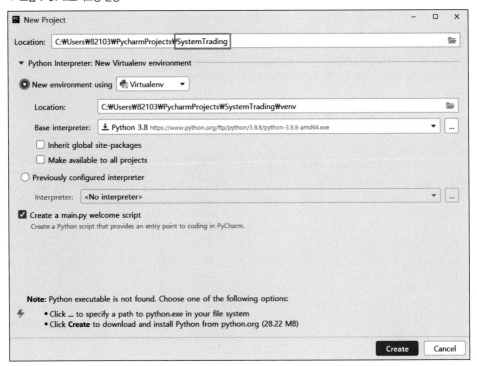

3. 이어서 이전에 만든 아나콘다 가상 환경(system_trading_py38_32)과 방금 만든 프로젝트 (SystemTrading)를 연결하는 작업이 필요합니다. 프로젝트(작업장)를 만들었으니 필요한 공구함(Anaconda 가상 환경)을 연결하는 과정이라고 생각하면 좋겠습니다. 아래쪽에 보이는 **Previously configured interpreter**를 선택한 후 오른쪽 끝에 보이는 **더 보기(...)**를 클릭합니다.

▼ 그림 1-32 아나콘다 가상 환경과 프로젝트 연결 1

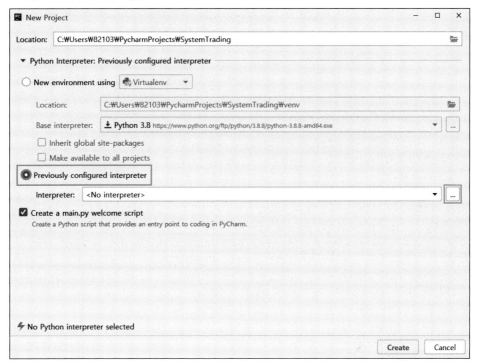

4. Add Python Interpreter 화면에서 **Conda Environment**를 클릭하면 사용 가능한 아나콘다 가상 환경이 선택됩니다. Interpreter에 설정된 경로 뒷부분이 '₩system_trading_py38_32₩python.exe'로 잘 설정되었는지 확인한 후 **OK**를 누릅니다.

▼ 그림 1-33 아나콘다 가상 환경과 프로젝트 연결 2

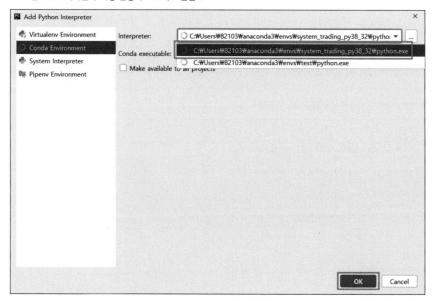

Note ≡ 가상 환경이 하나라면 이미 만든 system_trading_py38_32가 자동으로 선택되지만 가상 환경이 두 개 이상이라면 오른쪽 드롭다운 버튼을 클릭하여 system_trading_py38_32를 선택합니다.

5. 다시 New Project 화면이 나오면 **Create**를 누릅니다.

▼ 그림 1-34 프로젝트 생성 완료

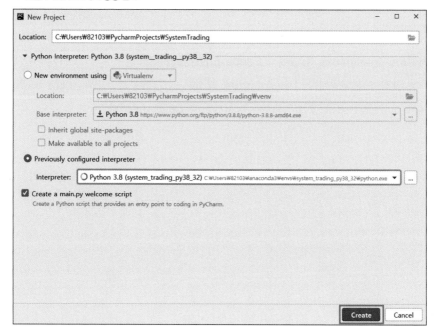

6. 드디어 코딩을 시작할 수 있는 프로젝트 화면이 나옵니다.

▼ 그림 1-35 프로젝트 시작 화면

이것으로 아나콘다 가상 환경 구성, 파이참 설치 및 아나콘다 연동을 마쳤습니다. 여기까지 고생하셨습니다. 이제 트레이딩 시스템을 만드는 파이썬 기초를 알아볼까요?

2^장

파이썬 기초

이제 개발 환경 준비를 마쳤으니 파이썬 기초 문법을 배워 보겠습니다. 예시를 최대한 많이 활용하여 이해를 도울 예정이므로 가벼운 마음으로 천천히 시작해 보세요.

2.1 / Hello World 출력하기

본격적으로 파이참 사용법을 익히기 전에 앞서 생성한 파이참 프로젝트 화면을 다시 한 번 살펴보겠습니다.

▼ 그림 2-1 파이참 프로젝트 시작 화면

파이참 화면은 크게 왼쪽 영역과 오른쪽 영역으로 구분할 수 있습니다.

▼ 그림 2-2 파이참 화면 구분

왼쪽 영역에는 현재 개발 중인 프로젝트의 폴더와 파일이 보입니다. 현재는 그림 1-34에서 자동으로 선택된 'Create a main.py welcome script' 옵션으로 생성한 main.py 파일만 있지만 앞으로 만들 폴더와 파일은 모두 이 영역에서 확인할 수 있습니다. 오른쪽은 실제 프로그래밍을 수행하는 영역입니다.

이해를 돕고자 프로젝트에 파일을 하나 만들어 보겠습니다. 파이참 왼쪽 영역의 빈 곳에서 마우스 오른쪽 버튼을 누르고 New 〉 Python File을 순서대로 선택합니다.

▼ 그림 2-3 파이썬 파일 생성

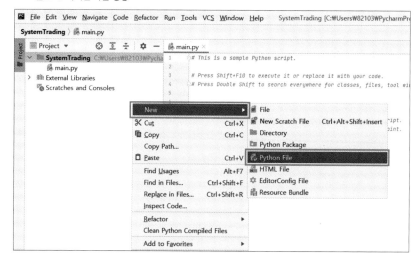

파일명을 입력하는 창이 뜨면 **test**를 입력하고 Enter 를 누릅니다.

▼ 그림 2-4 파이썬 파일명 지정

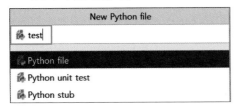

그러면 test.py 파일이 왼쪽 프로젝트 영역에 생성된 것을 확인할 수 있습니다. test.py처럼 확장자가 .py인 파일은 파이썬 코드들을 담은 파일이며, 파이참에서 실행할 수 있는 프로그램 단위라고 이해하면 좋습니다.

▼ 그림 2-5 파이썬 파일 생성 결과

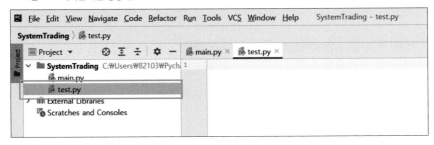

이제 test.py 파일에 코드를 작성해 보겠습니다. test.py 파일을 생성한 직후 아무것도 하지 않아도 오른쪽 영역에 코드를 작성할 수 있는 창이 활성화됩니다.

이제 코드를 입력해 보겠습니다. 오른쪽 영역에 print("Hello World")라고 코드를 작성해 보세요.

▼ 그림 2-6 Hello World 출력

여기서 print()란 사용자 편의성을 고려하여 미리 만들어 놓은 기능이라고 생각하면 됩니다. 이 print() 괄호 안에 값을 전달하면 그 값이 화면에 출력됩니다.

이제 이 코드를 실행해 보겠습니다. 이 코드를 실행하려면 오른쪽 영역 빈 곳에서 마우스 오른쪽 버튼을 누르고 **Run 'test'**를 선택합니다. 파일명을 다르게 작성했다면 'test' 부분에 작성한 파일명이 나타납니다.

▼ 그림 2-7 파이썬 파일 실행

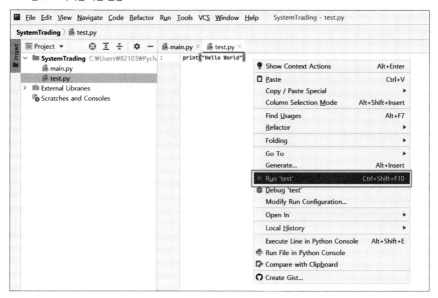

Note ≡ Ctrl + Shift + F10을 누르거나 파이참 화면 오른쪽 위에 보이는 초록색 삼각형 모양 버튼을 클릭해도 파일을 실행할 수 있습니다.

파일이 실행되면 파이참 아래쪽에 다음 창이 생성되면서 우리가 입력한 "Hello World"가 출력됩니다. 이렇게 문자가 나오는 영역을 앞으로 단순하게 '출력부'라고 표현하겠습니다.

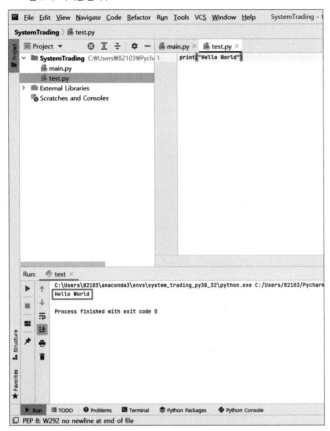

다른 문자를 출력하고 싶다면 코드에 입력했던 Hello World 대신 다른 문자를 입력합니다. 다만 다음과 같이 양쪽에 큰따옴표는 유지해야 합니다.

```
print("안녕세상")
```

test.py를 만들 때와 같은 방법으로 test2.py 파일을 만들고, 다음과 같이 코드를 입력합니다.

```
print("Hi World")
```

이 파일을 실행하면 다음 결과가 나옵니다.

▼ 그림 2-9 Hi World 출력

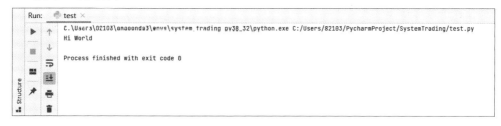

즉, 현재 활성화된 창인 test2.py 파일을 실행하면 test2.py 결과가 출력됩니다. 이와 같이 파일을 여러 개 만든 경우 왼쪽 프로젝트 영역이나 오른쪽 영역 위에서 현재 활성화된 창이 어떤 파일인지 확인할 수 있습니다.

▼ 그림 2-10 여러 파일 중 활성화된 파일 확인

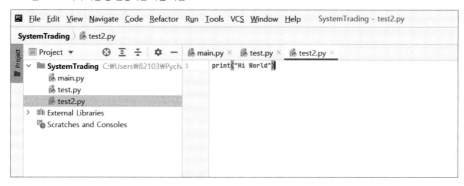

지금까지 우리는 파이참을 이용하여 Hello World 문자를 출력하는 코드를 작성했습니다. 여기서 알 수 있는 사실은 다음과 같습니다.

❶ 코드를 작성한 후 파이썬 파일을 실행시켜야 결과를 확인할 수 있습니다.

❷ 코드는 하나의 파일 단위로 실행됩니다. test.py 파일을 실행하면 test.py의 코드가 동작하며, test2.py 파일은 실행되지 않습니다.

2.2 변수

앞서 print("Hello World") 코드를 실행시켜 결과를 출력해 보았습니다. 같은 코드를 다섯 번 수
행하려면 어떻게 해야 할까요? 같은 코드를 네 번 더 입력하면 되겠죠?

```
print("Hello World")
print("Hello World")
print("Hello World")
print("Hello World")
print("Hello World")
```

그런데 다음과 같이 할 수도 있습니다.

```
var = "Hello World"
print(var)
print(var)
print(var)
print(var)
print(var)
```

이 코드에서는 "Hello World"를 여러 번 타이핑하지 않고 var라는 곳에 저장해 두었다가 사용했
습니다. 이때 var를 **변수**라고 하며, 이처럼 변수에는 값을 저장해 두고 사용할 수 있습니다. 예를
들어 "x는 10이다."라는 방정식처럼 파이썬에서도 변수에 값을 저장하여 다음 코드처럼 사용할
수 있습니다. 그러면 변수를 사용하는 방법을 하나씩 살펴보겠습니다.

❤ 그림 2-11 변수 사용법

```
var = "Hello World"
```
변수명 등호　　　변수 값

먼저 왼쪽에 변수명을 만듭니다. 그다음으로 등호(=)가 등장합니다. 등호 역할은 오른쪽 변수 값
을 왼쪽 변수에 저장합니다. 이렇게 변수를 만들고 변수 값을 할당하는 과정을 '변수를 **선언**한다'
고 합니다.

변수명은 마음대로 만들 수 있지만 보통은 다음 규칙이 있습니다.

❶ 영어 대·소문자, 한글, 숫자를 사용하여 변수명을 지을 수 있지만 특수 문자(!@#$%^&*) 중에서는 언더스코어(_)만 사용하는 편입니다.

❷ 숫자만 사용해서는 변수명을 짓지 않습니다.

이 책에서는 다음 규칙대로 변수명을 만들겠습니다.

❶ 영어 소문자만 사용하겠습니다.

❷ 다음과 같이 의미가 구분되어야 하는 변수는 언더스코어(_)로 구분하겠습니다.

sample_data = 100

그럼 이제 변수를 사용하여 코딩해 보겠습니다. 예를 들어 금일 삼성전자 주식의 시가는 6만 원, 저가는 5만 9000원, 고가는 6만 4000원, 종가는 6만 2000원이라고 하겠습니다. 이를 다음과 같이 코드로 나타낼 수 있습니다. 이 코드를 test.py 파일에 작성합니다(앞서 작성한 코드는 삭제하겠습니다).

```
open_price = 60000
low_price = 59000
high_price = 64000
close_price = 62000
```

> **주식용어 ≡ 시가, 저가, 고가, 종가**
>
> 시가(open_price)란 주식 시장이 열릴 때 처음 거래되는 시작 가격을 의미합니다. 저가(low_price)는 장 중(주식 시장이 열리는 동안)에 제일 낮았던 가격을 의미하고, 고가(high_price)는 장 중에 제일 높았던 가격을 의미합니다. 종가(close_price)는 주식 시장이 종료될 때 마지막으로 거래된 가격을 의미합니다.

이렇게 각 변수를 선언하고 값을 넣어 두면 컴퓨터는 'open_price는 60000, low_price는 59000, high_price는 64000, close_price는 62000'이라고 기억합니다. 따라서 다음과 같이 open_price를 출력(print)하는 코드를 실행하면 컴퓨터가 open_price 값을 기억하고 있으므로 60000이 출력됨을 확인할 수 있습니다.

```
> print(open_price)
60000
```

하지만 open_price 같은 변수들을 컴퓨터가 영원히 기억하는 것은 아닙니다. 변수에 새로운 값을
할당하여 기존에 저장한 값을 덮어쓸 수 있습니다. 다음과 같이 open_price 변수에 값을 두 번 할
당하고 open_price를 출력하면 가장 마지막에 할당한 59500이 open_price에 저장됨을 알 수 있
습니다.

```
> open_price = 60000
> open_price = 59500
> low_price = 59000
> high_price = 64000
> close_price = 62000
>
> print(open_price)
  59500
```

이것에서 알 수 있는 사실은 다음과 같습니다.

❶ 코드는 위에서 아래 순으로 실행됩니다.

❷ 같은 이름으로 변수를 여러 번 선언하면 선언할 때마다 변수가 생성되는 것이 아니라 하나
   의 변수에 값을 덮어쓰습니다. 즉, 변수에 값을 연달아 할당하면 마지막에 할당된 변수 값이
   유효합니다.

조금 더 나아가 보겠습니다. 프로그램은 .py 파일 단위로 실행된다고 설명했습니다. 앞서 사용한
test.py 파일에 코드를 남겨 두고 test2.py 파일로 이동하여 다음과 같이 코드를 작성해 보겠습
니다.

```
print(open_price)
```

그리고 이 파일을 실행(Shift + F10)해 보면 출력부에 이상한 문구들이 나타납니다.

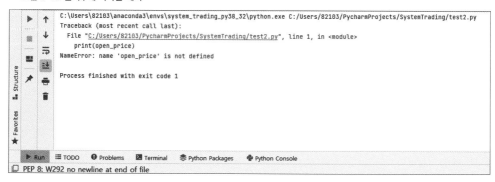

출력부를 보면 59500이 아니라 이상한 문구들이 나옵니다. 이렇게 Traceback으로 시작하는 빨간색 문구들은 파이참이 해당 코드를 실행하던 중 에러가 발생했다는 의미로, 잘 읽어 보면 어디서 어떤 에러가 발생했는지 알려 줍니다.

```
Traceback (most recent call last):
  File "C:/Users/82103/PycharmProjects/SystemTrading/test2.py", line 1, in <module>
    print(open_price)
NameError: name 'open_price' is not defined
```

에러 내용을 잘 살펴보면 네 번째 줄 내용(name 'open_price' is not defined)으로 보아 open_price가 정의되어 있지 않아 에러가 발생한 것을 알 수 있습니다. 또 두 번째 줄에 C:/Users/82103/PycharmProjects/SystemTrading/test2.py는 에러가 발생한 파일 경로를 의미하며, 그 바로 오른쪽에 line 1은 test2.py 파일의 첫 번째 줄 코드에서 에러가 발생했다는 것을 의미합니다.

그럼 아까 만든 open_price = 59500은 어디로 갔기에 정의되지 않았다는 에러가 발생할까요? 잘 생각해 보면 open_price = 59500은 test.py 파일에서 선언했고, 우리가 방금 실행한 파일은 test2.py이므로 test.py에 선언한 open_price 변수를 test2.py에서는 알 수 없어 에러가 발생한 것입니다.

이처럼 문제가 있는 코드는 파이참에서 빨간색 밑줄로 사용자에게 알려 주기 때문에 파일을 실행하기 전에 내가 만든 코드에 빨간색 밑줄이 있다면 무언가 잘못되었다고 미리 파악할 수 있습니다. 또 다음과 같이 빨간색 밑줄이 있는 부분에 마우스를 가져가면 어떤 문제인지 정확히는 아니더라도 대략적으로 알 수 있습니다. Unresolved reference는 미해결(알 수 없는) 참조 open_price를 사용하고 있다는 것을 의미하지만, 정확히 무엇을 하라는 해결책을 제시하는 것은 아니므로 참고용으로 보면 도움이 됩니다.

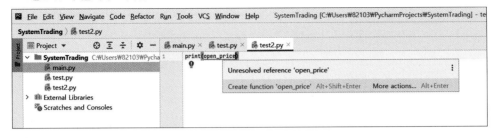

PYTHON AUTO TRADING SYSTEM

2.3 주석과 들여쓰기

파이썬에서 프로그램이 알아들을 수 있도록 작성한 명령어는 코드(code)고, 사람이 알아볼 수 있는 것은 **주석**(comment)이라고 합니다. 하지만 코드가 아니라고 해서 전부 다 주석인 것은 아니고 주석으로 만들어 주는 처리가 따로 필요합니다. 앞서 사용했던 test.py 파일의 코드를 모두 지우고 다음과 같이 입력한 후 실행해 보겠습니다.

```
"안녕"
print("Hello World")
```

여기서 "안녕"은 사람만 알아볼 수 있는 말이기에 컴퓨터는 무엇을 의미하는지 알지 못합니다. 컴퓨터는 그저 이 부분이 코드인 줄 알고 실행하다 무슨 의미인지 알 수 없는 내용이 나타나자 다음과 같은 에러가 발생한 것입니다.

```
NameError: name '안녕' is not defined
```

그리고 코드를 실행하던 중 에러가 발생하면 그다음 나오는 정상적인 코드마저 실행되지 않고 종료되므로 "Hello World"도 출력되지 않습니다.

이렇게 코드가 아닌 문자들이 파이썬 파일 내에 있으려면 주석으로 처리해야 합니다. 그렇지 않으면 컴퓨터는 이 부분을 코드처럼 인식하려고 하기 때문에 에러가 발생합니다. 따라서 이 예를 정상적으로 실행시키려면 "안녕"을 주석으로 처리하는 과정이 필요합니다.

코드가 아닌 문자를 주석으로 만드는 방법은 간단합니다. 다음과 같이 주석으로 표시할 내용 앞에 #을 입력하는 것입니다.

```
# 여기에 주석을 작성하세요.
```

정상적으로 주석 처리를 하려면 문구의 제일 앞에 #을 붙이고 한 번 띄어쓰기를 한 상태에서 주석으로 사용할 문자를 입력합니다. 띄어쓰기를 하지 않은 상태로 # 다음 주석을 입력해도 문제되지는 않지만 띄어쓰기를 한 후 주석을 입력하는 것이 파이썬을 만든 재단에서 권장하는 주석 작성 방식입니다.

```
#  "안녕" ----- 올바른 주석 처리
#"안녕" ----- 적절하지 못한 주석 처리
print("Hello World")
```

이와 같이 안녕을 # 안녕으로 주석 처리한 후 프로그램을 동작시키면 정상적으로 실행됨을 알 수 있습니다.

Note ≡　파이참을 비롯한 대부분의 개발 툴에서 편하게 주석 처리하는 방법은 해당 라인으로 마우스 커서를 옮긴 후 Ctrl + / 를 누르는 것입니다. 반대로 주석을 해제하고 싶다면 주석 처리되어 있는 라인에서 똑같이 Ctrl + / 를 누르면 됩니다. 또 여러 줄을 주석 처리하고 싶다면 마우스 드래그로 블록을 만들고 Ctrl + / 를 누릅니다. 마찬가지로 다시 Ctrl + / 를 누르면 주석이 해제됩니다.

그러면 주석은 왜 필요할까요? 바로 코드를 읽는 사람이 이해하기 쉽도록 돕기 위해서입니다. 본인이 만든 코드라도 나중에 다시 보면 내가 쓴 것이 맞나 싶을 정도로 낯설 수 있습니다. 스스로 작성한 코드도 이렇게 의문스러울 때가 있는데, 다른 사람이 쓴 코드를 이해하기는 더욱 어려울 수 있습니다. 이때를 대비하여 이 코드가 무엇인지 기록해 두는 주석이 필요합니다.

이처럼 주석은 설명용으로 남길 때가 많기 때문에 그 내용이 길어질 수도 있습니다. 여러 줄의 문장을 주석 처리하는 방법은 작은따옴표(')를 세 번 쓰고 주석을 작성한 후 다시 똑같이 작은따옴표 세 개로 닫아 주는 것입니다. 작은따옴표 대신 큰따옴표(")를 세 번 사용할 수도 있습니다.

```
'''
프로그램 전체 설명이나
기능을 설명할 때는 써야 할 말이 많습니다.
'''


"""
이때는 주석을 이렇게 길게
사용합니다.
"""
```

상세하지만 간결한 주석을 남기는 습관을 길러 스스로가 만든 코드를 정리하는 동시에 다른 사람이 보았을 때도 코드를 이해할 수 있도록 합니다.

다음은 들여쓰기를 알아보겠습니다. **들여쓰기**는 일종의 띄어쓰기인데, 지금까지 우리가 배운 예시 중에는 들여쓰기를 한 코드가 없었습니다. 하지만 코드가 코드의 묶음인 '블록 단위'로 실행된다고 막연히 생각해 보겠습니다.

다음은 조건문 절에서 배울 if라는 조건문을 사용한 코드입니다.

```
var = 3
if var > 2:
    print('start')
    print('var is bigger than 2')
    print('finish')
```

이 코드가 무슨 의미인지 다 알지는 못해도 if라는 코드 밑에 있는 코드들은 일정 간격으로 들여쓰기가 되어 있다는 것을 알 수 있습니다. 이 코드들을 들여 쓰지 않으면 어떻게 될까요? if 구문에 속하는 코드 블록은 반드시 들여쓰기를 해야 하기 때문에 다음 에러처럼 if 문 다음에는 들여쓰기가 적용된 코드(indented block)를 예상했는데 그렇지 않다는 에러가 발생합니다(그림 2-14).

if 구문은 특정 조건을 확인하여 해당 조건에 맞으면 다음 코드를 실행하는 구문인데, 들여쓰기를 하지 않는다면 어디까지가 조건절 이후 실행되어야 하는 코드인지 구분할 수 없고, 컴퓨터는 이처럼 에러를 발생시킵니다.

들여쓰기를 완전히 이해할 수 없더라도 컴퓨터가 코드를 인식하는 데 들여쓰기가 필요하다고만 기억해 보겠습니다.

들여쓰기를 하는 방법은 스페이스바(Spacebar)를 한 번, 두 번, 세 번, 네 번 누르거나 탭(Tab)을 이용합니다. 이 책에서는 스페이스바를 네 번 누르는 방식으로 들여쓰기를 하겠습니다. 여기서 중요한 점은 편한 방식대로 들여쓰기를 해도 되지만 같은 코드 블록 안에서는 들여쓰기 방식을 통일해야 한다는 것입니다.

예를 들어 if 조건 밑에 코드들을 보면 첫 번째, 두 번째 줄은 네 번을 띄어쓰기 했지만 마지막 줄인 print('finish')에서는 세 번을 했습니다. 이렇게 같은 코드 블록 안에서 사용한 들여쓰기 방식이 다르면 에러가 발생합니다.

```
> var = 3
> if var > 2:
>     print('start')
>     print('var is bigger than 2')
>       print('finish')  ----- 들여쓰기 방식이 이전 코드들과 달라서 에러 발생
(...)
IndentationError: unexpected indent
```

혹시 누군가는 'var = 3은 왜 들여쓰기를 하지 않냐'고 궁금해 할 수도 있습니다. 들여쓰기는 코드가 실행되는 단위로 구분 짓습니다. 구분할 키워드(예로 든 if 구문 등)를 사용하지 않은 var = 3은 들여쓰기를 할 필요가 없고, 들여쓰기를 할 필요 없는 코드에 들여쓰기를 하면 오히려 컴퓨터가 왜 들여쓰기를 했는지 이해하지 못해서 에러가 발생합니다.

지금은 들여쓰기가 어색하더라도 앞으로 기초 문법을 배우면서 계속 사용하다 보면 점차 익숙해질 것입니다.

2.4 자료형

자료형이란 데이터 타입(data type)을 의미합니다. 먼저 프로그래밍과 무관한 예를 들어 보겠습니다.

'1 + 1' 결과는 무엇일까요? 바로 2라는 답이 나올 것입니다. 그렇다면 '안녕 + 1'은 뭐라고 할 수 있을까요? 넌센스인가 싶기도 하겠지만 1 + 1 문제처럼 간단히 답하기가 어렵습니다.

이런 문제를 보면 "문자랑 숫자를 어떻게 더하지?"라는 생각을 가장 먼저 할 것 같습니다. 맞습니다. 문자와 숫자는 서로 더할 수 없기에 덧셈(+) 연산이 되지 않습니다. 이는 현실 세계뿐만 아니라 프로그래밍 세계에서도 마찬가지입니다.

다음 코드처럼 var1 변수에는 숫자 1을 저장하고 var2 변수에는 "안녕"을 저장합니다. 그리고 이 둘을 더해 새로운 var3 변수에 저장하고 각 변수를 출력하는 코드를 작성해 보겠습니다.

```
var1 = 1
var2 = "안녕"
var3 = "안녕" + 1
```

```
print(var1)
print(var2)
print(var3)
```

이 코드를 실행해 보면 print(var3)에서 다음 에러가 발생합니다.

```
Traceback (most recent call last):
  File "C:/Users/82103/PycharmProjects/SystemTrading/test.py", line 3, in <module>
    var3 = "안녕" + 1
TypeError: can only concatenate str (not "int") to str
```

에러 마지막 줄을 살펴보면 'str에는 (int가 아니라) str만 연결(concatenate)할 수 있음(can only concatenate str (not "int") to str)'이라고 되어 있습니다. 이는 같은 자료형끼리만 연산 가능하고, 그렇지 않으면 연산이 불가능하다는 의미로, 이 코드에서는 숫자 1과 문자 "안녕"처럼 서로 다른 자료형끼리 연산했기 때문에 에러가 발생했습니다. 그러면 파이썬에서 사용할 수 있는 자료형들은 어떤 것들이 있는지 살펴보겠습니다.

먼저 파이참에 다음과 같이 코드를 입력해 보겠습니다.

```
var1 = 1
print(type(var1))

var2 = 1.0
print(type(var2))

var3 = 1 + 2j
print(type(var3))

var4 = 'Type?'
print(type(var4))

var5 = True
print(type(var5))
```

이 코드들처럼 변수를 type()이라는 내장 함수로 감싸면 이 변수가 어떤 타입인지 알려 줍니다 (type()은 print()와 마찬가지로 파이썬에서 기본적으로 제공하는 함수이며, 이렇게 따로 만들지 않더라도 기본적으로 사용할 수 있는 함수들을 내장 함수(built-in function)라고 합니다).

이 코드를 실행하면 다음 결과가 나옵니다.

```
<class 'int'> ············ var1
<class 'float'> ········ var2
<class 'complex'> ····· var3
<class 'str'> ········· var4
<class 'bool'> ········ var5
```

하나씩 살펴보면 var1은 정수형(int), var2는 실수형(float), var3는 복소수(complex), var4는 문자형(str), 마지막으로 var5는 논리형(boolean)이라고 출력됩니다. 이외에도 여러 자료형이 있지만 우선은 이 정도만 알아보겠습니다.

"안녕"과 1의 덧셈(+) 연산이 되지 않았던 이유는 둘의 자료형이 각각 문자형(str)과 정수형(int)으로 서로 달랐기 때문입니다.

그렇다면 다음 코드는 어떻게 될까요?

```
var1 = 1
var2 = 1.0
var3 = 1 + 2j

print(var1 + var2 + var3)
```

실행 결과는 다음과 같습니다.

```
(3 + 2j)
```

정수, 실수, 복소수는 서로 다른 자료형이지만 숫자형(number)이라는 공통 속성 때문에 연산이 가능합니다.

2.4.1 문자열

파이썬에서 제공하는 자료형 중 문자열을 더 알아보겠습니다. 문자열은 어떻게 만들까요? 문자, 숫자를 작은따옴표(')나 큰따옴표(")로 묶으면 문자열이 됩니다. 예를 들어 보겠습니다.

```
var1 = 1
var2 = '1'
var3 = 10
var4 = "10.0"
```

여기서 var1과 var2는 작은따옴표가 있고 없고 차이이지만 이것으로 var1은 숫자형, var2는 문자열이 됩니다. var3와 var4도 마찬가지입니다. 큰따옴표를 사용한 var4는 문자열이지만 var3는 숫자 10입니다.

이렇게 따옴표를 사용하여 문자열을 만들 때 주의해야 할 점은 닫는 따옴표를 잊지 않아야 한다는 것입니다. 다음과 같이 따옴표를 사용하여 문자열을 만들면서 끝을 지정하지 않으면 컴퓨터는 어디까지가 문자열인지 알 수 없기 때문에 에러를 발생시킵니다.

```
var2 = '1
```

또 양쪽에 사용한 따옴표는 같은 모양이어야 합니다. 다음과 같이 앞에는 작은따옴표를 쓰고 뒤에는 큰따옴표를 쓰면 안 됩니다(마찬가지로 큰따옴표로 시작했다면 큰따옴표로 끝내야 합니다).

```
var2 = '1"
```

그렇다면 작은따옴표와 큰따옴표를 같이 사용할 수는 없을까요? 그렇지 않습니다. 시작과 끝을 같은 따옴표로 맞추었다면 그 안에서 다른 따옴표를 사용할 수 있습니다. 다음 예를 살펴볼까요?

```
var2 = "I don't"
```

또 여러 줄의 문자열을 만들고 싶다면 따옴표를 세 번 반복하여 문자열을 선언합니다.

```
txt1 = """10.0
1
100
그리고 안녕하세요
힘내세요!
"""

txt2 = '''
작은따옴표도 가능!
'''
```

다음은 문자열끼리 덧셈(+) 연산입니다. 덧셈 연산이 숫자끼리만 가능한 것이라고 생각할 수 있지만 문자열에서 덧셈은 문자를 합치는 것을 의미합니다. 앞서 예로 들었던 '안녕 + 1' 연산이 불가능했던 이유는 숫자 1과 문자 '안녕'을 더했기 때문이므로 숫자 1이 아닌 문자 '1'로 바꾼 후 다시 덧셈을 해 보겠습니다.

```
> var3 = "안녕" + '1'
> print(var3)
  안녕1
```

이렇게 문자형끼리 덧셈(+) 연산을 사용하면 두 문자를 합치는 것을 알 수 있습니다. 조금 더 응용해 보겠습니다. 덧셈(+) 연산을 이용하여 문자를 여러 개 합칠 수도 있습니다. 이 코드에서 눈여겨볼 것은 "안녕 "입니다. 이 문자를 자세히 보면 마지막 따옴표가 끝나기 전에 공백이 들어 있습니다. 이 코드를 출력해 보면 "안녕"과는 엄연히 다름을 알 수 있습니다.

```
> var3 = "안녕" + '1' + "안녕 " + '1'
  안녕1안녕 1
```

이제 마지막으로 문자열을 두 가지만 더 살펴보겠습니다. 바로 슬라이싱과 포매팅입니다.

슬라이싱

슬라이싱(slicing)은 영문 그대로 '자른다'는 뜻으로, 문자를 슬라이싱한다는 것은 문자를 나눈다는 의미입니다. var 변수를 만들어 문자를 저장하고 슬라이싱해 보겠습니다.

```
var = "1234567890"
```

슬라이싱할 때 사용하는 문법은 다음과 같습니다.

> 문자열[시작번호:끝번호] ······· 문자열을 시작 번호부터 끝 번호 직전까지 자릅니다.

이 문법을 사용하여 var를 2번째 문자부터 9번째 문자까지 슬라이싱해 보겠습니다.

```
> print(var[1:9])
  23456789
```

자세히 보면 뭔가 이상하다는 생각이 듭니다. 우리는 2번째 문자부터 9번째 문자까지 슬라이싱하는 것을 원했으므로 var[2:9]라고 해야 할 것 같은데, var[1:9]가 정상적으로 실행되었음을 알 수 있습니다. 그럼 var[2:9]의 출력 결과는 어떻게 될까요?

```
> print(var[2:9])
  3456789
```

var[1:9] 코드가 2번째 문자부터 정상적으로 슬라이싱할 수 있었던 이유는 파이썬에서 순서를 매길 때(인덱싱)는 0부터 시작하기 때문입니다.

무슨 의미냐면 다음 문자에서 1이 1번째고 2가 2번째라고 생각하기 쉽지만 파이썬은 1을 0번째 문자, 2를 1번째, 그리고 9를 8번째 문자로 인식합니다.

```
var = "1234567890"
```

따라서 우리 눈에 2번째 문자인 2는 컴퓨터 기준으로는 1번째이므로 2부터 자르고자 한다면 컴퓨터가 알아들을 수 있도록 '1번째부터'라고 알려 주어야 합니다. 이렇게 컴퓨터와 우리가 사용하는 순서 매김 방식에 차이가 있다고 이해하기 바랍니다.

슬라이싱에 시작 번호와 끝 번호가 반드시 필요한 것은 아닙니다. 예를 들어 다음과 같이 끝 번호를 전달하지 않으면 어떨까요?

```
> print(var[1:])
234567890
```

끝 번호를 전달하지 않으면 컴퓨터는 마지막 문자까지 전체를 슬라이싱합니다. 그렇다면 다음과 같이 슬라이싱의 시작 번호와 끝 번호를 모두 전달하지 않으면 어떻게 될까요?

```
> print(var[:])
1234567890
```

슬라이싱할 때 시작 번호와 끝 번호를 전달하지 않으면 슬라이싱하지 않았을 때와 다름없습니다. 슬라이싱은 여기까지만 알아보기로 하고, 다음으로 포매팅을 알아보겠습니다.

포매팅

포매팅(formatting)이란 간단히 말해 문자를 출력하는 형식(format)을 만들어 놓고 필요한 부분만 변형하기 쉽게 하는 것입니다. 그러면 왜 이런 포맷이 필요할까요?

예를 들어 현재 수익률을 출력하는 메시지가 필요하다고 가정해 보겠습니다.

```
message = "수익률 : 10%"
```

여기서 10에 해당하는 부분은 수익률 변화에 따라 계속 바뀌는 반면 "수익률 : %"라는 문자는 변경할 필요가 없습니다. 이렇게 고정된 다른 문자 속에 가변 문자를 넣으려면 다음과 같이 코드를 작성합니다.

문자열.format(가변문자)

그리고 문자열에서 가변 문자가 들어갈 자리는 {}로 표시합니다. 이를 앞 코드에 적용하여 출력하면 다음과 같이 실행됩니다.

```
> message = "수익률 : {}%".format("10")
> print(message)
수익률 : 10%
```

이때 가변 문자가 두 개라면 각 문자가 들어갈 자리에 {}를 추가하고 format에 두 문자를 전달합니다. format에 전달하는 두 문자 사이에는 콤마(,)를 적습니다.

```
> message = "수익률 : {}%, 직전 수익률 : {}%".format("10", "5")
> print(message)
수익률 : 10%, 직전 수익률 : 5%
```

앞에서는 format()에 "10", "5"를 직접 입력했지만 다음과 같이 변수를 사용할 수도 있습니다.

```
return_rate_ago = "5"
return_rate = "10"

message = "수익률 : {}%, 직전 수익률 : {}%".format(return_rate, return_rate_ago)
```

여기서 format이라는 함수는 문자열에서만 사용할 수 있으며, 이 함수는 문자열에 포함된 {} 자리를 다른 문자로 바꿀 수 있게 한다고 생각해 주길 바랍니다.

가변 문자를 사용할 자리에 {}를 제대로 넣지 않거나 사용한 {} 개수와 format에 전달하는 문자 개수가 같지 않으면 에러가 발생합니다. 다음 코드는 가변 문자를 두 개 만들고자 {}를 두 번 사용했지만, format에 전달하는 변수는 한 개뿐이라 에러가 발생합니다.

```
return_rate_ago = "5"
return_rate = "10"

message = "수익률 : {}%, 직전 수익률 : {}%".format(return_rate)
```

2.4.2 튜플과 리스트

지금까지는 하나의 변수에 하나의 값만 저장했습니다. 하지만 값이 서로 연관성이 있거나 연산 결과를 모아야 할 때는 값들의 묶음이 필요할 수 있습니다. 예를 들어 삼성전자의 2020년 1월부터 12월까지 월말 종가를 다음과 같이 저장한다고 하겠습니다.

```
s_close_price_1 = 40000
s_close_price_2 = 45000
s_close_price_3 = 50000
s_close_price_4 = 55000
s_close_price_5 = 60000
s_close_price_6 = 60500
s_close_price_7 = 61000
s_close_price_8 = 67000
s_close_price_9 = 76000
s_close_price_10 = 80000
s_close_price_11 = 82000
s_close_price_12 = 83000
```

지금은 변수가 12개뿐이지만 변수에 저장할 값이 많아질수록 선언해야 할 변수량도 많아집니다. 여기서 **튜플**(tuple)과 **리스트**(list)라는 자료형을 이용하여 데이터를 하나로 묶어 저장할 수 있습니다.

```
튜플 = (값, 값, 값, 값...)
리스트 = [값, 값, 값, 값...]
```

Note ≣ 하나의 데이터를 담은 튜플을 만들 때는 마지막에 콤마(,)를 붙여야 합니다. 그렇지 않으면 단순히 정수형 데이터로 만들어집니다. 다음은 하나의 데이터로 튜플을 만들 때 콤마(,)를 사용하지 않으면 생성된 데이터의 자료형이 튜플이 아님을 보여 주는 예시입니다.

```
> test_tuple = (1)
> print(type(test_tuple))
<class 'int'>  ····· 정수형(int) 데이터라는 의미

> test_tuple = (1,)
> print(type(test_tuple))
<class 'tuple'>  ····· 튜플(tuple)형 데이터라는 의미
```

❍ 계속

이렇게 순서를 정해 값을 저장하는 튜플과 리스트라는 데이터 타입을 시퀀스(sequence) 자료형이라고 합니다(앞서 배운 문자형도 순서가 있다는 점에서 마찬가지로 시퀀스 자료형입니다). 튜플과 리스트에 저장할 값들의 데이터 타입은 제한이 없습니다. 다음과 같이 숫자나 문자형, 숫자형, 논리형 데이터 등 필요한 데이터를 넣어 소괄호 ()나 대괄호 []로 묶어 주면 됩니다.

```
a = (1, "Hello", 1/4, True)
b = [1, "Hello", 1/4, True]
```

그러면 삼성전자의 1월부터 12월까지 종가를 튜플, 리스트로 만들어 좀 더 살펴보겠습니다. 다음과 같이 튜플과 리스트를 입력합니다.

```
s_closes_tuple = (40000, 45000, 50000, 55000, 60000, 60500, 61000, 67000, 76000, 80000,
                  82000, 83000)
s_closes_list = [40000, 45000, 50000, 55000, 60000, 60500, 61000, 67000, 76000, 80000,
                 82000, 83000]
```

이렇게 튜플과 리스트를 만들어 데이터에 접근하는 방법은 다음과 같습니다.

```
튜플[접근할 데이터 순서]
리스트[접근할 데이터 순서]
```

접근할 데이터 순서라고 하면 문자의 슬라이싱에서 설명한 것처럼 0부터 카운팅되며, 이 '접근할 데이터 순서'를 앞으로 인덱스(index)라고 하겠습니다. 예를 들어 튜플의 1번째 값인 40000에 접근하려면 다음과 같이 0번째 인덱스에 접근합니다.

```
> print(s_closes_tuple[0])
40000
```

리스트도 마찬가지로 다음과 같이 0번째 인덱스에 접근할 수 있습니다.

```
> print(s_closes_list[0])
40000
```

이때 인덱스가 실제 튜플, 리스트가 담고 있는 데이터 길이보다 크면 안 됩니다. 이 튜플과 리스트에는 12개의 데이터가 있고 0부터 카운팅되므로 최대 인덱스는 11입니다. 그러면 가지고 있는 데이터 길이보다 큰 인덱스에 접근하면 어떻게 될까요? 다음과 같이 튜플의 12번째 인덱스에 접근하면 튜플의 범위(range)를 벗어나는 인덱스에 접근했다는 Index Error가 발생하면서 실행이 종료됩니다.

```
> print(s_closes_tuple[12])
(...)
IndexError: tuple index out of range
```

마찬가지로 리스트의 12번째 인덱스에 접근하려고 하면 리스트 범위를 벗어났다는 에러가 발생하면서 실행이 종료됩니다. 리스트 범위란 리스트가 가지고 있는 데이터양(길이)을 의미하며, 이를 알아내는 방법은 내장 함수인 **len()**을 사용하는 것입니다. len() 함수를 사용하는 방법은 다음과 같습니다.

```
len(튜플 또는 리스트)
```

len() 함수를 사용하여 앞서 예로 든 s_closes_tuple 길이를 알아볼까요?

```
> print(len(s_closes_tuple))
12
```

리스트도 마찬가지 방법으로 길이를 알 수 있습니다. 그러면 이렇게 생김새나 쓰임새가 비슷한 튜플과 리스트는 어떤 차이가 있을까요? **리스트는 데이터를 삽입 · 삭제 · 수정할 수 있지만 튜플은 그럴 수 없습니다.**

예를 들어 리스트 s_closes_list의 마지막 데이터에 접근하여 83000을 100000으로 바꾸어 보겠습니다. 먼저 리스트의 11번째 데이터에 다음과 같이 접근합니다.

```
s_closes_list[11]
```

이 역시 데이터를 저장할 수 있는 변수이므로 변수 값을 할당하듯이 값을 변경할 수 있습니다. 다음과 같이 s_closes_list의 11번째 데이터에 100000을 할당하여 출력해 보겠습니다.

```
> s_closes_list[11] = 100000
> print(s_closes_list[11])
  100000
```

이와 같이 리스트의 11번째 데이터가 100000으로 바뀐 것을 확인할 수 있습니다. 같은 방법으로 튜플 s_closes_tuple의 마지막 데이터를 100000으로 바꾸어 보겠습니다.

```
> s_closes_tuple[11] = 100000
> print(s_closes_tuple[11])
  (...)
TypeError: 'tuple' object does not support item assignment
```

앞서 이야기했듯이 튜플은 처음 선언한 값을 변경할 수 없으므로 이와 같이 에러가 발생합니다. 그러면 이렇게 수정도 안 되고 삽입, 삭제도 안 된다는 튜플은 어디에 쓸까요? 리스트만 있으면 되지 않을까요?

그렇게 생각할 수도 있지만 값을 변경할 수 있다는 것이 반드시 장점은 아니며, 프로그램이 실행되는 동안 변경되면 안 되는 값들이 있을 수도 있습니다. 예를 들어 1월부터 12월까지 담은 변수를 만들어 달력처럼 사용한다고 하면 이 값들은 변경할 필요가 없습니다. 이렇게 변경하지 말아야 할 값들을 저장하여 사용할 때 튜플이 필요할 수 있습니다. 또 데이터 변경이 불가능하다는 것은 추가 메모리(데이터 저장 공간)가 필요하지 않다는 의미로, 데이터가 추가 · 삭제될 수 있도록 설계된 리스트보다 튜플의 데이터 접근 속도가 빠르다는 정도만 기억하기 바랍니다(다만 데이터양이 엄청나게 많지 않고는 이 둘의 차이가 거의 없다고 보는 것이 좋겠습니다).

```
months = ('January', 'February', 'March', 'April', 'May', 'June', 'July', 'August',
          'September', 'October', 'November', 'December')
```

그러면 튜플은 여기까지 설명하고, 앞으로 중점적으로 사용할 리스트를 좀 더 알아보겠습니다. 리스트는 데이터를 삽입하거나 삭제할 수 있다고 설명했습니다. 리스트에 새로운 데이터를 삽입하는 방법은 다음과 같습니다.

```
리스트.append(값)
```

예를 들어 다음과 같이 1, 2, 3을 담고 있는 a라는 리스트(리스트의 길이는 3)에 4라는 값을 추가해 보겠습니다.

```
a = [1, 2, 3]
a.append(4)
```

len() 함수를 사용하여 리스트 길이를 출력해 보면 리스트 길이가 4로 변한 것을 확인할 수 있습니다.

```
> a = [1, 2, 3]
> a.append(4)
> print(len(a))
4
```

이와 같이 append라는 내장 함수를 사용하면 리스트의 맨 마지막 자리에 넣고자 하는 데이터를 추가할 수 있습니다. 하지만 리스트형 변수가 아닐 때는 append 함수를 사용할 수 없습니다.

```
> var = 1
> var.append(1)
(...)
AttributeError: 'int' object has no attribute 'append'
```

append라는 내장 함수는 리스트 타입의 데이터만 사용하도록 미리 정해져 있기 때문입니다.

> Note ≡　　지금까지 종종 사용한 len()이나 append() 같은 함수들은 파이썬에 내장된 기능입니다. 이런 함수들이 계속 늘어날 텐데, 처음에는 답답한 면이 있을 수 있지만 점차 익숙해지니 너무 부담 갖지 않았으면 좋겠습니다.

다음은 데이터를 수정하는 방법을 알아보겠습니다.

> 리스트[수정할 인덱스] = 새로운 값

수정할 인덱스에 접근하여 새로운 값을 할당하면 바로 수정할 수 있습니다. 여기서 주의해야 할 점은 리스트 범위를 벗어나는 인덱스, 즉 없는 인덱스에 접근하면 에러가 발생한다는 것입니다.

```
> a = [1, 2, 3]
> a[0] = 3
> print(a)
[3, 2, 3]
```

다음으로 데이터를 삭제하는 방법을 알아보겠습니다.

```
del 리스트[삭제할 인덱스]
```

리스트 a = [1, 2, 3, 4]에서 값 3을 삭제하려면 다음과 같이 인덱스 2를 삭제해야 합니다.

```
> a = [1, 2, 3, 4]
> del a[2]
> print(a)
[1, 2, 4]
```

출력 결과를 살펴보면, 리스트 a는 del a[2]를 수행한 후 [1, 2, 4]만 남게 되었습니다.

패킹과 언패킹

그러면 마지막으로 패킹과 언패킹을 알아보겠습니다. 리스트를 선언하는 방법은 다음과 같이 데이터를 쉼표(,)로 연결하고 앞뒤로 대괄호 []를 사용했습니다.

▼ 그림 2-15 패킹 예시

a = [1, "Hello", 1/4, True]
싸다(packing)

이렇게 1, "Hello", 1/4, True라는 네 개의 서로 다른 자료형 데이터를 a라는 하나의 변수에 저장하는 방식을 '싸맨다'고 해서 **패킹**(packing)이라고 합니다. 반대로 a에 저장한 값들을 '풀어낼' 때는 **언패킹**(unpacking)이라고 하며 다음과 같이 사용합니다.

```
변수, 변수, 변수, 변수 = 리스트
```

왼쪽에는 리스트에 들어 있는 데이터 개수만큼 변수를 적어야 합니다. 예를 들어 다음과 같은 코드는 에러가 발생합니다.

```
> a = [1, "Hello", 1/4, True]
> b, c, d = a
ValueError: too many values to unpack (expected 3)
```

a가 갖고 있는 데이터는 네 개인데 b, c, d 세 개의 변수만 사용하여 데이터를 언패킹하려고 하니 에러가 발생하는 것입니다. 제대로 언패킹하려면 다음과 같이 언패킹할 대상의 데이터 개수와 이를 저장할 변수 개수가 동일해야 합니다.

```
> a = [1, "Hello", 1/4, True]
> b, c, d, e = a
> print(b, c, d, e)
1 Hello 0.25 True
```

언패킹이 성공하면 사용한 b, c, d, e 순서대로 리스트 a에 들어 있는 값들이 저장되어 있습니다(튜플도 패킹과 언패킹이 가능합니다).

지금까지 튜플과 리스트를 알아보았습니다. 특히 리스트는 좀 더 집중해서 설명했지만 데이터를 리스트에 삽입하는 다른 방법도 존재하고 아직 리스트를 다 설명했다고 할 수는 없습니다. 다만 트레이딩 시스템 개발이라는 우선적 목표를 이루는 데 필요한 부분부터 배운다고 생각하길 바랍니다.

2.4.3 딕셔너리

지금까지 배운 문자열, 튜플, 리스트는 다음과 같이 데이터를 일렬로 나열하며 데이터끼리 순서가 있는 시퀀스 자료형이었습니다.

```
s_closes_tuple = (40000, 45000, 50000, 55000, 60000, 60500, 61000, 67000, 76000, 80000,
                  82000, 83000)
s_closes_list = [40000, 45000, 50000, 55000, 60000, 60500, 61000, 67000, 76000, 80000,
                 82000, 83000]
```

하지만 여기서 각각 40000, 45000, 50000 같은 데이터를 보고 이것이 정확히 무엇을 의미하는지 파악하기 어려울 수 있습니다. 예를 들어 삼성전자의 당일 시가, 종가, 고가, 저가, 거래량을 담은 리스트를 만들어 보겠습니다.

```
s_price = [40000, 40100, 40500, 39000, 1000000]
```

우리는 각 숫자들이 무엇을 의미하는지 설명하고 변수를 선언했지만, 이를 처음 보는 사람이 있다면 별도의 설명 없이 각 숫자들이 무엇을 의미하는지 이해하기 어렵습니다. 이때 **딕셔너리** (dictionary)라는 자료형이 필요합니다. 딕셔너리는 **키**(key)-**값**(value) 형태의 데이터로 고유한 키에 해당하는 값을 저장할 수 있습니다. 그럼 앞의 리스트 s_price를 시가, 종가, 고가, 거래량이 키가 되고, 각 숫자들이 값이 되는 딕셔너리로 만들어 보겠습니다.

> s_price_dict = {'시가': 40000, '종가': 40100, '고가': 40500, '저가': 39000, '거래량': 1000000}

튜플을 만들 때는 소괄호 ()를, 리스트를 만들 때는 대괄호 []를 사용한 것처럼 딕셔너리를 만들 때는 중괄호 {}를 사용했고, 그 안에 다음 방식으로 키-값을 작성했습니다.

> 딕셔너리 = {key : Value, key : Value, ...}

그러면 이렇게 만든 딕셔너리 값에 접근하는 방법을 알아보겠습니다.

> 딕셔너리[key]

앞서 만든 딕셔너리 중에서 '시가'에 접근해 보겠습니다.

```
> print(s_price_dict['시가'])
40000
```

이렇게 딕셔너리에 들어 있는 고유한 키를 바탕으로 값에 접근할 수 있습니다. 다만 그 반대인 값을 사용해서는 키에 접근할 수 없습니다(키는 고유하지만 값은 고유하지 않기 때문입니다).

하지만 그렇다고 동일한 키를 아예 사용하지 못하는 것은 아닙니다. 다음과 같이 '저가'라는 키를 두 번 사용해 보겠습니다.

> s_price_dict = {'시가': 40000, '종가': 40100, '고가': 40500, '저가': 39000, '거래량': 1000000, '저가': 38000}

그럼 이 딕셔너리에서 '저가' 키에 저장된 값은 무엇일까요? 한번 확인해 보겠습니다.

```
> print(s_price_dict['저가'])
38000
```

마지막에 선언한 값인 38000이 저장되어 있습니다. 이렇게 동일한 키를 사용하여 값을 저장하면 마지막에 사용한 키 값이 저장됨을 알 수 있습니다. 딕셔너리에 저장된 키와 값을 확인하려고 전체를 출력할 때는 다음과 같이 코드를 작성합니다.

```
> print(s_price_dict)
{'시가': 40000, '종가': 40100, '고가': 40500, '저가': 38000, '거래량': 1000000}
```

딕셔너리를 만들 때는 다양한 자료형의 키와 값을 사용할 수 있습니다. 예를 들어 보겠습니다.

```
test_dict = {0: '1', '0': '2', True: False, 'list': [1, 2, 3]}
```

test_dict라는 딕셔너리를 보면 키 값으로는 숫자, 문자, 논리형(True, False)을 사용했으며, 키에 저장된 값으로는 문자, 논리형, 리스트를 사용했습니다. 이렇게 다양한 자료형의 키와 값을 사용하여 딕셔너리를 만들 수 있습니다. 하지만 리스트나 튜플을 키에 속하는 값(value)으로 저장할 수는 있어도 키(key)로 사용할 수는 없습니다. 다음은 딕셔너리를 생성할 때 리스트를 키로 사용하여 에러가 발생하는 예입니다.

```
> test_dict = {[1, 2, 3]:[1, 2, 3]}
> print(test_dict)
(...)
TypeError: unhashable type: 'list'
```

다음으로는 딕셔너리에 저장된 데이터를 삽입 · 삭제 · 수정하는 방법을 알아보겠습니다. 먼저 비어 있는 딕셔너리를 선언하려면 다음과 같이 중괄호 {}만 사용하고 그 안에 아무 값도 넣지 않습니다. 한번 만들어 보겠습니다.

```
test_dict = {}
```

이 상태에서 키-값을 새로 만들어 저장하고 싶다면 다음과 같이 바로 키에 접근해서 값을 할당합니다.

```
test_dict['test'] = 1
```

'test'라는 키는 원래 없던 값이었지만 접근함과 동시에 값을 할당하면 이후부터 사용할 수 있습니다. 하지만 반대로 빈 키에 값을 할당하지 않고 바로 접근하려면 없는 키라는 에러가 발생합니다. 다음과 같이 'test'라는 키에 값을 저장하지 않고 사용하면 'test'라는 키가 없다는 에러가 발생합니다.

```
> test_dict = {}
> print(test_dict['test'])
KeyError: 'test'
```

딕셔너리의 값을 수정하는 방법은 리스트에서 값을 수정하는 방법과 동일합니다. 수정하고자 하는 값이 있는 키에 접근하여 다음과 같이 수정할 값을 저장합니다.

```
> test_dict = {'test': 1}
> test_dict['test'] = 1111111
> print(test_dict)
{'test': 1111111}
```

이후 출력해 보면 'test' 키에 저장된 값 1이 1111111로 바뀐 것을 확인할 수 있습니다.

마지막으로 딕셔너리 키에 관해 조금 더 알아보겠습니다. 앞서 딕셔너리에 존재하지 않는 키에 접근하면 에러가 발생한다고 설명했습니다. 그리고 예로 든 s_price_dict 딕셔너리에서 '52주최고가'라는 존재하지 않는 키에 접근하면 다음 에러가 발생합니다.

```
> s_price_dict = {'시가': 40000, '종가': 40100, '고가': 40500, '저가': 39000, '거래량':
                  1000000, '저가': 38000}
> s_price_dict['52주최고가']
(...)
KeyError: '52주최고가'
```

사용하려는 키가 딕셔너리 안에 있는지 없는지 알 수 없을 때는 다음 코드를 이용하여 키의 존재 여부를 확인할 수 있습니다.

```
조회할 key in 딕셔너리
```

이 문법을 이용하여 앞의 s_price_dict 딕셔너리에서 '52주최고가' 키가 존재하는지 조회해 보겠습니다.

```
> print('52주최고가' in s_price_dict)
False
```

이렇게 코드를 작성하면 파이썬에서는 '52주최고가'라는 키가 s_price_dict 딕셔너리에 있는지 없는지 확인한 후 결과를 참(True), 거짓(False)을 의미하는 bool 자료형으로 반환합니다. False(거짓)가 나오는 것으로 보아 '52주최고가'라는 키가 s_price_dict에 없는 것을 알 수 있습니다. 반대로 딕셔너리에 존재하는 키를 넣어 확인해 보면 다음과 같이 True가 나오는 것을 알 수 있습니다.

```
> print('시가' in s_price_dict)
True
```

그러면 딕셔너리가 가지고 있는 키 또는 값 네이터를 구분 지어 보려면 어떻게 해야 할까요? 딕셔너리 타입의 변수는 .keys() 혹은 .values()라는 기본 함수를 가지고 있어 키와 값을 각각 구분 지어 볼 수 있습니다. 마찬가지로 앞의 s_price_dict 딕셔너리 예제를 사용하여 키와 값을 구분해 보겠습니다.

```
> print(s_price_dict.keys())
> print(s_price_dict.values())
dict_keys(['시가', '종가', '고가', '저가', '거래량'])
dict_values([40000, 40100, 40500, 38000, 1000000])
```

이처럼 s_price_dict.keys()로 키만 모아서 추출할 수 있고, s_price_dict.values()로 값만 모아서 추출할 수 있습니다.

여기서 dict_keys, dict_values는 리스트와 비슷하게 생겼지만 엄밀히 말해 리스트는 아니기에 리스트가 제공하는 함수들(append 등)은 사용할 수 없습니다. 하지만 우리가 배우지는 않았으나 리스트 생성 방법 중 리스트로 만들 대상을 list()로 감싸는 방법을 이용하여 딕셔너리의 키, 값들을 리스트로 변환할 수는 있습니다.

```
> print(list(s_price_dict.keys()))
> print(list(s_price_dict.values()))
['시가', '종가', '고가', '저가', '거래량']
[40000, 40100, 40500, 38000, 1000000]
```

이처럼 출력 결과를 보면 키와 값에 해당하는 값들이 리스트로 변환된 것을 알 수 있습니다.

지금까지 파이썬 자료형을 배웠습니다. 파이썬을 배우면서 꽤 어려울 수 있는 부분이라 아직 튜플, 리스트, 딕셔너리가 정확히 무엇인지 파악하기 힘들 수도 있습니다. 그럴수록 눈으로만 코드를 보지 말고 꼭 파이참을 실행하여 직접 예시 코드를 타이핑해 보길 권장합니다.

2.5 기초 연산

앞서 설명한 것처럼 우리가 보관해서 사용하고 싶은 값이 있을 때 변수를 만들어 저장할 수 있었습니다. 하지만 값을 저장만 할 수 있는 것이 아니라 저장한 값을 가지고 연산할 수 있는데요. 우리가 초등학교 때 배운 수학을 프로그래밍에서도 그대로 적용시킬 수 있습니다.

예를 들어 설명해 보겠습니다. 먼저 var1, var2, var3, var4 변수를 만들고 각각 숫자 6, 2, 7, 2를 저장합니다.

```
var1 = 6
var2 = 2
var3 = 7
var4 = 2
```

이 변수끼리 수행할 수 있는 연산들을 알아보겠습니다.

2.5.1 사칙 연산

이 두 변수끼리는 우리가 잘 알고 있는 **사칙 연산**이 가능합니다. 먼저 변수끼리 더하기는 **덧셈 연산자(+)**를 사용해서 연산할 수 있습니다. 앞서 만든 var1과 var2를 더해 보겠습니다.

```
> print(var1 + var2)
8
```

변수를 여러 번 사용한 연산도 얼마든지 가능합니다.

```
> print(var1 + var2 + var2 + var1 + var2 + var1)
24
```

두 변수를 사용하여 새로운 변수에 값을 할당할 수도 있습니다.

```
> var = var1 + var2
> print(var)
8
```

빼기도 마찬가지로 **뺄셈(-) 연산자**를 사용하여 연산할 수 있습니다.

```
> print(var1 - var2)
4
```

곱하기는 **곱셈(*) 연산자**를 사용하여 연산합니다.

```
> print(var1 * var2)
12
```

나누기는 **나눗셈(/) 연산자**를 사용하여 연산합니다.

```
> print(var1 / var2)
3.0
```

다음은 이제 우리가 익숙한 연산에서 조금 응용한 버전입니다. 파이썬에서 나누기 연산으로 몫만
구하고자 한다면 **// 연산자**를 사용합니다. 예를 들어 var3와 var4의 / 연산과 // 연산을 비교해 보
겠습니다.

```
> print(var3 / var4)
> print(var3 // var4)
3.5
3
```

출력 결과를 보면 // 연산은 나누기(/)에서 나온 결과의 소수점 부분을 버린다는 것을 알 수 있습
니다. 나눗셈 후 나머지를 구하고자 한다면 **% 연산자**를 사용합니다.

```
> print(var1 % var2)
> print(var3 % var4)
0
1
```

6과 2는 나누어떨어지므로 0이 나오고 7과 2는 나누어떨어지고 남은 1이 출력되었습니다.

다음은 거듭제곱 연산을 해 보겠습니다. 거듭제곱은 곱하기를 두 번 사용한 **** 연산자**를 사용합
니다.

```
> print(var1 ** var2)
> print(var3 ** var4)
36
49
```

2.5.2 괄호

지금까지 연산 방법을 배워 보니 현실 세계에서 하는 연산과 크게 다르지 않음을 알 수 있었습니다. 오히려 나누기 연산을 할 때 몫만 계산하거나 나머지만 계산할 수 있는 간편한 연산자를 제공하기에 연산이 더 쉬웠습니다. 이처럼 프로그래밍 언어라고 해서 마냥 어려운 것이 아니라 오히려 현실과 유사한 점이 많아 배우기 수월합니다. 이 절에서 마지막으로 배울 괄호 사용도 마찬가지입니다.

우리가 잘 아는 것처럼 2 + 2 * 2 값은 8이 아니라 6입니다. 연산자끼리 우선순위가 존재하고, 곱하기(*) 우선순위가 더하기(+)보다 높으므로 2 * 2 계산이 선행되었기 때문입니다. 이는 파이썬에서도 마찬가지입니다. var1 + var1 * var1 연산 결과도 우리가 흔히 알고 있는 수학과 다르지 않습니다.

```
> var1 = 2
> print(var1 + var1 * var1)
6
```

그럼 이 연산에서 덧셈 연산이 선행되도록 하려면 어떻게 하면 될까요? 괄호를 사용하면 연산자 우선순위를 높일 수 있습니다. 다음과 같이 먼저 연산해야 할 부분을 소괄호 ( )로 감싸면 곱셈(*)보다 덧셈(+) 연산의 우선순위가 낮아도 덧셈(+)부터 수행되는 것을 확인할 수 있습니다.

```
> print((var1 + var1) * var1)
8
```

2.6 다양한 연산자

앞서 산술적인 연산에 필요한 덧셈(+) 연산자, 뺄셈(-) 연산자, 곱셈(*) 연산자, 나눗셈(/) 연산자, // 연산자를 배웠습니다. 파이썬에는 이외에도 비교, 논리, 멤버, bitwise 등 다양한 연산자가 있습니다. 다만 우리는 비교적 사용 빈도가 높은 비교 · 논리 · 멤버 연산자를 배워 보겠습니다.

2.6.1 비교 연산자

비교 연산자란 부등호(>, >=, <, <=) 및 같음(==), 같지 않음(!=)으로 구성되어 있습니다. 먼저 부등호를 이용한 연산은 쉽게 이해할 수 있습니다.

```
5 > 1
7 >= 1
9 < 1
4 <= 1
```

부등호를 이용하여 값을 비교하는 것은 어렵지 않지만 한 가지 주의할 점이 있다면, 크거나 같음(>=), 작거나 같음(<=)처럼 등호(=)가 포함된 경우 등호가 마지막에 등장해야 합니다. 그렇지 않고 =>, =<처럼 등호(=)를 먼저 사용하면 에러가 발생한다는 점을 기억하길 바랍니다.

그렇다면 앞 예시를 출력해 보면 어떤 결과가 나타날까요?

```
> print(5 > 1)
> print(7 >= 1)
> print(9 < 1)
> print(4 <= 1)
True
True
False
False
```

결과를 살펴보면 5 > 1와 7 >= 1는 참이므로 True가 출력되었고 9 < 1, 4 <= 1는 거짓이므로 False가 출력되었습니다. 이처럼 비교 연산자의 결과는 참, 거짓(True, False) 같은 boolean 타입의 자료형으로 나타납니다.

부등호를 이용한 비교 연산은 같은 종류의 자료형끼리만 비교 연산이 가능한 점을 기억하길 바랍니다.

```
> print('3' > 1)
(...)
TypeError: '>' not supported between instances of 'str' and 'int'
```

조금 응용해 보면 다음과 같이 부등호를 두 개 이상 사용한 연산도 가능합니다.

```
> print(5 > 3 > 1)
> print(3 < 1 < 7)
True
False
```

첫 줄을 보면 '5가 3보다 크고 3은 1보다 크다'는 참이므로 True가 출력되지만 그다음 줄을 보면 '3은 1보다 작고 1은 7보다 작다'는 거짓이므로 False가 출력됩니다. 여기서 중요한 점은 '1은 7보다 작다'는 참이지만 '3은 1보다 작다'는 거짓이므로 전체 비교 결과는 거짓이며, 하나의 비교라도 거짓이면 전체가 거짓이 된다는 것입니다.

다음은 **같음**(==)과 **같지 않음**(!=)을 의미하는 연산자를 사용해 보겠습니다.

```
> var = 3
> print(var == 3)
> print(var != 4)
True
True
```

var라는 변수에 3을 넣었으니 var와 3은 서로 같으므로 var = 3은 참(True)이고, var와 4는 서로 같지 않으므로 var != 4 역시 참(True)이 됩니다.

2.6.2 논리 연산자

논리 연산은 and, or, not 연산자를 사용한 연산입니다. 먼저 각 연산자의 사용법과 의미를 살펴보고 예를 들어 보겠습니다.

▼ 표 2-1 논리 연산자

연산자	사용법	의미
and	A and B	A와 B 모두 참이면 참
or	A or B	A 또는 B 중 하나라도 참이면 참
not	not A	A가 참이면 거짓, A가 거짓이면 참

먼저 and 연산자를 알아보겠습니다. A and B는 말 그대로 A와 B 모두가 참일 때 참이므로 둘 중 하나라도 False에 해당된다면 결과는 False가 됩니다.

```
> print(True and True)
> print(True and False)
> print(False and True)
> print(False and False)
True
False
False
False
```

조금 더 응용해 보겠습니다. 다음 코드는 어떤 결과가 출력될까요?

```
> print(1 > 2 and 3 > 2)
False
```

결과는 왼쪽 항에 해당하는 1 > 2와 오른쪽 항 3 > 2가 모두 참일 때만 True가 나오고, 둘 중 하나라도 거짓이라면 False가 출력됩니다. 코드를 실행하면 컴퓨터는 제일 먼저 왼쪽 항부터 확인합니다. 1 > 2 결과가 거짓(False)이므로 and로 연결된 후 3 > 2는 살펴볼 필요가 없습니다. 첫 연산부터 거짓이기 때문에 and 다음 어떤 결과가 오더라도 최종 결과는 False가 됩니다. 이 예시처럼 논리 연산자와 다른 연산자를 혼합한 연산을 할 수 있습니다.

다음은 **or 연산자**를 살펴보겠습니다. A or B는 A 또는 B 둘 중 하나라도 참이면 True라는 의미입니다. 예를 들어 살펴보겠습니다.

```
> print(True or True)
> print(True or False)
> print(False or True)
> print(False or False)
> print(1 > 0 or 2 > 2 or 3 > 2)
True
True
True
False
True
```

논리 연산자로 연결된 연산에 True가 하나라도 존재한다면 최종 결과는 True가 됩니다.

마지막으로 not 연산자를 살펴보겠습니다. not은 not 다음에 등장하는 연산 결과를 반대로 만드는 연산으로 참을 거짓으로, 거짓을 참으로 만든다고 이해할 수 있습니다.

```
> print(not True)
> print(not False)
```

```
> print(not 1 > 0)
> print(not -1 > 0)
False
True
False
True
```

2.6.3 멤버 연산자

우리는 앞서 멤버 연산자를 사용한 적이 있습니다. 바로 딕셔너리에 키(key)가 존재하는지 아닌지를 판단하는 방법으로 다음 문법을 사용했었습니다.

> 조회할 key in 딕셔너리

in 연산자는 in 앞에 있는 값이 in 뒤에 있는 반복 가능한 객체에 있는지 확인하여 True 또는 False를 반환합니다. 여기서 반복 가능한 객체라는 표현이 어려울 수 있는데, 반복 가능한 객체란 우리가 앞서 배웠던 튜플, 리스트, 딕셔너리 정도가 있다고 생각해 주길 바랍니다. 그러면 딕셔너리 말고 리스트에서도 in 연산자를 사용해 보겠습니다.

```
> temp = [1, 2, 3, 4]
> print(3 in temp)
> print('3' in temp)
True
False
```

1, 2, 3, 4라는 값을 가지고 있는 리스트 temp는 3을 포함하고 있습니다. 따라서 3이라는 값이 temp에 있냐는 3 in temp 연산 결과는 True가 되지만, 문자 '3'은 3과 다르므로 temp에 있다고 볼 수 없습니다. 이 경우 결과는 False가 됩니다.

이어서 not in 연산자를 사용해 보겠습니다. not in 연산자는 in 연산자와 반대로 없는지 확인하는 것으로, 값이 없으면 True가 나옵니다. 앞서 예로 든 리스트 temp를 계속해서 사용해 보겠습니다.

```
> print(3 not in temp)
> print('3' not in temp)
False
True
```

not in은 존재하지 않는지 확인하는 연산으로 3은 temp에 존재하기 때문에 False가 출력되고, 반대로 '3'은 temp에 존재하지 않는 값이므로 True가 출력됩니다.

PYTHON AUTO TRADING SYSTEM

2.7 조건문

조건문은 특정 조건에 만족했을 때 수행하도록 하는 문법입니다. 먼저 조건문이 없는 코드부터 예로 들어 보겠습니다.

```
stock_price = 70000
print('매수!')
매수!
```

이처럼 출력부에 바로 매수!가 출력됩니다. 그런데 가격이 7만 원이라 비싸서 매수하고 싶지 않거나 6만 원 이하일 때 매수하고 싶다는 조건을 만들고 싶다면 지금부터 배울 if 문을 사용할 수 있습니다.

2.7.1 if 문

if 문을 사용하는 방법은 다음과 같습니다.

```
if 조건:
    조건을 만족할 때 수행할 코드블록 ┄┄┄┄ 이 블록은 반드시 들여쓰기
```

if 다음에 등장하는 조건에는 앞서 배운 비교·논리·멤버 연산자를 사용할 수 있으며, 이 연산 결과가 True일 때 조건 블록 아래에 있는 코드 블록이 실행됩니다. 예를 들어 주가가 6만 원 이하일 때만 매수!를 출력하고 싶다면 다음과 같이 코드를 작성합니다.

```
> if stock_price < 60000:
>     print('매수!')
```

stock_price는 70000이었으므로 stock_price < 60000라는 조건이 거짓(False)이 되어 print 함수는 실행되지 않았습니다. 반대로 다음과 같이 조건을 바꾸면 print 함수가 정상적으로 수행되는 것을 알 수 있습니다.

```
> if stock_price > 60000:
>     print('매수!')
매수!
```

이렇게 조건에 따라 코드를 실행할지 말지를 구분하는 것이 바로 조건문입니다. 계속해서 if 문을 조금 더 살펴보겠습니다. 먼저 조건이 True나 False로 쉽게 구분되지 않을 때가 있습니다. 예를 들어 다음 코드의 print 함수가 실행될까요?

```
if stock_price:
    print('매수!')
```

앞서 사용한 stock_price > 60000는 직관적으로 stock_price가 60000보다 큰지 묻는 조건처럼 보이며, stock_price 값이 60000보다 클 때 실행됩니다. 하지만 조건절에 등장한 stock_price는 무엇을 확인하라는 조건인지 판단하기 어렵습니다. 결론부터 이야기하자면 이 코드는 if 문으로 진입하여 코드가 정상적으로 실행됩니다. 그 이유는 조건문이 True, False를 구분 짓는 값이 아니라면 전부 다 True로 보기 때문입니다. 다음 코드를 실행해 보면 모두 다 조건문 안의 코드 블록이 실행되는 것을 알 수 있습니다.

```
> if 1:
>     print("1")
> if '실행되나요':
>     print("2")
> if 7/2:
>     print("3")
1
2
3
```

이와 같이 조건을 True, False로 구분할 수 없다면 전부 True로 보므로 세 print 함수가 모두 실행됩니다. 하지만 예외도 있습니다. if 다음에 등장하는 값이 정수 0이거나 None일 때입니다.

```
if 0:
    print("실행되지")
if None:
    print("않습니다.")
```

파이썬에서는 0과 None 값이 조건으로 올 경우 False로 보기 때문에 조건문이 실행되지 않습니다. None은 다루지는 않았으나 값이 없는 상태를 의미하는 별도의 자료형입니다.

> Note ≡ 그럼 '0도 값이 없는 것 아닌가?' 하고 생각할 수 있지만 정수 값 0과 아무것도 없는 상태인 None은 다릅니다.

또 주의해야 할 점은 들여쓰기입니다. 2.3절에서 설명한 것처럼 if 조건 아래에 등장하는 코드들의 들여쓰기는 스페이스바를 한 번, 두 번, 세 번, 네 번 이용하거나 탭을 사용하면 되지만 중요한 것은 코드들의 들여쓰기 방식이 동일해야 에러가 발생하지 않습니다.

```
> if True:
>   print("두 번의 공백을 이용한 들여쓰기")
>     print("네 번의 공백을 이용한 들여쓰기")
(...)
IndentationError: unindent does not match any outer indentation level
```

그렇다면 다음 코드는 어떨까요? 1번째 print 함수는 들여쓰기를 했고 2번째 print 함수는 들여쓰기를 하지 않았습니다.

```
> if True:
>     print("실행됩니다.")
> print("저도 항상 실행됩니다.")
실행됩니다.
저도 항상 실행됩니다.
```

2번째 나오는 print 함수는 들여쓰기를 하지 않았으므로 if 문에 포함된 코드 블록이 아닙니다. 그러므로 2번째 print 문은 조건과 상관없이 항상 실행됩니다. 이처럼 코드가 if 문에 포함되는지 구분 짓는 것은 들여쓰기 적용 여부입니다. 그러므로 if 문 안에 포함할 코드가 있다면 꼭 들여쓰기를 해야 합니다.

```
> if True:
>     print("실행됩니다.")
>     print("저도 이제 if 문 안입니다.")
실행됩니다.
저도 이제 if 문 안입니다.
```

다음으로 알아야 할 점은 if 문 아래에는 항상 코드가 있어야 한다는 것입니다. 무슨 말이냐면 다음과 같이 if 문 아래에 아무것도 작성하지 않은 채 코드를 실행하면 에러가 발생합니다.

```
> if True:
>     # 주석은 코드가 아닙니다.
(...)
SyntaxError: unexpected EOF while parsing
```

이처럼 if 문 아래에 아무것도 쓰지 않으면 에러가 발생합니다(주석은 코드로 인식하지 않기 때문에 주석만 존재하면 에러가 발생합니다). if 문을 사용했으면 반드시 아래에 코드를 작성해야 하지만, 그럼에도 처리할 내용이 없다면 pass를 사용할 수 있습니다.

```
if True:
    pass
```

pass는 코드로 보되 말 그대로 넘어가는 코드로 아무것도 수행할 것이 없을 때 사용합니다.

if 문 안에는 또 다른 if 문을 사용할 수 있습니다.

```
> stock_price = 70000
> if stock_price > 50000:
>     print("5만보다 큽니다.")
>     if stock_price > 60000:
>         print("6만보다 큽니다.")
5만보다 큽니다.
6만보다 큽니다.
```

이때 주의해야 할 점은 if 문 안에 또 다른 if 문을 사용할 때도 들여쓰기가 필요하다는 것입니다. 따라서 두 번째 if 문 아래에 코드 블록은 총 여덟 번의 띄어쓰기를 한 들여쓰기가 필요합니다. 들여쓰기를 제대로 하지 않고 다음과 같이 코드를 작성하면 에러가 발생합니다. 다음 예시는 두 번째 if 문을 사용한 후 들여쓰기를 적용하지 않아 에러가 발생하는 경우입니다.

```
> stock_price = 70000
> if stock_price > 50000:
>     print("5만보다 큽니다.")
```

```
>    if stock_price > 60000:
>    print("6만보다 큽니다.")
(...)
IndentationError: expected an indented block
```

들여쓰기가 까다롭다고 느껴지면 파이참의 도움을 받을 수 있습니다. if 문을 작성하고 Enter 를 누르면 다음과 같이 커서가 자동으로 들여쓰기가 적용된 상태로 이동합니다. 하지만 프로그램이 복잡해질 때(여러 if 문 중첩 등)는 파이참의 들여쓰기가 여러분 의도와 다르게 적용될 수도 있으니 들여쓰기를 언제 해야 하는지 구분할 줄 아는 것이 좋습니다.

▼ 그림 2-16 파이참의 자동 들여쓰기

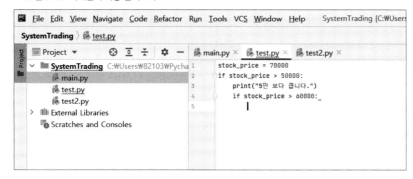

마지막으로 중요한 점은 비교 연산자(==)와 대입 연산자(=)를 구분하는 것입니다. 지금까지 변수에 값을 할당할 때는 대입 연산자(=), 즉 등호 하나를 사용했습니다.

```
stock_price = 70000
```

하지만 if 문에서 stock_price가 60000인지 아닌지 판단할 때는 비교 연산자(==), 즉 등호 두 개를 사용해야 합니다. 종종 두 연산자를 혼동하여 stock_price가 60000인지 확인하는 조건을 다음과 같이 쓰는 실수를 할 수도 있습니다.

```
> stock_price = 70000
> if stock_price = 60000:
>     print(stock_price)
if stock_price = 60000:
              ^
SyntaxError: invalid syntax
```

이 경우 에러가 발생하여 코드가 정상적으로 실행되지 않지만 두 연산자 의미를 혼동한다면 에러 코드 위치를 알더라도 발생 이유를 잘 이해하지 못해 프로그램 개발에 어려움을 줄 수도 있습니다.

따라서 if 문 다음에 등장하는 조건에는 대입 연산자(=)가 아니라 비교 연산자(== 등)를 사용해야
한다는 점을 기억하길 바랍니다.

```
stock_price = 70000
if stock_price == 60000:
    print(stock_price)
```

2.7.2 elif-else 문

다음은 if 문과 연결되는 elif-else 구문입니다. **elif-else 문**은 조건을 '분기'할 수 있습니다. 무
슨 말인지 설명하고자 예를 하나 들어 보겠습니다. 다음 코드는 stock_price가 60000인지 한 번
비교하여 거짓이면 print(stock_price) 코드를 실행하지 않고 그대로 프로그램이 종료됩니다.

```
stock_price = 70000
if stock_price == 60000:
    print(stock_price) ····· 이 코드는 실행되지 않고 종료됨
```

하지만 elif를 사용하면 첫 번째 if 조건에 해당되지 않을 때 elif 조건에 부합하는지 추가로 확
인할 수 있습니다.

```
stock_price = 70000
if stock_price == 60000:
    print(stock_price)
elif stock_price > 60000: ····· if 조건에 맞지 않는다면 다른 조건으로 한 번 더 비교
    print('elif')
```

이렇게 if-else를 사용하면 if 문의 조건을 먼저 비교해 보고 참이면 if 문 아래의 코드 블록을 실
행하고, 거짓이면 elif 조건을 비교하여 참이면 elif 아래의 코드 블록을 실행합니다. 여기서 중요
한 점은 **처음 if 문의 조건이 참이라면 elif 문의 조건은 비교하지 않고 그대로 종료된다는 것입니다.**

```
> stock_price = 70000
>
> if stock_price == 70000:
>   print(stock_price) ····· 실행
>
> elif stock_price > 60000: ····· if 조건이 참이면 elif 구문이 참이더라도 실행되지 않음
>     print('elif')
70000
```

문법상 기억해야 할 것은 **if는 단 한 번만 사용할 수 있으며 조건문의 첫 번째로 등장해야 합니다.** elif는 'else-if'의 줄임말로 'if가 아니라면'이라는 의미이므로 if 다음에 등장해야 하는 것이 자연스럽다고 이해하면 좋습니다. 그런 이유로 elif가 if보다 먼저 등장한 다음 코드는 문법 오류로 실행되지 않습니다.

```
> stock_price = 70000
>
> elif stock_price == 70000:
>     print(stock_price)
>
> if stock_price > 50000:
>     print('elif')
(...)
SyntaxError: invalid syntax
```

또 if 문이 한 번밖에 사용할 수 없는 것과 달리 elif 문은 여러 번 반복해서 사용할 수 있으며, elif 조건들 중 부합하는 조건이 있다면 그다음에 나오는 elif 조건들은 실행되지 않고 무시됩니다.

```
> stock_price = 70000
>
> if stock_price == 60000:
>     print(stock_price) ----- 실행 안 됨
>
> elif stock_price > 70000:
>     print('elif1') ----- 실행 안 됨
>
> elif stock_price > 50000:
>     print('elif2') ----- 실행됨
>
> elif stock_price > 40000:
>     print('elif3') ----- 실행 안 됨
elif2
```

많은 조건을 사용했지만 아무것도 만족하지 않으면 if-elif 구문은 실행되지 않고 종료됩니다. 이렇게 어느 조건에도 해당하지 않을 때 else를 사용할 수 있습니다. else 구문 아래에는 이 조건 저 조건에도 해당되지 않을 때 실행할 코드를 작성할 수 있으며, if-elif 구문과 달리 아무런 조건도 필요 하지 않습니다. 예를 들어 살펴보겠습니다.

```
> stock_price = 70000
>
> if stock_price == 60000:
>     print(stock_price) ----- 실행 안 됨
>
> elif stock_price > 70000:
>     print('elif1') ----- 실행 안 됨
>
> elif stock_price > 80000:
>     print('elif2') ----- 실행 안 됨
>
> elif stock_price > 90000:
>     print('elif3') ----- 실행 안 됨
>
> else:
>     print('if-elif 중 어느 조건에도 해당되지 않으면 이 부분이 실행됩니다.') ----- 실행됨
if-elif 중 어느 조건에도 해당되지 않으면 이 부분이 실행됩니다.
```

elif 문과 마찬가지로 else 문 위에 존재하는 if-elif 조건 중 하나라도 만족한다면 else 영역은 실행되지 않으며, if 문 없이 else 문만 사용할 수는 없습니다.

```
> stock_price = 70000
> else: ----- 실행 안 됨
>     print('if 없이 사용 불가')
SyntaxError: invalid syntax
```

2.8 반복문

프로그래밍을 배우며 꼭 알아야 하는 것 중에는 반복문이 있습니다. 코드를 작성하면 반복해서 해야 할 일들이 있고, 그러다 보면 자연스레 코드가 길어지고 알아보기 힘들어지기 때문입니다. 예를 들어 구구단 2단을 출력하는 코드를 살펴보겠습니다.

```
> print("{} * {} = {}".format(2, 1, 2))
> print("{} * {} = {}".format(2, 2, 4))
> print("{} * {} = {}".format(2, 3, 6))
```

```
> print("{} * {} = {}".format(2, 4, 8))
> print("{} * {} = {}".format(2, 5, 10))
> print("{} * {} = {}".format(2, 6, 12))
> print("{} * {} = {}".format(2, 7, 14))
> print("{} * {} = {}".format(2, 8, 16))
> print("{} * {} = {}".format(2, 9, 18))
2 * 1 = 2
2 * 2 = 4
2 * 3 = 6
2 * 4 = 8
2 * 5 = 10
2 * 6 = 12
2 * 7 = 14
2 * 8 = 16
2 * 9 = 18
```

이 코드는 첫 줄을 복사한 후 나머지 여덟 줄을 붙여넣기 해서 코드를 작성했지만, 그것조차 꽤 번거로운 일이었습니다. 그럼 9단까지 모두 출력한다면 어떻게 될까요? 생각만 해도 코드가 너무 많아 가독성이 떨어질 것입니다. 이렇게 반복해서 하는 작업을 반복문을 이용하여 간단히 줄일 수 있습니다.

2.8.1 for 문

여러분도 모두 알다시피 for는 영어로 '~하는 동안'을 의미합니다. 하지만 파이썬에서 for는 '~하는 동안' 반복문을 수행하는 데 쓰며 문법은 다음과 같습니다.

```
for 변수 in range(반복횟수):
    반복할 코드
```

조건문에서 조건에 부합하는 코드를 실행하려면 해당 영역을 들여쓰기 했던 것처럼 반복문에서도 반복할 코드를 들여쓰기 해야 합니다. 먼저 range(반복횟수)라는 부분을 살펴보겠습니다. 우선 무엇인지는 잘 몰라도 무작정 한 번 출력해 보겠습니다. 파이썬 3 버전 이상에서 range를 출력해 보면 다음과 같이 출력됩니다.

```
> print(range(9))
range(0, 9)
```

이 결과를 이해하지 못해도 좋습니다. 다시 한 번 무작정 range(9)를 리스트로 만들어 보겠습니다.

```
> print(list(range(9)))
  [0, 1, 2, 3, 4, 5, 6, 7, 8]
```

range(9)를 리스트로 만드니 0부터 8까지 숫자로 되어 있는 것을 확인할 수 있습니다. 이처럼 range(반복횟수)라는 코드는 0부터 반복 횟수보다 하나 작은 숫자까지 1씩 증가하는 숫자를 만들어 냅니다.

물론 항상 0부터 시작하는 것은 아니며, 꼭 1씩 증가시켜야 하는 것도 아닙니다. range(A)라고 하면 0부터 시작하여 A보다 하나 작은 숫자까지 1씩 증가한 숫자들을 만들지만, range(A, B, C)라고 하면 A부터 시작하여 B보다 하나 작은 숫자까지 C만큼씩 증가한 숫자들을 만들어 냅니다. 이 책에서는 사용하지 않는 방법이지만 이렇게도 할 수 있다는 것을 알고 있으면 좋습니다.

```
> print(list(range(1, 10, 2)))
  [1, 3, 5, 7, 9]
```

range가 무슨 역할을 하는지 알았다면 계속해서 for 다음에 등장하는 i 변수란 무엇일까요? 마찬가지로 예를 들어 설명하겠습니다.

```
> for i in range(9):
>     print(i)
0
1
2
3
4
5
6
7
8
```

먼저 변수명은 마음대로 정해도 좋습니다. 필자는 i를 사용했지만 다른 이름을 사용해도 무방합니다. i가 무엇인지 확인하려고 출력한 결과를 보면, range(9)에 들어 있는 숫자 0부터 8까지 순서대로 i라는 변수에 대입했다는 것을 알 수 있습니다. 이 과정을 그림으로 정리해 보겠습니다.

❤ 그림 2-17 for 반복문의 실행 과정

❷ 0부터 i에 하나씩 담음

❶ 0, 1, 2, 3, 4, 5, 6, 7, 8

```
for i in range(9):
    print(i)
```

❸ i를 기준으로 한 번씩 실행

그림을 살펴보면 먼저 range(9)에 들어 있는 값들을 하나씩 i에 저장합니다. i에 저장될 때마다 for 문 아래에 들여쓰기 한 코드 블록이 실행됩니다. range(9)에는 숫자가 총 아홉 개 들어 있으므로 print(i)는 아홉 번 실행되며, i 값은 range(9)에 들어 있는 숫자가 순서대로 대입됩니다. 그럼 시작할 때 예로 들었던 구구단 중 2단을 for 문과 range를 사용하여 만들어 보겠습니다.

```
> for i in range(1, 10):
>     print("{} * {} = {}".format(2, i, 2*i))
2 * 1 = 2
2 * 2 = 4
2 * 3 = 6
2 * 4 = 8
2 * 5 = 10
2 * 6 = 12
2 * 7 = 14
2 * 8 = 16
2 * 9 = 18
```

숫자 2에 1부터 9까지 곱하는 반복문을 만들어야 합니다. 2는 고정으로 둔 상태에서 1부터 9까지 곱할 숫자를 만들고자 range(1, 10)을 사용했습니다.

사실 이것이 for 문과 range를 이용한 반복문의 전부입니다. 그리고 for 반복문에서 항상 range를 사용해야 하는 것도 아닙니다. '반복할 수 있는 것'이 오면 됩니다. 이를 '반복 가능한 객체'라고 말할 수 있고, 우리가 배운 것 중에는 range, tuple, list, dictionary가 이에 해당합니다. 반복 가능한 데이터가 아니라면 당연히 반복문을 사용할 수 없습니다.

```
> for i in 9:
>     print(i)
(...)
TypeError: 'int' object is not iterable
```

int형 데이터인 9는 반복 가능한 객체(iterable object)가 아니기에 반복할 수 없습니다. 그럼 리스트를 이용하여 반복문을 작성해 보겠습니다.

```
> for i in [0, 2, 4, 6, 8]:
>   print(i)
0
2
4
6
8
```

리스트 안에 있는 값이 그대로 변수에 전달되는 것을 알 수 있습니다. 또 딕셔너리를 이용하여 반복문을 쓸 수도 있습니다. 그런데 딕셔너리는 키(Key) 값도 있고 값(Value)도 존재합니다. 이 경우 반복문의 i에 전달되는 값은 키와 값 중 무엇일까요?

```
> test_dict = {'key1': 1, 'key2': 4, 'key3': 9}
> for i in test_dict:
>   print(i)
key1
key2
key3
```

키 값들이 나오는 것으로 보아 딕셔너리를 이용한 반복문은 변수에 키 값이 전달되는 것을 알 수 있습니다.

Note ≡   여기서는 딕셔너리 생성 순서(key1, key2, key3)대로 출력되지만, 혹시 파이썬 3.7 이전 버전을 사용한 다면 딕셔너리 생성 순서와는 상관없이 출력될 수 있습니다(예 key2, key3, key1).

딕셔너리 값을 기준으로 반복하려면 어떻게 해야 할까요? 다음과 같이 딕셔너리 변수명.values()를 사용하면 됩니다.

```
> test_dict = {'key1': 1, 'key2': 4, 'key3': 9}
> for i in test_dict.values():
>   print(i)   ····· 마찬가지로 파이썬 3.7 이전 버전을 사용한다면 출력 순서가 1, 4, 9가 아닐 수도 있음
1
4
9
```

마지막으로 for 문을 이용하여 반복문을 실행하는 과정에서 현재 몇 번째 요소를 수행하고 있는지 확인하는 방법은 enumerate 키워드를 사용하는 것이며, 사용 문법은 다음과 같습니다.

```
for 요소번호, 저장된 값 in enumerate(반복 가능한 객체):
    print(요소번호, 저장된 값)
```

'요소 번호'와 '저장된 값'으로 쓸 변수명은 자유롭게 사용해도 좋지만 보통 index, value라고 이름 지어 사용합니다. 반복 가능한 객체는 range(1, 5)라고 했을 때 다음 코드를 실행해 보겠습니다.

```
> for index, value in enumerate(range(1, 5)):
>     print('현재 반복 순서:{}, 값:{}'.format(index, value))
현재 반복 순서:0, 값:1
현재 반복 순서:1, 값:2
현재 반복 순서:2, 값:3
현재 반복 순서:3, 값:4
```

range(1, 5)로 확인할 수 있는 value는 1부터 4고 저장 순서를 의미하는 index는 0부터 시작하여 3까지 나오는 것을 알 수 있습니다.

enumerate 다음에 사용할 수 있는 자료형은 반복 가능한 객체이기 때문에 튜플과 리스트, 딕셔너리도 사용할 수 있으며, 리스트를 사용한 예는 다음과 같습니다.

```
> a = [1, "Hello", 1/4, True]
> for index, value in enumerate(a):
>     print('현재 반복 순서:{}, 값:{}'.format(index, value))
현재 반복 순서:0, 값:1
현재 반복 순서:1, 값:Hello
현재 반복 순서:2, 값:0.25
현재 반복 순서:3, 값:True
```

2.8.2 while 문

for를 이용한 반복문은 range, tuple, list, dictionary 등을 바탕으로 이 안에 있는 데이터 길이 만큼 반복을 진행했습니다. while 문은 이와 다르게 다음과 같은 문법으로 사용됩니다.

```
while 조건:
    반복할 코드
```

여기서 '조건'은 조건문에서 사용했던 조건과 마찬가지로 참, 거짓을 구분할 수 있으면 됩니다. 예를 들어 보겠습니다.

```
i = 1
while i < 10:
    print(i)
```

이 코드는 i를 1로 저장하고 i가 10보다 작으면 반복을 실행하라는 의미입니다. i는 10보다 작으니 print(i)라는 코드가 동작할 것이라고 예상할 수 있습니다. 그럼 이 코드를 실행해 보겠습니다.

```
1
1
1
1
1
1
...
```

이 코드를 실행하면 1이 무한히 나옵니다. 이 경우 자동으로 중지되지 않으니 파이참 위에 보이는 빨간색 [종료] 버튼을 눌러 수동으로 종료시켜야 합니다.

❤ 그림 2-18 파이참의 실행 [중지] 버튼

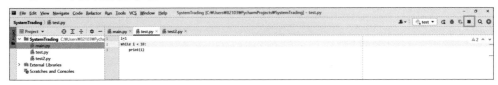

출력이 무한히 반복되는 이유는 i < 10라는 조건이 만족되는 동안에는 반복문이 계속 수행되기 때문입니다. for를 이용한 반복문은 반복되는 객체(range, tuple 등)에 들어 있는 값을 알아서 꺼내 마지막까지 도달하면 종료되었지만, while 문은 종료될 수 있는 조건을 반복 코드 안에서 작성해야 합니다. 그렇지 않으면 한 번 진입한 조건문을 빠져나갈 수가 없어 이처럼 무한히 반복됩니다. 그러면 반복문을 빠져나올 수 있도록 코드를 조금 수정해 보겠습니다.

```
> i = 1
> while i < 10:
>     print(i)
>     i = i + 1
1
2
3
4
5
6
7
8
9
```

이 경우 반복문이 한 번 실행될 때마다 i 값이 증가하기 때문에 i가 1씩 증가하다 10에 도달하면 조건에 충족하지 않아서 반복문이 동작하지 않습니다. while 문의 동작 프로세스를 정리하면 다음 그림과 같습니다.

▼ 그림 2-19 while 반복문의 실행 과정

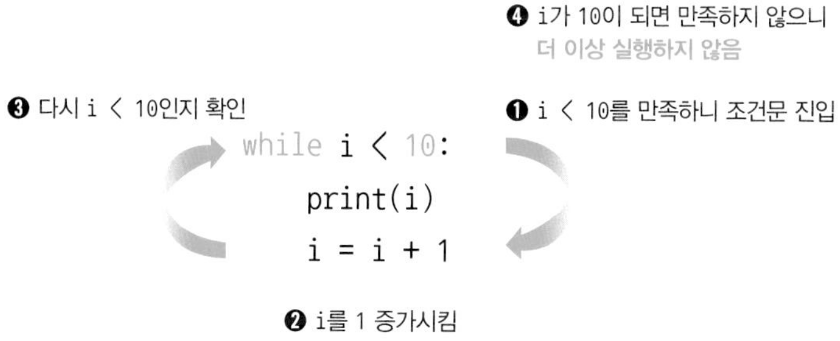

❹ i가 10이 되면 만족하지 않으니
더 이상 실행하지 않음

❸ 다시 i < 10인지 확인   ❶ i < 10를 만족하니 조건문 진입

```
while i < 10:
    print(i)
    i = i + 1
```

❷ i를 1 증가시킴

먼저 while 문을 만나면 실행 조건에 부합하는지 확인합니다. i의 초깃값은 1이니 i < 10를 만족하여 반복 코드가 실행됩니다. 이후에는 다시 처음으로 돌아가 while 문의 조건에 부합하는지 확인합니다. 그렇게 반복하다 더 이상 조건에 부합하지 않으면 while 문을 빠져나오는 것입니다. 앞의 예제 코드에서는 i가 1에서 시작하여 하나씩 증가하다가 10이 되기 전까지 print(i)가 실행되므로 1부터 9까지 숫자가 출력되었습니다.

이처럼 반복문을 원하는 만큼만 수행하려면 while 문의 조건 설정이 중요하며, 조건을 잘못 설정하면 앞처럼 조건문을 빠져나오지 못하는 무한 루프(infinite loop)에 빠질 수 있습니다. 조건을 잘못 설정하여 의도하지 않은 무한 루프에 빠지면 반복문 아래 존재하는 코드가 아예 실행되지 못하는 죽은 영역이 되므로 주의해야 합니다.

```
while True:
    print("무한 루프...")
print('절대 실행되지 않습니다.')  ----- 이 코드는 절대 실행되지 않음
```

또 while 문 역시 if 문처럼 조건을 True, False로 구분할 수 없다면 전부 True로 보므로 while True:나 while 1:도 항상 실행됩니다.

```
while 1:
    print("무한 루프입니다.")
```

지금까지 for 문과 while 문을 이용한 반복문을 알아보았습니다. 반복문을 만들고자 할 때 어느 것을 이용하든 상관없지만, 굳이 구분하자면 for 문은 반복 가능한 객체를 이용하므로 반복 횟수가 명확할 때 사용할 수 있습니다. 반대로 while 문은 종료 조건이 없으면 무한 루프에 빠지므로 종료 조건을 지정하는 것이 중요합니다.

2.8.3 중첩 반복문

중첩 반복문이란 반복할 코드 안에 또 다른 반복문이 있는 형태를 의미합니다.

```
for 변수 in 반복가능객체:
    for 변수 in 반복가능객체:
        반복할 코드

while 조건:
    while 조건:
        반복할 코드
```

물론 for 문과 while 문을 혼합해서 사용하는 것도 가능합니다.

```
for 변수 in 반복가능객체:
    while 조건:
        반복할 코드

while 조건:
    for 변수 in 반복가능객체:
        반복할 코드
```

반복문 안에 또 다른 반복문이 있다는 것이 조금 낯설 수도 있습니다. 예를 들어 설명해 보겠습니다. 앞서 for 문을 배울 때 구구단 2단을 출력하는 코드를 다음과 같이 작성했습니다.

```
for i in range(1, 10):
    print("{} * {} = {}".format(2, i, 2*i))
```

그런데 여기서 2단뿐만 아니라 9단까지 출력하려면 어떻게 해야 할까요? 이 코드에서 2라고 넣은 부분을 변수로 대신하고 이 값을 2부터 9까지 또 반복시키면 됩니다. 물론 기존에 사용한 반복문 for i in range(1, 10)은 각 단마다 필요하니 그대로 유지한 채로 다음과 같이 코드를 작성합니다.

```
> for j in range(2, 10):
>     for i in range(1, 10):
>         print("{} * {} = {}".format(j, i, j*i))
2 * 1 = 2
2 * 2 = 4
2 * 3 = 6
2 * 4 = 8
2 * 5 = 10
2 * 6 = 12
2 * 7 = 14
2 * 8 = 16
2 * 9 = 18
3 * 1 = 3
3 * 2 = 6
3 * 3 = 9
3 * 4 = 12
3 * 5 = 15
3 * 6 = 18
3 * 7 = 21
3 * 8 = 24
3 * 9 = 27
(...)
9 * 1 = 9
9 * 2 = 18
9 * 3 = 27
9 * 4 = 36
9 * 5 = 45
9 * 6 = 54
9 * 7 = 63
9 * 8 = 72
9 * 9 = 81
```

2를 대신하여 j라는 변수를 이용한 반복문을 추가해서 구구단 전체를 출력하도록 만들었습니다. 중첩 반복문을 사용할 때 주의해야 할 점은 사용하는 변수명을 겹치지 않게 하는 것입니다. 다음 코드처럼 첫 번째 반복문과 두 번째 반복문에 똑같은 i 변수를 사용하면 이는 별개가 아닌 동일하게 인식됩니다. 다음 코드의 출력 결과와 앞 코드의 출력 결과를 비교해 보면 차이점을 알 수 있습니다.

```
> for i in range(2, 10):
>     for i in range(1, 10):
>         print("{} * {} = {}".format(i, i, i*i))
1 * 1 = 1
2 * 2 = 4
3 * 3 = 9
4 * 4 = 16
5 * 5 = 25
6 * 6 = 36
7 * 7 = 49
8 * 8 = 64
9 * 9 = 81
1 * 1 = 1
2 * 2 = 4
3 * 3 = 9
4 * 4 = 16
5 * 5 = 25
6 * 6 = 36
7 * 7 = 49
8 * 8 = 64
9 * 9 = 81
(...)
```

1번째 반복문 for i in range(2, 10)에서 i가 2부터 시작하지만, 2번째 반복문에 진입하면 i 값이 range(1, 10)에 따라 다시 1로 재할당됩니다. 이렇게 변수명을 중복해서 사용할 경우 가장 최근 반복문을 기준으로 변수 값이 정해지므로 의도하지 않은 결과가 나올 수 있다는 것을 주의해야 합니다.

2.8.4 반복문 제어

반복문을 제어한다는 것은 반복 도중에 중단하거나 더 이상 반복하지 않고 실행을 생략하는 것을 의미합니다. 여기서 사용하는 키워드(keyword)에는 break 문과 continue 문이 있으며, 이 키워드들은 반복문 내에서만 사용할 수 있습니다. 먼저 각 쓰임새를 살펴보겠습니다.

- **break**: 반복문을 종료시킵니다.
- **continue**: continue 아래의 코드는 생략하고 다음 반복으로 넘어갑니다.

Note ≡ 키워드란 프로그래밍 언어 내에서 미리 용도가 정해진 예약 문자입니다. 예를 들어 반복문을 사용하고자 할 때 for 문 또는 while 문을 사용할 수 있었던 이유는 이것들이 반복문으로 쓰도록 미리 지정된 키워드이기 때문입니다. 이렇게 키워드 문자는 이미 용도가 정해진 문자이기에 변수명으로 사용할 수 없습니다.

```
> while = 1
(...)
SyntaxError: invalid syntax
```

참고로 파이썬에서 미리 정해 놓은 키워드의 종류들은 다음 코드를 이용하여 확인할 수 있으며, 지금 배울 break 문과 continue 문 또한 키워드에 속합니다.

```
> import keyword
> print(keyword.kwlist)
['False', 'None', 'True', 'and', 'as', 'assert', 'break', 'class', 'continue',
'def', 'del', 'elif', 'else', 'except', 'finally', 'for', 'from', 'global', 'if',
'import', 'in', 'is', 'lambda', 'nonlocal', 'not', 'or', 'pass', 'raise', 'return',
'try', 'while', 'with', 'yield']
```

하나씩 예를 들어 살펴보겠습니다. 반복문을 실행하던 중 break 문을 만나면 그 즉시 반복문을 종료합니다.

```
> for i in range(1, 10):
>     print("{} * {} = {}".format(2, i, 2*i))
>     break
2 * 1 = 2
```

이처럼 해당 반복문이 바로 종료됩니다. i가 원래는 1부터 10까지 반복될 예정이었지만 print 함수를 딱 한 번 출력하고 break 문에 도달하면 그 즉시 반복문이 종료되었습니다. break 문을 만나는 즉시 반복문을 빠져나오므로 다음과 같이 코드를 작성하면 break 아래의 코드는 아무것도 실행되지 않습니다.

```
for i in range(1, 10):
    break
    print("{} * {} = {}".format(2, i, 2*i))
```

물론 이렇게 코드를 작성하면 반복문으로 만들지 않은 것만 못하니 보통은 다음과 같이 반복문을 계속 수행하다 조건에 부합하는지를 확인하고, 더 이상 실행하지 않아도 될 때 종료 의미로 사용합니다.

```
while True:
    반복할 코드

    if 조건:
        break
```

여기서 중요한 점은 break 문은 자신을 감싸고 있는 모든 반복문을 종료시키는 것이 아니라 가장 가까운 반복문만 종료시키는 역할을 한다는 것입니다.

```
while 조건 1:
    실행영역 1

    while 조건 2:
        실행영역 2

        if 조건 3:
            break
```

이 코드를 보면 중첩 반복문을 사용하여 조건 2를 사용하는 두 번째 반복문에서 조건 3에 해당하면 반복문을 종료시키는 break 문을 사용했습니다. 코드를 실행하던 중 조건 3에 해당하여 break 문에 도달하면, 조건 2를 사용하는 두 번째 반복문이 종료되고 조건 1을 사용하는 첫 번째 반복문은 해당되지 않기 때문에 실행 영역 1은 계속 반복됩니다. 이처럼 break 문은 반복문을 종료시키는 역할을 하지만, 모든 반복문을 종료시키지 않고 break 문을 감싸고 있는 가장 가까운 반복문하나만 종료시킨다는 것을 꼭 기억하길 바랍니다.

마지막으로 continue 문을 알아보겠습니다. continue는 반복문을 진행하다 continue 문에 도달하면 그 아래의 코드를 전부 생략한 후 다음 반복으로 넘어가 버립니다. 예를 들어 보겠습니다. 다음 for 문을 사용하면 2부터 10에 해당하는 숫자를 출력하고 그다음 줄에는 그 수의 제곱을 출력합니다.

```
> for i in range(2, 10):
>     print(i)
>     print(i * i)
  2
  4
  3
  9
  4
  16
  5
  25
  6
  36
  7
  49
  8
  64
  9
  81
```

하지만 이 코드에 다음과 같이 continue 문을 사용하면 제곱을 출력하는 print(i * i)는 무시됩니다. continue 문 아래에 있는 코드들이 실행되지 않기 때문입니다.

```
> for i in range(2, 10):
>     print(i)
>     continue
>     print(i * i)
  2
  3
  4
  5
  6
  7
  8
  9
```

하지만 반복문 자체를 종료시키는 break 문과 달리 반복문은 계속 실행됩니다. 다만 i 값이 하나 증가하여 다시 실행되더라도 여전히 continue 문 아래 영역은 실행되지 않습니다. continue 문 또한 단순히 사용하면 continue 문 아래에 있는 코드를 무시해 버리므로 다음과 같이 조건에 해당될 때만 continue 문에 진입하도록 사용하는 것이 보통입니다.

```
while 반복조건:
    반복할 코드 1
    if 조건:
        continue

    반복할 코드 2
```

이렇게 코드를 작성하면 반복할 코드 1과 2를 잘 실행하다 if 조건에 부합하여 continue 문에 진입하면 그다음 반복할 코드 2는 실행되지 않습니다.

2.9 함수

2.9.1 기본

우리가 수학 시간에 배운 함수란 특정 값을 전달하면 그 값을 가지고 계산한 결과를 얻었습니다. 프로그래밍에서 말하는 함수도 이와 크게 다르지 않습니다. 수행하고자 하는 함수 로직을 정의하고 값을 전달해서 사용하면 됩니다. 하지만 지금까지는 함수를 정의한 적 없이 쓰기만 해 왔습니다. print()가 그것입니다. print() 함수 내부가 어떻게 되어 있는지는 모르지만, 출력하고 싶은 값을 전달하거나 변수를 전달하면 출력부에 출력하는 역할을 수행했습니다.

```
print(출력하고 싶은 값 또는 변수)
```

이렇게 사용자가 정의하지 않고도 파이썬에서 기본적으로 사용할 수 있도록 정의해 놓은 함수들을 **내장 함수**(builtin functions)라고 합니다. 하지만 사용자가 직접 함수를 만들고자 한다면 다음 문법을 사용해야 합니다.

```
def 함수명(매개변수1, 매개변수2, 매개변수3, …):
    함수로직
```

파이썬에서 함수를 정의할 때는 def라는 키워드를 쓴 다음 한 칸 띄고(Spacebar 이용) 함수명과 함수로 전달할 매개변수(parameter)를 만듭니다. 그다음 줄부터는 함수를 실행할 때 수행할 로직이 들어갑니다. 그럼 사용자에게서 입력 값을 두 개 받아 둘을 더한 값을 출력하는 함수를 만들어 보겠습니다.

```
def add(param1, param2):
    print(param1 + param2)
```

add라는 이름의 함수를 만들어 param1과 param2의 두 값을 더한 결과를 출력하는 함수를 만들었습니다. 이제 우리가 만든 함수를 사용해 보겠습니다.

```
> add(1, 3)
4
```

함수를 정의할 때 사용한 param1 자리에는 1이 전달되고 param2 자리에는 3이 전달되어 4라는 결과가 출력되었음을 알 수 있습니다. 이를 그림으로 표현하면 다음과 같습니다.

❤ 그림 2-20 함수

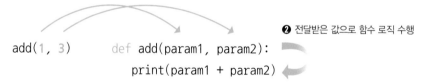

❶ 1과 3을 순서대로 param1, param2로 전달

add(1, 3)   def add(param1, param2):   ❷ 전달받은 값으로 함수 로직 수행
                 print(param1 + param2)

그럼 함수의 사용법을 좀 더 자세히 살펴보겠습니다.

❶ 함수를 정의하기 전에 먼저 사용하려고 하면 에러가 발생합니다.

```
> add(1, 3)
> def add(param1, param2):
>     print(param1 + param2)
(...)
NameError: name 'add' is not defined
```

add 함수가 정의되기 전에 add(1, 3)을 사용하면 add 함수 밑에 빨간색 밑줄이 나타나 에러가 발생했다는 것을 알 수 있습니다.

❷ 함수를 정의만 하고 사용하지 않으면 함수에 만들어 둔 기능이 동작하지 않습니다. 함수를 호출하려면 다음과 같이 def를 빼고 함수명과 함께 매개변수에 전달할 값을 입력합니다.

```
> def add(param1, param2):
>     print(param1 + param2)
>
> add(1, 3)
4
```

❸ 함수에 전달하는 매개변수명과 개수는 자유롭게 정할 수 있지만 함수를 호출할 때는 정의된 그대로 사용해야 합니다. 다음과 같이 add 함수를 정의하는 부분에는 매개변수를 하나만 정의하고, 함수를 사용할 때는 매개변수를 두 개 사용하면 에러가 발생합니다.

```
> def add(param1):
>     print(param1)
> add(1, 3)
(...)
TypeError: add() takes 1 positional argument but 2 were given
```

❹ 매개변수를 아예 정의하지 않고 사용할 수도 있지만, 이 경우 굳이 함수를 만들어야 하는지 판단할 필요가 있습니다.

```
> def print_hello():
>     print("Hello")
> print_hello()
Hello
```

이 함수는 다음과 같이 print("Hello")만 사용할 때와 똑같은 결과를 출력합니다. 같은 코드를 더 길게 사용할 필요는 없겠죠? 그렇지만 매개변수가 없는 함수가 꼭 불필요한 함수라는 의미는 아닙니다. 다만 프로그래밍을 처음 접한 사람이 매개변수를 사용하지 않는 함수를 정의할 때는 사용 목적과 쓰임새를 고민할 필요가 있다는 점을 전하고 싶었습니다.

```
> print("Hello")
Hello
```

2.9.2 반환하기

예제로 만들어 본 add 함수는 전달받았던 매개변수들의 연산 결과를 출력하는 역할을 합니다.

```
> def add(param1, param2):
>     print(param1 + param2)
> add(1, 3)
4
```

여기서 중요한 사실은 add 함수를 정의하는 영역(함수 내부)과 add 함수를 호출하는 영역(함수 외부)은 서로 다른 영역이라는 점입니다.

▼ 그림 2-21 함수의 내부와 외부 영역

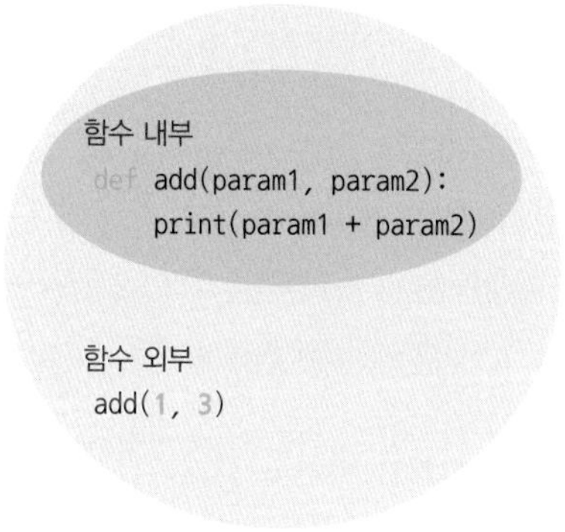

코드 실행 영역

함수 내부
def add(param1, param2):
    print(param1 + param2)

함수 외부
add(1, 3)

두 영역이 서로 다르다는 개념이 어려울 테니 이해를 돕고자 예를 들어 설명해 보겠습니다. add 함수에서 매개변수들의 연산 결과를 result라는 변수에 저장했습니다. 이후 add 함수를 호출하고 result에 값이 잘 저장되었나 확인해 보겠습니다.

```
def add(param1, param2):
    print(param1 + param2)
    result = param1 + param2

add(1, 3)
print(result)
```

코드를 실행하면 result에 4가 저장되어 있을 것이라는 예상과 달리 다음 에러가 발생합니다.

```
Traceback (most recent call last):
  File "C:/Users/82013/PycharmProjects/SystemTrading/test.py", line 6, in <module>
```

```
    print(result)
NameError: name 'result' is not defined
4
```

분명 result라는 변수를 add 함수 내에서 만들었는데 이상하게도 add 함수를 호출하는 외부에서는 result라는 변수가 정의되어 있지 않다고 나옵니다. 그 이유는 함수를 정의할 때 사용했던 코드들은 호출하는 영역과 분리되어 별도의 공간을 갖기 때문에 호출 영역에서 result 존재를 파악하지 못하는 것입니다. 이 내용은 뒤에 나올 '유효 범위'에서 자세히 다룰 것이므로 지금은 간단히 살펴보겠습니다.

❶ 함수를 정의하는 영역과 호출하는 영역은 서로 다른 영역입니다.

❷ 함수를 정의하는 영역에서 사용한 변수는 호출하는 영역에서 알 수 없습니다.

따라서 호출 영역에서 add(1, 3)으로 함수를 호출했어도 함수 내부의 수행 결과를 전달받지 못해 알 수 없는 상황입니다.

여기서 혹시 코드의 실행 결과는 4로 나오는데 이 결과는 그럼 어떻게 나왔느냐고 물어볼 수도 있을 것 같습니다. 이는 add 함수 안에 print 함수를 이용하여 결과를 단순히 출력한 것뿐이지 함수 호출 영역으로 연산 결과를 전달한 것은 아닙니다. 그러면 함수 실행 결과를 외부로 전달하려면 어떻게 해야 할까요? 바로 return이라는 키워드를 사용하면 됩니다.

```
def add(param1, param2):
    return param1 + param2

add(1, 3)
```

return 키워드를 사용하면 return 이후 나오는 값이나 변수를 함수를 실행한 영역으로 전달하게 됩니다. 이렇게 return을 사용하면 다음 프로세스처럼 호출과 반환이 수행됩니다.

▼ 그림 2-22 함수의 호출과 결과 반환 과정

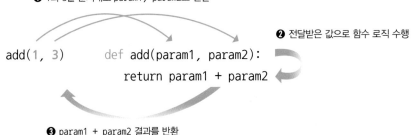

❶ 1과 3을 순서대로 param1, param2로 전달

❷ 전달받은 값으로 함수 로직 수행

```
add(1, 3)    def add(param1, param2):
                 return param1 + param2
```

❸ param1 + param2 결과를 반환

즉, 함수 내부에 존재하는 return param1 + param2가 param1 + param2의 결과를 호출 영역으로 전달하는 것입니다. 하지만 코드를 실행해 보면 반환한 값은 출력되지 않습니다. 반환한 값은 어디서 확인할 수 있을까요?

그림 2-22에서 세 번째 흐름에 해당하는 내용을 보면 param1 + param2 결과를 반환한다고 설명하면서 화살표가 add(1, 3)을 가리키고 있습니다. 이 의미는 함수 내에서 return을 사용하면 add(1, 3) 코드가 함수를 호출하는 것뿐만 아니라 함수 수행이 끝나면서 반환 결과를 얻어 오는 역할까지 한다는 것입니다. 이를 확인하고자 add(1, 3)을 result라는 변수에 담아 출력해 보겠습니다.

```
> result = add(1, 3)
> print(result)
4
```

이처럼 result를 출력하면 1 + 3의 수행 결과인 4가 나오는 것을 알 수 있습니다. 이 result는 다음과 같이 다시 활용할 수도 있습니다.

```
> result2 = add(result, 5)
> print(result2)
9
```

하지만 단순히 result 변수에 결과를 담아 print() 함수로 출력하기만 한다면 변수에 저장하는 과정을 거치지 않아도 됩니다. add(1, 3)이 이미 호출 결과를 담고 있기에 변수를 만들지 않고도 바로 출력할 수 있습니다.

```
> print(add(1, 3))
4
```

이렇게 함수 내에서 사용하는 return은 실행 영역으로 결과를 반환하는 역할이지만 동시에 '함수를 종료한다'는 의미도 있습니다. 물론 return을 사용하지 않고도 함수는 더 이상 실행할 코드가 없으면 정상적으로 종료됩니다.

```
> def print_hello():
>     print("Hello")
>
> print_hello()
Hello
```

꼭 return을 사용해야 함수가 종료되는 것은 아니지만 return을 사용해야 종료됨을 명시할 수 있습니다.

```
> def print_hello():
>     print("Hello")
>     return
>
> print_hello()
Hello
```

함수가 수행되다 return을 만나면 그대로 종료되므로 다음과 같이 return 다음에 코드를 넣는다면 그 코드는 실행되지 않습니다.

```
> def print_hello():
>     print("Hello")
>     return
>     print("Hello2")  ----- 실행되지 않음
>
> print_hello()
Hello
```

2.9.3 유효 범위

앞서 배운 반환하기가 필요했던 이유는 함수를 정의한 영역과 함수를 호출하는 영역이 구분되어 있기 때문이었습니다. 그렇지 않고 영역 구분이 없었다면 return 없이도 변수를 공유할 수 있었을 것입니다.

앞서 보았던 예제를 다시 한 번 살펴보겠습니다. 다음 코드에서 에러가 발생하는 이유는 함수 내부와 외부 영역이 달라 함수 안에서 정의한 result 변수를 함수 외부에서 사용할 수 없기 때문입니다.

```
> def add(param1, param2):
>     print(param1 + param2)
>     result = param1 + param2
>
> add(1, 3)
> print(result)
4
NameError: name 'result' is not defined
```

그런데 반대로 함수 외부에서 선언한 result 변수를 함수 내부에서 접근하여 사용할 수 있습니다.

```
> result = 10
> def add(param1, param2):
>     print(param1 + param2 + result)
>
> add(1, 3) ····· 1 + 3 + 10 = 14
14
```

이 예시처럼 단순히 변수를 선언하더라도 어느 영역에서 선언했느냐에 따라 사용할 수 있는 범위가 다릅니다. 이렇게 변수를 선언할 때 그 변수가 쓰일 수 있는 영역을 **유효 범위**(scope)라고 합니다. 다음과 같이 add 함수 내부라는 한정된 영역에서 사용하려고 만든 변수를 **지역 변수**(local variable)라고 하며, 지역(local)이라는 말에서 유추할 수 있듯이 특정 영역(변수를 선언한 함수 내부)에서만 사용할 수 있습니다. 따라서 return을 사용하지 않고서는 함수 외부 영역에서는 지역 변수 result가 어떤 값인지 알지 못하는 것입니다.

```
> def add(param1, param2):
>     result = param1 + param2
>
> add(1, 3)
> print(result)
(...)
NameError: name 'result' is not defined
```

반대로 함수 선언 영역이 아닌 바깥 부분을 전역(global scope)이라고 하며, 전역에서 선언된 변수를 **전역 변수**라고 합니다. 전역 변수로 선언된 변수는 함수 내부에서도 참조할 수 있습니다.

```
> result = 10 ····· result는 전역 변수
> def add(param1, param2):
>     print(param1 + param2 + result)
>
> add(1, 3) ····· 1 + 3 + 10 = 14
14
```

❤ 그림 2-23 전역 변수와 지역 변수

전역 변수(global variable) ⇒ 어느 함수에서도 사용할 수 있음

함수 f1	함수 f2
지역 변수 local_variable1 (유효 범위는 함수 f1 안)	지역 변수 local_variable2 (유효 범위는 함수 f2 안)

그러면 다음과 같이 이름이 동일한 변수(result)를 사용할 때 add 함수의 결과는 어떻게 될까요?

```
> result = 10
> def add(param1, param2):
>     result = 100
>     print(param1 + param2 + result)
>
> add(1, 3)
104
```

전역 변수 result를 선언한 상태에서 add 함수 내에 이름이 동일한 지역 변수 result를 선언했습니다. 이렇게 되면 add 내부에서 result라는 변수를 사용할 때는 가까운 지역 변수를 사용하므로 실행 결과는 1 + 3 + 100이 됩니다. 변수를 사용할 때 가장 가까이 정의되어 있는 변수를 조회한다고 생각하면 조금 더 이해하기 수월할 것입니다.

❤ 그림 2-24 변수의 우선순위: 지역 변수

```
def add(param1, param2):
    result = 100
    print(param1 + param2 + result)
```

가장 가까이 있는 result 조회

result를 사용할 때 먼저 지역 변수 result가 있는지 조회한 후 지역 변수로 존재하는 result가 없는 것이 확인되면 전역 변수를 조회합니다. 앞 예에서는 전역 변수 result가 존재하므로 코드가 문제없이 동작합니다.

▼ 그림 2-25 변수의 우선순위: 전역 변수

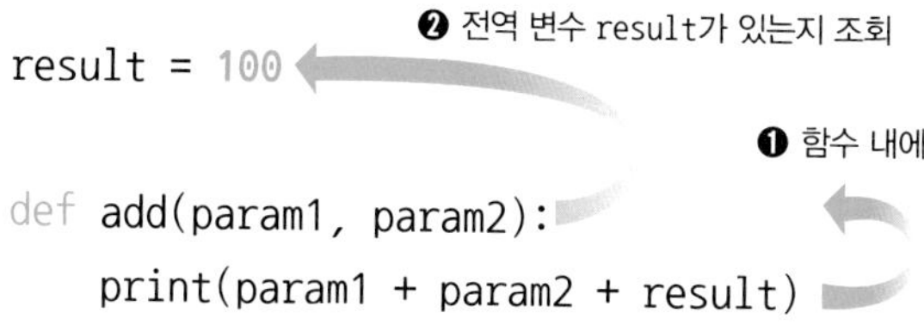

❷ 전역 변수 result가 있는지 조회

```
result = 100
```

❶ 함수 내에 result가 없다면

```
def add(param1, param2):
    print(param1 + param2 + result)
```

그러면 함수 내에서 전역 변수 사용을 강제하고 싶을 때는 어떻게 할까요? 함수에서 사용하려는 변수가 함수 내에 지역 변수로 존재하지 않는다면 전역에서 이름이 동일한 변수가 있는지 자동으로 확인하기 때문에 함수 내 코드가 길어지면 이 값이 어디서 참조되고 있는지 판단하기 어려울 수 있습니다. 이 경우 애초에 함수 내에서 전역 변수를 참조하겠다는 의미로 global이라는 키워드를 사용할 수 있습니다. global 키워드를 사용하는 방법을 알아보기 위해 예를 들어 보겠습니다.

```
fields = []

def func1():
    fields = ["1", "2"]

func1()
```

먼저 이 코드는 전역 변수 fields라는 빈 리스트를 정의했습니다. 이 리스트는 함수를 선언할 당시에는 정의되지 않아 빈 값으로 있다가 func1()이라는 함수를 거쳐 문자 1과 2가 들어 있는 리스트로 바뀝니다. 이제 fields를 출력해 보겠습니다.

```
> print(fields)
[]
```

fields에 값을 넣는 함수를 호출했지만 이상하게도 출력 결과는 빈 값입니다.

값이 제대로 저장되지 않은 문제 원인은 func1() 함수 내에 있는 fields가 전역 변수 fields가 아니라 지역 변수 fields로 인식되기 때문입니다.

그럼 함수 내에서 사용할 fields는 지역 변수가 아니고 전역 변수이므로, 전역 변수를 사용하라는 의미를 부여하고자 앞 코드를 다음과 같이 고쳐 보겠습니다.

```
fields = []

def func1():
    global fields
```

```
    fields = ["1", "2"]

func1()
```

func1() 함수 내에서 global fields라고 선언하면 함수 내에서 사용하는 fields는 모두 전역 변수임을 의미합니다. 따라서 함수 내에서 접근하는 fields는 전역 변수 fields이기에 이후 출력한 결과는 다음과 같습니다.

```
> print(fields)
['1', '2']
```

2.9.4 더 알면 좋은 것들

프로그래밍에서 함수 사용은 가히 필수적이라고 할 수 있습니다. 지금까지 배운 것을 충분히 이해한 것만으로도 훌륭하고, 이 책 프로젝트를 진행하는 데는 지장이 없습니다. 하지만 알아 두면 좋은 함수에 대한 몇 가지 이야기를 덧붙이고자 합니다.

먼저 **매개변수**에 관한 내용입니다. 함수에서 매개변수 사용은 필수는 아니지만 선언해 놓고 호출할 때 전달하지 않으면 에러가 발생한다고 설명했습니다. 다음 예에서는 arg1, arg2까지 총 두 개의 매개변수를 만들었지만 arg2를 전달하지 않아 에러가 발생합니다.

```
> def func1(arg1, arg2):
>     print(arg1, arg2)
>
> func1("매개변수1")
(...)
TypeError: func1() missing 1 required positional argument: 'arg2'
```

이렇게 사용자 실수로 매개변수를 전달하지 못하거나 호출할 때 딱히 전달할 값이 없을 때도 있기 때문에 매개변수 기본값 설정이 필요합니다. **매개변수 기본값** 설정이란 함수를 선언할 때 매개변수가 전달되지 않으면 사용할 값을 미리 정해 놓는 것입니다. 예를 들어 보겠습니다.

```
> def func1(arg1, arg2="Default"):
>     print(arg1, arg2)
>
> func1("매개변수1")
매개변수1 Default
```

함수를 선언할 때 arg2="Default"라고 정의하면 arg2 값이 전달되지 않았을 때 미리 정의한 값을 사용합니다. 물론 이 값은 전달되지 않을 때만 사용되고, 값을 전달하면 전달된 값을 사용합니다.

```
> def func1(arg1, arg2="Default"):
>     print(arg1, arg2)
>
> func1("매개변수1", "매개변수2")
매개변수1 매개변수2
```

매개변수 기본값을 정의할 때 주의할 점은 뒤에서부터 등장하는 매개변수 순서로 설정해야 한다는 것입니다. 앞 예처럼 arg2는 기본값을 설정할 수 있지만, 다음 예처럼 arg2를 제외하고 arg1에 기본값은 설정할 수 없습니다.

```
> def func1(arg1="Default", arg2):
>     print(arg1, arg2)
>
> func1("매개변수2")
(...)
SyntaxError: non-default argument follows default argument
```

따라서 다음과 같이 매개변수 1, 매개변수 2, 매개변수 3을 사용하는 함수에서 기본값을 설정할 매개변수는 매개변수 3→매개변수 2→매개변수 1 순서로 정할 수 있습니다. 매개변수 3부터 기본값을 설정하지 않고 매개변수 2나 매개변수 1부터 설정하려고 하면 에러가 발생합니다.

```
def 함수명(매개변수1, 매개변수2="기본2", 매개변수3):
    함수로직
```

그러므로 매개변수 1까지 기본값을 설정하고 싶다면 매개변수 3 · 2 · 1을 모두 설정해야 합니다.

```
def 함수명(매개변수1="기본1", 매개변수2="기본2", 매개변수3="기본3"):
    함수로직
```

다음은 매개변수를 지정해서 사용하는 방법입니다. 지금까지는 매개변수를 선언한 순서대로 사용해야 했습니다. 예를 들어 func1() 함수에서 arg1, arg2라는 매개변수를 선언하면 함수를 호출하는 데 사용한 매개변수 1, 매개변수 2가 함수의 arg1과 arg2에 순서대로 전달되었습니다.

```
> def func1(arg1, arg2):
>     print(arg1, arg2)
>
> func1("매개변수1", "매개변수2")
매개변수1 매개변수2
```

전달할 매개변수를 다음과 같이 지정한다면 함수를 호출할 때 매개변수 전달 순서는 고려하지 않아도 됩니다.

```
> def func1(arg1, arg2):
>     print(arg1, arg2)
>
> func1(arg2="매개변수2", arg1="매개변수1")
매개변수1 매개변수2
```

하지만 함수를 선언할 때 사용한 매개변수명인 arg1, arg2를 그대로 사용해야 한다는 점을 기억하길 바랍니다.

다음은 여러 값을 반환(return)하는 방법입니다. return 키워드를 사용하여 함수 내부의 결과를 외부로 전달할 수 있었습니다. 다음 코드는 param1과 param2의 값을 더해서 반환했기에 result에는 숫자 4가 저장됩니다.

```
> def add(param1, param2):
>     return param1 + param2
>
> result = add(1, 3)
> print(result)
4
```

하지만 return이 꼭 하나의 값만 반환할 수 있는 것은 아닙니다. return A처럼 하나의 값을 반환하는 것이 아니라 return A, return B처럼 코드를 작성하면 A와 B를 묶어 하나의 튜플을 반환합니다. 따라서 다음 코드에서 result에는 param1 + param2, param1 / param2 값이 튜플로 저장됩니다.

```
> def add_and_divide(param1, param2):
>     return param1 + param2, param1 / param2
>
> result = add_and_divide(6, 2)
> print(result)
(8, 3.0)
```

print(result) 결과는 (8, 3.0)이며 값을 두 개 가지고 있으므로 변수를 두 개 사용하여 언패킹할 수 있습니다.

```
> def add_and_divide(param1, param2):
>     return param1 + param2, param1 / param2
>
> result = add_and_divide(6, 2)
> A, B = result
> print(A, B)
8 3.0
```

물론 add_and_divide의 결과 자체가 튜플이니 result 변수를 사용하지 않고도 바로 언패킹할 수 있습니다.

```
> def add_and_divide(param1, param2):
>     return param1 + param2, param1 / param2
>
> A, B = add_and_divide(6, 2)
> print(A, B)
8 3.0
```

마지막으로 함수끼리 호출 순서를 알아보겠습니다. 함수 안에서 또 다른 함수를 사용하는 예입니다.

```
> def greeting():
>     print("greeting starts")
>     print("greeting ends")
>
> def say_hello():
>     print("say_hello starts")
>     greeting()
>     print("say_hello ends")
>
> say_hello()
say_hello starts
greeting starts
greeting ends
say_hello ends
```

greeting()이라는 함수를 만들고 say_hello() 함수 안에서 greeting() 함수를 호출했습니다. 그러면 say_hello를 실행하자마자 say_hello starts가 출력되고 그다음 greeting() 함수가 호출됩니다. greeting() 함수를 호출한 결과인 greeting starts, greeting ends가 나온 후에야 say_hello ends가 나옵니다. 여기서 알 수 있는 사실은 함수 A 안에서 또 다른 함수 B를 호출하면 함수 B가 종료되고 나서야 함수 A가 종료될 수 있다는 것입니다. 간단히 그림으로 살펴보겠습니다.

▼ 그림 2-26 함수 호출 순서

❶ say_hello 함수 호출 ❷ greeting 함수 호출 ❸ greeting 함수 종료

프로그램을 실행시키면 메모리에 say_hello()가 적재된 후 해당 함수가 동작합니다(그림 2-26의 왼쪽 그림). say_hello()가 실행되던 중 greeting() 함수를 호출하면 그림 2-26의 가운데 그림과 같이 greeting()도 메모리에 적재되는 구조가 됩니다. 이때 greeting() 함수의 종료 없이는 say_hello() 함수가 먼저 종료될 수 없습니다. 따라서 오른쪽 그림과 같이 greeting() 함수가 종료된 후에야 say_hello()가 종료될 수 있습니다.

한마디로 다시 요약하면, 함수 A가 실행되면서 다른 함수 B를 호출하고 나면 함수 A가 바로 종료되는 것이 아니라 함수 B가 정상적으로 종료된 후에야 함수 A를 비로소 종료할 수 있습니다. 함수 B에서 또 다른 함수 C를 호출한다면 함수 C가 먼저 종료된 후 순서대로 함수 B, 함수 A가 종료될 수 있습니다.

2.10 / 클래스

클래스(class)란 간단히 설계도라고 할 수 있습니다. 비유를 들어 설명하자면 자동차를 만들 때는 설계도가 필요합니다. 설비를 갖춘 공장이라면 설계도를 가지고 어디서든 동일한 자동차를 만들어 낼 수 있습니다. 하지만 자동차를 어떻게 만들지에 관한 내용이 설계도에 없다면 설비가 아무리 좋은 공장도 무용지물일 것입니다.

프로그래밍 세계에서 클래스는 자주 만들어 사용하고자 하는 것의 설계도라고 할 수 있습니다. 이 클래스 안에는 변수와 함수를 정의해서 어떤 기능들을 할 수 있는지 명시할 수 있습니다. 이렇게 명시한 내용을 실체화하여 사용하는 과정을 '클래스를 인스턴스(instance)화한다'고 표현합니다. 그러면 일단 클래스를 정의하는 방법부터 알아보겠습니다.

```
class 클래스명:
    def 함수 1(self):
        기능 1
    def 함수 2(self):
        기능 2
```

class라는 키워드 다음에 클래스명(클래스 이름)을 작성합니다. 클래스명은 보통 대문자로 시작하며 class 내부에서만 사용할 수 있는 함수들을 원하는 대로 정의할 수 있습니다. 예를 들어 로봇이 할 수 있는 일을 몇 가지 함수로 가지고 있는 클래스를 만들어 보겠습니다.

```
class Robot:
    def move(self, direction):
        print("{} 쪽으로 움직입니다.".format(direction))

    def fly(self):
        print("날아갑니다.")
```

지금까지 살펴본 부분 중 중요하지 않은 것이 없지만, class는 특히 중요하고 제일 어려울 수도 있는 부분이므로 하나씩 천천히 살펴보겠습니다.

2.10.1 들여쓰기

먼저 조건문, 반복문, 함수를 사용할 때처럼 class Robot 밑에 등장하는 코드들도 마찬가지로 전부 들여쓰기를 해야 class를 구성하는 멤버로 인식됩니다.

2.10.2 인스턴스화

클래스는 설계도이기 때문에 클래스를 선언만 하고 생성하지 않으면 아무 일도 일어나지 않습니다. 자동차를 만들 수 있는 설계도가 있다면 설계에서 그치는 것이 아니라 그대로 직접 만들어야만 사용 가능한 자동차가 되듯이, 파이썬 클래스라는 설계도를 바탕으로 실체화해야 정의한 대로 사용할 수 있습니다. 여기서 클래스를 실체화하는 것을 **객체를 생성한다(객체화)** 혹은 **인스턴스화한다**고 표현하며, 이때 생성된 것을 **객체** 혹은 **인스턴스**라고 합니다. 다음은 Robot 클래스를 객체화(인스턴스화)하는 방법입니다.

```
robot1 = Robot()
```

만들어 놓은 클래스명 다음에 소괄호 ()를 사용하고 이를 robot1이라는 변수로 만들어 저장했습니다. 여기서 robot1은 우리가 만든 Robot 클래스의 객체 또는 인스턴스라고 표현합니다. 하지만 객체라는 말이 범용적으로 쓰여서 사용하다 보면 클래스나 객체, 인스턴스 모두 결국 같은 말처럼 느껴지기도 하는데요. 자동차 설계도로 자동차를 만들 수 있다고 해서 설계도를 자동차라고 하지 않듯이 구분이 필요한 표현입니다. 더욱 정확하게 표현을 정리하면 다음과 같습니다.

- robot1은 객체입니다.
- robot1 객체는 Robot 클래스의 인스턴스입니다.

클래스로 생성된 것을 가리킬 때는 객체라고 표현하는 것이 더욱 정확하며, 인스턴스는 객체와 클래스 간 관계를 나타낼 때 사용하면 더 적절하다는 것을 기억하길 바랍니다.

2.10.3 객체 생성

설계도대로 만들어진 객체는 설계도에 존재하는 기능들을 사용할 수 있습니다. Robot 클래스에서 move, fly 함수를 만들어 놓았으므로 robot1 객체에서 사용할 수 있습니다. 사용 방법은 다음과 같습니다.

```
객체명.함수
```

생성한 객체 다음에 점(.)을 찍고 정의한 함수를 사용합니다. 예를 들어 fly() 함수를 사용하려면 다음과 같이 코드를 작성합니다.

```
> robot1.fly()
```
날아갑니다.

파이참에서는 생성한 객체 다음에 점(.)을 찍으면 다음과 같이 사용할 수 있는 함수나 변수들을 미리 보여 주므로 편리하게 사용할 수 있습니다.

❤ 그림 2-27 객체가 사용 가능한 변수와 함수

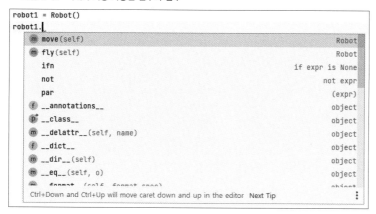

그런데 앞서 만들어 둔 fly와 move 말고도 다양한 것이 보입니다. 이는 클래스를 만들어 사용할 때 기본으로 제공되는 것들입니다.

2.10.4 self

robot1이라는 객체를 만들어 fly() 함수를 사용해 보았습니다. 그런데 코드를 잘 살펴보면 이상한 점이 있습니다.

앞서 함수를 설명할 때 매개변수를 선언해 두고 호출할 때 매개변수를 전달하지 않으면 안 된다고 설명했습니다. 그런데 fly() 함수를 호출하는 robot1.fly() 코드에는 함수의 매개변수인 self를 전달하지 않았지만 아무 문제가 되지 않았습니다. 클래스 내에 함수들은 기본적으로 self라는 키워드를 첫 번째 매개변수로 사용하도록 되어 있고, 함수를 호출할 때 자동으로 전달되기 때문에 프로그래머가 따로 전달하지 않아도 아무 문제없습니다(엄밀히 말해서 클래스 내 함수들이 반드시 매개변수로 self를 사용해야 하는 것은 아니지만, 처음 배우는 입장에서는 거의 대부분 그렇게 사용한다고 생각해도 좋습니다).

그러면 self란 무엇이길래 클래스 내 함수의 첫 번째 매개변수로 등장할까요? self란 클래스의 생성 객체를 가리키는 키워드 변수입니다. 먼저 앞서 만든 Robot 클래스를 이용하여 robot1과 robot2 개체를 만들어 보겠습니다.

```
robot1 = Robot()
robot2 = Robot()
```

여기서 robot1과 robot2는 같은 클래스로 생성되었다는 점에서 서로 연관이 있을 것 같아 보이지만 사실은 서로 아무 관계가 없는 별개의 객체입니다. 이를 확인해 보고자 두 객체가 저장된 위치를 확인해 보겠습니다. 먼저 변수를 만들면 변수마다 컴퓨터 내 고유한 메모리 주소에 저장됩니다. 즉, 변수마다 저장되는 자신만의 메모리가 있고, 메모리에는 주소가 있습니다. 이 주소를 확인하는 id()라는 내장 함수를 사용하면 변수가 저장된 주소를 알 수 있습니다. 한번 확인해 보겠습니다.

```
> print(id(robot1))
> print(id(robot2))
11527840
11841672
```

출력 결과를 보면 서로 다른 값이 나오며, 이는 둘이 서로 다른 변수라는 것을 의미합니다(실행할 때마다 할당 주소가 달라지므로 값은 계속 변합니다).

클래스로 생성되는 객체끼리는 서로 상관없다는 것을 이해했다면, 앞의 Robot 클래스를 조금 변형하여 계속 설명하겠습니다.

```
class Robot:
    def move(self, direction):
        print("{} 쪽으로 움직입니다.".format(direction))

    def move_left(self):
        self.move("Left")

    def fly(self):
        print("날아갑니다.")
```

move_left() 함수는 같은 클래스 내에 있는 move() 함수를 사용하는데, self 키워드를 사용하여 move를 호출합니다. 그러면 여기서 move를 호출할 때 self가 붙는 이유가 뭘까요? 이는 클래스로 생성되는 객체가 모두 다르기 때문에 클래스 내에 변수, 함수를 호출할 때 자신을 가리키는 값이 필요하기 때문입니다. robot1에서 move_left()를 호출한다면 self.move("Left") 코드에서 self가 객체 자신을 의미하므로 robot1로 바뀌어 robot1.move("Left")가 호출될 것입니다. 마찬가지로 robot2에서 move_left()를 호출한다면 self.move("Left") 코드에서 self가 robot2로 바뀌어 robot2.move("Left")가 호출될 것입니다.

그렇다면 반대로 앞의 move_left 함수 내에서 self.move("Left")를 호출할 때 self를 제거해 보면 무슨 일이 발생할까요?

```
class Robot:
    def move(self, direction):
        print("{} 쪽으로 움직입니다.".format(direction))

    def move_left(self):
        move("Left")

    def fly(self):
        print("날아갑니다.")

robot1 = Robot()
robot1.move_left()
NameError: name 'move' is not defined
```

코드를 실행시켜 보면 이름이 move인 변수와 함수가 없다는 에러가 발생합니다. 이는 self라는 객체 자신을 가리키는 키워드를 이용하지 않아서 move가 객체 내부에 정의된 것이 맞는지 찾아내지 못했기 때문입니다.

결국 self는 클래스로 생성될 객체 자신을 가리키는 이름 의미 그대로 가지고 있습니다. 쉽게 이해하면 self는 그냥 객체 자신이며, 클래스에서 사용하는 변수와 함수에는 self를 이용한 접근이 필요하다고 간단히 생각해도 좋습니다.

self는 클래스 함수를 호출할 때 자동으로 전달되기 때문에 프로그래머가 따로 전달하지 않고도 다음과 같이 사용할 수 있다고 설명했습니다.

```
robot1.move_left()
```

하지만 move 함수는 self를 제외한 direction이라는 매개변수를 선언했으므로 함수를 사용할 때 매개변수를 전달해야 합니다.

```
robot1.move("Left")
```

클래스 내 함수를 선언할 때 매개변수로 self를 전달하지 않아도 된다고 잠깐 언급한 적이 있습니다. 하지만 실제로 다음과 같이 코드를 작성하고 실행해 보면 에러가 발생합니다.

```
> class Robot:
>     def fly():
>         print("날아갑니다.")
>
> robot1 = Robot()
> robot1.fly()
(...)
TypeError: fly() takes 0 positional arguments but 1 was given
```

에러가 발생하는 이유는 robot1.fly()를 호출할 때 자동으로 self를 매개변수로 전달하는데, 함수를 정의할 때는 아무런 매개변수를 지정하지 않았기 때문입니다.

이 경우 fly 함수는 매개변수 self가 필요 없는 함수라는 표시가 필요하며, 다음과 같이 @staticmethod를 함수명 위에 붙여 주면 됩니다.

```
> class Robot:
>     @staticmethod
>     def fly():
>         print("날아갑니다.")
>
> robot1 = Robot()
> robot1.fly()
날아갑니다.
```

2.10.5 __init__

클래스에는 객체화되는 순간에 호출되는 **초기화 함수**가 있습니다. 예를 들어 다음과 같이 robot1이 만들어질 때 초기화 함수가 호출되며, 이 함수를 **생성자**(constructor)라고도 합니다.

```
robot1 = Robot()
```

하지만 우리가 실행되는 과정을 확인할 수 없었던 이유는 초기화 함수에서 수행하는 기능을 따로 만들지 않았기 때문입니다. 초기화 함수를 만드는 방법은 다음과 같이 클래스에 __init__이라는 함수를 만듭니다. 주의해야 할 것은 앞뒤로 언더스코어(_)를 두 개씩, 총 네 개 써야 합니다.

```
class Robot:
    def __init__(self):
        print("robot 객체가 만들어집니다.")

    def move(self, direction):
        print("{} 쪽으로 움직입니다.".format(direction))

    def move_left(self):
        self.move("Left")

    def fly(self):
        print("날아갑니다.")
```

이제 초기화 함수를 만들어 두었으니 초기화 함수가 잘 실행되는지 확인해 보겠습니다.

> **robot1 = Robot()**
robot 객체가 만들어집니다.

객체가 생성되는 순간에 __init__ 함수 안에 작성한 코드가 실행됩니다. 여기서 알 수 있는 사실
은 __init__ 함수는 클래스 내에 만들어 두면 프로그래머가 명시적으로 호출하지 않아도 자동으
로 실행된다는 것입니다.

또 한 가지 __init__의 중요한 역할은 객체를 생성할 때 변수를 입력받을 수 있도록 설정할 수 있
습니다. 지금까지는 따로 초기화 함수를 만들지 않아서 아무 값도 전달하지 않아도 객체를 생성할
수 있었습니다.

```
robot1 = Robot()
```

하지만 다음과 같이 초기화 함수를 만들 때 name 변수를 입력받도록 한다면, 객체를 생성할 때
name으로 사용할 값을 전달해야 객체를 생성할 수 있습니다.

> **class Robot:**
>   **def __init__(self, name):**
>   **print("robot 객체 {}이(가) 만들어집니다.".format(name))**
>
> **robot1 = Robot("첫째로봇")**
robot 객체 첫째로봇이(가) 만들어집니다.

객체를 생성할 때 name을 입력받기로 지정해 놓고 전달하지 않으면 에러가 발생합니다.

```
> robot1 = Robot()
(...)
TypeError: __init__() missing 1 required positional argument: 'name'
```

그러나 name을 입력받기로 했다고 해서 항상 전달해야 하는 것은 아닙니다. 함수를 배울 때 매개
변수 기본값을 설정할 수 있었듯이 다음과 같이 name을 필수적으로 전달하지 않도록 만들 수 있습
니다.

```
> class Robot:
>     def __init__(self, name="로봇"):
>         print("robot 객체 {}(가) 만들어집니다.".format(name))
>
> robot1 = Robot()
robot 객체 로봇(가) 만들어집니다.
```

2.10.6 속성

속성(attribute)이란 클래스에서 가지고 있는 변수라고 간단히 생각할 수 있습니다. 속성 종류는 두
가지가 있는데, 클래스 속성과 인스턴스 속성입니다.

먼저 인스턴스 속성이 무엇인지부터 살펴보겠습니다. **인스턴스 속성**이란 객체별로 가지고 있는 변
수를 의미합니다. 하나의 클래스에서 생성하는 객체마다 서로 다른 변수를 가지려면 초기화 함수
에서 설정이 필요합니다.

```
class Robot:
    def __init__(self, name):
        print("robot 객체 {}(가) 만들어집니다.".format(name))
        self.name = name

robot1 = Robot("첫째로봇")
robot2 = Robot("둘째로봇")
```

이 코드의 생성자(__init__)를 보면 name을 입력받아 self.name에 저장하고 있습니다. self.name
에 저장했다는 것은 이제 객체별로 객체를 생성할 때 전달받은 name을 따로 저장한다는 것을 의미
합니다. 인스턴스 변수에 접근하는 방법은 함수를 사용하는 방법과 마찬가지로 객체에 점(.)을 찍
고 변수명을 입력하면 됩니다.

그러면 Robot 클래스에 인스턴스 속성 name을 출력하는 함수를 추가해 보겠습니다.

```python
class Robot:
    def __init__(self, name):
        print("robot 객체 {}(가) 만들어집니다.".format(name))
        self.name = name

    def print_name(self):
        print("제 이름은 {}입니다.".format(self.name))

robot1 = Robot("첫째로봇")
robot2 = Robot("둘째로봇")
```

robot1.print_name()과 robot2.print_name()으로 각자 name을 출력한 결과는 다음과 같습니다.

```
> robot1.print_name()
> robot2.print_name()
제 이름은 첫째로봇입니다.
제 이름은 둘째로봇입니다.
```

이처럼 하나의 설계도에서 만들어진 객체이지만, self.name에 어떤 값을 전달하느냐에 따라 인스턴스 속성 값을 바꿀 수 있습니다.

인스턴스 속성이 생성된 객체별로 가진 별도 값이었다면, 클래스 속성은 이와 반대로 같은 클래스에서 생긴 객체일 때 공유하는 값을 의미합니다.

Robot 클래스로 만들어진 전체 객체 개수를 계산하고자 robot_total_count 변수를 만들어 클래스 속성으로 사용해 보겠습니다. 이 변수의 생성 위치는 생성자 안이 아니라 클래스 시작 부분입니다.

```python
class Robot:
    robot_total_count = 0

    def __init__(self, name):
        print("robot 객체 {}(가) 만들어집니다.".format(name))
        self.name = name
        Robot.robot_total_count = Robot.robot_total_count + 1
        print("현재까지 생성된 로봇의 수: {}".format(Robot.robot_total_count))
```

```
    def print_name(self):
        print("제 이름은 {}입니다.".format(self.name))

robot1 = Robot("첫째로봇")
robot2 = Robot("둘째로봇")
```

이렇게 변수를 만들었다면 다음 문법으로 여기에 접근할 수 있습니다.

> 클래스명.클래스속성명

예를 들어 robot_total_count 클래스 속성에 접근하려면 다음과 같이 사용합니다.

```
Robot.robot_total_count  ····· 올바른 사용법
robot1.robot_total_count  ····· 잘못된 사용법
robot2.robot_total_count  ····· 잘못된 사용법
```

코드를 보면 Robot 클래스의 인스턴스가 생길 때마다 이 클래스 속성 값이 1씩 증가하도록 했습니다. 클래스 차원에서 robot_total_count 값을 보관하기 때문에 객체가 계속 생성되더라도 값을 유지하는 것을 알 수 있습니다.

```
robot 객체 첫째로봇(가) 만들어집니다.
현재까지 생성된 로봇의 수: 1
robot 객체 둘째로봇(가) 만들어집니다.
현재까지 생성된 로봇의 수: 2
```

이 값을 인스턴스 속성으로 두었다면 객체가 생성될 때마다 새로운 값으로 할당되어 서로 다른 객체에서 공유되지 못할 것입니다. 다음 코드는 robot_total_count를 인스턴스 속성으로 생성하면 객체끼리 변수 공유가 불가능하다는 것을 보여 주는 예제입니다.

```
> class Robot:
>     def __init__(self, name):
>         self.robot_total_count = 0
>         print("robot 객체 {}(가) 만들어집니다.".format(name))
>         self.name = name
>         self.robot_total_count = self.robot_total_count + 1
>         print("현재까지 생성된 로봇의 수: {}".format(self.robot_total_count))
>
>     def print_name(self):
>         print("제 이름은 {}입니다.".format(self.name))
> robot1 = Robot("첫째로봇")
```

```
> robot2 = Robot("둘째로봇")
robot 객체 첫째로봇(가) 만들어집니다.
현재까지 생성된 로봇의 수: 1
robot 객체 둘째로봇(가) 만들어집니다.
현재까지 생성된 로봇의 수: 1
```

2.10.7 인스턴스 확인하기

이렇게 클래스를 이용하여 객체를 생성하는 방법을 배웠지만, 사실 우리는 클래스와 객체를 배우기 전부터 객체를 만들어 사용해 왔습니다. 예를 들어 문자열(str)이나 리스트(list)가 그렇습니다.

```
str1 = "나는문자열"
list1 = [1, 2, 3]
```

이렇게 문자열과 리스트를 만들고 type을 출력하는 코드를 실행하면 다음 출력 결과가 나옵니다.

```
<class 'str'>
<class 'list'>
```

이 결과는 str1과 list1이라는 변수는 str과 list의 인스턴스라는 의미입니다. 무슨 말이냐면 str과 list는 사실 클래스고, 이를 담고 있는 str1과 list1 변수는 str과 list 클래스를 이용하여 생성된 객체인 것입니다. 그러면 앞서 만든 Robot 클래스에서 객체를 생성할 때는 클래스명을 이용했는데 왜 문자와 리스트는 객체라면서 클래스명 없이 생성했을까요?

```
robot1 = Robot("첫째로봇")  ····· 클래스명으로 객체 생성

str1 = "나는문자열"  ····· 클래스명 없이 객체(문자열) 생성
list1 = [1, 2, 3]  ····· 클래스명 없이 객체(리스트) 생성
```

그 이유는 문자열과 리스트처럼 자주 사용하는 클래스들은 생성 방법이 간소화되어 있기 때문입니다. 이들도 원래는 클래스명을 이용하여 객체를 생성할 수 있습니다.

```
str1 = str("나는문자열")
list1 = list([1, 2, 3])
```

이렇게 파이썬을 사용하며 마주칠 수 있는 클래스 중에서 이 객체가 어느 클래스에서 생성되었는지 확인하는 데 내장 함수 isinstance를 사용합니다.

```
isinstance(인스턴스, 클래스)
```

앞 예에서 str1 변수가 str 클래스의 인스턴스인지 확인하려면 다음과 같이 코드를 작성할 수 있습니다.

```
isinstance(str1, str)
```

그 결과는 참/거짓으로 반환되는데, 비교 결과를 확인하려면 다음과 같이 result 변수에 반환값을 담아 print() 함수로 출력합니다.

```
> result = isinstance(str1, str)
> print(result)
True
```

이번에는 str1이 list 클래스로 만든 인스턴스인지 확인해 보겠습니다.

```
> result = isinstance(str1, list)
> print(result)
False
```

str1은 list 클래스에서 생성된 객체가 아니기 때문에 isinstance 수행 결과가 False로 나왔습니다.

마지막으로 앞서 만든 Robot 클래스의 robot1 객체도 확인해 보겠습니다.

```
> class Robot:
>     def move(self, direction):
>         print("{} 쪽으로 움직입니다.".format(direction))
>
>     def fly(self):
>         print("날아갑니다.")
>
> robot1 = Robot()
>
> result = isinstance(robot1, Robot)
> print(result)
True
```

robot1 객체는 Robot 클래스에서 생성되었기 때문에 수행 결과가 True로 나온다는 것을 쉽게 알수 있습니다.

2.10.8 상속

상속(inheritance)은 객체 지향 프로그래밍에서 큰 비중을 차지하는 내용 중 하나로 중요한 개념입니다. 하지만 이 책의 프로젝트를 진행할 때 크게 중요한 내용은 아닐뿐더러 상속 내용을 정확히 이해하는 것은 쉽지 않기 때문에 간단히 소개하는 정도로 설명하겠습니다.

우리가 일상에서 듣는 상속이란 할아버지가 아버지에게, 아버지가 아들에게 재산을 물려줄 때 사용합니다. 그럼 프로그래밍 세계에서 상속이란 무엇일까요?

먼저 클래스끼리도 **부모-자식 관계**가 있을 수 있다는 것을 알아야 합니다. 클래스끼리 부모-자식 관계가 형성되어 있다면 부모 클래스에서 정의한 속성, 함수들을 자식 클래스에서 그대로 물려받아 사용하거나 변형하여 사용할 수 있습니다. 이를 자식 클래스에서 부모 클래스를 상속받는다고 표현합니다. 즉, 상속을 하는 클래스를 부모 클래스(parent class) 혹은 슈퍼 클래스(super class)라고 하며, 상속을 받는 클래스는 자식 클래스(child class) 혹은 서브 클래스(sub class)라고 합니다.

그러면 왜 부모-자식 관계가 필요할까요? 계층 구조를 떠올리면 조금 더 이해하기 쉽습니다. 〈스타크래프트〉라는 게임의 유닛들로 예를 들어 설명해 보겠습니다. 혹시 이 게임을 모르더라도 게임 내에 존재하는 유닛들을 단순히 계층화했다고 생각하길 바랍니다. 게임에서 사용자가 만들 수 있는 테란 유닛들의 관계가 다음 그림과 같다고 하겠습니다.

❤ 그림 2-28 〈스타크래프트〉 게임 내 유닛 계층 구조

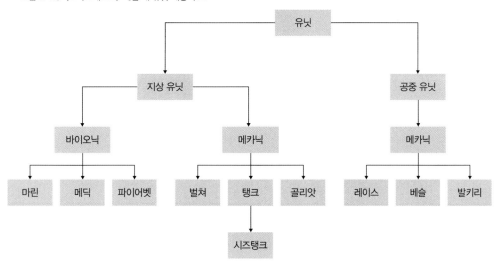

게임에 존재하는 유닛들은 기본적으로 체력, 이동 속도, 공격력, 방어력을 가지고 있고 움직일 수도 있습니다. 이는 모든 유닛이 공통으로 가진 속성과 기능(함수)입니다. 여기서 유닛 클래스에 체

력, 이동 속도, 공격력, 방어력을 담은 변수와 움직일 수 있는 기능(함수)을 만들고 하위 계층에서 이 유닛 클래스를 상속받게 한다고 합시다. 그러면 모든 유닛에 필요한 체력, 이동 속도, 공격력, 방어력을 클래스마다 일일이 만들지 않고도 사용하게 할 수 있습니다.

먼저 제일 상위 계층에 존재하는 유닛 클래스를 간단히 코드로 만들어 보겠습니다.

```python
class Unit:
    def __init__(self):
        self.life = 50
        self.speed = 10
        self.power = 10
        self.defense = 1

    def move(self):
        print("움직입니다.")
```

상속받을 자식 클래스에서 상속해 줄 부모 클래스를 설정하는 방법은 다음과 같습니다.

```python
class 자식클래스명(부모클래스명):
    …
```

그럼 지상 유닛 클래스(GroundUnit)에서 유닛 클래스(Unit)를 상속받을 수 있도록 다음과 같이 코드를 작성합니다.

```python
class GroundUnit(Unit):
    def show_stats(self):
        print(self.life)
        print(self.speed)
        print(self.power)
        print(self.defense)
```

그다음 지상 유닛 클래스의 객체를 하나 만들고 show_stats 함수를 호출해 보겠습니다.

```python
> ground_unit = GroundUnit()
> ground_unit.show_stats()
50
10
10
1
```

지상 유닛 클래스에는 life, speed, power, defense라는 변수가 없음에도 부모 클래스인 유닛 클래스에 이 변수들이 있으므로 이를 사용할 수 있습니다. 함수도 마찬가지입니다. 지상 유닛 객체에는 move 함수가 없지만 부모 클래스에 있으므로 사용할 수 있습니다.

하지만 부모한테 상속받았다고 무조건 그대로 사용해야 하는 것은 아닙니다. 다음 코드는 유닛 클래스를 상속받는 공중 유닛 클래스입니다. 부모 클래스에 있는 move 함수를 상속받았지만, 공중 유닛만 move 함수로 변형하여 사용할 수 있습니다. 이미 부모 클래스에 있는 동일한 함수를 덮어쓴다고 해서 이를 오버라이딩(overriding)이라고도 합니다. 또 fly라는 자신만의 함수를 만들어 부모 클래스에서 좀 더 상세화된 클래스가 되었습니다.

```python
class AirUnit(Unit):
    def move(self):
        print("공중 유닛이 움직입니다.")

    def fly(self):
        self.move()
```

이렇게 유닛이라는 기본 틀에서 지상 유닛, 공중 유닛으로 세분화하고 이후 또 세분화하면서 구체적인 유닛으로 나누게 됩니다. 중요한 점은 자식 클래스는 부모 클래스에 있는 속성, 함수들을 사용할 수 있으며, 부모 클래스에 있는 함수를 자식 클래스만의 기능으로 변형해서(오버라이딩) 사용할 수 있다는 것입니다.

프로그래밍을 처음 접한다면 이 상속을 전부 이해하는 것은 어려운 일입니다. 다만 왜 상속이란 개념이 필요하며, 상속받은 자식 클래스가 할 수 있는 일이 무엇인지 정도는 짚고 넘어가면 좋겠습니다.

2.11 모듈과 패키지

프로그래밍을 하다 보면 다른 개발자가 만들어 둔 코드나 자신이 만든 코드를 다시 사용하는 일이 많습니다. 이 절에서는 이미 만들어진 코드를 불러 사용하는 방법을 알아볼 것입니다.

그 전에 왜 이미 만들어진 코드를 사용해야 하고, 다시 쓸 수 있는 코드를 작성해야 할까요? 프로그래밍을 처음 배울 때 하기 쉬운 실수가 모든 코드를 하나의 파일(.py)에 몰아넣는 것입니다. 이렇게 하는 것이 꼭 잘못되었다는 것은 아니지만, 이 때문에 발생할 수 있는 문제를 예로 들어 설명해 보겠습니다. 예를 들어 여러 종류의 냉동 피자를 만드는 공장에서는 다음 프로세스를 거쳐 제품을 만든다고 하겠습니다.

밀가루 반죽 〉 피자 만들기 〉 피자 용기 만들기 〉 포장하기

피자 A와 피자 B를 만드는 데 각 피자 생산 라인마다 다음 공정이 필요할 것입니다.

▼ 그림 2-29 피자 A와 피자 B의 생산 공정

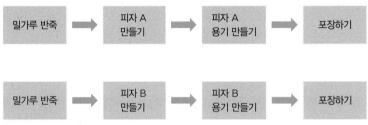

하지만 잘 생각해 보면 피자를 만드는 것과 용기를 만드는 것은 각 피자 종류에 따른 고유한 작업이지만, 밀가루 반죽이나 포장은 생산 라인을 분리하지 않고 하나로 묶어서 할 수 있는 작업입니다. 따라서 다음과 같이 밀가루 반죽과 포장 단계를 재사용함으로써 생산 라인을 간결하고 효율적으로 만들 수 있습니다.

▼ 그림 2-30 간결해진 피자 A와 피자 B의 생산 공정

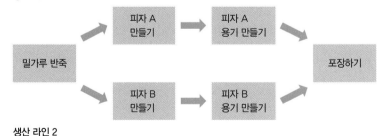

프로그래밍을 할 때도 마찬가지입니다. 다른 프로그램에서 재사용하거나 공통으로 사용할 수 있는 코드는 따로 분리하여 필요할 때마다 불러온다면 코드를 간결하게 유지하면서 더욱 빠른 시간에 개발할 수 있습니다.

2.11.1 import

그러면 코드를 재사용하는 방법은 무엇일까요? pizza.py라는 새 파일을 만들고 다음 코드를 작성해 보겠습니다.

pizza.py

```
def make_pizza(pizza_name):
    print("{}피자를 생산합니다.".format(pizza_name))
```

여기서 make_pizza 함수를 사용할 수 있는 영역은 pizza.py입니다. factory.py를 만들어 이 파일에서 make_pizza를 호출하려고 하면 에러가 발생합니다.

factory.py

```
> make_pizza("A")
(...)
NameError: name 'make_pizza' is not defined
```

호출이 불가능한 이유는 factory.py와 pizza.py 파일이 서로 다른 영역으로 분리되어 있어 서로의 존재를 인식하지 못하기 때문입니다. 여기서 factory.py가 pizza.py 파일을 인식할 수 있도록 하려면 import라는 키워드를 사용하여 포함하려는 파일명을 추가해야 합니다(.py는 제외합니다).

```
import 파일명
```

factory.py에 다음 코드를 추가하면 pizza.py 파일의 함수를 호출할 수 있습니다.

```
import pizza
```

여기서 변수, 함수, 클래스 등을 담은 파이썬 파일(.py)을 모듈이라고 합니다. 모듈을 import하여 모듈 안에 포함된 변수, 함수, 클래스를 사용하려면 다음과 같이 모듈명 다음에 점(.)을 찍어 접근해야 합니다.

```
모듈명.변수
모듈명.함수()
모듈명.클래스()
```

즉, pizza.py 파일에 있는 make_pizza 함수를 사용하려면 다음과 같이 코드를 작성해야 합니다.

```
> import pizza
> pizza.make_pizza("A")
피자 A를 생산합니다.
```

2.11.2 from import

그러면 이번에는 pizza.py 파일 안에 또 다른 함수 make_pizza_box를 추가해 보겠습니다.

pizza.py

```
def make_pizza(pizza_name):
    print("{}피자를 생산합니다.".format(pizza_name))

def make_pizza_box(pizza_name):
    print("{}피자 용기를 생산합니다.".format(pizza_name))
```

이렇게 pizza.py에서 또 다른 함수를 추가하면 factory.py 파일에서도 추가된 함수를 사용할 수 있습니다.

factory.py

```
> import pizza
> pizza.make_pizza("A")
> pizza.make_pizza_box("A")
피자 A를 생산합니다.
피자 A 용기를 생산합니다.
```

이때 pizza 모듈 안에서 특정 함수, 변수, 클래스만 import하려면 from 키워드를 사용합니다.

```
from 모듈 import 함수, 변수, 클래스
```

pizza의 make_pizza_box 함수만 import해 보겠습니다.

factory.py

```
> from pizza import make_pizza_box
> make_pizza_box("A")
피자 A 용기를 생산합니다.
```

이렇게 pizza.py를 import한다면 factory.py 내에서는 pizza.py의 make_pizza_box 함수만 사용할 수 있습니다. 또 from import를 사용하여 특정 리소스만 import했다면 해당 리소스에 접근할 때 더 이상 모듈명을 쓰지 않아도 됩니다.

> Note ≡ 모듈명을 붙이지 않는 것이 편리할 수도 있지만 코드양이 많아질수록 원래 선언된 위치를 찾기 어려울 수 있습니다. 이때는 리소스명에 마우스를 올리고 [Ctrl]을 누른 상태에서 마우스 왼쪽 버튼을 누르면 해당 리소스가 선언된 위치로 이동하므로 원래 리소스를 알 수 있습니다.

from import를 사용하여 모듈 내에 존재하는 모든 리소스를 가져올 수도 있습니다.

```
from 모듈 import *
```

*은 와일드카드라고 하며 전체, 모든 것을 의미합니다. 따라서 다음과 같이 코드를 작성하면 pizza 모듈 내에 있는 모든 리소스를 사용할 수 있으며, 모듈명을 사용하지 않고 리소스에 접근할 수 있습니다.

```
from pizza import *
make_pizza("A")
make_pizza_box("A")
```

2.11.3 as

import로 가져온 모듈의 리소스를 사용하려면 모듈명을 그대로 써야 했습니다. 하지만 as라는 키워드로는 모듈명을 원하는 대로 지정해서 사용할 수 있습니다.

```
import 모듈 as 별명
```

pizza 모듈을 import한 후 간편하게 p라고 불러 사용하고 싶다면 다음과 같이 코드를 작성합니다.

```
import pizza as p
p.make_pizza("A")
```

from import 구문에서도 as로 가져온 리소스마다 별명을 붙여 사용할 수 있습니다.

```
from 모듈 import 함수 as 별명 1, 변수 as 별명 2, 클래스 as 별명 3
```

다음과 같이 as 키워드를 사용하면 코드를 간결하게 만들 수 있지만, 원래 이름을 과도하게 축약한 별명을 사용한다면 오히려 더 알아보기 힘들 수 있으니 주의하길 바랍니다.

```
from pizza import make_pizza as mp, make_pizza_box as mpb
mp("A")
mpb("A")
```

2.11.4 패키지

파이썬에서 패키지(package)란 모듈의 묶음입니다. 패키지는 모듈이 모여 폴더 구조를 이루고 있으며, 패키지를 생성할 때 __init__.py라는 파일이 자동으로 생성됩니다. 파이참에서 직접 패키지를 생성하여 확인해 보겠습니다. 프로젝트 영역에서 마우스 오른쪽 버튼을 눌러 **New › Python Package**를 선택합니다.

▼ 그림 2-31 파이썬 패키지 생성

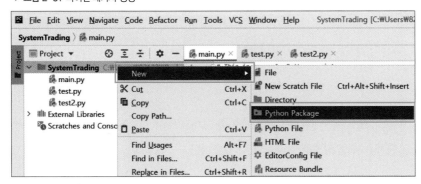

새 패키지명은 pizza_factory로 하겠습니다.

▼ 그림 2-32 새 패키지명 정하기

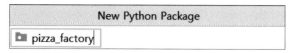

패키지를 생성하고 나면 패키지 안에 자동으로 __init__.py 파일이 생성되어 있습니다.

▼ 그림 2-33 자동으로 생성된 __init__.py

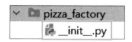

> Note ≡ 파이썬 3.3 버전 이상에서는 __init__.py 파일이 없어도 패키지를 인식하지만, 그 이하 버전에서는 이 파일이 꼭 필요합니다.

이제 pizza_factory 패키지에 pizza.py와 factory.py 파일을 새로 만들어 넣습니다. 그리고 프로젝트 폴더 밑에 main.py 파일을 생성합니다. main.py 파일은 pizza_factory 패키지 안이 아니라 밖에 위치하고 있으며, 파이참을 설치할 때 자동으로 생성되어 있다면 따로 만들지 않아도 됩니다.

▼ 그림 2-34 pizza_factory 패키지 생성 후 프로젝트 구조

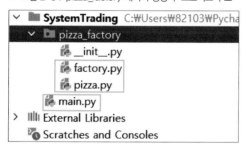

> Note ≡ 파이썬 파일을 생성하는 방법은 39쪽에 있습니다.

그리고 factory.py 파일에 다음과 같이 코드를 작성합니다.

```python
def run_factory():
    print("공장 가동 시작합니다.")
```

이어서 pizza.py 파일에 다음과 같이 코드를 작성합니다.

```
def make_pizza(pizza_name):
    print("{}피자를 생산합니다.".format(pizza_name))

def make_pizza_box(pizza_name):
    print("{}피자 용기를 생산합니다.".format(pizza_name))
```

이후 main.py 파일에서 pizza_factory 패키지 안에 있는 모듈들을 사용하려면 다음과 같이 코드를 작성합니다.

```
import 패키지명.모듈
```

패키지명.모듈을 import했다면 모듈 안에 있는 리소스는 모듈과 마찬가지로 패키지명.모듈.리소스 형식으로 접근하여 사용할 수 있습니다.

main.py

```
import pizza_factory.pizza
import pizza_factory.factory

pizza_factory.pizza.make_pizza("A")
pizza_factory.factory.run_factory()
```

앞서 배운 from import 구문을 사용하여 패키지 하위 모듈도 포함할 수 있습니다.

```
from pizza_factory.pizza import *
from pizza_factory.factory import *

make_pizza("A")
run_factory()
```

마찬가지로 별칭을 이용한 import도 가능합니다.

```
import pizza_factory.pizza as p
import pizza_factory.factory as f

p.make_pizza("A")
f.run_factory()
```

이상으로 import 구문을 이용하여 패키지와 모듈을 사용하는 방법을 배웠습니다. 프로그래밍을 하며 직접 만든 패키지를 사용할 때도 많지만, 다른 개발자가 만들어 놓은 패키지를 내려받아 사용할 때가 더 많을 것입니다. from, import를 사용하여 어떻게 모듈을 불러오는지 미리 연습하면 앞으로 프로젝트 진행에 많은 도움이 될 것입니다.

PYTHON AUTO TRADING SYSTEM

2.12 예외 처리

프로그램이 동작하다 에러가 발생한 상황을 **예외**(exception)라고 합니다. 예를 들어 0으로 정수를 나누는 것은 불가능하므로 다음 코드를 실행하면 에러(예외)가 발생합니다.

```
> var = 10 / 0
(...)
ZeroDivisionError: division by zero
```

프로그래밍을 하다 보면 에러는 항상 따라다니지만 문제는 예외가 발생하면 프로그램이 비정상적으로 종료되어 버립니다. 갑자기 의도치 않은 순간에 비정상적인 종료가 일어나면 시스템 운영에 큰 걸림돌이 됩니다. 예를 들어 트레이딩 시스템을 동작시키는데 갑자기 예외가 발생하여 매도해야 할 종목을 매도하지 못한다면 이는 금전적인 손해로 이어질 수 있습니다. 따라서 예외가 발생했을 때는 프로그램 전체를 종료시키지 않고 적절한 처리를 하는 방법이 필요한데, 이를 **예외 처리**(try-except)라고 합니다. 그러면 예외 처리 사용 방법을 알아보겠습니다.

```
try:
    실행할 코드 ----- 예외가 발생할 수도 있는 영역
except Exception:
    예외가 발생하면 처리하는 코드 ----- 예외가 발생하면 처리할 부분
```

try라는 키워드 밑에는 실행할 코드를 작성하고, except 키워드 밑에는 try 블록 코드를 실행하다 예외가 발생하면 이를 처리하는 코드를 작성합니다. try 밑에 등장하는 코드 블록은 조건문이나 반복문을 사용했던 때처럼 들여쓰기를 해야 합니다.

except 다음에 오는 Exception이란 파이썬 내 정의된 예외입니다. 파이썬 내에는 다양한 내장 예외가 존재하며 파이썬 공식 문서(https://docs.python.org/ko/3/library/exceptions.html)에서 확인할 수 있습니다. 다양한 예외가 발생하면 이를 세분화해서 예외마다 적절한 처리를 할 수도 있습니다. 예를 들어 다음과 같습니다.

```
try:
    var = 10 / 0
except ZeroDivisionError:  ····· 0을 이용해서 나누려고 할 때 발생하는 예외
    print("0으로 나눌 수 없습니다.")
except MemoryError:  ····· 메모리 문제로 발생하는 예외
    print("메모리 에러입니다.")
```

이와 같이 try는 중복해서 사용할 수 없지만 try 다음에 등장하는 except는 예외별로 구분해서 중복하여 사용할 수 있습니다. 첫 번째로 등장하는 ZeroDivisionError라는 예외는 숫자를 0으로 나누려고 할 때 발생하고, MemoryError는 메모리 문제가 생겼을 때 발생하는 예외입니다. 이 코드에서는 정수 10을 0으로 나누려고 한 것이므로 ZeroDivisionError 예외가 발생하고, except ZeroDivisionError에서 예외를 처리합니다. 따라서 프로그램을 실행해 보면 발생한 예외가 except ZeroDivisionError에서 처리되어 다음 결과가 출력됩니다.

```
0으로 나눌 수 없습니다.
```

다음과 같이 try 구문 안에서 발생하는 해당 예외에 대한 except 처리가 없다면, except 구문이 있더라도 적절한 예외 처리가 되지 않아 프로그램이 비정상 종료됩니다.

```
> try:
>     var = 10 / 0
> except MemoryError:  ····· 메모리 문제로 발생하는 예외
>     print("메모리 에러입니다.")
(...)
ZeroDivisionError: division by zero
```

이렇게 try 안에서 발생할 수 있는 예외를 정확히 알지 못하면 try-except 구문을 사용하는 것이 무의미할 수 있습니다. 하지만 그렇다고 발생할 수 있는 모든 예외 처리를 할 수도 없는 노릇입니다. 이때 모든 예외를 커버할 수 있는 Exception 사용으로 예외를 처리할 수 있습니다.

```
> try:
>     var = 10 / 0
> except Exception:
```

```
>     print("예외가 발생했습니다.")
예외가 발생했습니다.
```

코드를 동작시키면 except Exception에서 예외를 처리하여 "예외가 발생했습니다."가 출력되는 것을 알 수 있습니다. Exception에서 모든 예외를 처리할 수 있는 이유는 예외들도 계층 구조를 이루는 객체이기 때문입니다. 여기서 Exception이 다른 모든 예외의 부모이기 때문에 모든 예외를 대신 처리할 수 있습니다.

Exception을 이용하면 모든 예외를 처리할 수 있는 장점이 있지만, 정확히 무슨 예외가 발생했는지 파악하기는 어렵습니다. 이 경우 다음과 같이 처리하면 예외 내용을 알 수 있습니다.

```
try:
    코드
except Exception as 변수:
    print(변수)
```

발생한 예외는 as를 이용하여 변수로 지정합니다. 이후 해당 변수를 출력하면 에러 내용을 알 수 있습니다. 그러면 발생한 에러를 e라는 변수로 명명하여 출력해 보겠습니다.

```
> try:
>     var = 10 / 0
> except Exception as e:
>     print("예외가 발생했습니다.")
>     print(e)
예외가 발생했습니다.
division by zero
```

발생한 예외가 division by zero라는 것을 확인할 수 있습니다.

2.12.1 예외 발생 확인하기

여기서 조금 더 필요한 기능이 있습니다. 앞 예처럼 단순히 10을 0으로 나눈 경우 어디서 예외가 발생했는지 바로 알 수 있지만, 코드가 복잡해지면 예외가 발생했다는 것은 알겠으나 도대체 어디서 발생했는지 알 수가 없습니다. 이 경우 예외가 발생한 부분을 정확히 집어 주는 traceback 모듈이 필요합니다. 다음과 같이 traceback 모듈을 import하고 이후 예외를 처리하는 부분에 traceback.format_exc()를 출력하면 에러가 발생한 라인을 정확히 알려 줍니다.

```
> import traceback
>
> try:
>     var = 10 / 0
> except Exception as e:
>     print("예외가 발생했습니다.")
>     print(e)
>     print(traceback.format_exc())
예외가 발생했습니다.
division by zero
Traceback (most recent call last):
  File "C:/Users/82103/PycharmProjects/SystemTrading/test.py", line 5, in <module>
    var = 10 / 0
ZeroDivisionError: division by zero
```

밑줄 친 파일 경로를 클릭하면 마우스 커서를 예외가 발생한 라인으로 이동시켜 주므로 어디서 에러가 발생했는지 바로 확인할 수 있습니다.

2.12.2 try-except-else-finally

다음은 이 책에서는 사용하지 않지만 알고 있으면 도움이 되는 내용입니다. 지금까지 사용한 try-except 구문은 다음과 같은 흐름으로 실행되었습니다.

```
try:
    코드 1
    코드 2
except:
    예외가 발생하면 처리하는 코드
```

try 구문 안에 코드를 실행시켜 예외가 발생하면 except 부분으로 이동(분기)합니다. 여기서 중요한 점은 코드 1을 실행하다 예외가 발생하면 코드 2를 포함한 try 구문 안에 있는 다음 코드들도 실행되지 않는다는 것입니다. 반대로 예외가 발생하지 않았다면 except 처리 부분이 실행되지 않습니다. 이렇게 예외가 발생하지 않고 종료된 경우 조건문에서 사용했던 else를 사용하여 정상 종료되었다는 것을 확인할 수 있습니다.

```
try:
    코드 1
    코드 2
except:
    예외가 발생하면 처리하는 코드
else:
    예외가 발생하지 않으면 실행하는 코드
```

예를 들어 보겠습니다.

```
> try:
>     print("Try!")
> except Exception as e:
>     print("예외발생!")
> else:
>     print("정상종료!")
Try!
정상종료!
```

try 부분이 문제없이 실행되므로, except가 실행되지 않는 대신 else에 있는 코드가 실행됩니다. 반대로 예외가 발생하여 except 아래 코드 블록이 실행되면 else는 실행되지 않습니다.

```
> try:
>     var = 10 / 0
> except Exception as e:
>     print("예외발생!")
> else:
>     print("정상종료!")
예외발생!
```

예외 발생 여부와 상관없이 항상 실행시키고 싶은 코드가 있다면 다음과 같이 finally 키워드를 사용할 수 있습니다.

```
> try:
>     var = 10 / 0
> except Exception as e:
>     print("예외발생!")
> else:
>     print("정상종료!")
> finally:
```

```
>     print("예외발생 여부와 상관없이 항상 실행")
예외발생!
예외발생 여부와 상관없이 항상 실행
```

지금까지 파이썬 기초 내용을 배웠습니다. 파이썬을 처음 공부한다면 그 양이 만만치 않았을 것입니다. 그러나 앞으로도 계속 파이썬을 사용할 예정이라면 계속 찾아보고 배우는 과정의 연속이 될 것입니다. 그렇다고 쉽게 포기하지 말고 모르는 부분이 나오면 직접 찾아보는 습관을 기르면서 프로그래밍이라는 도구와 친해지길 바랍니다.

3^장

Kiwoom API
사용

이제는 본격적으로 키움증권 Kiwoom API를 설치하고 사용하는 방법을 알아보겠습니다. 먼저 Kiwoom API란 무엇이며 왜 사용해야 할까요? 우리가 키움증권이 제공하는 매체를 이용하여 온라인으로 어떤 주식을 매수한다고 하면 흔히 두 가지 방법이 떠오를 것입니다. 컴퓨터에 설치하는 HTS(Home Trading System)와 모바일에 설치하는 MTS(Mobile Trading System)입니다. 하지만 HTS나 MTS 말고도 자신만의 프로그램을 만들어 주문을 접수할 수 있습니다.

예를 들어 키움증권이 HTS나 MTS를 사용하지 않고 매수 주문 접수를 받을 수 있는 기능을 만들어서 이용하려는 사람들에게 설명합니다. '이렇게 명시한 방법대로 저희 프로그램을 호출하면 주문을 접수해 드립니다' 하고 말입니다. 그러면 사람들이 그 규격을 보고 필요한 정보를 담아 호출하면 HTS, MTS를 통하지 않고서도 키움증권의 원하는 기능을 이용할 수 있습니다.

이렇게 자신만의 전략으로 주문을 접수하고 종목이나 계좌를 확인하는 등 키움증권의 다양한 기능을 이용하려는 사람들을 위해 만들어 놓은 프로그램을 간단히 Kiwoom API(Application Programming Interface)라고 할 수 있습니다. 따라서 자체적인 트레이딩 시스템을 구축하려는 우리는 이렇게 키움증권이 미리 만들어 놓은 Kiwoom API를 필수적으로 이용해야 하며, 앞으로는 간단히 API로 칭하겠습니다.

> Note ≡ 참고로 이렇게 API를 제공하는 증권사는 대신증권, 이베스트증권 등이 있으며, 증권사마다 제공하는 양식이 달라서 사용법도 각각 다릅니다.

> 주식용어 ≡ **HTS와 MTS**
>
> 과거에는 주식을 거래하려면 증권사 객장에 방문해서 증권사 직원에게 거래를 요청했었습니다. 하지만 컴퓨터가 보급되고 기술이 발전함에 따라 증권사에 방문하지 않고도 컴퓨터를 사용하여 주식을 거래할 수 있게 되었는데, 이때 사용하는 프로그램이 HTS입니다. HTS는 의미 그대로 집에서도 주식 거래를 가능하게 하는 시스템으로 PC에 설치하는 프로그램입니다. 그러나 스마트폰의 보급과 성능 향상에 힘입어 핸드폰으로도 언제 어디서든 주식 거래가 가능한 환경이 필요하게 되었습니다. MTS란 스마트폰을 사용하여 주식 거래가 가능하도록 만든 모바일 애플리케이션으로, 우리가 흔히 사용하는 키움증권의 '영웅문S'도 MTS의 하나입니다.

한 가지 미리 당부하고 싶은 점은 이전까지 파이썬 기초 문법을 배우고자 짤막한 코드를 다루어 왔지만, 지금부터는 상대적으로 코드양이 방대해지므로 처음 프로그래밍을 하는 사람들은 막연히 '어렵다'고 생각할 수 있습니다. 하지만 내용이 정말로 이해하기 어렵다기보다는 아직 익숙하지 않아 뇌에서 거부하는 현상일 수도 있습니다. 너무 쉽지도, 그렇다고 절대 이해하지 못할 내용도 결코 아니니 차분하고 편안한 마음으로 천천히 살펴보기 바랍니다.

3.1 환경 구축

이제 Kiwoom API를 사용할 수 있는 환경을 만들어 보겠습니다. Kiwoom API를 이용하려면 키움증권의 계좌 및 ID, 공인인증서가 필요하며, 이미 모두 준비되었다면 '3.1.3절 Open API 내려받기'로 넘어가도 좋습니다.

3.1.1 키움증권 계좌 만들기

계좌를 만드는 방법은 증권사를 직접 방문하거나 비대면으로 계좌를 개설하는 방법이 있습니다. 여기서 우리는 신분증과 본인 계좌를 이용하여 지점을 방문하지 않고 간편히 계좌를 개설하는 방법을 알아보겠습니다.

1. 모바일에서 **키움증권 계좌개설** 앱을 내려받습니다.

▼ 그림 3-1 키움증권 계좌개설 앱 내려받기

Note ≡   키움증권 계좌개설 앱 혹은 웹 사이트 화면 구성은 키움증권 정책에 따라 변경될 수도 있으며, 사용하는 모바일 기기에 따라 계좌 개설 순서가 다를 수 있습니다. 이 때문에 여러분의 실습 환경과 책 내용이 다를 수 있는 점 양해 바랍니다.

2. 앱을 실행하여 동작에 필요한 권한들을 허용합니다.

▼ 그림 3-2 접근 권한 허용

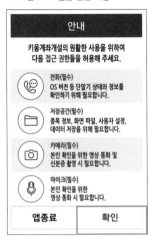

3. 계좌를 개설하려면 **계좌개설 시작하기**를 누릅니다.

▼ 그림 3-3 계좌 개설 시작

4. 핸드폰과 신분증, 본인 명의의 계좌를 준비하고 **시작하기**를 누릅니다.

❤ 그림 3-4 계좌 개설 준비물

Note ≡ 　본인 명의의 계좌가 없을 경우에는 키움증권 상담사와 영상 통화를 통해 계좌를 개설할 수 있습니다.

5. 약관 및 개인 정보 수집에 동의하고 **다음**을 누릅니다.

❤ 그림 3-5 약관 및 개인 정보 수집 동의

6. 본인 인증을 위해 핸드폰 인증을 진행하고 **다음**을 누릅니다.

▼ 그림 3-6 핸드폰 본인 인증

7. 자금 출처 및 투자 목적 등을 선택하고 **다음**을 누릅니다.

▼ 그림 3-7 자금 출처 및 계좌 개설 목적 입력

8. 개설 목적을 묻는 화면이 나오면 **집금거래 목적 아님**을 선택하고 개인 정보를 입력한 후 **다음**을 누릅니다.

▼ 그림 3-8 계좌 개설 목적 입력

주식용어 ≡ 　집금(集金)이란 '돈을 모은다'는 뜻입니다. 따라서 집금 거래 계좌란 자금을 모아 두는 용도로 쓸 계좌를 의미하며, 이 계좌를 주식 거래 목적으로 사용하지 않고 자금을 모으거나 탈세, 자금 세탁 목적으로 사용할지를 확인하는 것입니다.

9. 거래할 상품을 **종합**으로 선택하고, 계좌 비밀번호를 입력한 후 **다음**을 누릅니다.

▼ 그림 3-9 거래할 상품 및 비밀번호 설정

10. 준비한 계좌 정보를 입력하고 **다음**을 누릅니다.

▼ 그림 3-10 계좌 입력

11. 본인 신분증을 촬영하여 신분을 확인합니다.

▼ 그림 3-11 신분증 촬영

12. 본인 확인 방법 중 원하는 방법으로 본인 확인 절차를 진행합니다. 여기서는 **1원입금 확인**을 선택했습니다.

▼ 그림 3-12 본인 확인

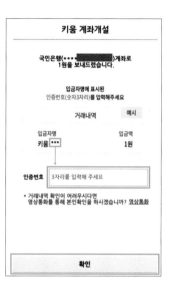

13. 계좌 개설을 완료한 후 키움증권 API 사용 신청 및 로그인에 사용할 ID를 만듭니다.

▼ 그림 3-13 키움증권 ID 만들기

14. 온라인 거래 이용 동의 및 주문 체결 알림 수신 방식을 선택합니다.

▼ 그림 3-14 키움증권 온라인 거래 이용 동의

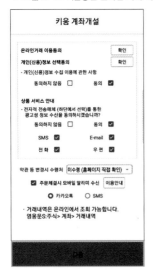

15. 계좌 개설이 완료되면 '위탁종합' 아래에 8자리 계좌번호와 ID가 생성된 것을 확인할 수 있습니다. **다음**을 눌러 다음 단계로 이동합니다.

▼ 그림 3-15 계좌 개설 및 ID 생성 완료

16. 이어서 영웅문에서 사용할 간편 인증 등록 여부를 묻습니다. 여러분이 원하는 방법을 선택해서 등록합니다

▼ 그림 3-16 간편 인증 등록

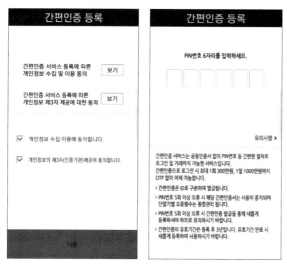

3.1.2 증권 인증서 만들기

키움증권 계좌를 개설했으면 계좌 이용 및 API 접속에 필요한 증권용 인증서를 만들어 보겠습니다.

1. 키움증권 웹 사이트(https://www.kiwoom.com/)에 접속합니다.

▼ 그림 3-17 키움증권 웹 사이트

2. 인증서를 발급하려면 웹 사이트 위쪽 메뉴에서 **인증센터**를 클릭하고, 공동인증서 탭에서 인증서 발급/재발급 메뉴에 보이는 **발급/재발급 하기**를 누릅니다.

▼ 그림 3-18 인증센터 메뉴

3. ID로 발급 탭에서 ID와 ID **비밀번호**, **주민등록번호**를 입력하고 **조회**를 누릅니다.

▼ 그림 3-19 ID로 발급

4. 고객정보확인 화면이 나오면 '개인/법인 구분'은 **개인**을, '발급기관'은 **코스콤**SignKorea로 선택한 후 **확인**을 누릅니다.

▼ 그림 3-20 인증서 구분 및 발급 기관 선택

5. 금융기관 정보 인증 화면이 나오면 계좌 개설에 사용한 '금융기관명'을 선택하고 '계좌번호의 마지막 5자리'를 입력한 후 **확인**을 누릅니다.

▼ 그림 3-21 금융 기관 정보 인증

6. 추가인증 방법 선택 화면이 나오면 원하는 인증 방법을 선택하여 인증합니다.

▼ 그림 3-22 추가 인증

7. 약관 및 개인 정보 수집 등에 **동의**하고 **확인**을 누릅니다.

▼ 그림 3-23 약관 및 개인 정보 수집 동의

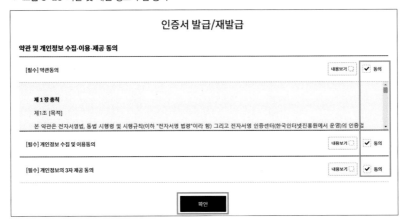

8. 인증서를 저장할 매체를 선택하고 **확인**을 누릅니다.

❤ 그림 3-24 인증서 저장 매체 선택

9. 인증서 비밀번호를 설정하면 발급이 완료됩니다.

❤ 그림 3-25 인증서 비밀번호 설정

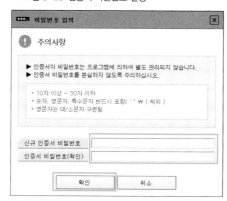

3.1.3 Open API 내려받기

이제 API를 사용할 수 있는 환경을 구성해 보겠습니다.

1. 키움증권 웹 사이트 아래쪽에서 **트레이딩채널** > Open API를 선택합니다.

▼ 그림 3-26 [Open API] 메뉴 선택

2. '키움 Open API+ 사용절차'에서 **사용 신청하러 가기**를 누릅니다.

▼ 그림 3-27 Open API 사용 신청

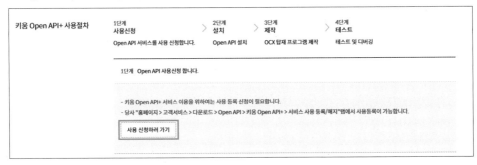

3. 로그인 화면이 나오면 공동인증서를 이용하여 로그인한 후 키움 Open API 이용 유의 사항과
   사용자 계약서에 **동의**하고 **서비스 사용 등록**을 누릅니다.

▼ 그림 3-28 키움 Open API 이용 유의 사항 및 사용자 계약서 동의

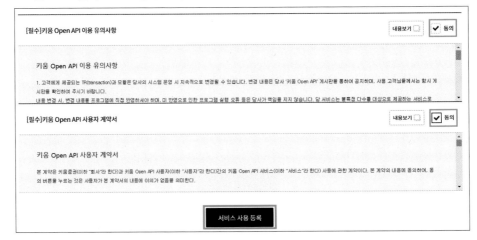

4. 등록이 완료되었다는 처리 결과와 함께 '사용자 계약서 및 유의사항 변경 공지를 위한 이용자 동의사항' 화면이 나오면 **동의**하고 **등록**을 누릅니다.

▼ 그림 3-29 계약서 및 유의 사항 변경 공지를 위한 동의

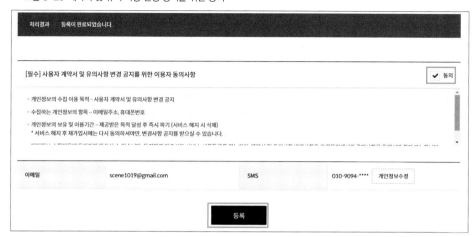

5. 다시 키움증권 웹 사이트 아래쪽에서 **트레이딩채널** 〉 Open API를 선택하고, '키움 Open API+ 사용절차'에서 **키움 Open API+ 모듈 다운로드**를 누릅니다.

▼ 그림 3-30 키움 Open API+ 모듈 내려받기

키움 Open API+ 사용절차	1단계 사용신청	2단계 설치	3단계 제작	4단계 테스트
	Open API 서비스를 사용 신청합니다.	Open API 설치	OCX탑재 프로그램 제작	테스트 및 디버깅

1단계 Open API 사용신청 합니다.

- 키움 Open API+ 서비스 이용을 위하여는 사용 등록 신청이 필요합니다.
- 당사 "홈페이지 > 고객서비스 > 다운로드 > Open API > 키움 Open API+ > 서비스 사용 등록/해지"탭에서 사용등록이 가능합니다.

사용 신청하러 가기

2단계 OpenAPI+ 모듈 다운로드 및 설치

- 사용 신청 후 키움 Open API 모듈을 다운로드 하여 설치합니다.

키움 Open API+ 모듈 다운로드

6. 내려받은 실행 파일을 실행한 후 대상 위치 선택 화면이 나오면 **다음**을 누릅니다.

▼ 그림 3-31 Open API 설치 위치 선택

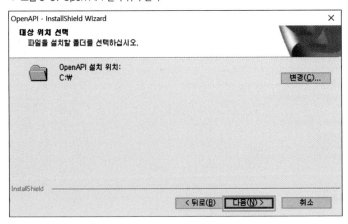

7. 프로그램 설치 화면이 나오면 **설치**를 누릅니다.

▼ 그림 3-32 Open API 설치

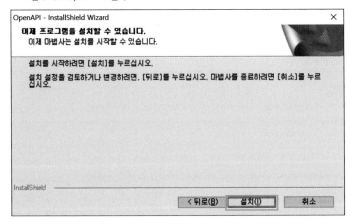

8. 설치 완료 화면이 나오면 **완료**를 누릅니다.

▼ 그림 3-33 Open API 설치 완료

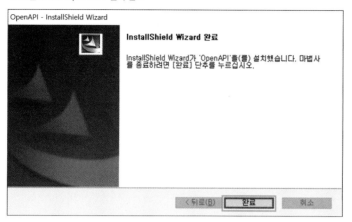

3.1.4 KOA Studio 내려받기

KOA란 'Kiwoom Open API+'의 약어로, KOA Studio(이하 KOA)는 Open API 설명과 API를 테스트해 볼 수 있는 환경을 제공하는 프로그램입니다. 키움증권 API 개발 가이드를 담은 안내서라고 할 수 있습니다.

KOA를 사용하는 이유는 개발 편의성 때문입니다. KOA를 이용하여 키움증권이 제공하는 TR(Transaction)(거래, 사용자가 키움증권에 전달하는 요청 단위) 목록과 이용 방법을 확인할 수 있습니다. 그러면 KOA가 언제 필요한지 예를 들어 설명하겠습니다.

Open API를 사용하여 당일 거래량이 많았던 종목들에 대한 정보를 얻어 오고 싶다고 하겠습니다. 우선 키움증권에서 거래량이 많은 종목들에 대한 API를 제공해 주는지 확인해야 합니다. 이 경우 KOA의 TR 목록 메뉴에서 '거래량'을 키워드로 검색해 보면 여러 결과 중에서 OPT10030(당일거래량상위요청)이라는 TR을 제공하는 것을 알 수 있고, 또한 TR을 호출하는 데 필요한 값들도 확인할 수 있습니다. 이렇게 알아낸 정보들을 바탕으로 우리가 원하는 TR을 호출하는 프로그래밍을 할 수 있습니다.

이제부터 KOA Studio를 내려받은 후 사용하는 방법을 알아보겠습니다.

1. 다시 키움증권 웹 사이트 아래쪽에서 **트레이딩채널** 〉 Open API를 선택하고, '키움 Open API+ 사용절차'에서 **KOA Studio 다운로드**를 누릅니다.

❤ 그림 3-34 KOA Studio 내려받기

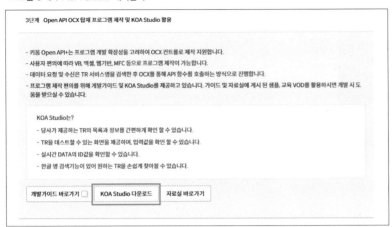

2. KOAStudioSA.zip 파일을 내려받은 후 압축을 해제하고 KOAStudioSA.exe 파일을 실행합니다.

❤ 그림 3-35 KOAStudioSA.exe 실행 화면

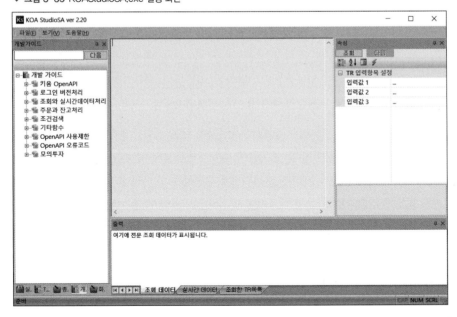

3.1.5 모의투자 가입

실제 계좌로 전략 테스트를 하기에는 무리가 있으니 모의투자에 가입한 후 모의 계좌를 사용하여 자동매매 프로그램을 동작시켜 보겠습니다.

1. 다시 키움증권 웹 사이트 아래쪽에서 **트레이딩채널** 〉 Open API를 선택하고, '키움 Open API+ 사용절차'에서 **상시 모의투자 신청하러 가기**를 누릅니다.

▼ 그림 3-36 상시 모의투자 신청 1

2. 모의투자 홈 화면에서 **상시모의투자 참가신청**을 누릅니다.

▼ 그림 3-37 상시 모의투자 신청 2

3. 다음과 같이 모의투자와 관련된 옵션을 설정하고 **참가신청**을 누릅니다.

▼ 그림 3-38 상시 모의투자 신청 3

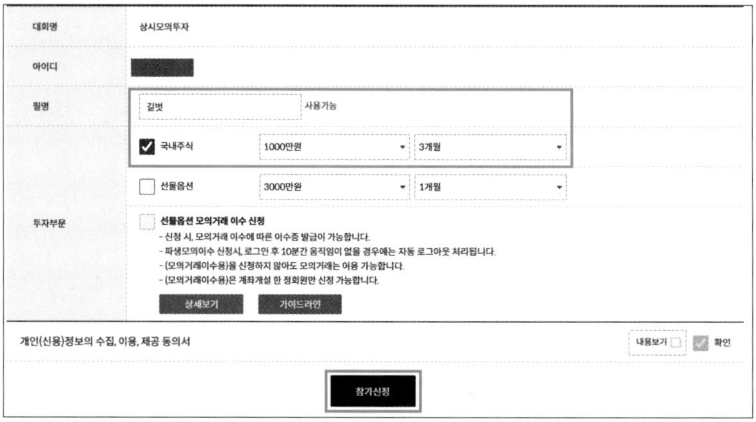

대회명	상시모의투자		
아이디			
필명	길벗	사용가능	
	☑ 국내주식	1000만원	3개월
	☐ 선물옵션	3000만원	1개월
투자부문	☐ **선물옵션 모의거래 이수 신청** - 신청 시 모의거래 이수에 따른 이수증 발급이 가능합니다. - 파생모의이수 신청시 로그인 후 10분간 움직임이 없을 경우에는 자동 로그아웃 처리됩니다. - (모의거래이수용)을 신청하지 않아도 모의거래는 이용 가능합니다. - (모의거래이수용)은 계좌개설 한 정회원만 신청 가능합니다.		
	상세보기	가이드라인	
개인(신용)정보의 수집, 이용, 제공 동의서		내용보기 ☐	☑ 확인

참가신청

이렇게 키움 API 모듈 설치 및 모의투자용 계좌를 개설했습니다. 다음에는 키움증권에서 제공하는 API가 어떻게 동작하는지 알아보고 사용법도 배워 보겠습니다.

3.2 KOA Studio 사용법

앞서 KOA가 왜 필요한지 설명했으니, 이제는 KOA를 어떻게 사용하는지 알아보겠습니다.

1. 압축을 해제한 KOAStudioSA 폴더에 있는 KOAStudioSA.exe 파일을 실행합니다.

✔ 그림 3-39 KOA 실행

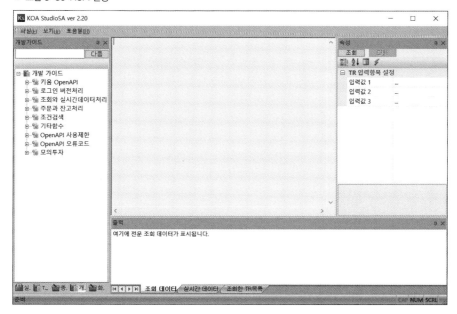

2. 위쪽에서 **파일** 〉 Open API **접속**을 선택합니다.

✔ 그림 3-40 Open API 접속

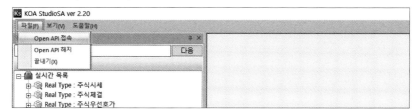

3. 로그인 화면이 나오면 키움증권 웹 사이트에서 만든 '고객ID'와 '비밀번호'를 입력한 후 **로그인**
을 누릅니다.

✔ 그림 3-41 KOA 로그인

4. 처음 실행하면 다음과 같은 창이 뜰 수 있습니다. 그럼 이 창에서 확인을 바로 누르지 말고 방금 실행한 'KOA를 종료'한 후 **확인**을 누릅니다.

▼ 그림 3-42 KOA 업데이트

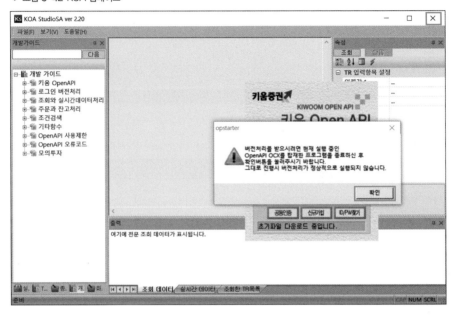

5. 필요한 업데이트가 진행된 후 다음 확인 메시지 창이 뜨면 **확인**을 누르고 다시 KOA를 실행합니다.

▼ 그림 3-43 KOA 업데이트 확인

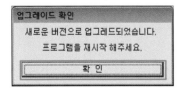

로그인 이후에는 KOA를 자유롭게 사용할 수 있습니다. 지금부터 KOA로 무엇을 할 수 있는지 살펴보겠습니다. 먼저 왼쪽 아래를 보면 탭이 총 다섯 개 있습니다. 왼쪽부터 순서대로 하나씩 살펴보겠습니다.

▼ 그림 3-44 KOA 왼쪽 아래 탭

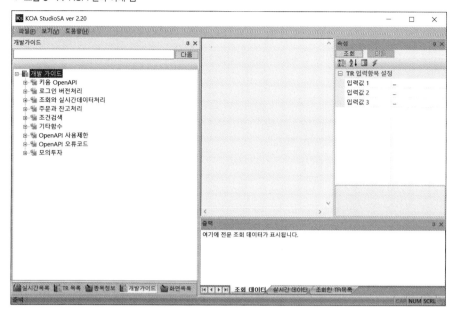

❶ **실시간 목록**: API를 이용하여 실시간 정보(주식 시세 및 체결 정보)를 요청하는 함수를 사용할 때 전달해야 하는 값들을 구분해 놓은 영역입니다. 지금은 단순히 '증권사에서 실시간 데이터를 얻으려면 이런 것들이 필요하구나' 하는 정도로 생각하고 넘어가면 좋겠습니다.

❷ **TR 목록**: TR이란 transaction의 약자이며 거래를 의미합니다. 여기서 거래란 우리가 흔히 사용하는 교환이나 매매가 아니라 요청, 행위라는 의미입니다. 그림 3-45에서 OPW00004는 TR 중 하나이며, TR 목록은 우리가 사용할 수 있는 거래 목록들을 담고 있습니다.

대개 KOA를 이용하는 제일 큰 이유는 TR 검색(거래 검색) 때문입니다. 이것으로 사용하고 싶은 요청(거래)이 있는지, 있다면 어떻게 사용해야 하는지 확인할 수 있습니다. 하나의 거래를 예로 들어 검색하는 방법을 알아보겠습니다.

현재 계좌의 잔고 평가 기능을 구현하고 싶다면 다음과 같이 TR 목록에서 '계좌평가'라고 검색합니다. 이때 나오는 OPW00004가 TR 이름이며, 화면 가운데 나오는 '설명 영역'에서 어떤 값들을 전달해야 'OPW00004-계좌평가현황요청' 거래를 할 수 있는지 알 수 있습니다. 이 설명을 토대로 속성부에 값을 입력한 후 조회를 클릭하면 출력부에 결과가 나타납니다.

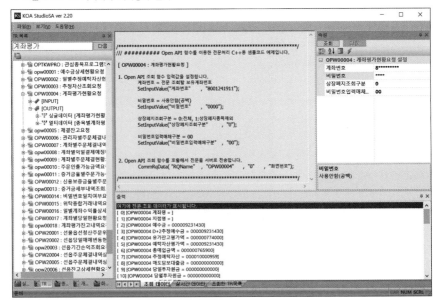

❸ **종목 정보:** 우리가 흔히 알고 있는 코스피(KOSPI)와 코스닥(KOSDAQ)은 서로 다른 시장입니다. 따라서 코스피 지수와 코스닥 지수가 따로 있습니다. 두 시장의 상장 조건도 서로 다르며, 보통 코스피보다는 코스닥에 상장하는 것이 더 수월하다고 할 수 있습니다. 코스닥에 상장하지 못하는 기업들은 코넥스(KONEX)라는 시장에서 거래합니다.

KOA에서 제공하는 종목 정보 탭은 이렇게 시장별로 혹은 종목 특성(펀드, ELW, ETF)으로 구분한 후 각각의 영역에 해당되는 종목들에 대한 전일가, 상장일, 상장 주식 수, 감리 구분 같은 간단한 정보들을 제공합니다(이 탭을 클릭했을 때 그림 3-46과 다르게 아무 내용도 보이지 않는다면 KOA 위쪽 메뉴에서 **파일 > Open API 접속**을 선택하여 로그인한 후 확인해 보기 바랍니다).

❤ 그림 3-46 종목 정보 탭

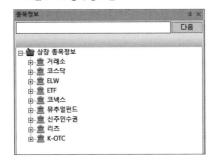

④ 개발 가이드: 개발 가이드 탭은 키움증권 Open API에 대한 기본 설명부터 로그인 처리, 조회 방법과 실시간 데이터 처리 및 조건 검색 개념을 설명합니다. 앞서 설명한 다른 탭에서 담고 있는 정보는 필요할 때마다 살펴보아도 좋지만 개발 가이드 탭은 그렇게 긴 내용은 아니니 우선적으로 살펴보길 권장합니다.

⑤ 화면 목록: 화면 목록은 MTS보다는 HTS를 이용하는 사람에게 더 익숙할 텐데요. 다음은 컴퓨터에 설치한 HTS 화면입니다.

▼ 그림 3-47 HTS 화면

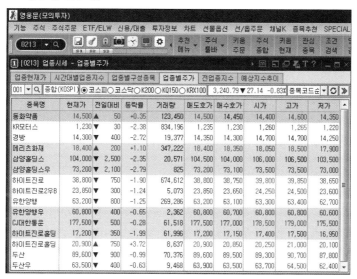

그림 3-48을 보면 업종별 주가를 확인하는 메뉴창의 번호가 '0213'이라고 되어 있습니다. 이 번호를 '화면 번호'라고 합니다. 화면 번호를 KOA 화면 목록 탭에서 검색해 보면 다음 그림과 같이 나옵니다.

▼ 그림 3-48 화면 목록에서 '0213' 검색

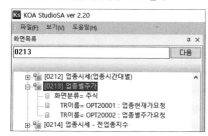

검색 결과에 보이는 'TR이름= OPT20001 : 업종현재가요청, TR이름= OPT20002 : 업종별주가요청'은 0213 화면을 조회하고 실행 과정에서 필요한 데이터를 얻어 오는 데 사용하는 거래(TR) 이름입니다. 이처럼 KOA의 화면 목록 탭에서는 화면 번호(0213)를 구성하는 데 필요한 데이터를 요청하는 거래 이름(OPT20001, OPT20002)을 확인할 수 있습니다.

KOA는 API를 사용하는 방법과 소개를 담은 훌륭한 설명서이지만 그렇다고 완벽하다고 할 수는 없습니다. 사용하다 보면 이름과 기능이 비슷한 TR들이 많아 정확히 어느 TR을 이용해야 하는지 분별하기가 쉽지 않을 수도 있습니다. 이처럼 개발 과정에서 어려움이 생길 때는 검색 엔진을 이용하여 필요한 것을 알아내는 습관을 가지면 좋겠습니다.

3.3 PyQt5 개요 및 설치

Kiwoom API를 이용한 본격적인 프로그래밍에 앞서 기본이 되는 내용인 PyQt5를 간단히 설명하고자 합니다. 사실 이 부분을 다루어야 할지 고민했습니다. 이 부분을 이해하면 전체적인 흐름을 파악하는 데 도움이 되지만, 반드시 알아야 하는 내용은 아니라고 생각했기 때문입니다. 하지만 그렇다고 해서 그냥 건너뛰기에는 큰 부분인 만큼 짚고 넘어가도록 하겠습니다.

우리는 앞서 파이썬을 설치할 때 32-Bit와 64-Bit 중 32-Bit를 설치했습니다. 정확히는 아나콘다 32-Bit를 설치하여 파이썬도 자동으로 32-Bit가 되도록 만들었습니다. 우리가 이용하려는 Kiwoom Open API는 32-Bit를 기반으로 만들었기에 우리 실습 환경도 32-Bit로 맞추어야 하기 때문입니다.

Kiwoom API는 ActiveX Control인 OCX 방식으로 API 연결을 제공하기 때문에 우리도 OCX 방식으로 API를 이용해야 합니다. ActiveX라는 말에서 유추할 수 있듯이 이는 마이크로소프트가 Windows 내 프로그램들을 제어하고자 만들었음을 알 수 있습니다. OCX 방식으로 제공되는 API를 이용하려면 우리도 OCX를 써야 합니다. 이는 QAxWidget이라는 클래스로 사용할 수 있는데요. 이 클래스가 바로 파이썬 PyQt5 패키지에 포함되어 있습니다. 정리하면 Kiwoom API를 이용하려면 QAxWidget이 필요하며, 이를 가지고 있는 PyQt5 패키지도 필요한 것입니다.

Note ≡ OCX란 OLE(Object Linking and Embedding)를 제어할 수 있는 컨트롤러(controller)입니다. 여기서 OLE란 마이크로소프트가 Windows(OS)에서 응용 프로그램끼리 데이터를 공유하고 제어할 수 있도록 개발한 기술입니다. 간단히 말해서 OCX란 Windows 프로그램을 제어할 수 있는 라이브러리(library)라고 생각하면 좋겠습니다.

PyQt5는 다음과 같이 Window 프로그램 개발에 많이 사용하고 있습니다. 이런 화면을 제공하는 개발을 GUI(Graphical User Interface) 프로그래밍이라고 합니다.

▼ 그림 3-49 PyQt5의 쓰임 - GUI 프로그래밍

앞서 사용했던 KOA Studio도 GUI 기반 프로그램입니다.

▼ 그림 3-50 GUI 기반 프로그램인 KOA Studio

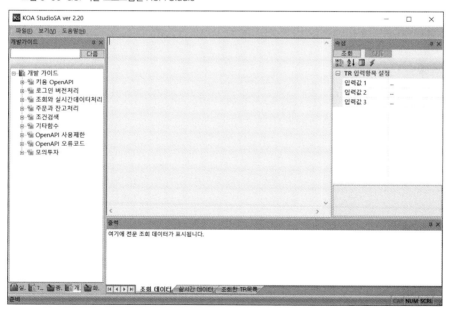

간단하게 생각해서 화면이 나오고 사용자가 클릭하고 원하는 값을 입력할 수 있는 프로그램이 GUI 기반 프로그램이다고 이해할 수 있습니다. 그리고 PyQt5를 사용하여 GUI 프로그램을 개발할 수 있습니다.

하지만 책에서 PyQt5를 사용하는 목적은 이 창을 제공하는 프로그램을 만드는 것이 아니라 그저 API를 사용하기 위함입니다. 창을 제공하지 않는 이유는 다음과 같습니다.

❶ 화면에 버튼이나 입력창을 제공하는 것이 불필요하다고 판단하기 때문입니다. 이 책은 정해진 규칙대로 매매하는 자동 프로그램에 중점을 두므로 버튼을 누르거나 사용자 입력 값 내용은 다루지 않겠습니다.

❷ 직접 만들어 사용하는 프로그램이기 때문입니다. 내부 로직을 모르고 그저 시스템을 이용하는 사용자를 염두에 두고 만들었다면 GUI가 필요하겠지만 직접 만들어 사용하는 시스템에 GUI를 제공할 필요가 없다고 생각합니다.

이런 이유로 이 책에서는 PyQt5를 오로지 OCX 방식의 API를 제어하는 목적으로만 사용하겠습니다. 그럼 PyQt5를 설치해 보겠습니다.

1. 먼저 Anaconda Prompt (Anaconda3)를 실행한 후 **conda env list** 명령어를 입력하여 앞서 구성한 가상 환경 system_trading_py38_32가 보이는지 확인합니다.

▼ 그림 3-51 가상 환경 확인

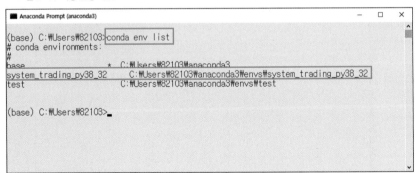

2. 가상 환경을 활성화하고자 **conda activate system_trading_py38_32** 명령어를 입력합니다.

▼ 그림 3-52 가상 환경 활성화

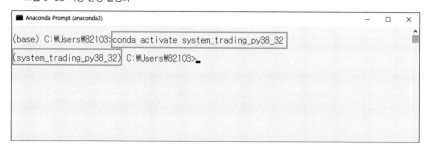

> Note ≣ 그러면 처음에 (base)라고 되어 있던 부분이 (system_trading_py38_32)로 바뀐 것을 알 수 있습니다. 이는 conda activate (가상 환경 이름) 명령어로 해당 환경이 활성화되었다는 의미입니다.

3. PyQt5를 설치하고자 **pip install pyqt5** 명령어를 입력합니다. 설치가 진행되며 완료 후에는 'Successfully installed'라는 문구가 나타납니다.

▼ 그림 3-53 PyQt5 설치

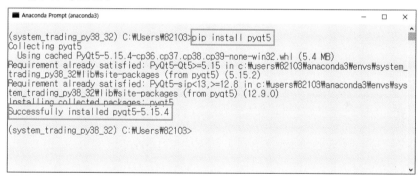

이렇게 system_trading_py38_32 환경 내에 PyQt5를 설치하면 system_trading_py38_32를 사용하는 모든 프로젝트에서 PyQt5 패키지를 사용할 수 있습니다. 하지만 다른 가상 환경을 새로 구성한다면 해당 환경에 PyQt5를 설치해야 PyQt5 패키지를 사용할 수 있습니다.

앞서 API를 이용하는 데 PyQt5가 필요하다고 설명했습니다. 이 PyQt5는 다른 개발자가 미리 만들어 놓고 다른 사람이 사용할 수 있도록 제공하는 코드 모음으로, 이를 **패키지**라고 합니다. 패키지를 내려받아 이용하면 우리가 굳이 새로 만들지 않아도 바로 사용할 수 있으므로, 개발 시간과 노력을 단축시킬 수 있다는 훌륭한 장점이 있습니다.

여기서는 PyQt5를 설치했으나 앞으로 개발하는 데 또 다른 패키지들이 필요할 수 있습니다. 이때마다 프로젝트에서 가상 환경을 활성화(activate)한 후 pip install (패키지명) 명령어로 설치하면 파이참에서 자동으로 설치한 패키지를 인식하기 때문에 바로 사용할 수 있습니다.

3.4 프로젝트 구조

이제 본격적으로 실전 프로젝트를 시작하기 전에 프로젝트 구조를 미리 구성해 두겠습니다. 앞으로 사용할 프로젝트 구조는 다음과 같습니다.

❤ 그림 3-54 프로젝트 구조

```
SystemTrading/
├── api 패키지
├── util 패키지
├── strategy 패키지
└── main.py
```

프로젝트 구조를 만든다는 것은 파이참 내에 생성한 프로젝트의 폴더 및 파일을 구성한다는 의미입니다. 이제부터 그림 3-54와 같은 프로젝트 구조를 만들어 보겠습니다.

1. 먼저 2장에서 사용했던 파일과 패키지를 모두 삭제하여 다음과 같이 빈 SystemTrading 폴더만 남깁니다(각 파일(또는 패키지)을 삭제하려면 해당 파일에서 마우스 오른쪽 버튼을 눌러 **Delete**를 선택합니다).

❤ 그림 3-55 기존에 사용한 파이썬 파일과 패키지 삭제

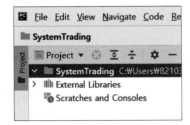

2. main.py 파일을 만들기 위해 SystemTrading 폴더를 마우스 오른쪽 버튼으로 눌러 New 〉 Python File을 선택합니다.

▼ 그림 3-56 main.py 파일 생성 1

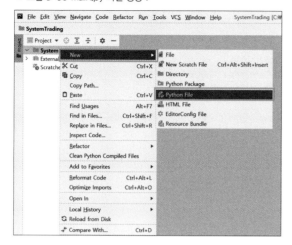

Note ≡ 파이참을 설치할 때 생성된 main.py 파일을 그대로 두어도 좋습니다. 다만 이때 main.py 파일 안에 작성된 내용을 모두 지워야 합니다.

3. 파일 이름을 main으로 입력하고 [Enter]를 누르면 SystemTrading 프로젝트에 main.py 파일이 만들어진 것을 확인할 수 있습니다.

▼ 그림 3-57 main.py 파일 생성 2

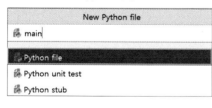 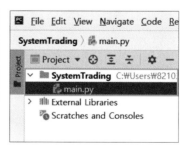

4. 이번에는 api 패키지를 만들겠습니다. 패키지를 만들기 위해 마우스 오른쪽 버튼을 눌러 New 〉 Python Package를 선택합니다.

▼ 그림 3-58 api 패키지 생성 1

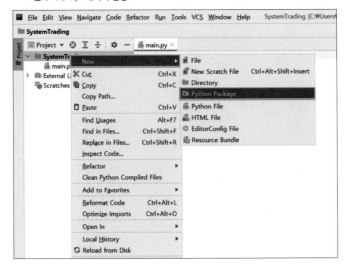

Note ≡　앞서 설치한 PyQt5가 패키지라고 설명했습니다. 여기서 만들 api, util, strategy도 .py 파일을 담을 패키지이며, 단순히 .py 파일을 모아 둔 폴더를 패키지라고 생각해도 좋습니다.

5. 패키지명을 api로 입력하고 Enter를 누르면 패키지가 생성된 모습을 확인할 수 있습니다.

▼ 그림 3-59 api 패키지 생성 2

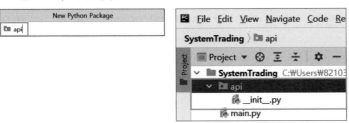

6. 같은 방법으로 util과 strategy 패키지도 생성합니다.

❤ 그림 3-60 util, strategy 패키지 생성

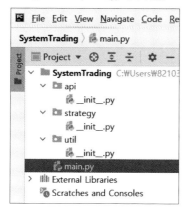

완성된 프로젝트 구조는 다음과 같습니다.

❤ 그림 3-61 완성된 프로젝트 구조

```
SystemTrading/
├──── api
├──────── __init__.py
├──── strategy
├──────── __init__.py
├──── util
├──────── __init__.py
└──── main.py
```

3.5 API 동작 방식 이해하기

본격적으로 Kiwoom API를 사용해 보겠습니다. API는 알고 보면 크게 어려운 부분이 없지만 처음 프로그래밍을 한다면 가장 어렵다고 느낄 수도 있습니다. 그 이유는 Kiwoom API가 **비동기 방식**(asynchronous)으로 처리되며, 이 과정에 필요한 함수들의 정확한 쓰임새를 모두 파악하기가 어렵기 때문입니다. 따라서 예제 코드들을 완벽히 다 이해하겠다는 마음보다는 API를 어떻게 호출하고 응답을 받아 오는지 그 흐름에 집중해 주기 바랍니다.

먼저 비동기 방식을 간단히 알아보겠습니다. 간단히 예를 들어 보죠. 여러분은 이제 다음과 같은 코드에 어느 정도 익숙해졌을 것입니다.

```python
print("Step: 1")
print("Step: 2")
print("Step: 3")
```

이 코드를 실행하면 첫 줄부터 한 줄씩 순서대로 잘 실행되어 다음 결과가 출력됩니다.

```
Step: 1
Step: 2
Step: 3
```

이렇게 명령(요청)한 순서대로 출력(응답)하는 방식을 **동기식**(synchronous)이라고 하며, 프로그래밍에서 일반적으로 코드가 실행되는 방식입니다.

그런데 다음과 같은 상황이 있다면 어떨까요?

```python
def call_service():
    # do someting
    pass

print("Step: 1")
call_service()
print("Step: 3")
```

어떤 처리를 하는 데 오랜 시간이 걸리는 call_service()라는 함수가 있다고 하겠습니다. 그러면 첫 줄인 print("Step: 1")이 바로 실행되고 call_service()가 완전히 수행될 때까지 기다리다가 print("Step: 3")이 수행될 것이라고 예상할 수 있습니다. 코드를 실행하면 다음과 같을 것입니다.

```
Step: 1 ⋯⋯ call_service 함수가 완료되기를 기다림
Step: 3
```

그런데 여기서 이렇게 생각해 볼 수도 있습니다. 'call_service()를 수행하는 데 시간이 오래 걸린다면 간단한 print("Step: 3")부터 수행시키면 어떨까?' 다음 상황도 이와 비슷합니다. 주방장에게 순서대로 다음과 같은 요리 주문이 들어왔고, 각각의 주문은 서로 다른 손님이 접수했다고 가정해 보겠습니다.

❤ 그림 3-62 요리 주문 접수 예

주문 접수

손님 1 계란프라이
손님 2 양장피, 팔보채, 깐쇼새우 등
손님 3 계란프라이

접수한 순서대로 주문을 처리한다면, 첫 번째 계란프라이를 마치고 나서 두 번째 주문의 여러 요리를 하는 동안 간단한 메뉴를 주문한 세 번째 손님은 '금방 만들 것 같은 요리인데 왜 이렇게 오래 걸리지'라고 생각하며 하염없이 기다려야 합니다.

하지만 이 상황에서 노련한 주방장이라면 이런 식으로도 처리할 수 있을 것입니다. 두 번째 주문이 오래 걸릴 것 같으므로 세 번째 손님을 마냥 기다리게 하기보다는 두 번째 주문과 세 번째 주문을 번갈아 가며 조리하는 것입니다.

이처럼 요청한 순서대로 처리하지 않는 방식을 **비동기식**이라고 하며, Kiwoom API는 고객들의 요청을 비동기 방식으로 처리합니다.

❤ 그림 3-63 Kiwoom API의 비동기 처리 방식

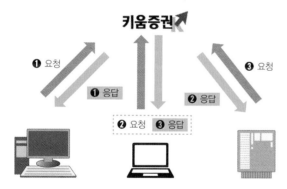

키움증권 API 서버를 주방장이라고 생각해 보면 키움증권에 요청을 보내는 우리 같은 사람들은 주문하는 고객이 됩니다. 여기서 키움증권 API 서버는 오래 걸리는 몇 개의 요청 때문에 뒤에 있는 간단한 요청이 처리되지 못하고 기다리는 상황을 막기 위해 예로 든 노련한 주방장처럼 응답합니다. 따라서 API 서버(키움증권)가 요청받은 순서대로 응답하지 않을 수 있으므로, 요청을 보낸 고객 입장에서는 내가 보낸 요청이 바로 처리되지 않는다는 것을 인지하고 응답이 올 때까지 기다리는 동안 다른 필요한 처리를 할 수도 있습니다.

이런 방식으로 동작할 때 우리 컴퓨터와 키움 API 서버 사이에서 일어나는 일을 조금만 더 설명해 보겠습니다.

▼ 그림 3-64 우리 PC와 키움증권 API 서버 간 요청 처리 방식

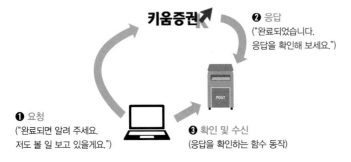

다시 정리해 보면 중요한 사실은 우리가 키움증권에 보내는 **요청에 대한 응답이 바로 오지 않는다**
는 것입니다. 물론 막상 코드를 실행해 보면 응답이 바로 오는 것처럼 보일 수 있지만, 우리가 만
들 시스템과 키움 Open API 사이에서는 작게나마 지연(delay)이 발생하며 요청을 보낸 후 응답을
기다리는 시간이 있습니다.

따라서 이런 점을 알고 있는 우리도 요청을 보내고 나서 내 요청이 언제 처리되는지 마냥 기다리
기보다는 다른 일을 하고 있다가 API 서버로부터 응답이 왔다는 신호가 오면 확인하는 것이 더 효
율적으로 일을 처리하는 방식일 것입니다.

이제 이런 방식으로 코드를 동작시킬 수 있다는 것을 상기하면서 아까 다룬 예를 다시 한 번 살펴
보겠습니다.

```python
def call_service():
    # do someting
    pass


print("Step: 1")
call_service()
print("Step: 3")
```

수행하는 데 시간이 오래 걸린다고 가정했던 call_service() 함수가 API를 호출하는 함수라고 가
정하면, call_service() 수행이 끝나길 마냥 기다리지 않고 다음 코드인 print("Step: 3")을 수
행합니다. 그러다 call_service() 수행이 끝났다는 알림이 오면 그때 응답(결과)을 확인합니다.

이런 방식으로 응답을 주고받으려면 요청을 보내고 API 서버에서 응답이 오면 이때 동작할 응답
을 확인하는 기능을 가진 함수가 필요하며, 이를 슬롯(slot)이라고 합니다. 이 슬롯이 하는 역할이

아직 이해되지 않는다면 그림 3-64에서 '확인 및 수신' 역할을 하도록 만들어진 함수라고 생각하며 좋겠습니다. API에서 응답이 오면 슬롯 함수가 동작하여 응답을 확인합니다.

여기서 중요한 점은 서버로부터 응답이 도착할 때 동작하는 슬롯은 응답이 오기 전 미리 만들어두어야 한다는 것입니다. 요청을 보내기 전에 슬롯을 미리 만들지 않았다면 API에서 응답이 오더라도 슬롯이 없어 정상적으로 확인하지 못할 수도 있습니다.

따라서 이 슬롯은 미리 생성해 두는 것이 좋으며, 어느 슬롯을 통해 어떤 응답을 받을지 설정해야합니다. 즉, 슬롯이라고 해서 모든 요청을 받을 수 있는 것이 아니라 요청 성격에 따라 다른 슬롯이 필요할 수 있다는 점을 기억해 주기 바랍니다. 슬롯의 생성 및 설정은 다음 절에서 실제 요청을 주고받는 과정으로 알아보겠습니다.

3.6 키움증권 로그인하기

PYTHON AUTO TRADING SYSTEM

지금까지 API 동작 원리를 설명했습니다. 그러면 이제 API 서버로 요청을 보내고 이에 대한 응답을 받는 파이썬 코드를 만들어 설명했던 방식대로 동작하는지 함께 확인해 보겠습니다.

여기서 사용할 파이썬 코드들을 한 모듈(.py)에 담아 편리하게 관리 및 사용해 보겠습니다. Kiwoom API를 사용하므로 api 패키지 밑에 Kiwoom.py 파일을 새로 만들어 다음과 같이 프로젝트 구조를 구성해 보겠습니다.

▼ 그림 3-65 프로젝트 구조에 Kiwoom.py 파일 추가

```
SystemTrading/
├────── api
├────── __init__.py
├────── Kiwoom.py
├────── util
├────── __init__.py
├────── strategy
├────── __init__.py
└────── main.py
```

그다음 Kiwoom.py 파일에 다음 코드를 작성합니다.

Kiwoom.py

```python
from PyQt5.QAxContainer import *
from PyQt5.QtWidgets import *
from PyQt5.QtCore import *


class Kiwoom(QAxWidget):
    def __init__(self):
        super().__init__()
```

코드를 간단히 살펴보면, 1~3번째 줄처럼 from으로 패키지를 import하는 코드들은 API 사용에 필수적으로 포함해야 하는 PyQt5 모듈들입니다.

그 후 등장하는 class Kiwoom(QAxWidget): 코드는 클래스명이 Kiwoom이고 QAxWidget이라는 클래스를 상속받도록 합니다. 이때 QAxWidget은 Open API를 사용할 수 있도록 연결하는 기능을 제공합니다.

이후 코드를 보면 super는 Kiwoom 클래스가 상속받는 QAxWidget 클래스를 의미하고, __init__() 은 클래스를 초기화합니다. 즉, super().__init__()은 QAxWidget을 초기화하는 과정으로 Open API와 우리 프로그램을 연결시킬 수 있도록 하는 QAxWidget의 사용을 준비하는 단계입니다.

이어서 우리 PC에서 Kiwoom API를 사용할 수 있도록 설정하는 _make_kiwoom_instance 함수를 만들어 보겠습니다. 앞서 작성한 Kiwoom.py 파일에 이어서 다음 코드를 작성합니다.

Kiwoom.py

```python
from PyQt5.QAxContainer import *
from PyQt5.QtWidgets import *
from PyQt5.QtCore import *


class Kiwoom(QAxWidget):
    def __init__(self):
        super().__init__()

    def _make_kiwoom_instance(self):
        self.setControl("KHOPENAPI.KHOpenAPICtrl.1")
```

이 함수를 살펴보면 몇 가지 의문이 듭니다.

첫째, 왜 함수명이 언더스코어(_)로 시작할까요? 이 함수는 Open API와 우리 프로그램을 연결하는 역할을 합니다. 따라서 API를 직접적으로 사용하기 전에 호출되어야 하기 때문에 Kiwoom 클래스가 생성되는 시점, 즉 초기화될 때 자동으로 한 번만 호출하면 이후로는 프로그램이 종료될 때까지 다시 호출할 필요가 없습니다. 이렇게 클래스 생성자에서 자동으로 호출되는 경우처럼 클래스 외부에서 명시적으로 호출해서 사용하지 않는 함수를 클래스 내부에서만 사용한다는 의미로 언더스코어로 시작하는 이름을 짓습니다(이 규칙은 필자가 임의로 정한 것이 아니라 파이썬 코딩 가이드에 나오는 규칙이지만 반드시 따르지 않아도 됩니다).

둘째, self.setControl이란 함수는 어디서 나왔을까요? 우선 코드를 작성하면서 함수, 변수, 클래스를 사용할 때 두 가지를 떠올리면 좋겠습니다. 지금 만들고 있는 .py에서 함수, 변수, 클래스를 사용하려면 현재 .py에 정의하거나 이미 정의한 패키지를 import해서 사용해야 합니다. 둘 중 어느 경우에도 해당되지 않으면 정의되지 않은 코드를 사용하는 셈이므로 에러가 발생합니다.

그럼 setControl 함수는 우리가 Kiwoom.py 파일 내에 만든 코드가 아니므로 앞서 import한 패키지 어딘가에서 정의되어 있다고 생각해 볼 수 있습니다. 실제로 setControl 함수는 PyQt5.QAxContainer.py 파일에 들어 있습니다. 조금 더 정확히 말하자면 setControl 함수는 Kiwoom 클래스를 만들 때 상속했던 QAxWidget 클래스에 정의되어 있고, 이 QAxWidget은 PyQt5.QAxContainer.py 파일에 포함되어 있습니다.

따라서 Kiwoom.py에서 PyQt5.QAxContainer.py 파일을 import하여 QAxWidget을 사용할 수 있게 한 후 클래스로 상속한다면 setControl 함수를 따로 정의하지 않아도 사용할 수 있습니다.

셋째, "KHOPENAPI.KHOpenAPICtrl.1"이란 무엇을 의미할까요? 이것은 키움증권 웹 사이트에 접속하여 Open API를 설치하면 우리 컴퓨터에 설치되는 API 식별자(프로그램ID, ProgID)라고 생각하면 됩니다. 이 값은 Open API를 설치한 컴퓨터라면 레지스트리에 모두 동일한 이름으로 저장되어 있습니다. 따라서 코드에서 사용할 때 한 글자라도 잘못 입력하면 API 사용이 불가능하기 때문에 그대로 복사한 후 붙여 넣어 사용하길 바랍니다. 실제로 이 값은 우리 PC의 레지스트리 편집기에 등록되어 있으며, Open API를 설치하면 자동으로 등록됩니다.

❤ 그림 3-66 레지스트리에 저장된 API 식별자

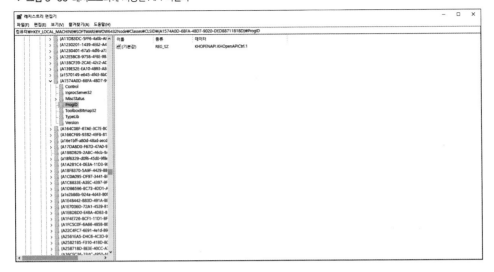

여기까지 _make_kiwoom_instance 함수를 구성하는 요소들을 설명했습니다. 정리하자면, _make_
kiwoom_instance에서 setControl 함수에 API 식별자(KHOPENAPI.KHOpenAPICtrl.1)를 전달하여 호
출하면 Kiwoom 클래스가 Open API가 제공하는 API 제어 함수들(로그인, 주식 주문, TR 요청 등)
을 사용할 수 있습니다. 이 과정은 여러 번 수행하지 않고 Kiwoom 클래스가 생성될 때 자동으로 한
번만 호출하도록 초기화 함수에 넣어 주겠습니다. 앞서 만든 Kiwoom 클래스의 초기화 함수에 다음
코드를 작성합니다.

Kiwoom.py

```python
from PyQt5.QAxContainer import *
from PyQt5.QtWidgets import *
from PyQt5.QtCore import *


class Kiwoom(QAxWidget):
    def __init__(self):
        super().__init__()
        self._make_kiwoom_instance()

    def _make_kiwoom_instance(self):
        self.setControl("KHOPENAPI.KHOpenAPICtrl.1")
```

그럼 이제 API를 사용할 준비를 마쳤으니 증권사 계정에 로그인해 보겠습니다. 로그인 과정도 결국 API 서버에 요청을 보낸 후 응답을 기다리는 것입니다. 따라서 API 서버로 로그인 요청을 보내고 응답을 받는 데 필요한 과정은 다음과 같습니다.

❶ 로그인 처리에 대한 응답을 받을 slot 함수 생성 및 등록

❷ 로그인 요청

❸ ❶에서 만든 slot 함수를 사용하여 응답 확인

그럼 하나씩 살펴보겠습니다. 먼저 로그인 처리에 대한 응답을 받을 slot 함수를 만들고 등록해야 합니다. 여기서 헷갈릴 수 있는 부분은 slot 함수를 만든 후 등록하는 과정이 필요하다는 것입니다. 우선 아무 배경지식 없이 가벼운 마음으로 다음 코드를 이어서 작성해 보겠습니다.

Kiwoom.py

```
(...)
class Kiwoom(QAxWidget):
    def __init__(self):
        super().__init__()
        self._make_kiwoom_instance()

    def _make_kiwoom_instance(self):
        self.setControl("KHOPENAPI.KHOpenAPICtrl.1")

    def _set_signal_slots(self):
        self.OnEventConnect.connect(self._login_slot)
```

무엇인지는 잘 모르겠지만, 이 함수명은 _set_signal_slots고 슬롯들을 등록한다는 의미인 것 같습니다. 등록할 슬롯이 하나가 아니라 여러 개인 이유는 앞서 말했듯이 API 서버로 보낼 수 있는 요청들은 각각 종류와 성격이 다르며, 마찬가지로 slot 함수들도 요청에 따라 다르게 만들어야 하기 때문입니다. 즉, API에 보내는 요청별(로그인, TR 조회, 실시간 데이터 등)로 다른 슬롯들이 필요하며, 어떤 응답을 받을 때 어떤 슬롯을 이용하겠다는 설정이 필요합니다.

함수 안에 코드를 살펴보면 로그인 요청에 대한 응답을 받을 slot 함수는 self._login_slot이며, 이 함수로 로그인이 성공했는지 실패했는지에 대한 응답을 확인할 수 있습니다.

다만 우리가 _login_slot 함수를 만들기만 했다고 해서 API 서버에서 로그인 처리 결과를 알아서 _login_slot 함수에 전달할 수 있는 것은 아닙니다. 추가로 '로그인 응답 처리를 받을 때 사용하는 slot 함수는 이것이다'고 지정해야 로그인 처리에 대한 결과를 해당 slot 함수로 알 수 있게 되는

것입니다. 그 기능을 하는 코드가 바로 self.OnEventConnect.connect입니다. 이 또한 함수이며, 매개변수로 전달하는 이름(_login_slot)을 가진 함수를 로그인 처리에 대한 응답 slot 함수로 지정합니다.

그럼 _login_slot 함수를 구현해 보겠습니다. 그 전에 알아야 할 중요한 점은 응답 slot 함수 이름은 자유롭게 작성해도 되지만, 함수에서 사용할 매개변수의 순서와 개수는 꼭 KOA를 참조해야 합니다. API 서버는 우리 프로그램에 전달해 주는 응답 데이터 규칙을 정해 놓았고, 우리는 그에 맞게 함수를 구성해야 제대로 응답을 수신할 수 있기 때문입니다.

따라서 slot 함수를 구성할 때는 제일 먼저 KOA를 확인하여 사용하는 매개변수와 그 쓰임새를 알아야 합니다. 다음은 KOA에서 제공하는 OnEventConnect 설명입니다.

❤ 그림 3-67 OnEventConnect( ) 이벤트(KOA 〉 개발 가이드 〉 로그인 버전 처리 〉 관련 함수)

[OnEventConnect( ) 이벤트]

```
OnEventConnect(
long nErrCode    // 로그인 상태를 전달하는데, 자세한 내용은 아래 상세 내용 참고
 )
```

로그인 처리 이벤트입니다. 성공이면 인자 값 nErrCode가 00이며 에러는 다음과 같은 값이 전달됩니다.

nErrCode별 상세 내용

-100 사용자 정보 교환 실패

-101 서버 접속 실패

-102 버전 처리 실패

KOA에서 제공하는 예시 코드는 C++라는 프로그래밍 언어로 구성되어 있습니다. 따라서 C++ 코드를 전부 다 이해하지 못하더라도 설명을 보면서 파이썬에서는 어떻게 사용할지 살펴보겠습니다.

self.OnEventConnect.connect(self._login_slot)을 호출하면 로그인 이벤트가 발생할 때 자동으로 self._login_slot 함수를 호출하여 로그인 응답을 처리합니다. 이때 self._login_slot 함수에서 전달받는 매개변수는 nErrCode 하나이며, 이에 대한 설명은 KOA에 나오듯이 로그인에 성공하면 0을 전달하고 에러가 발생하면 상황에 따라 다른 값(100, 101, 102)을 전달합니다.

이렇게 로그인 응답 처리에 사용할 매개변수와 그 의미를 알았으면 self._login_slot 함수를 만들어 보겠습니다.

Kiwoom.py

```
(...)
class Kiwoom(QAxWidget):
    def __init__(self):
        super().__init__()
        self._make_kiwoom_instance()

    def _make_kiwoom_instance(self):
        self.setControl("KHOPENAPI.KHOpenAPICtrl.1")

    def _set_signal_slots(self):
        self.OnEventConnect.connect(self._login_slot)

    def _login_slot(self, err_code):
        if err_code == 0:
            print("connected")
        else:
            print("not connected")

        self.login_event_loop.exit()
```

함수를 살펴보면 매개변수 err_code를 사용하며, 2장에서 함수를 배울 때 설명했듯이 매개변수명이 중요한 것이 아니라 전달받는 위치가 중요하므로 KOA에서는 매개변수명을 nErrCode라고 만들었지만, 여기서는 err_code라고 사용했습니다. 따라서 이 변수를 사용하여 로그인 처리에 대한 성공/실패 구분 값을 전달받게 되며, err_code 값이 0이면 로그인이 성공했다는 의미로 connected를 출력하고 err_code 값이 0이 아니면 로그인이 실패했다는 의미로 not connected를 출력합니다.

self._login_slot 함수를 구성했으면 self.OnEventConnect.connect(self._login_slot)을 사용하여 로그인 응답 처리를 가능하게 하는 self._set_signal_slots 함수를 호출해야 self._login_slot을 사용할 수 있습니다. 또 self._set_signal_slots 호출은 프로그램이 시작하는 초기화 함수(생성자)에서 하도록 구성했습니다.

Kiwoom.py

```
(...)
class Kiwoom(QAxWidget):
    def __init__(self):
        super().__init__()
        self._make_kiwoom_instance()
        self._set_signal_slots()
(...)
```

여기서 self._set_signal_slots 함수는 앞서 설명했듯이 API로 보내는 여러 요청에 대한 응답 처리를 담당하는 slot 함수를 호출합니다. 아직은 로그인만 다루어 보았기 때문에 self.OnEventConnect.connect 외 다른 코드는 없지만, 앞으로 _set_signal_slots 함수에 계속 코드를 추가할 예정입니다.

여기까지 응답받을 준비를 마쳤다면 로그인을 요청하는 함수(_comm_connect)를 살펴보겠습니다. 앞서 작성한 _login_slot 함수 아래에 다음 코드를 이어서 작성합니다.

Kiwoom.py

```
(...)
def _comm_connect(self):  ····· 로그인 함수: 로그인 요청 신호를 보낸 이후 응답 대기를 설정하는 함수
    self.dynamicCall("CommConnect()")

    self.login_event_loop = QEventLoop()  ····· 로그인 시도 결과에 대한 응답 대기 시작
    self.login_event_loop.exec_()
```

self.dynamicCall("CommConnect()")는 self.dynamicCall을 사용하여 CommConnect를 호출하는 코드로, API 서버로 로그인 요청을 보냅니다. 여기서 dynamicCall 함수는 Kiwoom 클래스가 상속 받은 QAxWidget 클래스로 사용할 수 있으며, CommConnect는 API에서 제공하는 함수로 키움증권 로그인 화면을 팝업하는 기능이 있습니다.

앞서 설명했듯이 API는 요청을 보냈어도 응답이 바로 오지 않을 수 있는 비동기 방식으로 동작하기 때문에 프로그램이 로그인 수행 결과를 기다리지 않고 다음 코드를 수행할 수 있습니다. **하지만 이렇게 로그인이 되지 않은 상태에서 다음 코드로 넘어가 버리면 로그인이 필요한 기능들(계좌 정보 얻어 오기 등)을 수행하는 과정에서 에러가 발생할 수 있기 때문에 로그인 시도 이후 응답을 대기하는 상태로 만들겠습니다.** 이 과정을 수행하는 코드가 다음에 등장하는 self.login_event_loop = QEventLoop()와 self.login_event_loop.exec_()입니다. 두 라인 중 하나라도 빼먹으면 응답 대기 상태가 될 수 없기에 이 둘을 세트처럼 생각해 주기 바랍니다.

하지만 여기서 끝이 아닙니다. 로그인 요청을 보내는 _comm_connect 함수를 만들었으면 호출을 해야 결국 사용할 수 있습니다. 마찬가지로 프로그램이 실행되면 자동으로 실행될 수 있도록 초기화 함수(생성자)에 넣도록 하겠습니다.

Kiwoom.py

```
(...)
class Kiwoom(QAxWidget):
    def __init__(self):
        super().__init__()
        self._make_kiwoom_instance()
        self._set_signal_slots()
        self._comm_connect()
(...)
```

지금까지 내용을 다시 정리해 보면, 내 PC에서 파이참이라는 개발 도구로 만든 프로그램으로 키움증권에 로그인하려면 다음 과정이 필요합니다.

❶ 설치한 API를 사용할 수 있도록 설정합니다(_make_kiwoom_instance).

❷ 로그인, 실시간 정보, 기타 제공받을 수 있는 데이터에 대한 응답을 받을 수 있는 slot 함수들을 등록합니다(_set_signal_slots).

❸ 로그인 요청을 보냅니다(_comm_connect).

❹ 로그인 요청에 대한 응답을 _set_signal_slots를 사용하여 등록한 슬롯(_login_slot)에서 받아 옵니다.

이 과정을 담은 전체 코드는 다음과 같습니다. 혹시 코드에 있는 함수가 모두 다 이해되지 않더라도 큰 문제는 없습니다. 코드를 정확히 이해하지 못하더라도 큰 흐름을 먼저 익히고 모르는 코드는 그다음 찾아보면 됩니다.

Kiwoom.py

```
from PyQt5.QAxContainer import *
from PyQt5.QtWidgets import *
from PyQt5.QtCore import *


class Kiwoom(QAxWidget):
    def __init__(self):
        super().__init__()
        self._make_kiwoom_instance()
        self._set_signal_slots()
        self._comm_connect()
```

```python
    def _make_kiwoom_instance(self):      # Kiwoom 클래스가 API를 사용할 수 있도록 등록하는 함수
        self.setControl("KHOPENAPI.KHOpenAPICtrl.1")

    def _set_signal_slots(self):      # API로 보내는 요청들을 받아 올 슬롯을 등록하는 함수
        self.OnEventConnect.connect(self._login_slot)
                                        # 로그인 시도 결과에 대한 응답을 _login_slot으로 받도록 설정

    def _login_slot(self, err_code):      # 로그인 시도 결과에 대한 응답을 얻는 함수
        if err_code == 0:
            print("connected")
        else:
            print("not connected")

        self.login_event_loop.exit()      # 로그인 시도 결과에 대한 응답 대기 종료

    def _comm_connect(self):      # 로그인 요청 신호를 보낸 이후 응답 대기를 설정하는 함수: 로그인 함수
        self.dynamicCall("CommConnect()")

        self.login_event_loop = QEventLoop()      # 로그인 시도 결과에 대한 응답 대기 시작
        self.login_event_loop.exec_()
```

지금까지 코드는 모두 Kiwoom.py 파일에 만든 Kiwoom 클래스에 작성했습니다. 그럼 코드를 실행해서 로그인하려면 어떻게 하면 될까요? 파이참에서 Kiwoom.py 파일을 실행하면 될까요? 하지만 파이참에서 이 파일을 실행해도 아무 일도 일어나지 않습니다. 클래스는 단순히 '설계도'이기 때문입니다. 앞서 클래스는 어떤 기능을 할지 정의해 놓은 설계도라고 설명했습니다. 그러므로 그 안의 내용을 동작시키려면 클래스를 생성하는 과정이 필요합니다.

이처럼 클래스를 생성하는 것을 객체화한다고 설명했고, 클래스는 결국 객체로 생성되어야 사용할 수 있습니다. 그러면 Kiwoom 클래스를 객체화하는 코드는 미리 만들어 둔 main.py 파일에 작성하겠습니다.

main.py

```python
from api.Kiwoom import *
import sys

app = QApplication(sys.argv)
kiwoom = Kiwoom()
app.exec_()
```

코드를 좀 더 살펴보겠습니다. 첫 줄을 보면 import 구문으로 Kiwoom.py 파일을 main.py 파일에서 사용할 수 있도록 만들었습니다. 그런데 import 구문은 다음과 같이 써야 하지 않을까요?

```
from Kiwoom import *
```

파이썬 기초 장 중 패키지(package) 부분에서 설명했듯이 Kiwoom.py 파일이 api라는 패키지 밑에 위치했기 때문에 다음과 같이 사용해야 한다고 이해해 주기 바랍니다.

```
from 패키지명.파일명 import *
```

Note ☰ 또 한 가지 중요한 점은 코드를 작성할 때 대·소문자를 분명히 구분해야 한다는 것입니다. 대문자 K를 이용하여 Kiwoom.py 파일을 만들었으므로, 대문자 K 대신 소문자 k를 사용하여 api.kiwoom처럼 입력하면 제대로 인식하지 못합니다.

그다음으로 Kiwoom 클래스를 kiwoom 변수에 담는 코드인 kiwoom = Kiwoom()을 둘러싼 낯선 코드들을 알아볼 차례입니다.

```
app = QApplication(sys.argv)
kiwoom = Kiwoom()
app.exec_()
```

우리가 만든 Kiwoom 클래스를 객체화하는 코드인 kiwoom = Kiwoom()을 위아래로 감싸고 있는 코드는 PyQt5를 이용하여 API를 제어하는 메인 루프입니다. 이 코드를 통해 OCX 방식인 API를 사용할 수 있기 때문에 앞으로 항상 main.py 파일에 등장할 예정입니다. 그럼 main.py 파일을 실행해 보겠습니다.

▼ 그림 3-68 main.py 실행 결과

코드를 실행시키면 KOA Studio에서 확인했던 키움증권 로그인 화면이 나옵니다. 계좌를 생성할 때 만들었던 ID와 비밀번호를 입력하고 로그인을 누르면 정상적으로 로그인됩니다. 이후 파이참 출력부를 확인해 보면 다음 문구가 보입니다.

```
connected
```

이 'connected'라는 문구는 로그인 처리 이후 응답을 받아 오는 _login_slot 함수로 출력되며, 정상적으로 로그인이 성공했다는 것을 의미합니다. 이것으로 로그인 요청 함수 구현 및 응답 슬롯을 만들고 프로그램을 이용하여 API 로그인까지 해 보았습니다.

Note ≡ **실행 중인 main.py**

main.py 파일을 실행하여 로그인을 했어도 프로그램은 종료되지 않고 계속 실행 중입니다. 프로그램이 계속 실행 중 인지는 파이참 위쪽 메뉴에 있는 **중지**를 보고 알 수 있습니다.

▼ 그림 3-69 [중지] 버튼이 활성화된 상태(프로그램 실행 중)

이 버튼이 빨간색으로 활성화되어 있으면 프로그램이 실행 중이라는 의미입니다. 현재 우리가 만든 코드에서는 로그 인만 시도했지만, 앞으로 다른 요청들을 보내는 코드를 함께 만든다면 프로그램이 종료되지 않고 계속 실행 중이어야 다른 응답을 받을 수 있고 처리할 수 있습니다(참고로 프로그램이 종료되지 않고 계속 실행될 수 있었던 이유는 앞에 나온 app.exec_() 코드 덕분입니다).

프로그램을 종료시키지 않은 채 다시 main.py 파일을 실행하면 다음과 같이 이미 실행 중인 main.py 파일을 어떻게 할 것인지 묻는 대화창이 뜹니다.

▼ 그림 3-70 이미 실행 중인 main.py 파일을 어떻게 처리할지 묻는 대화창

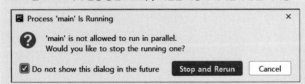

여기서 **Stop and Rerun**을 누르면 앞서 실행한 main.py 파일을 종료하고 프로그램을 새로 시작할 수 있으며, Do not show this dialog in the future에 체크하면 앞으로 이 대화창은 열리지 않습니다.

3.7 자동 로그인 설정하기

앞 절에서 파이썬 프로그램으로 키움증권에 로그인해 보았습니다. 하지만 자동 프로그램이라고 하기에는 아쉬운 부분이 있습니다. 프로그램을 실행하면 뜨는 입력창에 비밀번호를 수동으로 입력하고 나서야 로그인에 성공했기 때문입니다. 이렇게 되면 프로그램을 실행시킬 때마다 컴퓨터 앞에 앉아서 비밀번호를 입력해야 하는 문제가 생깁니다. 그러지 말고 한번 비밀번호를 저장하면 그다음부터는 자동으로 로그인하도록 해 보겠습니다.

1. 먼저 3.6절에서 만든 main.py 파일을 실행하여 로그인합니다.

▼ 그림 3-71 main.py 파일을 실행하여 로그인

2. 컴퓨터 화면 아래쪽 작업 표시줄에서 **숨겨진 아이콘 표시**를 클릭하여 **파이썬** 아이콘을 마우스 오른쪽 버튼으로 누르고 **계좌비밀번호 저장**을 선택합니다.

▼ 그림 3-72 [계좌비밀번호 저장] 메뉴 선택

3. 계좌비밀번호 입력 화면이 나오면 **비밀번호**를 입력하고 **등록**을 누릅니다. 그리고 **AUTO**에 체크한 후 **닫기**를 누릅니다(모의투자 환경에서는 비밀번호를 아무렇게나 입력해도 등록이 가능합니다).

▼ 그림 3-73 비밀번호 등록 후 'AUTO'에 체크

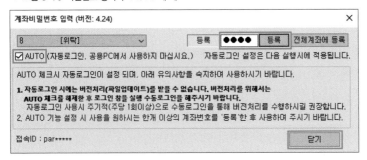

이후부터 main.py 파일을 실행하면 더 이상 비밀번호를 묻지 않고 자동으로 로그인을 수행합니다. 하지만 이렇게 설정하면 계좌 조회, 주문 접수 등 중요한 거래 수행에도 비밀번호를 묻지 않고 실행되기 때문에 반드시 개인 PC에서만 자동 로그인을 설정하기 바랍니다.

PYTHON AUTO TRADING SYSTEM

3.8 계좌 정보 얻어 오기

로그인 이후 내 계좌 정보를 얻어 오는 방법을 알아보겠습니다. 바로 코드를 살펴보겠습니다. 참고로 이 함수는 Kiwoom.py 파일의 Kiwoom 클래스 내 메서드입니다. 앞서 작성한 _comm_connect 함수에 이어서 다음 코드를 작성합니다.

Kiwoom.py
```
(...)
def get_account_number(self, tag="ACCNO"):
    account_list = self.dynamicCall("GetLoginInfo(QString)", tag)
    account_number = account_list.split(';')[0]
    print(account_number)
    return account_number
```

함수의 첫 줄을 살펴보면 다음 코드가 등장합니다.

```
account_list = self.dynamicCall("GetLoginInfo(QString)", tag)
```

이 코드는 dynamicCall을 사용하여 로그인에 성공한 사용자 정보를 얻어 오는 API 함수인 GetLoginInfo를 호출하고 있습니다. 함수를 자세히 보면 tag라는 값을 전달하는 것을 알 수 있습니다. 여기서 tag는 get_account_number 함수의 매개변수이지만, 함수를 선언할 때부터 계좌번호를 의미하는 ACCNO로 고정되어 있습니다.

```
def get_account_number(self, tag="ACCNO"):
```

하지만 tag 값에 따라 받아 올 수 있는 값들은 그림 3-74에서 설명하는 것처럼 보유 계좌 개수, 보유 계좌 목록, 사용자 ID 등 다양합니다. 우리는 tag 값을 ACCNO로 전달했기에 계좌 목록을 받아 왔지만 전달 값을 변경한다면 다른 정보들도 받아 올 수 있습니다. 물론 이 경우에는 계좌번호를 얻어 오는 것이 아니므로 get_account_number라고 지었던 함수명을 적절히 바꾸어 사용하는 것이 좋겠습니다.

❤ 그림 3-74 GetLoginInfo 함수(KOA 〉 개발 가이드 〉 로그인 버전 처리 〉 관련 함수)

[LONG GetLoginInfo()]

로그인 후 사용할 수 있으며 인자 값에 대응하는 정보를 얻을 수 있습니다.

인자는 다음 값을 사용할 수 있습니다.

"ACCOUNT_CNT": 보유 계좌 개수를 반환합니다.
"ACCLIST" 또는 "ACCNO": 구분자 ';'로 연결된 보유 계좌 목록을 반환합니다.
"USER_ID": 사용자 ID를 반환합니다.
"USER_NAME": 사용자 이름을 반환합니다.
"GetServerGubun": 접속 서버 구분을 반환합니다.(1: 모의투자, 나머지: 실거래 서버)
"KEY_BSECGB": 키보드 보안 해지 여부를 반환합니다.(O: 정상, 1: 해지)
"FIREW_SECGB": 방화벽 설정 여부를 반환합니다.(O: 미설정, 1: 설정, 2: 해지)

리턴 값

인자 값에 대응하는 정보를 얻을 수 있습니다.

....

[보유 계좌 목록 예시]

```
CString strAcctList = GetLoginInfo("ACCLIST");
```

여기서 strAcctList는 ';'로 분리한 보유 계좌 목록임

예) "3040525910;5678905510;3040526010"

그러면 account_list = self.dynamicCall("GetLoginInfo(QString)", tag)는 로그인한 사용자의 보유 계좌번호를 얻어 오는 기능을 하며, 로그인을 시도하던 때와 다르게 요청과 동시에 응답을 받아 옵니다. 따라서 응답 slot 함수를 등록하지 않아도 계좌 정보가 바로 account_list에 저장됩니다. 이 변수에 어떤 값이 담겨 있는지 print(account_list)로 확인해 볼 수 있으며, 그림 3-74에서 보듯이 연결된 사용자의 보유 계좌 목록이 account_list에 저장됩니다.

모의투자 환경에서 보유 계좌라고 하면 국내 주식, 해외 주식, 선물/옵션 등의 계좌번호가 저장될 수 있습니다. 따라서 변수명을 계좌 목록을 의미하는 account_list라고 만들었지만, 이 책에서는 국내 주식 모의투자 환경만 이용하기 때문에 account_list에는 국내 주식 모의투자 계좌번호 하나만 저장되어 있습니다. 하지만 다른 부문(해외 주식, 선물/옵션 등)의 모의투자를 신청했다면 국내 주식 외 다른 계좌번호가 전달될 수 있고, 이때를 대비하여 키움증권에서는 계좌번호를 ';'을 기준으로 구분해서 전달합니다. 예를 들어 국내 주식 모의투자만 신청했을 때 print(account_list) 결과는 다음과 같습니다.

```
8001111111;
```

선물/옵션도 함께 신청했다면 print(account_list) 결과는 다음과 같습니다.

```
7001111111;8001111111;
```

해외 주식까지 신청했다면 print(account_list) 결과는 다음과 같습니다.

```
7001111111;8001111111;6001111111;
```

이렇게 account_list에는 계좌번호를 ';'을 기준으로 연결한 긴 문자형 데이터가 들어 있지만, 이 책에서는 account_list에 국내 주식 계좌 하나만 저장되어 있다고 가정한 채 계속해서 코드를 만들겠습니다.

먼저 account_list.split(';') 코드는 문자형 데이터 account_list를 ';'을 기준으로 구분한 값을 리스트로 반환하는 역할을 합니다. 예를 들어 account_list에 다음과 같이 국내 주식 계좌가 저장되어 있다고 하겠습니다.

```
8001111111;
```

이후 print(account_list.split(';')) 결과를 살펴보면 다음과 같습니다.

```
['8001111111', '']
```

';'을 기준으로 문자의 앞뒤를 분리하기 때문에 반환된 리스트에 공백 문자('')가 포함되어 있습니다. 여기서 중요한 것은 account_list.split(';') 결과는 계좌번호를 담은 리스트고, 우리가 사용할 국내 주식 계좌번호는 리스트의 첫 번째 요소로 저장되어 있습니다. 따라서 이 리스트의 첫 번째 요소에 접근하려면 다음과 같이 코드를 작성해야 합니다.

```
account_list.split(';')[0]
```

이 값은 계좌번호이므로 account_number 변수에 저장되고 출력한 후 return을 사용하여 함수를 호출한 영역으로 반환됩니다. 그러면 main.py 파일에서 get_account_number 함수를 호출하여 코드가 정상적으로 동작하는지 확인해 보겠습니다.

main.py
```
from api.Kiwoom import *
import sys

app = QApplication(sys.argv)
kiwoom = Kiwoom()
kiwoom.get_account_number()
app.exec_()
```

다음과 같이 모의투자 환경에서는 8로 시작하는 계좌번호가 출력됨을 알 수 있습니다. 첫 번째 줄은 로그인에 성공했다는 의미로 connected가 출력되었으며 이어서 모의투자 계좌번호가 나옵니다 (8*********은 예시이며, 실제 출력 결과는 본인의 모의투자 계좌번호가 출력되므로 책 내용과 다릅니다).

```
connected
8*********
```

이 계좌번호는 예수금을 얻어 오는 데 사용되는 등 추후에도 필요한 값이지만 변경되는 것은 아니므로 Kiwoom 클래스가 생성될 때 초기화 함수에서 한 번만 호출하도록 하겠습니다. 함수 호출로 얻어 온 계좌번호는 account_number라는 변수에 저장하는 것으로 마무리하겠습니다.

```
from PyQt5.QAxContainer import *
from PyQt5.QtWidgets import *
from PyQt5.QtCore import *


class Kiwoom(QAxWidget):
    def __init__(self):
        super().__init__()
        self._make_kiwoom_instance()
        self._set_signal_slots()
        self._comm_connect()

        self.account_number = self.get_account_number()   ----- 계좌번호 저장

    def _make_kiwoom_instance(self):
        self.setControl("KHOPENAPI.KHOpenAPICtrl.1")

    def _set_signal_slots(self):
        self.OnEventConnect.connect(self._login_slot)

    def _login_slot(self, err_code):
        if err_code == 0:
            print("connected")
        else:
            print("not connected")

        self.login_event_loop.exit()

    def _comm_connect(self):
        self.dynamicCall("CommConnect()")

        self.login_event_loop = QEventLoop()
        self.login_event_loop.exec_()

    def get_account_number(self, tag="ACCNO"):   ----- 계좌번호를 얻어 오는 함수
        account_list = self.dynamicCall("GetLoginInfo(QString)", tag)   ----,
        account_number = account_list.split(';')[0]            tag로 전달한 요청에 대한 응답을 받아 옴
        print(account_number)
        return account_number
```

3.9 종목 정보 얻어 오기

KOA를 보면 종목 정보를 얻어 올 수 있는 함수들을 따로 설명하고 있으며, 다음과 같이 KOA의 **개발 가이드 > 기타 함수 > 종목 정보 관련 함수**에서 확인할 수 있습니다.

❤ 그림 3-75 KOA에서 설명하는 종목 정보 관련 함수

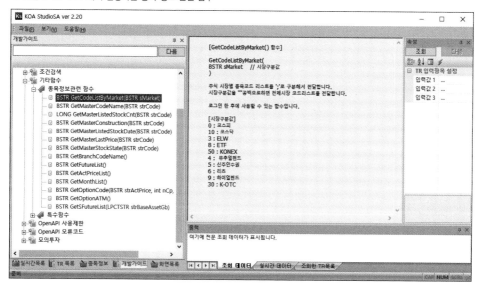

3.9.1 종목 코드 얻어 오기

이 중에서 종목 코드를 얻어 올 때는 GetCodeListByMarket이라는 API 함수를 사용해야 하며, KOA에서는 이 함수를 다음과 같이 설명합니다.

[GetCodeListByMarket() 함수]

```
GetCodeListByMarket(
BSTR sMarket  // 시장 구분 값
)
```

주식 시장별 종목 코드 리스트를 ';'으로 구분해서 전달합니다.
시장 구분 값을 "" 공백으로 하면 전체 시장 코드 리스트를 전달합니다.

로그인한 후에 사용할 수 있는 함수입니다.

[시장 구분 값]

0: 코스피

10: 코스닥

3: ELW

8: ETF

50: KONEX

4: 뮤추얼펀드

5: 신주인수권

6: 리츠

9: 하이얼펀드

30: K–OTC

코스피(KOSPI), 코스닥(KOSDAQ)이 서로 다른 시장으로 분류되기 때문에 종목 정보를 받아 오는 데 필요한 구분 값도 나누어져 있습니다. 구분 값은 코스피(0), 코스닥(10)이며, 이 값을 전달하여 코스피, 코스닥에 상장된 모든 종목의 코드를 얻어 오는 함수를 만들어 보겠습니다. 앞서 작성한 Kiwoom.py 파일의 get_account_number 함수에 이어서 다음 코드를 작성합니다.

Kiwoom.py

```
(...)
def get_code_list_by_market(self, market_type):
    code_list = self.dynamicCall("GetCodeListByMarket(QString)", market_type)
    code_list = code_list.split(';')[:-1]
    return code_list
```

매개변수로 전달되는 market_type은 어떤 시장에 해당하는 종목을 얻어 올지 의미하는 구분 값입니다. market_type 값에 0(코스피 구분 값)을 전달하여 함수를 실행하면 코스피 종목 코드들이 code_list에 바로 저장됩니다. 먼저 main.py 파일에서 이 함수를 호출하여 결과를 확인해 보겠습니다.

```
main.py
from api.Kiwoom import *
import sys

app = QApplication(sys.argv)
kiwoom = Kiwoom()

kospi_code_list = kiwoom.get_code_list_by_market("0")
print(kospi_code_list)

app.exec_()
```

이 코드의 실행 결과는 다음과 같습니다.

```
connected
8*********
['000020', '000040', '000050', (...), '700003', '700001', '900140']
```

로그인에 성공했다는 connected가 출력되고 이어서 모의투자 계좌번호가 나옵니다. 그다음 줄부터가 get_code_list_by_market 함수의 수행 결과입니다. 6자리 숫자로 구성된 문자형 데이터가 리스트에 저장되어 있으며, 코스피에 상장된 전체 종목 코드가 모두 나타납니다. 함수가 잘 동작하는 것을 확인했으니 이제부터 코드를 하나씩 살펴보겠습니다.

```
code_list = self.dynamicCall("GetCodeListByMarket(QString)", market_type)
```

code_list에는 구분 값(market_type)에 해당하는 시장에 속한 종목 코드가 저장됩니다. 다만 앞서 다룬 get_account_number 함수에서 계좌번호 목록을 ';'으로 구분한 하나의 긴 문자열을 얻어 온 것처럼 code_list에 저장되는 값 역시 종목 코드들을 ';'으로 구분한 문자열로 되어 있습니다. 그러므로 get_account_number 함수에서 했던 것처럼 split를 사용하여 ';'을 기준으로 구분한 값을 리스트로 반환하는 코드가 필요합니다.

```
code_list = code_list.split(';')[:-1]
```

get_account_number 함수에서는 리스트의 첫 번째 요소에 접근하려고 account_list.split(';')[0]처럼 [0]을 사용했는데, 여기서는 code_list.split(';')[:-1]처럼 [:-1]을 사용했습니다. 이 차이가 무엇일까요? 이를 알아보고자 앞 코드를 다음과 같이 고친 후 main.py 파일을 실행해 보겠습니다.

```
Kiwoom.py
```

```
(...)
def get_code_list_by_market(self, market_type):
    code_list = self.dynamicCall("GetCodeListByMarket(QString)", market_type)
    code_list = code_list.split(';')
    return code_list
```

이 코드를 실행하면 다음 결과가 출력됩니다.

```
connected
['000020', '000040', '000050', (...), '700003', '700001', '900140', '']
```

출력 결과로 나온 리스트의 마지막 값을 보면 빈 값('')이 들어 있습니다. 처음 code_list에 저장된 종목 코드를 연결한 긴 문자열 마지막에 ';'이 붙어 있어 ';' 값을 기준으로 앞부분과 뒷부분을 구분하다 보니 마지막에는 빈 값이 저장됩니다. 이 값은 종목 코드가 아니므로 [:-1]을 사용하여 마지막 빈 값을 제거한 후 code_list에 저장하여 반환하는 과정이 필요한 것입니다.

> Note ☰   여기서는 get_code_list_by_market에 '0'을 전달하여 코스피에 상장된 종목 코드를 얻어 왔습니다.
> 반대로 코스닥 상장 종목 코드를 얻어 오려면 다음과 같이 main.py 파일의 get_code_list_by_market을 호출하
> 면서 매개변수 10을 전달합니다.
>
> ```
> main.py
> ```
>
> ```
> from api.Kiwoom import *
> import sys
>
> app = QApplication(sys.argv)
> kiwoom = Kiwoom()
>
> kosdaq_code_list = kiwoom.get_code_list_by_market("10")
> print(kosdaq_code_list)
>
> app.exec_()
> ```
>
> 이 파일의 실행 결과는 다음과 같습니다.
>
> ```
> connected
> 8*********
> ['900110', '900270', '900260', (...), '900250', '900070', '900100']
> ```

3.9.2 종목명 얻어 오기

이렇게 종목 코드를 가져왔다면 이에 해당하는 각각의 종목명을 알아보겠습니다. GetMaster CodeName이라는 함수에 종목 코드를 전달하면 코드의 종목명을 반환합니다.

❤ 그림 3-77 GetMasterCodeName 함수(KOA의 개발 가이드 〉 기타 함수 〉 종목 정보 관련 함수)

[GetMasterCodeName() 함수]

```
GetMasterCodeName(
BSTR strCode  // 종목 코드
)
```

종목 코드에 해당하는 종목명을 전달합니다.

로그인한 후에 사용할 수 있는 함수입니다.

알고 싶은 종목의 코드를 매개변수로 전달하는 것이 전부이기 때문에 함수가 비교적 간단합니다. 앞서 작성한 Kiwoom.py 파일의 get_code_list_by_market 함수에 이어서 다음 코드를 작성합니다.

Kiwoom.py

```
(...)
def get_master_code_name(self, code):  ····· 종목 코드를 받아 종목명을 반환하는 함수
    code_name = self.dynamicCall("GetMasterCodeName(QString)", code)
    return code_name
```

지금까지 코드를 정리해 보겠습니다.

Kiwoom.py

```
from PyQt5.QAxContainer import *
from PyQt5.QtWidgets import *
from PyQt5.QtCore import *


class Kiwoom(QAxWidget):
    def __init__(self):
        super().__init__()
        self._make_kiwoom_instance()
        self._set_signal_slots()
```

```python
        self._comm_connect()

        self.account_number = self.get_account_number()

    def _make_kiwoom_instance(self):
        self.setControl("KHOPENAPI.KHOpenAPICtrl.1")

    def _set_signal_slots(self):
        self.OnEventConnect.connect(self._login_slot)

    def _login_slot(self, err_code):
        if err_code == 0:
            print("connected")
        else:
            print("not connected")

        self.login_event_loop.exit()

    def _comm_connect(self):
        self.dynamicCall("CommConnect()")

        self.login_event_loop = QEventLoop()
        self.login_event_loop.exec_()

    def get_account_number(self, tag="ACCNO"):
        account_list = self.dynamicCall("GetLoginInfo(QString)", tag)
        account_number = account_list.split(';')[0]
        print(account_number)
        return account_number

    def get_code_list_by_market(self, market_type):  ····· 시장 내 종목 코드를 얻어 오는 함수
        code_list = self.dynamicCall("GetCodeListByMarket(QString)", market_type)
        code_list = code_list.split(';')[:-1]
        return code_list

    def get_master_code_name(self, code):  ····· 종목 코드를 받아 종목명을 반환하는 함수
        code_name = self.dynamicCall("GetMasterCodeName(QString)", code)
        return code_name
```

코드양이 점점 많아지고 있지만 다시 한 번 강조하자면, 모든 함수를 다 알 필요는 없으며 이 함수가 왜 필요하고 무슨 역할을 하는지 정도만 알고 넘어가도 좋습니다.

이제 종목 정보를 얻어 오는 함수를 Kiwoom 클래스에 만들었으니 main.py 파일에서 Kiwoom 객체를 사용해서 호출해 보겠습니다.

main.py

```
from api.Kiwoom import *
import sys

app = QApplication(sys.argv)
kiwoom = Kiwoom()
kospi_code_list = kiwoom.get_code_list_by_market("0")
print(kospi_code_list)

kosdaq_code_list = kiwoom.get_code_list_by_market("10")
print(kosdaq_code_list)

app.exec_()
```

이 코드의 실행 결과는 다음과 같습니다.

```
connected
8*********
['000020', '000040', '000050', (...), '700003', '700001', '900140']
['900110', '900270', '900260', (...), '900250', '900070', '900100']
```

이렇게 get_code_list_by_market에 전달하는 값을 "0" 또는 "10"으로 나누어서 호출하면 각각 코스피, 코스닥에 속한 전체 종목 코드를 kospi_code_list와 kosdaq_code_list 변수에 저장합니다. 그러면 얻어 온 종목 코드를 바탕으로 종목명을 확인해 보겠습니다. 종목명을 확인하는 get_master_code_name 함수는 하나의 종목 코드를 받아 종목명을 반환하기 때문에 전체 종목명을 확인하려면 종목 코드의 개수만큼 호출해야 합니다. 저장된 종목 코드는 리스트이므로 다음과 같이 for 문을 사용하면 쉽게 종목명을 얻을 수 있습니다.

```
for code in kospi_code_list:
    code_name = kiwoom.get_master_code_name(code)
    print(code, code_name)
```

이 코드를 main.py 파일에 다시 넣어 실행해 보겠습니다.

```
from api.Kiwoom import *
import sys

app = QApplication(sys.argv)
kiwoom = Kiwoom()
kospi_code_list = kiwoom.get_code_list_by_market("0")
print(kospi_code_list)
for code in kospi_code_list:
    code_name = kiwoom.get_master_code_name(code)
    print(code, code_name)

kosdaq_code_list = kiwoom.get_code_list_by_market("10")
print(kosdaq_code_list)
for code in kosdaq_code_list:
    code_name = kiwoom.get_master_code_name(code)
    print(code, code_name)

app.exec_()
```

이 코드의 실행 결과는 다음과 같습니다.

```
connected
801111111
['000020', '000040', '000050', (...), '700003', '700001', '900140']
000020 동화약품
000040 KR모터스
000050 경방
000060 메리츠화재
000070 삼양홀딩스
000075 삼양홀딩스우
(...)
['900110', '900270', '900260', (...), '900250', '900070', '900100']
900110 이스트아시아홀딩스
900270 헝셩그룹
900260 로스웰
900290 GRT
900300 오가닉티코스메틱
900310 컬러레이
(...)
```

이와 같이 종목 코드와 종목명이 순서대로 출력되는 것을 알 수 있습니다. 이외에도 종목 정보에 관한 다양한 함수가 KOA에 설명되어 있으며 종목의 전일가, 상장 정보, 감리 구분(투자 주의, 투자 경고, 투자 위험 등) 같은 정보들도 얻어 올 수 있습니다.

PYTHON AUTO TRADING SYSTEM

3.10 가격 정보(일봉) 얻어 오기

일봉이란 1 거래일 동안의 주가 변동을 그림 3-78과 같이 캔들 차트(candle chart)로 표현한 것을 의미하며, '일봉'의 '봉'은 캔들(candle)을 뜻합니다. 당일 장 마감 때 가격(종가)이 시작 가격보다 (시가) 상승하면 양봉, 그 반대면 음봉이라고 표현합니다(실제 차트에서 양봉은 빨간색, 음봉은 파란색으로 표현합니다). 따라서 이 절에서 말하는 가격 정보란 일봉에 담긴 '시가, 저가, 종가, 고가'를 의미합니다.

▼ 그림 3-78 캔들 차트

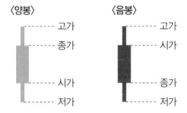

아마 종목의 가격 정보를 얻어 오는 것이 이 장에서 제일 어렵고 복잡한 부분이 될 것 같습니다. 그만큼 다루어야 할 내용이 많지만 불필요한 부분은 최대한 배제하고 설명할 예정입니다. 그래도 너무 어렵다 싶으면 책과 함께 제공되는 코드를 사용하여 프로그램을 동작시키는 데 중점을 두기 바랍니다. 그렇게 해도 되는 이유는 가격 정보를 얻어 오는 코드를 한번 작성해 놓으면 이후에는 크게 수정이 필요하지 않으므로 먼저 사용하면서 시간을 두고 익혀도 괜찮기 때문입니다.

그러면 시작하겠습니다. 앞서 설명했듯이 키움증권 API 서버에 전달하는 요청 단위를 TR이라고 합니다. 이 TR을 호출하려면 CommRqData 함수를 사용해야 합니다. KOA에서 이 함수를 검색해 보면 다음과 같이 나옵니다.

❤ 그림 3-79 CommRqData 함수(KOA 〉 조회와 실시간 데이터 처리 〉 관련 함수)

```
[CommRqData() 함수]

  CommRqData(
  BSTR sRQName,     // 사용자 구분명(임의로 지정, 한글 지원)
  BSTR sTrCode,     // 조회하려는 TR 이름
  long nPrevNext,   // 연속 조회 여부
  BSTR sScreenNo    // 화면 번호(4자리 숫자 임의로 지정)
  )

조회 요청 함수입니다.
리턴 값 0이면 조회 요청 정상 나머지는 에러

예)
-200 시세과부하
-201 조회전문작성 에러
```

이 설명대로 sTrCode에 조회하려는 TR 이름을 전달하면 API를 이용할 수 있습니다. 여기서 sTrCode란 매개변수로서, 변수명을 꼭 sTrCode로 만들어야 하는 것이 아니라 전달되는 매개변수의 순서가 중요합니다. CommRqData 함수를 호출하며, 두 번째 매개변수로 전달하는 값이 조회할 TR이 되기 때문에 KOA에서 설명하는 매개변수명은 꼭 동일하게 만들지 않아도 된다는 점을 기억하기 바랍니다. 그러면 TR을 호출하는 코드를 한번 살펴보겠습니다.

```
self.dynamicCall("CommRqData(QString, QString, int, QString)", "opt10081_req",
              "opt10081", 0, "0001")
```

그림 3-80과 같이 self.dynamicCall 함수에 전달하는 매개변수는 총 다섯 개입니다. 첫 번째 매개변수는 "CommRqData(QString, QString, int, QString)", 두 번째 매개변수는 "opt10081_req", 세 번째 매개변수는 "opt10081", 네 번째 매개변수는 0, 다섯 번째 매개변수는 "0001"입니다.

첫 번째 매개변수인 "CommRqData(QString, QString, int, QString)"에서 CommRqData는 API에서 제공하는 함수이며, (QString, QString, int, QString)은 이 API 함수를 호출할 때 매개변수가 네 개 필요함을 의미합니다. 이 CommRqData를 호출할 때 필요한 매개변수에는 self.dynamicCall에 전달되었던 두 번째부터 다섯 번째 매개변수 네 개를 그대로 사용합니다.

❤ 그림 3-80 self.dynamicCall 함수에 전달하는 매개변수

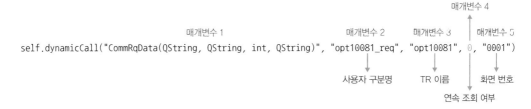

두 번째 매개변수는 사용자 구분명을 의미합니다. 이 코드에서는 opt10081_req가 사용자 구분명입니다. 사용자 구분명이란 우리가 호출할 TR의 별명이라고 할 수 있습니다. 우리가 원하는 이름을 지어 따옴표를 이용하여 문자열로 전달하면 됩니다. KOA에서 설명한 것처럼 어떤 별명을 지어도 상관없지만 추후 호출하는 TR이 많아질수록 알아보기 힘들기 때문에 사용할 TR을 구분할 수 있도록 작성하길 추천합니다. 여기서는 TR(opt10081)에 대한 요청(request)이라는 의미로 opt10081_req라고 짓겠습니다.

세 번째 매개변수 "opt10081"은 우리가 호출할 TR 이름이며 이 값에 따라 어느 TR이 호출될지 결정됩니다. 사용할 TR 이름은 다음과 같이 KOA의 TR 목록에서 찾을 수 있습니다.

❤ 그림 3-81 KOA에서 TR 이름 찾기

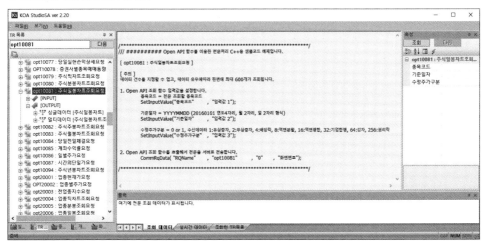

그런데 TR 이름을 알지 못하면 어떻게 할까요? 여기서는 가격 정보를 얻는 데 필요한 TR이 opt10081이라고 바로 알려 주었지만, TR 이름을 모르면 '3.2절 KOA Studio 사용법'에서 설명한 것처럼 TR 목록에서 찾고 싶은 TR의 기능 이름을 키워드로 검색해서 찾을 수 있습니다. 예를 들어 '일봉' 데이터를 조회하는 데 필요한 TR 이름은 검색창에 '일봉'이라고 검색하면 다음과 같이 찾을 수 있습니다.

▼ 그림 3-82 KOA에서 기능 이름으로 TR 이름 찾기

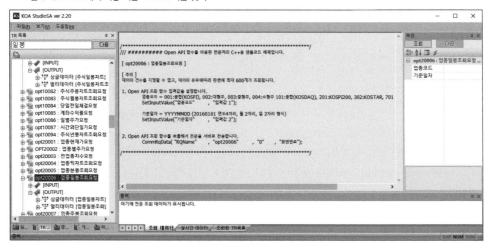

네 번째 매개변수 0은 연속 조회 여부를 나타냅니다. TR에 대한 응답이 너무 길어 한 번에 전달하기 어려울 때는 응답을 나누어서 받을지 여부를 선택할 수 있습니다. 예를 들어 종목의 일봉 정보를 가져오는 TR인 OPT10081에서 요청당 가져올 수 있는 응답의 최대 개수는 600개입니다. 즉, 주말을 제외한 주식 거래일 600일, 2년 남짓한 기간에 해당하는 정보를 가져오므로 상장한 지 2년이 넘은 종목들의 가격 정보는 다 가져오지 못합니다. 이 경우 연속 조회 여부를 2로 설정하면 이전 정보들도 가져올 수 있습니다. 좀 더 자세한 설명은 뒤에서 사용하면서 다루어 보겠습니다.

마지막 매개변수인 화면 번호는 우리가 요청한 TR들의 묶음을 지정한 네 자리 숫자 형태의 문자(예 "0001")입니다. 이 값은 자유롭게 사용할 수 있지만 우리는 "0001"부터 사용하겠습니다.

조금 더 화면 번호를 설명하자면, 화면 번호는 TR을 호출하고 응답을 수신할 때 어떤 요청에 대한 응답인지 구분하는 데 필요한 값이며 서로 다른 TR끼리 같은 화면 번호를 사용할 수 있습니다. 예를 들어 가격 정보를 얻어 오는 TR(opt10081)을 호출할 때는 화면 번호 "0001"을 사용했지만, 추가로 거래 대금 상위 종목을 확인하는 TR(opt10036)을 호출하는 함수를 만들 때도 동일한 화면 번호 "0001"을 사용해도 무방합니다.

하지만 KOA에서 제공하는 화면 번호 설명처럼 한 프로그램에서 사용할 수 있는 화면 번호 개수는 최대 200개입니다. 한 화면 번호에 최대 몇 개의 TR을 사용할 수 있는지 정확한 설명은 없지만, 한 화면 번호당 TR을 열 개 내외로 사용하겠습니다.

❤ 그림 3-83 화면 번호(KOA > 개발 가이드 > 키움 OpenAPI > 기본 동작

(...)

[화면 번호]

서버에 데이터를 요청하거나, 주문을 발생시킬 때 사용합니다.

화면 번호는 서버의 결과를 수신할 때 어떤 요청에 의한 수신인지를 구별하기 위한 키 값의 개념입니다.

0000을 제외한 임의의 숫자(4자리)를 자유롭게 사용하시면 됩니다.

※ 화면 번호 사용 시 주의할 점

같은 화면 번호로 데이터 요청을 빠르게 반복하는 경우 데이터의 유효성을 보장할 수 없습니다.

최소한 2개 이상의 화면 번호를 번갈아 가며 또는 매번 새로운 화면 번호를 사용하시기 바랍니다.

사용자 프로그램에서 사용할 수 있는 화면 번호 개수가 200개로 한정되어 있습니다.

이 개수를 넘는 경우 데이터의 유효성을 보장할 수 없습니다.

(프로그램 성격상 화면 번호 개수가 200개가 넘어야 하는 경우, 이전에 사용되었던 화면 번호를 재사용하는 방식으로 구현해야 합니다.)

이렇게 CommRqData를 사용하여 TR을 호출하는 방법을 알아보았습니다. 하지만 그렇다고 이 코드로 TR 호출이 완벽하게 되는 것은 아닙니다. 이 코드가 TR을 호출하는 것은 맞지만 우리가 사용할 TR마다 필요한 입력 값이 다르기 때문에 추가적인 코드가 필요합니다.

무슨 의미인지 좀 더 알아보겠습니다. 먼저 다음은 우리가 호출할 TR인 opt10081을 살펴보겠습니다.

❤ 그림 3-84 opt10081(KOA > TR 목록에서 'opt10081' 검색)

[opt10081: 주식일봉차트조회요청]

[주의]

데이터 건수를 지정할 수 없고, 데이터 유무에 따라 한 번에 최대 600개가 조회됩니다.

1. Open API 조회 함수 입력 값을 설정합니다.

종목 코드 = 전문 조회할 종목 코드

SetInputValue("종목코드", "입력값 1");

기준 일자 = YYYYMMDD(20160101 연도 4자리, 월 2자리, 일 2자리 형식)

SetInputValue("기준일자", "입력값 2");

수정 주가 구분 = 0 or 1, 수신 데이터 1: 유상증자, 2: 무상증자, 4: 배당락, 8: 액면분할, 16: 액면병합, 32: 기업합병, 64: 감자, 256: 권리락

SetInputValue("수정주가구분", "입력값 3");

2. Open API 조회 함수를 호출해서 전문을 서버로 전송합니다.

CommRqData("RQName", "opt10081", "0", "화면 번호");

설명을 보면 이런 내용이 있습니다. '1. Open API 조회 함수 입력 값을 설정합니다.'라는 TR을 호출하는 데 필요한 입력 값이 있다는 것으로(이 입력 값들은 TR마다 다름), 이 값들을 설정한 후 CommRqData를 사용하여 OPT10081을 호출해야 일봉 데이터를 얻을 수 있다는 의미입니다. 설명을 보면 '종목 코드, 기준 일자, 수정 주가 구분'의 세 가지 입력 값이 필요합니다(생각해 보면 특정 종목의 일봉을 얻어 오려면 조회할 종목 코드와 기준 일자가 필요한 것은 당연합니다). 여기서 '기준 일자'란 해당 종목의 상장일부터 기준 일자까지 가격 정보를 요청하는 것이며, 수정 주가는 보통 1로 설정합니다.

주식용어 ≡ '수정 주가(adjusted closing price)'란 유·무상증자나 액면 분할, 배당락, 기업 합병 같은 이벤트가 발생할 때 현재 주가와 이전 주가의 차이를 조정한 가격을 의미합니다. 예를 들어 삼성전자는 2018년 5월 4일 액면 분할을 통해 한 주당 260만 원이 넘었던 주식을 50분할하여 5만 원대로 만들었습니다. 이 경우 수정 주가를 반영하지 않으면 260만 원이 넘던 주가가 갑자기 5만 원대로 급락한 것처럼 보일 수 있지만, 수정 주가를 적용한다면 분할하기 전 시점 가격들도 50으로 나누어서 분할 이후 가격 수준으로 확인할 수 있게 됩니다.

하지만 이처럼 입력 값이 세 개 필요한 OPT10081과 다르게 높거나 낮은 PER을 가진 종목을 확인하는 TR(OPT10026)을 호출할 때는 종목 코드만 전달하기도 합니다. 이렇게 TR에 따라 호출에 필요한 입력 값이 다르기 때문에 KOA에서 검색으로 어떤 입력 값이 필요한지 확인한 후 그에 맞게 설정해야 TR 호출이 정상적으로 될 수 있습니다. 입력 값을 설정하는 방법은 API에서 제공하는 SetInputValue 함수로 가능합니다.

주식용어 ≡ PER이란 Price Earning Ratio의 약어로 다음과 같이 계산합니다.

PER = 주가 / 주당 순이익(EPS)

계산에 필요한 주당 순이익(EPS)은 기업이 벌어들인 이익을 주식 수로 나눈 것입니다. 따라서 PER 의미는 주당 순이익(한 주당 벌어들이는 돈)보다 현재 주가가 얼마나 높은지 나타내는 지표로, 업종마다 다르지만 통상 PER이 높으면 벌어들이는 이익보다 현재 주가가 고평가되어 있다고 생각할 수 있습니다.

예를 들어 다음 코드는 SetInputValue 함수를 세 번 호출하여 삼성전자(005930)의 상장일부터 2021년 07월 26일까지 수정 주가를 얻어 오도록 입력 값을 설정했습니다.

```
self.dynamicCall("SetInputValue(QString, QString)", "종목코드", "005930")
self.dynamicCall("SetInputValue(QString, QString)", "기준일자", "20210726")
self.dynamicCall("SetInputValue(QString, QString)", "수정주가구분", "1")
```

그러나 SetInputValue를 통해 입력 값만 설정해 두고 실질적으로 TR 조회 요청을 담당하는 CommRqData를 호출하지 않으면 TR 조회가 되지 않기에 입력 값 설정 이후에는 CommRqData 함수를 실행해야 합니다.

```python
self.dynamicCall("SetInputValue(QString, QString)", "종목코드", code)
self.dynamicCall("SetInputValue(QString, QString)", "기준일자", "20210726")
self.dynamicCall("SetInputValue(QString, QString)", "수정주가구분", "1")
self.dynamicCall("CommRqData(QString, QString, int, QString)", "opt10081_req",
                "opt10081", 0, "0001")
```

이 코드는 API 서버로 삼성전자의 상장일부터 2021년 07월 26일까지 일봉 데이터를 요청합니다. 하지만 응답을 받기까지는 몇 가지 단계가 더 남았습니다.

앞서 설명했듯이 요청을 보냈으면 응답을 수신하는 데 필요한 슬롯을 만들어야 합니다. 이전에 만들었던 _login_slot 함수는 로그인 요청에 대한 응답을 받는 역할을 했고, 지금부터 만들 slot 함수는 TR 요청에 대한 응답을 받는 역할을 합니다. 어느 요청에 어느 slot 함수를 사용하겠다는 설정은 _set_signal_slots 함수에서 수행하기로 한 것을 떠올리기 바랍니다. 그러면 3.6절에서 만든 _set_signal_slots 함수에 TR 요청에 대한 응답 슬롯을 추가해 보겠습니다.

Kiwoom.py
```python
(...)
def _set_signal_slots(self):
    self.OnEventConnect.connect(self._login_slot)
                                              TR의 응답 결과를 _on_receive_tr_data로 받도록 설정
    self.OnReceiveTrData.connect(self._on_receive_tr_data)
```

self.OnReceiveTrData.connect(self._on_receive_tr_data)는 요청했던 TR 조회가 성공했을 때 _on_receive_tr_data 함수를 호출하겠다는 것을 의미합니다.

여기서도 마찬가지로 KOA에서 제공하는 정보를 토대로 함수의 매개변수를 만들겠습니다. 다시 한 번 말하자면 KOA에서 설명하는 매개변수를 확인해야 하는 이유는 API를 제공하는 키움증권과 제공된 정보를 사용하는 고객 간 일종의 약속이기 때문입니다. 이는 키움증권이 '우리 API를 이용하면서 이런 매개변수들을 사용해야 함수가 제대로 동작할 수 있다'고 설명하는 것이기에 우리는 이 내용에 맞게 _on_receive_tr_data 함수의 매개변수를 만들어야 API를 이용할 수 있습니다.

❤ 그림 3-85 OnReceiveTrData 이벤트(KOA 〉 개발 가이드 〉 조회와 실시간 데이터 처리 〉 관련 함수)

```
[OnReceiveTrData( ) 이벤트]

  void OnReceiveTrData(
  BSTR sScrNo,         // 화면 번호
  BSTR sRQName,        // 사용자 구분명
  BSTR sTrCode,        // TR 이름
  BSTR sRecordName,    // 레코드 이름
  BSTR sPrevNext,      // 연속 조회 유무를 판단하는 값(0: 연속(추가 조회) 데이터 없음, 2: 연속
  (추가 조회) 데이터 있음)
  LONG nDataLength,    // 사용 안 함.
  BSTR sErrorCode,     // 사용 안 함.
  BSTR sMessage,       // 사용 안 함.
  BSTR sSplmMsg        // 사용 안 함.
  )

요청했던 조회 데이터를 수신했을 때 발생됩니다.
수신된 데이터는 이 이벤트 내부에서 GetCommData( ) 함수를 이용해서 얻어 올 수 있습니다.
```

그렇다고 매개변수명을 KOA에서 설명하는 대로 동일하게 만들 필요는 없습니다. 다만 매개변수의 순서가 중요합니다. 예를 들어 TR 이름을 전달받는 매개변수 sTrCode는 세 번째 매개변수라는 것이 중요하므로 이름을 그대로 사용하지 않아도 됩니다. 그럼 매개변수 순서를 지켜야 한다는 것을 기억하고 하나씩 살펴보겠습니다.

첫 번째 매개변수 sScrNo는 우리가 임의로 정해서 사용하기로 한 화면 번호입니다. TR을 호출할 때 사용했던 화면 번호를 다시 전달받습니다. 두 번째 매개변수 sRQName은 'opt10081_req'로 TR을 호출할 때 사용했던 구분명을 다시 전달받습니다. 이후 등장하는 세 번째 매개변수 sTrCode가 바로 opt10081로 호출되는 TR 이름입니다. 네 번째 매개변수 sRecordName은 레코드 이름으로 설명되어 있지만, 실제로는 사용되지 않는 빈 값입니다. 마지막 sPrevNext는 TR 조회 후 OnReceiveTrData를 통해 결과를 수신할 때 동일 TR 조회에 대해 추가적으로 받아 올 데이터가 있는지 의미합니다. 추가로 받아 올 데이터가 있다면 이 값은 2로 전달받고, 그렇지 않다면 0을 수신합니다. 이후 매개변수 nDataLength, sErrorCode, sMessage, sSplmMsg는 KOA의 설명대로 사용하지 않는 변수들입니다.

이 매개변수들을 사용하여 TR 응답을 수신하는 self._on_receive_tr_data 함수의 원형은 다음과 같습니다(Kiwoom 클래스 내부 함수라 첫 번째 매개변수로 self가 들어갑니다).

```
def _on_receive_tr_data(self, screen_no, rqname, trcode, record_name, next, unused1,
                        unused2, unused3, unused4):
```

매개변수들의 이름은 KOA 설명대로 사용하지 않고 2장에서 다룬 변수 명명 규칙대로 바꾸었습니다(예를 들어 sScrNo는 screen_no로 바꾸고, sRQName은 rqname으로 바꾸었습니다). 그리고 사용하지 않는 변수들은 unused로 명명했습니다. 이렇게 변수명은 변경하여 사용할 수 있지만, 사용 순서는 KOA에 나온 것과 반드시 동일해야 합니다.

함수 원형(이름, 매개변수)을 만들었다면 함수 내 로직을 만들겠습니다. _on_receive_tr_data는 여러 TR 요청에 대한 응답을 받아 오는 역할을 하지만, TR마다 받아 오는 응답이 다르므로 rqname(TR 이름) 값에 따라 결정됩니다. 따라서 호출하는 TR의 응답 부분을 확인해야 어느 값들을 얻어 오는 코드를 만들어야 할지 알 수 있습니다. 가격 정보를 얻고자 호출한 opt10081의 응답 결과는 다음과 같습니다.

▼ 그림 3-86 KOA에서 확인할 수 있는 opt10081의 응답 결과

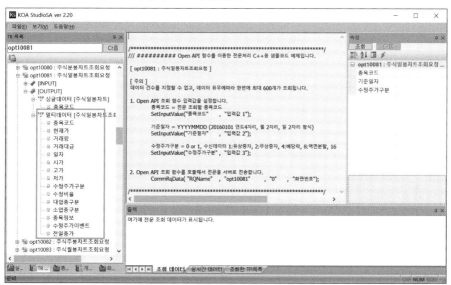

그림 3-86에서 [OUTPUT] 영역을 보면 하나의 TR 응답이 싱글 데이터와 멀티 데이터로 나뉜다는 것을 알 수 있습니다. 싱글 데이터란 한 행으로 출력되는 데이터고, 멀티 데이터는 여러 행으로 출력될 수 있는 데이터로 멀티 데이터를 제공하는 TR은 반복문을 이용해서 값을 가져와야 합니다. 종목의 일봉 데이터를 가져오는 OPT10081은 싱글 데이터와 멀티 데이터를 모두 제공하지만, 우리에게 필요한 가격 정보는 멀티 데이터에서 가져올 수 있습니다.

한 응답에서 가져올 수 있는 데이터양이 제한되어 있으므로 한 번에 다 가져오지 못한 경우 다시 응답을 얻어 와야 하는지 확인해야 합니다. 이는 슬롯에 전달되는 매개변수인 next 값을 사용하여 연속 조회할 값의 유무를 알 수 있습니다. next가 2로 전달된다면 해당 TR에서 얻어 올 수 있는 응답이 더 남아 있음을 의미합니다. 이렇게 next 값은 다음에 받아 올 수 있는 응답이 더 남아 있는지를 의미하며, 이번 요청에서 받아 온 데이터 개수를 확인하려면 GetRepeatCnt 함수에 호출한 TR 이름(trcode)을 전달하면 됩니다.

```
tr_data_cnt = self.dynamicCall("GetRepeatCnt(QString, QString)", trcode, rqname)
```

그러면 next와 GetRepeatCnt를 사용하여 앞으로 받아 올 응답이 있는지와 현재 받아 온 응답 개수까지 확인하는 slot 함수 코드는 다음과 같습니다.

```
def _on_receive_tr_data(self, screen_no, rqname, trcode, record_name, next, unused1,
                        unused2, unused3, unused4):
    print("[Kiwoom] _on_receive_tr_data is called {} / {} / {}".format(screen_no,
        rqname, trcode))
    tr_data_cnt = self.dynamicCall("GetRepeatCnt(QString, QString)", trcode, rqname)

    if next == '2':
        self.has_next_tr_data = True
    else:
        self.has_next_tr_data = False
```

_on_receive_tr_data는 모든 TR에 대한 응답을 받을 수 있는 함수이기에 어느 TR에 대한 응답을 받아 왔는지 알 수 있도록 첫 줄에 print 함수를 사용하여 출력되도록 했습니다. 응답을 수신할 때마다 함수 첫 줄에 print 문이 호출되면서 화면 번호(screen_no), 사용자 구분명(rqname), TR 이름(trcode)이 출력됩니다.

이후 tr_data_cnt에 저장되는 값은 현재 호출한 TR의 응답 개수를 의미하며, 이 개수만큼 반복하여 데이터를 가져올 수 있습니다.

다음 줄의 if 문은 함수에 전달되는 next 값으로 더 받아 올 값이 있는지 없는지 확인합니다. next 값이 2면 self.has_next_tr_data에 True로 저장하여 다음 번 호출이 필요함을 알립니다. 예를 들어 SK하이닉스(00060)의 일봉을 조회하면 첫 번째 호출에서 600일 치 데이터를 얻어 옵니다. 하지만 SK하이닉스는 상장한 지 20년이 넘은 종목으로 600개를 훨씬 넘는 일봉 데이터를 가지고 있습니다. 그러므로 현재 받아 온 일봉 개수 600이 tr_data_cnt 변수에 저장되고, 앞으로도 받아 올 데이터가 있으므로 next에는 2가 전달됩니다.

이어서 TR별로 데이터를 가져오는 코드까지 추가해 보겠습니다.

Kiwoom.py

```python
def _on_receive_tr_data(self, screen_no, rqname, trcode, record_name, next, unused1,
                        unused2, unused3, unused4):
    print("[Kiwoom] _on_receive_tr_data is called {} / {} / {}".format(screen_no,
        rqname, trcode))
    tr_data_cnt = self.dynamicCall("GetRepeatCnt(QString, QString)", trcode, rqname)

    if next == '2':
        self.has_next_tr_data = True
    else:
        self.has_next_tr_data = False


    if rqname == "opt10081_req":
        ohlcv = {'date': [], 'open': [], 'high': [], 'low': [], 'close': [], 'volume': []}

        for i in range(tr_data_cnt):
            date = self.dynamicCall("GetCommData(QString, QString, int, QString",
                                    trcode, rqname, i, "일자")
            open = self.dynamicCall("GetCommData(QString, QString, int, QString",
                                    trcode, rqname, i, "시가")
            high = self.dynamicCall("GetCommData(QString, QString, int, QString",
                                    trcode, rqname, i, "고가")
            low = self.dynamicCall("GetCommData(QString, QString, int, QString", trcode,
                                    rqname, i, "저가")
            close = self.dynamicCall("GetCommData(QString, QString, int, QString",
                                    trcode, rqname, i, "현재가")
            volume = self.dynamicCall("GetCommData(QString, QString, int, QString",
                                    trcode, rqname, i, "거래량")

            ohlcv['date'].append(date.strip())
            ohlcv['open'].append(int(open))
            ohlcv['high'].append(int(high))
            ohlcv['low'].append(int(low))
            ohlcv['close'].append(int(close))
            ohlcv['volume'].append(int(volume))
```

앞서 _on_receive_tr_data는 사용되는 모든 TR의 응답을 수신하는 함수이기에 rqname을 통해 TR 별로 구분하여 응답을 받아 와야 한다고 설명했습니다. 따라서 TR 이름(호출할 때 지었던 별명)이 담긴 rqname 변수 값을 가지고 응답을 구분 짓습니다.

```
if rqname == "opt10081_req":
```

OPT10081 TR의 응답이 온 경우 우리가 가져올 수 있는 데이터는 일자, 시가, 고가, 저가, 현재가, 거래량 등이 있으며, GetRepeatCnt 함수로 얻어 온 데이터 개수만큼 반복해서 추출하여 ohlcv 라는 딕셔너리에 저장합니다.

이 과정이 복잡하다면 단순히 ohlcv에는 다음과 같은 값(open: 시가, high: 고가, low: 저가, close: 현재가=종가, volume: 거래량)이 저장된다고 생각해도 좋습니다. 그러면 코드를 조금 더 추가해 보겠습니다.

```python
def _on_receive_tr_data(self, screen_no, rqname, trcode, record_name, next, unused1,
                        unused2, unused3, unused4):
    print("[Kiwoom] _on_receive_tr_data is called {} / {} / {}".format(screen_no, rqname,
          trcode))
    tr_data_cnt = self.dynamicCall("GetRepeatCnt(QString, QString)", trcode, rqname)

    if next == '2':
        self.has_next_tr_data = True
    else:
        self.has_next_tr_data = False

    if rqname == "opt10081_req":
        ohlcv = {'date': [], 'open': [], 'high': [], 'low': [], 'close': [], 'volume': []}

        for i in range(tr_data_cnt):
            date = self.dynamicCall("GetCommData(QString, QString, int, QString", trcode,
                                    rqname, i, "일자")
            open = self.dynamicCall("GetCommData(QString, QString, int, QString", trcode,
                                    rqname, i, "시가")
            high = self.dynamicCall("GetCommData(QString, QString, int, QString", trcode,
                                    rqname, i, "고가")
            low = self.dynamicCall("GetCommData(QString, QString, int, QString", trcode,
                                   rqname, i, "저가")
            close = self.dynamicCall("GetCommData(QString, QString, int, QString",
                                     trcode, rqname, i, "현재가")
```

```
volume = self.dynamicCall("GetCommData(QString, QString, int, QString",
                          trcode, rqname, i, "거래량")

ohlcv['date'].append(date.strip())
ohlcv['open'].append(int(open))
ohlcv['high'].append(int(high))
ohlcv['low'].append(int(low))
ohlcv['close'].append(int(close))
ohlcv['volume'].append(int(volume))

        self.tr_data = ohlcv

    self.tr_event_loop.exit()
    time.sleep(0.5)
```

추가된 부분은 맨 아래쪽 세 줄입니다(빈 줄 제외). 밑에서부터 위로 하나씩 살펴보면 time.sleep(0.5)는 프로그램을 0.5초만큼 쉬도록 하겠다는 의미이며, 이 코드가 실행되는 순간부터 바로 0.5초를 대기합니다. 이렇게 프로그램을 고의로 멈추게 하는 이유는 키움 API를 이용할 때 1초에 최대 5회의 요청만 허용하는 정책 때문입니다. 따라서 0.2초에 한 번씩 데이터를 요청할 수 있지만, 여기서는 조금 더 여유 있게 0.5초의 대기 시간을 두었습니다. 또 해당 코드를 사용하고자 Kiwoom.py 파일 위쪽에 time 모듈을 import하는 코드를 넣겠습니다.

Kiwoom.py

```
from PyQt5.QAxContainer import *
from PyQt5.QtWidgets import *
from PyQt5.QtCore import *
import time
```

다음으로 self.tr_event_loop.exit()라는 코드는 TR 요청을 보내고 응답을 대기시키는 데 사용하는 self.tr_event_loop를 종료하는 역할을 합니다. 이 변수에 대한 선언은 TR을 호출하는 함수에서 등장하므로 지금은 '이런 코드가 있어야 응답 대기 상태에서 해제되는구나' 정도로만 생각해도 좋습니다.

다음은 self.tr_data = ohlcv입니다. ohlcv에는 방금까지 받아 온 일봉 데이터를 딕셔너리 형태로 저장해 두었습니다. 이 값을 self.tr_data에 저장하는 이유는 Kiwoom 객체의 속성으로 저장하여 객체를 만든 영역에서 접근해서 사용할 수 있도록 하기 위해서입니다. 좀 더 간단히 설명하면 받아 온 일봉 데이터를 외부에서 사용할 수 있도록 만들고자 값을 옮겼다고 이해해 주기 바랍니다.

지금까지 일봉 데이터를 얻어 오는 TR에 대한 응답 처리를 구현했습니다. 다음은 실질적으로 일봉 데이터를 요청하는 호출 함수를 만들어 보겠습니다(호출하는 함수를 먼저 만들지 않고 slot 함수인 _on_receive_tr_data부터 만들어 설명하는 것은 응답이 어떻게 되는지에 대한 이해가 있어야 호출하는 부분을 좀 더 수월하게 이해할 수 있기 때문입니다).

지금까지 받아 온 일봉 데이터는 ohlcv에 딕셔너리로 저장되어 있습니다. 이 데이터를 DataFrame으로 만들어 좀 더 쉽게 활용하고자 pandas라는 패키지를 사용하겠습니다. pandas 패키지를 내려받기 위해 아나콘다 프롬프트(Anaconda prompt)에 접속합니다. 먼저 가상 환경을 활성화하고자 다음 명령어를 입력하고 Enter를 누릅니다.

```
conda activate system_trading_py38_32
```

이어서 pandas 패키지를 내려받고자 다음 명령어를 입력하고 Enter를 누릅니다.

```
pip install pandas
```

내려받은 pandas 패키지를 사용하려면 Kiwoom.py 파일 위쪽에 다음과 같이 import 코드를 추가합니다.

Kiwoom.py

```
from PyQt5.QAxContainer import *
from PyQt5.QtWidgets import *
from PyQt5.QtCore import *
import time
import pandas as pd
(...)
```

이후 슬롯에서 응답 대기를 종료시키는 데 사용했던 self.tr_event_loop.exit() 코드에서 선언하지 않고 사용했던 self.tr_event_loop 변수를 만들어 보겠습니다. 이 변수로 TR을 호출한 후 응답이 올 때까지 기다릴 수 있습니다. 이 변수가 선언될 곳은 class의 생성자인 __init__ 함수입니다.

Kiwoom.py

```
class Kiwoom(QAxWidget):
    def __init__(self):
        super().__init__()
        self._make_kiwoom_instance()
        self._set_signal_slots()
```

```
        self._comm_connect()

        self.account_number = self.get_account_number()

        self.tr_event_loop = QEventLoop()
```
···· tr 요청에 대한 응답 대기를 위한 변수

이렇게 준비를 마쳤으면 실제로 가격 정보를 얻어 오는 함수를 만들어 보겠습니다. 가격 정보를 얻어 오는 함수라고 하면 가져올 데이터의 기준(분봉, 일봉, 주봉, 월봉 등)을 명시하는 것이 좋지만, 본 프로젝트는 조금 포괄적인 의미로 단순하게 get_price_data라고 함수명을 지었습니다.

> 주식용어 ≡ 우리가 가져오려는 가격 정보는 하루 동안 생성된 캔들인 일봉을 의미했습니다. 여기서 가져올 데이터의 시간 기준을 분 단위, 주 단위, 월 단위로 바꾼 것을 분봉, 주봉, 월봉이라고 합니다.

이 함수로 전달하는 매개변수는 가격 정보를 얻고자 하는 종목 코드입니다. 물론 KOA에서 설명하는 TR 호출에 필요한 입력 값은 종목 코드, 기준 일자, 수정 주가 구분으로 세 개이기 때문에 get_price_data 함수도 매개변수가 세 개 필요할 것이라고 생각할 수 있습니다. 하지만 수정 주가 구분은 항상 1로 사용할 예정이고 기준 일자는 전달하지 않으면 가장 최근 일자까지 조회해 오기 때문에 사실상 종목 코드만 있으면 가격 정보를 얻어 올 수 있습니다. 함수 원형은 다음과 같습니다.

Kiwoom.py
```python
def get_price_data(self, code):
```

다음은 이 함수의 전체 코드를 살펴보면서 설명하겠습니다.

```python
def get_price_data(self, code):    ····· 종목의 상장일부터 가장 최근 일자까지 일봉 정보를 가져오는 함수
    self.dynamicCall("SetInputValue(QString, QString)", "종목코드", code)
    self.dynamicCall("SetInputValue(QString, QString)", "수정주가구분", "1")
    self.dynamicCall("CommRqData(QString, QString, int, QString)", "opt10081_req",
                "opt10081", 0, "0001")

    self.tr_event_loop.exec_()

    ohlcv = self.tr_data

    while self.has_next_tr_data:
        self.dynamicCall("SetInputValue(QString, QString)", "종목코드", code)
```

```
        self.dynamicCall("SetInputValue(QString, QString)", "수정주가구분", "1")
        self.dynamicCall("CommRqData(QString, QString, int, QString)", "opt10081_req",
                        "opt10081", 2, "0001")
        self.tr_event_loop.exec_()

        for key, val in self.tr_data.items():
            ohlcv[key] += val

    df = pd.DataFrame(ohlcv, columns=['open', 'high', 'low', 'close', 'volume'],
                    index=ohlcv['date'])

    return df[::-1]
```

추가된 코드가 많으니 조금씩 나누어서 설명해 보겠습니다. 앞서 TR을 요청하기 전에 전달할 입력 값들을 설정하고 CommRqData에 사용할 TR을 전달하면 TR 요청이 완료된 것이라고 설명했습니다. 이 부분에 해당하는 코드는 다음과 같습니다. 이 코드는 매개변수인 종목 코드 값과 수정 주가 구분 값을 설정하고 opt10081에 대한 요청을 보냅니다.

```
self.dynamicCall("SetInputValue(QString, QString)", "종목코드", code)
self.dynamicCall("SetInputValue(QString, QString)", "수정주가구분", "1")
self.dynamicCall("CommRqData(QString, QString, int, QString)", "opt10081_req",
                "opt10081", 0, "0001")
```

이렇게 CommRqData를 사용하여 TR 요청을 보낸 후 응답 대기 상태로 만드는 코드가 그 바로 다음 줄인 self.tr_event_loop.exec_()입니다. self.tr_event_loop.exec_() 이후 코드는 TR에 대한 응답이 도착한 후 실행될 수 있습니다. 따라서 다음 코드에서 self.tr_data는 응답 slot 함수, _on_receive_tr_data에서 수신한 일봉 데이터가 저장되어 있어 사용할 수 있습니다.

```
ohlcv = self.tr_data
```

하지만 앞서 설명한 것처럼 한 번에 호출로 받아 올 수 있는 데이터의 최대 개수는 600개이며 추가로 받아 올 데이터가 있으므로 최초로 받아 온 600일 치가 ohlcv에 저장됩니다. 이후 추가로 받아 올 데이터가 남았는지는 self.has_next_tr_data를 통해 확인합니다. 따라서 더 제공받을 일봉 데이터가 있다면(self.has_next_tr_data 값이 2인 경우) 다음과 같이 while 문에 진입하여 한 번 더 TR 요청을 하고, 똑같이 응답을 기다리는 상태로 진입하기 위해 self.tr_event_loop.exec_()를 실행합니다.

```
while self.has_next_tr_data:
        self.dynamicCall("SetInputValue(QString, QString)", "종목코드", code)
        self.dynamicCall("SetInputValue(QString, QString)", "수정주가구분", "1")
        self.dynamicCall("CommRqData(QString, QString, int, QString)", "opt10081_req",
                        "opt10081", 2, "0001")
        self.tr_event_loop.exec_()
```

이후에는 최초로 얻어온 가격 데이터를 담은 ohlcv에 데이터를 이어 붙이는 작업이 필요합니다. 이 반복문의 의미는 현재 받아온 데이터(self.tr_data)를 이미 받아온 데이터(ohlcv)의 마지막 부분에 넣는다는 뜻입니다.

간단히 말해 이 과정은 한 번에 모든 일봉 데이터를 받아 올 수 없으니 호출할 때마다 받아 온 데이터를 합치는 과정이라고 생각하기 바랍니다.

```
for key, val in self.tr_data.items():
    ohlcv[key] += val
```

이렇게 while 문을 거쳐도 아직 받아 올 데이터가 남아 있다면 여전히 self.has_next_tr_data 값이 2이기 때문에 while 문을 사용하여 반복됩니다. 그렇게 마지막 데이터 수신까지 되면 self.has_next_tr_data 값이 0이 됩니다. 그러면 더 이상 받아 올 데이터가 없으므로 반복문을 빠져나옵니다.

반복문을 빠져나오면 그동안 받아 온 데이터를 저장한 ohlcv를 사용하여 DataFrame을 만듭니다. DataFrame란 이전에 설치한 pandas 패키지에 포함된 객체이며, 수학 시간에 배운 행렬처럼 행과 열을 가진 자료 구조입니다. 혹시 행렬이 잘 기억나지 않는다면 DataFrame은 가로축과 세로축을 가진 엑셀 테이블 형태로 데이터를 저장할 수 있다고 생각하기 바랍니다. DataFrame을 사용하는 이유는 가격 정보 저장에 사용할 데이터베이스를 쉽게 사용하기 위해서입니다.

Note ☰   DataFrame을 더 공부하고 싶으면 다음 영상을 참고하세요.
URL https://bit.ly/3hev6CU

그러면 가져온 모든 일봉 정보를 바탕으로 DataFrame을 만들어 보겠습니다.

```
df = pd.DataFrame(ohlcv, columns=['open', 'high', 'low', 'close', 'volume'],
                index=ohlcv['date'])
```

코드를 간단히 설명하면 TR 조회를 하여 얻어 온 일봉 데이터를 담은 딕셔너리 ohlcv를 컬럼(열)을 'open', 'high', 'low', 'close', 'volume'으로 지정한 DataFrame으로 만들어 df(DataFrame의 약자)에 저장하라는 의미입니다. 일단 이렇게 만든 df에 무엇이 저장되어 있는지 곧 살펴보겠습니다.

마지막 반환하는 코드는 다음과 같습니다.

```
return df[::-1]
```

그럼 df에 DataFrame이 저장되어 있다는 것은 알겠는데, 반환하는 코드의 [::-1]은 또 무엇일까요? 이 코드는 일봉 데이터의 날짜 순서를 뒤집기 위함이라고 생각하기 바랍니다([::-1]을 사용했을 때와 그렇지 않았을 때의 출력 결과는 뒤에서 다루도록 하겠습니다).

지금까지 내용을 정리한 Kiwoom.py 파일을 먼저 살펴보고, main.py 파일을 통해 결과를 출력해 보겠습니다.

Kiwoom.py

```python
from PyQt5.QAxContainer import *
from PyQt5.QtWidgets import *
from PyQt5.QtCore import *
import pandas as pd
import time

class Kiwoom(QAxWidget):
    def __init__(self):
        super().__init__()
        self._make_kiwoom_instance()
        self._set_signal_slots()
        self._comm_connect()

        self.account_number = self.get_account_number()

        self.tr_event_loop = QEventLoop()   ····· tr에 사용할 event_loop 변수

    def _make_kiwoom_instance(self):
        self.setControl("KHOPENAPI.KHOpenAPICtrl.1")

    def _set_signal_slots(self):
        self.OnEventConnect.connect(self._login_slot)
                                    TR의 응답 결과를 _on_receive_tr_data로 받도록 설정
        self.OnReceiveTrData.connect(self._on_receive_tr_data)   ····┆
```

```python
def _login_slot(self, err_code):
    if err_code == 0:
        print("connected")
    else:
        print("not connected")

    self.login_event_loop.exit()


def _comm_connect(self):
    self.dynamicCall("CommConnect()")

    self.login_event_loop = QEventLoop()
    self.login_event_loop.exec_()


def get_account_number(self, tag="ACCNO"):
    account_list = self.dynamicCall("GetLoginInfo(QString)", tag)
    account_number = account_list.split(';')[0]
    print(account_number)
    return account_number


def get_code_list_by_market(self, market_type):
    code_list = self.dynamicCall("GetCodeListByMarket(QString)", market_type)
    code_list = code_list.split(';')[:-1]
    return code_list


def get_master_code_name(self, code):
    code_name = self.dynamicCall("GetMasterCodeName(QString)", code)
    return code_name


def get_price_data(self, code):   # ····· 종목의 상장일부터 가장 최근 일자까지 일봉 정보를 가져오는 함수
    self.dynamicCall("SetInputValue(QString, QString)", "종목코드", code)
    self.dynamicCall("SetInputValue(QString, QString)", "수정주가구분", "1")
    self.dynamicCall("CommRqData(QString, QString, int, QString)", "opt10081_req",
                     "opt10081", 0, "0001")

    self.tr_event_loop.exec_()

    ohlcv = self.tr_data

    while self.has_next_tr_data:
        self.dynamicCall("SetInputValue(QString, QString)", "종목코드", code)
        self.dynamicCall("SetInputValue(QString, QString)", "수정주가구분", "1")
```

```python
        self.dynamicCall("CommRqData(QString, QString, int, QString)", "opt10081_
                         req", "opt10081", 2, "0001")
        self.tr_event_loop.exec_()

        for key, val in self.tr_data.items():
            ohlcv[key] += val

    df = pd.DataFrame(ohlcv, columns=['open', 'high', 'low', 'close', 'volume'],
                      index=ohlcv['date'])


    return df[::-1]

def _on_receive_tr_data(self, screen_no, rqname, trcode, record_name, next, unused1,
                        unused2, unused3, unused4):  ····· TR 조회의 응답 결과를 얻어 오는 함수
    print("[Kiwoom] _on_receive_tr_data is called {} / {} / {}".format(screen_no,
          rqname, trcode))
    tr_data_cnt = self.dynamicCall("GetRepeatCnt(QString, QString)", trcode, rqname)

    if next == '2':
        self.has_next_tr_data = True
    else:
        self.has_next_tr_data = False

    if rqname == "opt10081_req":
        ohlcv = {'date': [], 'open': [], 'high': [], 'low': [], 'close': [], 'volume': []}

        for i in range(tr_data_cnt):
            date = self.dynamicCall("GetCommData(QString, QString, int, QString",
                                    trcode, rqname, i, "일자")
            open = self.dynamicCall("GetCommData(QString, QString, int, QString",
                                    trcode, rqname, i, "시가")
            high = self.dynamicCall("GetCommData(QString, QString, int, QString",
                                    trcode, rqname, i, "고가")
            low = self.dynamicCall("GetCommData(QString, QString, int, QString",
                                   trcode, rqname, i, "저가")
            close = self.dynamicCall("GetCommData(QString, QString, int, QString",
                                     trcode, rqname, i, "현재가")
            volume = self.dynamicCall("GetCommData(QString, QString, int, QString",
                                      trcode, rqname, i, "거래량")

            ohlcv['date'].append(date.strip())
            ohlcv['open'].append(int(open))
            ohlcv['high'].append(int(high))
```

```
            ohlcv['low'].append(int(low))
            ohlcv['close'].append(int(close))
            ohlcv['volume'].append(int(volume))

        self.tr_data = ohlcv

    self.tr_event_loop.exit()
    time.sleep(0.5)
```

이제 main.py 파일에서 함수를 호출하여 삼성전자(005930)의 일봉 정보를 출력해 보겠습니다.

main.py

```
from api.Kiwoom import *
import sys

app = QApplication(sys.argv)
kiwoom = Kiwoom()

df = kiwoom.get_price_data("005930")
print(df)

app.exec_()
```

main.py 파일을 실행하면 다음과 같이 가격 정보를 받아 와 DataFrame으로 만든 값이 출력됩니다.

```
connected
8*********
[Kiwoom] _on_receive_tr_data is called 0001 / opt10081_req / opt10081
[Kiwoom] _on_receive_tr_data is called 0001 / opt10081_req / opt10081
[Kiwoom] _on_receive_tr_data is called 0001 / opt10081_req / opt10081
[Kiwoom] _on_receive_tr_data is called 0001 / opt10081_req / opt10081
[Kiwoom] _on_receive_tr_data is called 0001 / opt10081_req / opt10081
[Kiwoom] _on_receive_tr_data is called 0001 / opt10081_req / opt10081
[Kiwoom] _on_receive_tr_data is called 0001 / opt10081_req / opt10081
[Kiwoom] _on_receive_tr_data is called 0001 / opt10081_req / opt10081
[Kiwoom] _on_receive_tr_data is called 0001 / opt10081_req / opt10081
[Kiwoom] _on_receive_tr_data is called 0001 / opt10081_req / opt10081
[Kiwoom] _on_receive_tr_data is called 0001 / opt10081_req / opt10081
[Kiwoom] _on_receive_tr_data is called 0001 / opt10081_req / opt10081
[Kiwoom] _on_receive_tr_data is called 0001 / opt10081_req / opt10081
```

```
[Kiwoom] _on_receive_tr_data is called 0001 / opt10081_req / opt10081
[Kiwoom] _on_receive_tr_data is called 0001 / opt10081_req / opt10081
[Kiwoom] _on_receive_tr_data is called 0001 / opt10081_req / opt10081
[Kiwoom] _on_receive_tr_data is called 0001 / opt10081_req / opt10081
            open   high    low  close     volume
19850104     130    130    129    129     111765
19850105     129    129    128    128     108497
19850107     129    130    128    129     771895
19850108     129    129    127    127     845098
19850109     126    126    122    123     324837
...          ...    ...    ...    ...        ...
20210628   81700  82000  81600  81900   11578529
20210629   81900  82100  80800  81000   15744317
20210630   81100  81400  80700  80700   13288643
20210701   80500  80600  80000  80100   13382882
20210702   80000  80400  79900  80000    8753097
[9641 rows x 5 columns]
```

[Kiwoom] _on_receive_tr_data is called 0001 / opt10081_req / opt10081이란 문구는 _on_receive_tr_data 함수 첫 줄에서 어떤 TR에 대한 응답인지 구분하려고 넣은 print 문이 출력 되는 것입니다.

이 출력이 나올 때마다 TR 조회에 대한 응답을 수신한 것이고, 한 번에 데이터를 최대 600개 얻어 옵니다. 따라서 이 문구가 17번 출력되면서 일봉 데이터를 총 9641개 얻어 와 DataFrame을 만들게 됩니다.

이렇게 만든 DataFrame에 담긴 데이터를 보면서 DataFrame 형태를 살펴보겠습니다. 행(row)은 시간을 기준으로 과거부터 최근까지 오름차순으로 정렬되어 있고(1985년 1월 4일부터 2021년 7월 2일까지), 열(column)에는 시가(open), 고가(high), 저가(low), 종가(close), 당일 거래량(volume) 순서로 데이터를 받아 오는 것을 알 수 있습니다. (정확히 표현하면 왼쪽에 있는 19850104, 20210702 같은 데이터를 '인덱스'라고 합니다. 즉, 행이 인덱스를 기준으로 정렬되어 있는 것입니다.)

▼ 그림 3-87 DataFrame의 형태(날짜 오름차순 정렬)

	open	high	low	close	volume
19850104	130	130	129	129	111765
19850105	129	129	128	128	108497
19850107	129	130	128	129	771895
19850108	129	129	127	127	845098
19850109	126	126	122	123	324837
		(...)			
20210628	81700	82000	81600	81900	11578529
20210629	81900	82100	80800	81000	15744317
20210630	81100	81400	80700	80700	13288643
20210701	80500	80600	80000	80100	13382882
20210702	80000	80400	79900	80000	8753097

> Note ≡ 출력된 DataFrame의 행을 살펴보면 1985년 01월 10일부터 2021년 06월 27일까지 데이터가 보이지 않는데, 이는 데이터가 없는 것이 아니라 요약된 형태로 출력된 것입니다.

그림 3-87은 날짜 오름차순으로 출력되었는데, 이는 get_price_data 함수의 반환 결과에 [::-1]을 사용하여 **return df[::-1]**로 했기 때문입니다. 날짜를 그림 3-88과 같이 내림차순으로 출력하려면 반환값을 **return df**로 설정합니다. 여기서 return df[::-1]을 사용하여 날짜 오름차순으로 정렬하는 이유는 추후 데이터베이스에 날짜 오름차순으로 저장하기 때문입니다.

▼ 그림 3-88 DataFrame의 형태(return df로 확인한 결과, 날짜 내림차순 정렬)

	open	high	low	close	volume
20210702	80000	80400	79900	80000	8753097
20210701	80500	80600	80000	80100	13382882
20210630	81100	81400	80700	80700	13288643
20210629	81900	82100	80800	81000	15744317
20210628	81700	82000	81600	81900	11578529
		(...)			
19850109	126	126	122	123	324837
19850108	129	129	127	127	845098
19850107	129	130	128	129	771895
19850105	129	129	128	128	108497
19850104	130	130	129	129	111765

3.11 예수금 얻어 오기

다음은 계좌의 보유 예수금 정보를 얻어 오는 방법을 알아보겠습니다. 예수금이란 계좌에 보유 중인 현금을 의미하며, 주식을 매매하는 데 사용하는 투자금이라고 할 수 있습니다. 예수금 정보가 필요한 이유는 현재 가진 잔고를 바탕으로 종목당 얼마를 매수할지 결정할 수 있기 때문입니다. 예수금 정보를 얻어 오는 방법은 TR(opw00001)을 호출하는 것입니다. 먼저 이 TR을 요청하는 데 필요한 입력 값들을 알아보겠습니다.

▼ 그림 3-89 opw00001(KOA 〉 TR 목록에서 'opw00001' 검색)

[opw00001: 예수금 상세 현황 요청]

1. Open API 조회 함수 입력 값을 설정합니다.

   계좌번호 = 전문 조회할 보유 계좌번호

   ```
   SetInputValue("계좌번호", "입력값 1");
   ```

   비밀번호 = 사용 안 함(공백)

   ```
   SetInputValue("비밀번호", "입력값 2");
   ```

   비밀번호 입력 매체 구분 = 00

   ```
   SetInputValue("비밀번호 입력 매체 구분", "입력값 3");
   ```

   조회 구분 = 3: 추정 조회, 2: 일반 조회

   ```
   SetInputValue("조회 구분", "입력값 4");
   ```

2. Open API 조회 함수를 호출해서 전문을 서버로 전송합니다.

   ```
   CommRqData("RQName", "opw00001", "0", "화면 번호");
   ```

KOA 설명을 보면 '비밀번호'는 필요한 값처럼 보이나 실제로는 사용하지 않으니 사실상 계좌번호만 전달하면 됩니다. 또 계좌번호는 앞서 만든 get_account_number 함수를 호출하며, self.account_number에 저장해 두었으니 TR 호출을 위해 준비해야 할 것은 따로 없다고 보아도 무방합니다. 그러면 바로 함수를 만들겠습니다.

Kiwoom.py

```python
def get_deposit(self):        ----- 조회 대상 계좌의 예수금을 얻어 오는 함수
    self.dynamicCall("SetInputValue(QString, QString)", "계좌번호", self.account_number)
    self.dynamicCall("SetInputValue(QString, QString)", "비밀번호입력매체구분", "00")
    self.dynamicCall("SetInputValue(QString, QString)", "조회구분", "2")
    self.dynamicCall("CommRqData(QString, QString, int, QString)", "opw00001_req",
                     "opw00001", 0, "0002")

    self.tr_event_loop.exec_()
    return self.tr_data
```

그동안 해 온 방법대로 입력 값을 설정(SetInputValue)한 후 호출(CommRqData)하는 과정을 거칩니다. 이후 self.tr_event_loop.exec_() 코드로 응답을 대기할 수 있는 상태로 만들면 TR 호출은 마무리됩니다.

호출을 만들었으니 응답이 도착했을 때 슬롯 함수에서 데이터를 확인할 수 있도록 하겠습니다. TR 응답은 모두 하나의 함수(_on_receive_tr_data)에서 처리하므로 기존 함수에 약간의 코드를 추가해 보겠습니다.

```python
def _on_receive_tr_data(self, screen_no, rqname, trcode, record_name, next, unused1,
                        unused2, unused3, unused4):
    print("[Kiwoom] _on_receive_tr_data is called {} / {} / {}".format(screen_no,
          rqname, trcode))
    tr_data_cnt = self.dynamicCall("GetRepeatCnt(QString, QString)", trcode, rqname)

    if next == '2':
        self.has_next_tr_data = True
    else:
        self.has_next_tr_data = False

    if rqname == "opt10081_req":
        ohlcv = {'date': [], 'open': [], 'high': [], 'low': [], 'close': [], 'volume': []}

        for i in range(tr_data_cnt):
            date = self.dynamicCall("GetCommData(QString, QString, int, QString",
                                    trcode, rqname, i, "일자")
            open = self.dynamicCall("GetCommData(QString, QString, int, QString",
                                    trcode, rqname, i, "시가")
            high = self.dynamicCall("GetCommData(QString, QString, int, QString",
                                    trcode, rqname, i, "고가")
            low = self.dynamicCall("GetCommData(QString, QString, int, QString", trcode,
```

```
                                  rqname, i, "저가")
            close = self.dynamicCall("GetCommData(QString, QString, int, QString",
                                     trcode, rqname, i, "현재가")
            volume = self.dynamicCall("GetCommData(QString, QString, int, QString",
                                      trcode, rqname, i, "거래량")

            ohlcv['date'].append(date.strip())
            ohlcv['open'].append(int(open))
            ohlcv['high'].append(int(high))
            ohlcv['low'].append(int(low))
            ohlcv['close'].append(int(close))
            ohlcv['volume'].append(int(volume))

        self.tr_data = ohlcv

    elif rqname == "opw00001_req":
        deposit = self.dynamicCall("GetCommData(QString, QString, int, QString", trcode,
                                   rqname, 0, "주문가능금액")
        self.tr_data = int(deposit)
        print(self.tr_data)

    self.tr_event_loop.exit()
    time.sleep(0.5)
```

TR(OPT10081)을 호출할 때 응답을 받아 오는 데 사용했던 if 구문인 if rqname == "opt10081_req" 다음에 elif를 추가하여 rqname이 예수금 요청(opw00001_req)일 때 처리할 코드를 넣었습니다. 이 과정에서 self.tr_event_loop.exit() 및 time.sleep(0.5) 코드가 elif 밑의 코드 블록으로 들어가지 않도록 주의하기 바랍니다.

이처럼 TR 요청을 만들 때마다 TR 이름에 해당하는 elif 구문을 추가하여 해당 TR에 대한 응답 로직을 만들 수 있습니다.

예수금을 얻어 오는 TR(OPW00001)은 self.has_next_tr_data 변수를 사용하여 조회 가능한 데이터가 남아 있는지 확인하고 추가 데이터를 조회하고자 같은 TR을 여러 번 호출했던 일봉 데이터 조회와 다르게 한 번 호출로 얻어 온 싱글 데이터 응답으로 '주문가능금액' 항목을 얻어 와 변수 deposit에 담았습니다.

여기서 주문 가능 금액과 예수금은 서로 다른 값이지만 예수금을 조회하기 위해 GetCommData 함수에 주문 가능 금액을 전달하는 이유를 설명하겠습니다. 먼저 증권 시장의 결제 시스템은 D+2 이후에 된다는 점을 이해해야 합니다. 예를 들어 월요일에 가지고 있는 예수금이 10만 원인데 장 중에 보유 중인 200만 원어치의 주식을 매도한 경우, 결제 대금인 200만 원이 D+2일에 예수금으로 들어오기 때문에 매도 당일 예수금은 그대로 10만 원이지만 수요일에 확인한 예수금은 210만 원이 됩니다. 하지만 그렇다고 해서 매수하고 싶은 주식이 있더라도 수요일까지 기나려야 하는 것은 아닙니다. 정산할 200만 원이 예수금으로 계산되지 않을 뿐이지 이 금액을 사용하여 다른 종목을 매수할 수 있기 때문입니다.

따라서 주식을 매수할 때 쓸 투입 자금을 계산하고자 예수금을 그대로 사용한다면 정산해야 할 결제 대금을 포함하지 않았기 때문에 주문 가능 수량에 오차가 발생할 수 있어 결제 대금을 고려한 '주문 가능 금액'을 사용하는 것입니다.

이렇게 주문 가능 금액과 예수금은 조금 다른 개념이지만 주식을 처음 접하거나 아직 익숙하지 않을 때는 보통 예수금을 투자 가능한 현금으로 인식하는 경우가 많기 때문에 주문 가능 금액을 간단히 예수금이라고 부르며 사용한다는 점을 알아 두면 좋겠습니다.

그럼 코드를 다시 살펴보면 이후 수신한 데이터의 자료형을 int로 바꾸어 self.tr_data에 담습니다. 데이터를 int형으로 바꾸는 이유는 API에서 전달받은 예수금이 1000만 원일 때, '00000010000000'처럼 앞자리에 0을 포함한 문자형으로 전달해 주기 때문입니다. 이 경우 전달받은 데이터를 정수형(int)으로 바꾸면 파이썬에서 자동으로 1 앞에 붙어 있는 0을 제거하여 우리가 원하는 숫자형 데이터를 얻을 수 있습니다.

이후 예수금을 self.tr_data로 옮겨 담는 이유는 TR을 요청한 함수(get_deposit)에서 이 값에 접근하여 사용할 수 있도록 하기 위해서입니다. 그럼 main.py 파일에서 이 함수를 실행해 보겠습니다.

```
from api.Kiwoom import *
import sys

app = QApplication(sys.argv)
kiwoom = Kiwoom()

deposit = kiwoom.get_deposit()

app.exec_()
```

실행해 보면 모의투자 신청할 때 설정했던 예수금 1000만 원(10000000)이 출력되는 것을 알 수 있습니다. 혹시 모의투자 신청 금액을 1000만 원이 아니라 다르게 설정했다면 설정한 금액이 출력될 것입니다.

```
connected
8*********
[Kiwoom] _on_receive_tr_data is called 0002 / opw00001_req / opw00001
10000000
```

> **Note** ☰ main.py 파일에서 print(deposit)을 하지 않아도 예수금이 출력되는 이유는 Kiwoom.py 파일의 슬
> 롯 함수인 _on_receive_tr_data의 elif rqname == "opw00001_req": 밑 블록에 print(self.tr_data)
> 가 있기 때문입니다.

3.12 주문 접수 및 체결 확인하기

드디어 프로그램을 이용하여 원하는 가격에 주문을 접수하는 방법을 알아보겠습니다. 또 접수한
주문이 체결되었는지 확인해 보는 과정도 배우겠습니다.

3.12.1 주문 접수하기

우리가 HTS나 MTS를 이용하여 매수 주문을 접수하면 대략적으로 다음 순서로 처리됩니다.

주문 접수 〉 주문 체결 〉 잔고 이동

하지만 시장가 주문을 하지 않은 한 주문을 접수했다고 해서 바로 체결되는 것은 아닙니다. 주문한
종목의 거래량에 따라 다르겠지만, 보통 원하는 매매 가격을 입력하는 지정가 주문은 주문가에 맞
는 상대 주문이 있어야 체결됩니다. 또 주문 시간과 주문량에 따라 체결 우선순위가 결정됩니다.

> **주식용어** ☰ **시장가 주문과 지정가 주문**
> 시장가 주문(market order)이란 원하는 매매 가격을 지정하지 않고 현재 시장에서 거래되고 있는 가격으로 즉시 매
> 매하도록 요청하는 주문으로, 원하는 매매 가격을 지정하는 지정가 주문(limit order)보다 우선적으로 체결됩니다.

이런 이유로 우리가 주문을 접수한 후 체결되기까지 시간이 필요하며 API가 비동기식으로 동작하기 때문에 주문 접수 요청 후에도 응답을 받아 오는 슬롯 함수가 필요하다고 생각할 수 있습니다. 즉, 지금까지 TR을 요청하고 응답을 받는 프로세스와 마찬가지로 주문 접수 후에 응답 결과를 확인할 수 있는 슬롯이 필요합니다. 그럼 우선은 주문 체결 확인용 슬롯이 필요하다는 사실을 인지하고 KOA에서 제공하는 주문 처리 흐름을 살펴보겠습니다.

▼ 그림 3-90 KOA 주문 처리 단계(KOA > 개발 가이드 > 주문과 잔고 처리 > 기본 설명)

[주문 처리 단계]

주문 처리 순서

SendOrder(주문 발생) → OnReceiveTrData(주문 응답) → OnReceiveMsg(주문 메시지 수신) →
OnReceiveChejan(주문 접수/체결)

※ 주의(역전 현상): 주문 건수가 폭증하는 경우 OnReceiveChejan 이벤트가 OnReceiveTrData 이벤트보다 앞서
　수신될 수 있습니다.

각 단계 설명

SendOrder – 사용자가 호출. 리턴 값 0인 경우 정상
OnReceiveTrData – 주문 발생 시 첫 번째 서버 응답. 주문 번호 취득(주문 번호가 없다면 주문 거부 등 비정상 주문)
OnReceiveMsg – 주문 거부 사유를 포함한 서버 메세지 수신
OnReceiveChejan – 주문 상태에 따른 실시간 수신(주문 접수, 주문 체결, 잔고 변경 각 단계별로 수신됨)

OnReceiveTrData( ) 이벤트는 주로 조회 요청 후 데이터 수신 이벤트지만 주문 시에도 발생됩니다.
주문이 정상인 경우 이 이벤트 내부에서 주문 번호를 얻을 수 있습니다.
비정상 주문인 경우 주문 번호는 공백("")으로 전달됩니다.
각 주문 함수의 리턴 값이 0(성공)이여도 장 개시 전 주문, 시장가 주문 가격 입력, 호가 범위를 벗어난 주문 등 다양한
원인으로 주문은 실패할 수 있습니다.

KOA에서 설명하는 것처럼 API를 사용하는 프로그램 내에서 발생하는 주문 처리 흐름은 다음과 같습니다.

❶ SendOrder(주문 발생)

❷ OnReceiveTrData(주문 접수 후 주문 번호 생성 응답)

❸ OnReceiveMsg(주문 메시지 수신)

❹ OnReceiveChejan(주문 접수/체결)

그러면 각 단계를 좀 더 설명해 보겠습니다.

❶ SendOrder(주문 발생): 매매할 종목에 대한 수량, 매매 가격, 주문 타입을 지정하여 주문을 접수하는 함수입니다. 주의할 점은 KOA에서 함수의 반환값이 0이면 정상이라고 설명하지만, 반환값이 0이라고 해서 무조건 주문이 접수되었다는 것은 아닙니다. 예를 들어 장 마감 이후 SendOrder 함수를 호출하면 실제로 주문이 접수되지 않았지만 반환값은 0으로 나옵니다. 이런 부분에 대한 설명은 KOA에도 안내되어 있습니다.

❷ OnReceiveTrData(주문 응답): '주문 응답' 단계는 우리가 앞서 TR 조회 후 응답을 받아 왔던 _on_receive_tr_data 함수를 사용하여 일차적으로 주문 번호를 전달받습니다. 그러나 주문이 정상 접수되면 이후 OnReceiveChejan(주문 접수/체결) 단계에서 주문 번호를 포함한 더 상세한 정보가 나오므로 이 단계는 단순히 중간 단계라고 생각하기 바랍니다.

❸ OnReceiveMsg(주문 메시지 수신): 이 단계에서는 주문 전송에 대한 서버의 한글 응답을 수신합니다. 예를 들어 주문 접수 이후 '증거금 부족으로 주문이 거부되었습니다.'나 '정정할 원주문 내역이 없습니다.' 등 서버의 메시지를 보여 주는 알림 단계입니다.

이 과정에서 서버 메시지를 수신할 별도의 간단한 슬롯 함수가 필요합니다. 이 슬롯으로 주문 전송 후 메시지뿐만 아니라 앞서 사용했던 TR 조회에 대한 응답 메시지까지 수신할 수 있습니다만, 오로지 메시지를 확인하는 용도로 프로그램 개발 과정에서 반드시 필요하다고 할 수는 없을 것 같습니다. 다만 이해를 돕고자 곧 추가할 예정입니다.

❹ OnReceiveChejan(주문 접수/체결): 이 단계는 주문이 접수되거나 체결 및 체결 후 잔고로 이동하는 과정마다 실행되며, 각 과정의 응답 결과를 수신하는 단계입니다.

그러면 각 단계마다 필요한 코드들을 완성하면서 주문 접수 및 체결 과정을 확인해 보겠습니다. 먼저 주문을 접수하는 함수를 만들어 보겠습니다.

다음은 주문 접수 함수에 대한 KOA 설명입니다.

❤ 그림 3-91 SendOrder( ) 함수(KOA 〉 개발 가이드 〉 주문과 잔고 처리 〉 관련 함수)

[SendOrder() 함수]

```
SendOrder(
BSTR sRQName,       // 사용자 구분명
BSTR sScreenNo,     // 화면 번호
BSTR sAccNo,        // 계좌번호 10자리
LONG nOrderType,    // 주문 유형(1: 신규 매수, 2: 신규 매도 3: 매수 취소, 4: 매도 취소, 5:
매수 정정, 6: 매도 정정)
BSTR sCode,         // 종목 코드(6자리)
LONG nQty,          // 주문 수량
LONG nPrice,        // 주문 가격
BSTR sHogaGb,       // 거래 구분(혹은 호가 구분)은 아래 참고
BSTR sOrgOrderNo    // 원주문 번호. 신규 주문에는 공백 입력, 정정/취소 시 입력합니다.
)
```

서버에 주문을 전송하는 함수입니다.

9개 인자 값을 가진 주식 주문 함수이며 리턴 값이 0이면 성공이며 나머지는 에러입니다.

1초에 5회만 주문 가능하며 그 이상 주문 요청하면 에러 −308을 리턴합니다.

※ 시장가 주문 시 주문 가격은 0으로 입력합니다.

※ 취소 주문일 때 주문 가격은 0으로 입력합니다.

[거래 구분]

00 : 지정가

03 : 시장가

05 : 조건부지정가

06 : 최유리지정가

07 : 최우선지정가

10 : 지정가IOC

13 : 시장가IOC

16 : 최유리IOC

20 : 지정가FOK

23 : 시장가FOK

26 : 최유리FOK

61 : 장전시간외종가

62 : 시간외단일가매매

81 : 장후시간외종가

※ 모의투자에서는 지정가 주문과 시장가 주문만 가능합니다.

➔ 계속

[정규장 외 주문]

장전 동시 호가 주문

08:30~09:00   거래 구분 00: 지정가 / 03: 시장가(일반 주문처럼)

※ 08:20~08:30 시간의 주문은 키움에서 대기하여 08:30에 순서대로 거래소로 전송합니다.

장전 시간 외 종가

08:30~08:40   거래 구분 61: 장전시간외종가. 가격 0 입력

※ 전일 종가로 거래. 미체결 시 자동 취소되지 않음

장마감 동시 호가 주문

15:20~15:30   거래 구분 00: 지정가 / 03: 시장가(일반 주문처럼)

장후 시간 외 종가

15:40~16:00   거래 구분 81: 장후 시간 외 종가. 가격 0 입력

※ 당일 종가로 거래

시간 외 단일가

16:00~18:00   거래 구분 62: 시간 외 단일가. 가격 입력

※ 10분 단위로 체결, 당일 종가 대비 +-10% 가격으로 거래

Kiwoom.py 파일의 _on_receive_tr_data 함수에 이어서 다음 코드를 작성합니다.

Kiwoom.py

```
(...)
def send_order(self, rqname, screen_no, order_type, code, order_quantity, order_price,
               order_classification, origin_order_number=""):
    order_result = self.dynamicCall(
        "SendOrder(QString, QString, QString, int, QString, int, int, QString,
        QString)", [rqname, screen_no, self.account_number, order_type, code,
        order_quantity, order_price, order_classification, origin_order_number])
    return order_result
```

함수에서 전달받는 매개변수가 많아서 복잡해 보일 수 있지만 TR을 요청했던 패턴과 유사한 점이 많습니다. 요청에 전달하는 매개변수를 하나씩 살펴보며 함수 호출에 필요한 것이 무엇인지 확인해 보겠습니다.

❶ **rqname**: TR 호출 때와 마찬가지로 요청의 별명이라고 생각하면 됩니다. 사용자가 정하고 싶은 별칭을 정하면 구분하기 쉽습니다. 예를 들어 매수 주문을 접수하면 'send_buy_order'라는 식으로 이름을 지어 사용하겠습니다.

❷ **screen_no**: TR 호출에서 사용했던 것처럼 화면 번호를 의미하며, 이 또한 크게 중복되지 않는 선에서 원하는 대로 4자리를 정해서 사용합니다.

❸ **order_type**: 매수/매도/취소 주문 같은 주문 유형을 구분합니다. 예를 들어 신규 매수 주문을 접수하고 싶으면 1을 전달합니다.

❹ **code**: 매매할 종목 코드입니다. 당연한 말이지만 매도 주문을 접수할 때는 해당 종목을 보유하고 있어야 합니다.

❺ **order_quantity**: 매매할 종목의 주문 수량입니다. 앞과 마찬가지로 매도 주문을 접수할 때는 보유한 수량보다 많은 양을 매도할 수 없습니다.

❻ **order_price**: 주문 가격을 의미합니다. 시장가로 주문할 때는 의미가 없는 필드이며 이 프로젝트에서는 시장가 주문으로 발생하는 슬리피지를 없애고자 주문 가격을 지정하여 사용하겠습니다.

주식용어 ≣ 슬리피지(slippage)란 주문자가 원하는 가격과 실제 체결된 가격의 차이를 의미합니다. 예를 들어 보겠습니다. 현재 매수자가 1000원에 거래되고 있는 주식을 100주 매수하려고 시장가로 주문한 경우, 1000원에 팔겠다는 매도 물량이 100주보다 많으면 1000원에 100주를 매수할 수 있습니다. 하지만 1000원에 판매되는 물량이 30주밖에 없고 1010원에 팔겠다는 물량이 70주 있다면 시장가로 주문을 접수한 매수자는 1000원인 물량 30주와 1010원인 물량 70주를 합쳐 총 100주를 사게 됩니다. 이렇게 원래 예상한 매수 금액(1000원)보다 실제 체결된 금액 (1010원) 간 차이를 슬리피지(10원 * 70주 = 700, 10원 더 비싸게 70주를 샀으므로)라고 합니다.

매매 가격을 지정한 지정가 주문은 주문 가격 내에서 체결되기 때문에 슬리피지가 발생하지 않습니다.

Note ≣ 다양한 주문 방식 구분에 대해서는 다음 웹 사이트에서 이를 잘 설명하고 있으므로 궁금하다면 참고하길 바랍니다.

URL https://apiece-korea.tistory.com/216

❼ **order_classification**: 거래 구분을 나타내는 매개변수이며, 원하는 주문 방식마다 다음 코드로 구분됩니다.

❤ 그림 3-92 order_classification 매개변수 거래 구분 코드

[거래 구분]

00 : 지정가

03 : 시장가

05 : 조건부지정가

06 : 최유리지정가

07 : 최우선지정가

10 : 지정가IOC

13 : 시장가IOC

16 : 최유리IOC

20 : 지정가FOK

23 : 시장가FOK

26 : 최유리FOK

61 : 장전시간외종가

62 : 시간외단일가매매

81 : 장후시간외종가

※ 모의투자에서는 지정가 주문과 시장가 주문만 가능합니다.

여기서 order_classification 매개변수로 "00"을 전달하면 지정가로 주문할 것을 의미하며, 모의투자에서는 지정가 주문(00)과 시장가 주문(03)만 가능합니다.

❽ `origin_order_number`: 정정 혹은 취소하려는 주문 번호를 의미하는 매개변수입니다. 정정/취소 주문을 접수하고자 할 때는 정정/취소 형태의 주문을 따로 접수해야 하며, 이때 대상이 되는 주문의 주문 번호가 필요합니다. 하지만 정정/취소 주문이 아니라 신규 주문을 할 때는 빈 값으로 사용합니다.

주문을 접수하는 데는 이외에도 계좌번호가 필요하지만 이는 Kiwoom class 내부에 self. account_number로 저장한 것을 그대로 사용하겠습니다. 그러면 main.py 파일에서 실제로 주문을 접수해 보겠습니다.

main.py

```
from api.Kiwoom import *
import sys

app = QApplication(sys.argv)
kiwoom = Kiwoom()
```

```
order_result = kiwoom.send_order('send_buy_order', '1001', 1, '007700', 1, 35000, '00')

print(order_result)

app.exec_()
```

이 코드에서 주문 접수가 수행되는 코드는 다음과 같은데, 매개변수들을 하나씩 살펴보겠습니다.

```
order_result = kiwoom.send_order('send_buy_order', '1001', 1, '007700', 1, 35000, '00')
                                  ❶              ❷     ❸    ❹       ❺    ❻     ❼
```

❶ 'send_buy_order'는 rqname이며, 매수 주문을 의미하는 이름으로 지었습니다.

❷ '1001'은 프로그래머가 임의로 정하는 화면 번호입니다.

❸ 다음으로 등장하는 1은 신규 매수 주문을 의미합니다. 주문 유형별 숫자는 그림 3-91의 KOA에 설명되어 있듯이 2는 신규 매도 주문, 3는 매수 취소, 4는 매도 취소, 5는 매수 정정, 6은 매도 정정을 의미합니다.

❹ '007700'은 매수할 종목 코드(F&F홀딩스)입니다.

❺ 1은 주문 수량을 의미합니다.

❻ 35000은 주문 가격을 의미합니다.

❼ '00'은 지정가 주문 방식을 의미합니다.

이렇게 주문을 접수하고 main.py 파일을 실행해 보면 다음 결과가 출력됩니다.

```
connected
8*********
0
[Kiwoom] _on_receive_tr_data is called 1001 / send_buy_order / KOA_NORMAL_BUY_KP_ORD
0
```

'[Kiwoom] _on_receive_tr_data is called 1001 / send_buy_order / KOA_NORMAL_BUY_KP_ORD'는 주문 처리 흐름 단계 중 ❷ OnReceiveTrData(주문 응답)에서 _on_receive_tr_data 함수가 호출된 것입니다.

이후 출력되는 0은 main.py 파일에서 print(order_result)의 출력 결과로 주문이 접수되었다는 것을 의미합니다. 하지만 설명한 것처럼 order_result 결과가 0이라고 해서 모든 주문이 정상 접수된 것은 아닙니다.

그러면 주문이 정상적으로 접수되었는지는 주문 처리 흐름 단계 중 서너 번째 단계에서 확인할 수 있지만, 영웅문(HTS, MTS)에서도 실제 잘 접수되었는지 확인할 수 있습니다. 다만 상태가 '접수'인 것으로 보아 아직 체결된 것은 아님을 알 수 있습니다.

▼ 그림 3-93 모의투자 환경 영웅문(HTS)에서 주문 접수 확인

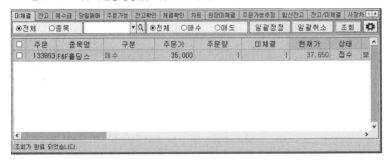

Note ≡ 그림 3-93은 HTS에서 확인한 결과로, MTS(영웅문S)에서도 확인해 볼 수 있습니다. 모바일에서 '영웅문 S'를 검색하여 설치한 후 로그인 방법을 **아이디**로 선택하고 **모의투자**에 체크합니다(이미 앱을 실제 투자 환경으로 사용하고 있다면 로그아웃한 후 다시 로그인해 주세요).

▼ 그림 3-94 영웅문S 로그인(아이디)

모의투자로 로그인한 후 아래쪽 메뉴에서 **계좌**를 선택하고, 위쪽 메뉴에서 **잔고** 또는 **미체결**을 선택한 후 비밀번호(0000)를 입력하고 **조회**를 누릅니다.

↻ 계속

▼ 그림 3-95 영웅문S 미체결 탭

여기서는 주문이 아직 체결되지 않아 **미체결**에서 확인할 수 있지만, 체결이 되었다면 **잔고**에서 확인할 수 있습니다.

이렇게 프로그램을 이용하여 주문이 잘 접수된 것을 알 수 있었습니다. 여기서는 현재 체결 가격 (37650)에 비해 주문가(35000)가 낮기 때문에 체결이 바로 이루어지지 않아 응답이 바로 오지 않 겠지만 만약 체결이 이루어져 체결 응답을 확인하려면 슬롯 함수가 필요합니다. 다음 절에서 이 슬롯 함수를 만들겠습니다.

3.12.2 체결 확인하기

슬롯을 등록하는 _set_signal_slots 함수로 다시 돌아가 보겠습니다. 여기서 추가할 함수는 두 가지입니다. OnReceiveMsg(주문 메시지 수신), OnReceiveChejan(주문 접수/체결)에서 사용하는 슬 롯 함수입니다. 앞서 만든 _set_signal_slots 함수에 다음과 같이 코드를 추가합니다.

Kiwoom.py

```
def _set_signal_slots(self):
    self.OnEventConnect.connect(self._login_slot)

    self.OnReceiveTrData.connect(self._on_receive_tr_data)
                            TR/주문 메시지를 _on_receive_msg로 받도록 설정
    self.OnReceiveMsg.connect(self._on_receive_msg)
                                주문 접수/체결 결과를 _on_chejan_slot으로 받도록 설정
    self.OnReceiveChejanData.connect(self._on_chejan_slot)
```

OnReceiveMsg 함수를 사용하여 등록한 _on_receive_msg 함수는 TR 조회 응답 및 주문에 대한 메시지를 수신할 때 사용합니다. 그다음 OnReceiveChejanData를 사용하여 등록한 _on_chejan_slot 은 주문 접수/체결에 대한 응답을 받아 오도록 설정되었습니다.

그럼 이제 _on_receive_msg 함수와 _on_chejan_slot을 순서대로 만들어 보겠습니다.

▼ 그림 3-96 OnReceiveMsg( ) 이벤트(KOA 〉 개발 가이드 〉 주문과 잔고 처리 〉 관련 함수)

[OnReceiveMsg( ) 이벤트]

```
OnReceiveMsg(
BSTR sScrNo,    // 화면 번호
BSTR sRQName,   // 사용자 구분명
BSTR sTrCode,   // TR 이름
BSTR sMsg       // 서버에서 전달하는 메시지
)
```

서버 통신 후 수신한 서버 메시지를 알려 줍니다.
데이터 조회 시 입력 값(Input) 오류, 주문 전송 시 주문 거부 사유 등을 확인할 수 있습니다.
메시지에 포함된 6자리 코드 번호는 변경될 수 있으니, 여기에 수신된 코드 번호를 특정 용도로 사용하지 마시기 바랍니다.
예) "조회가 완료되었습니다."
예) "계좌번호 입력을 확인해 주세요."
예) "조회할 자료가 없습니다."
예) "증거금 부족으로 주문이 거부되었습니다."

먼저 OnReceiveMsg( ) 함수에 대한 KOA 설명을 참고하여 매개변수명을 변경하고, 이후 전달받은 매개변수 모두를 순서대로 출력하는 print 문을 넣어 어느 요청에서 온 메시지인지 알 수 있도록 하겠습니다. Kiwoom.py 파일의 send_order 함수에 이어서 다음 코드를 작성합니다.

Kiwoom.py

```
(...)
def _on_receive_msg(self, screen_no, rqname, trcode, msg):
    print("[Kiwoom] _on_receive_msg is called {} / {} / {} / {}".format(screen_no,
            rqname, trcode, msg))
```

그러면 이제 응답 확인을 위한 _on_chejan_slot 함수를 만들어 보겠습니다. 이 함수 설명은 KOA 에서 미리 찾아보길 바랍니다.

[OnReceiveChejanData( ) 이벤트]

```
OnReceiveChejanData(
BSTR sGubun,  // 체결 구분. 접수와 체결 시 '0' 값, 국내 주식 잔고 변경은 '1' 값, 파생 잔고
변경은 '4'
LONG nItemCnt,
BSTR sFIdList
)
```

주문 전송 후 주문 접수, 체결 통보, 잔고 통보를 수신할 때마다 발생됩니다.
GetChejanData( ) 함수를 이용해서 FID 항목별 값을 얻을 수 있습니다.

_on_chejan_slot을 만들 때 필요한 매개변수를 하나씩 살펴보겠습니다.

❶ **sGubun**: 하나의 주문이 접수되고 체결될 때까지 _on_chejan_slot 함수는 총 세 번 호출됩니다(접수, 체결, 잔고 이동). 이처럼 서로 다른 세 상황에서 _on_chejan_slot을 호출할 때 매개변수 sGubun을 사용하여 함수를 호출하는 상황을 구분해서 알려 줍니다. KOA 설명처럼 접수 및 체결 시점에는 sGubun 값이 0으로 전달되어 _on_chejan_slot이 호출되고, 잔고 이동을 할 때는 sGubun 값이 1로 전달됩니다. 지금까지 그래 왔듯이 매개변수명을 소문자와 언더스코어를 사용하여 s_gubun으로 바꾸어 보겠습니다.

❷ **nItemCnt**: 매개변수 nItemCnt는 주문 접수 및 체결이 될 때 얻을 수 있는 정보의 항목 수입니다. 예를 들어 주문 접수 시점에 _on_chejan_slot이 호출되면서 확인할 수 있는 정보가 '주문가, 주문 번호, 주문 상태, 미체결 수량' 항목 이렇게 네 개이면 _on_chejan_slot에 전달되는 nItemCnt 값은 4입니다. 마찬가지로 주문 체결 시점에 확인할 수 있는 정보가 '주문가, 주문 번호, 주문 상태, 미체결 수량, 체결량, 세금, 수수료' 항목 이렇게 일곱 개이면 _on_chejan_slot에 전달되는 nItemCnt 값은 7입니다. 이처럼 nItemCnt는 간단히 호출 시점(접수, 체결, 잔고 이동)에 따라 얻어 올 수 있는 정보 개수를 알려 주는 매개변수입니다. 마찬가지로 매개변수명은 n_item_cnt로 바꾸어 사용하겠습니다.

❸ **sFIdList**: API에서 데이터를 여러 개 전달할 때는 ';'을 기준으로 연결한 하나의 긴 문자를 사용했었습니다(계좌번호, 종목 코드 조회). sFIdList도 마찬가지로 FID들을 ';'을 기준으로 연결한 하나의 긴 문자입니다.

FID란 주식, 선물/옵션, 파생, 잔고 처리 등 증권 업무를 처리하는 데 사용하는 용어의 고윳값입니다. 예를 들어 '주문 번호'라는 용어는 FID가 913으로 연결되어 있습니다(용어와 FID의 연결 관계는 KOA의 실시간 목록에서 찾아볼 수 있습니다).

FID를 사용하는 이유는 API에서 체결 및 뒤에서 배울 실시간 데이터를 제공할 때 '주문 번호 주세요'라는 방식을 쓰지 않고 '913 주세요'라는 방식을 선택했기 때문입니다. 따라서 미리 개발된 API를 이용하는 입장에서는 조회하고 싶은 항목이 있을 때 FID를 전달해서 조회하는 방식을 따라야 합니다. 그럼 이 방식을 사용하는 우리 입장에서는 FID 값 913에 어떤 항목이 연결되어 있는지 알아야 합니다.

FID 값 및 FID에 연결된 항목들은 쉽게 바뀌지 않는 값이므로(API를 사용하는 많은 고객이 있기 때문에) 변경 없이 사용한다는 의미에서 상수(constant)를 뜻하는 const.py라는 모듈을 util 패키지 밑에 추가하겠습니다.

▼ 그림 3-98 프로젝트 구조에 const.py 파일 추가

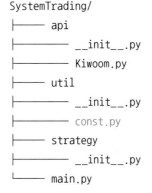

```
SystemTrading/
├──────── api
├──────────── __init__.py
├──────────── Kiwoom.py
├──────── util
├──────────── __init__.py
├──────────── const.py
├──────── strategy
├──────────── __init__.py
└──────── main.py
```

const.py 파일에 저장할 FID 및 코드양이 꽤 많기 때문에 여기서 작성하지 않고 이미 작성된 파일을 가져와 사용하겠습니다.

깃헙(Github)을 사용해 보았다면 예제 파일에서 const.py를 내려받아 그림 3-99와 같이 util 패키지에 추가해 주세요. 다만 깃헙을 사용해 보지 않았다면 다음과 같이 따라 하여 const.py 파일을 만들어 주세요.

1. 먼저 util 패키지 아래에 const.py 파일을 생성합니다.

❤ 그림 3-99 const.py 파일 생성

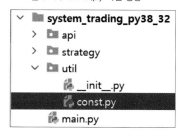

2. https://bit.ly/376qoRJ에 접속하면 다음 화면이 나옵니다. 화면에 보이는 내용을 전체 선택하여 복사한 후 const.py 파일에 붙여 넣습니다.

❤ 그림 3-100 const.py 파일에 코드 붙여 넣기

Note ≡ const.py 코드를 보면 FID 값과 FID에 연결된 항목 정보 외에도 다른 코드가 보입니다. 이 코드들은 '3.15절 실시간 체결 정보 얻어 오기'에서 사용할 내용이므로 여기서는 신경 쓰지 않기로 합니다.

이제 const.py 모듈을 Kiwoom.py 파일에서 사용할 수 있도록 import하는 코드를 추가하겠습니다.

```python
from PyQt5.QAxContainer import *
from PyQt5.QtWidgets import *
from PyQt5.QtCore import *
import pandas as pd
import time
from util.const import *
(...)
```

다음은 _on_chejan_slot으로 얻어 온 주문 정보를 저장할 딕셔너리를 만들겠습니다.

```python
(...)
class Kiwoom(QAxWidget):
    def __init__(self):
        super().__init__()
        self._make_kiwoom_instance()
        self._set_signal_slots()
        self._comm_connect()

        self.account_number = self.get_account_number()

        self.tr_event_loop = QEventLoop()

        self.order = {}      ----- 종목 코드를 키 값으로 해당 종목의 주문 정보를 담은 딕셔너리
        self.balance = {}    ----- 종목 코드를 키 값으로 해당 종목의 매수 정보를 담은 딕셔너리
```

이름은 order고 이 딕셔너리는 종목 코드를 키(key)로 하고 주문 정보를 다시 딕셔너리로 만들어 값(value)으로 저장합니다. 따라서 order는 딕셔너리에 딕셔너리를 저장한 형태입니다(이에 대해서는 251쪽에서 다루겠습니다).

추가로 체결이 완료되어 잔고로 이동한 종목들을 저장할 딕셔너리 이름은 balance로 정하고, 마찬가지로 종목 코드를 키로 하고 매수 정보를 다시 딕셔너리로 만들어 값으로 저장하겠습니다.

준비를 마쳤으면 _on_chejan_slot 함수의 전체 코드를 살펴보겠습니다. Kiwoom.py 파일의 _on_receive_msg 함수에 이어서 다음 코드를 작성합니다.

```
(...)
def _on_chejan_slot(self, s_gubun, n_item_cnt, s_fid_list):
    print("[Kiwoom] _on_chejan_slot is called {} / {} / {}".format(s_gubun, n_item_
        cnt, s_fid_list))
```
9201;9203;9205;9001;912;913;302;900;901;처럼 전달되는 fid 리스트를 ';' 기준으로 구분
```
    for fid in s_fid_list.split(";"):
        if fid in FID_CODES:
```
종목 코드를 얻어 와 A007700처럼 앞자리에 오는 문자를 제거
```
            code = self.dynamicCall("GetChejanData(int)", '9001')[1:]
            data = self.dynamicCall("GetChejanData(int)", fid)
```
fid를 사용하여 데이터 얻어 오기(㉲ fid:9203을 전달하면 주문 번호를 수신하여 data에 저장)
```
            data = data.strip().lstrip('+').lstrip('-')
```
데이터에 +, -가 붙어 있으면(㉲ +매수, -매도) 제거
```
            if data.isdigit():
```
수신된 문자형 데이터 중 숫자인 항목(㉲ 매수가)을 숫자로 바꿈
```
                data = int(data)
```
fid 코드에 해당하는 항목(item_name)을 찾음(㉲ fid=9201 〉 item_name=계좌번호)
```
            item_name = FID_CODES[fid]
            print("{}: {}".format(item_name, data))
```
얻어 온 데이터 출력(㉲ 주문 가격: 37600)
접수/체결(s_gubun=0)이면 self.order, 잔고 이동이면 self.balance에 값 저장
```
            if int(s_gubun) == 0:
```
아직 order에 종목 코드가 없다면 신규 생성하는 과정
```
                if code not in self.order.keys():
                    self.order[code] = {}

                self.order[code].update({item_name: data})
            elif int(s_gubun) == 1:
```
아직 balance에 종목 코드가 없다면 신규 생성하는 과정
```
                if code not in self.balance.keys():
                    self.balance[code] = {}

                self.balance[code].update({item_name: data})
```
order 딕셔너리에 데이터 저장
```
    if int(s_gubun) == 0:
```
s_gubun 값에 따라 저장한 결과 출력
```
        print("* 주문 출력(self.order)")
        print(self.order)
    elif int(s_gubun) == 1:
        print("* 잔고 출력(self.balance)")
        print(self.balance)
```

이 함수의 코드를 하나씩 살펴보겠습니다. 첫 줄에 등장하는 print 문으로 함수의 매개변수들을 출력해서 어느 값을 받아 오는지 확인합니다. 특히 s_gubun 값이 0인지 1인지 확인함으로써 현재 _on_chejan_slot 함수가 접수/체결 상태인지, 잔고 이동 상태인지 확인할 수 있습니다.

그다음에는 fid를 담은 s_fid_list를 사용하여 for 반복문을 실행합니다.

```
for fid in s_fid_list.split(";"):
    if fid in FID_CODES:        9201;9203;9205;9001;912;913;302;900;901;처럼 전달되는 fid 리스트를 ';' 기준으로 구분
        code = self.dynamicCall("GetChejanData(int)", '9001')[1:]
                                                        종목 코드를 얻어 와 A007700처럼 앞자리에 오는 문자를 제거
        data = self.dynamicCall("GetChejanData(int)", fid)
                   fid를 사용하여 데이터 얻어 오기(데 fid:9203을 전달하면 주문 번호를 수신하여 data에 저장)
        data = data.strip().lstrip('+').lstrip('-')  ..... 데이터에 +, -가 붙어 있으면(데 +매수, -매도) 제거
```

앞서 설명한 것처럼 s_fid_list에는 접수/체결/잔고 이동 상태에 따라 확인할 수 있는 fid 값들이 ';'을 기준으로 연결되어 있습니다(9201;9203;9205;9001;912;913;302;900;901;처럼). 즉, 접수/체결 상태일 때와 잔고 이동 상태일 때 전달받는 s_fid_list가 서로 다르며, 이렇게 받아 온 각각의 fid가 어느 항목을 의미하는지 const.py 파일에 정리되어 있습니다. 이 fid 값들을 split 함수를 사용하여 ';' 기준으로 구분합니다.

이후 if 문은 서버에서 전달받은 fid가 우리가 미리 정의한 FID_CODES에 존재하는지 간단히 확인하는 코드입니다(FID_CODES는 const.py 파일에 있습니다).

그다음 코드는 이 fid 값과 GetChejanData 함수를 사용하여 fid에 해당하는 항목 데이터를 얻어 옵니다. 먼저 KOA에서 설명하는 GetChejanData() 함수를 살펴보겠습니다.

▼ 그림 3-101 GetChejanData() 함수(KOA 〉 개발 가이드 〉 주문과 잔고 처리 〉 관련 함수)

[GetChejanData() 함수]

```
GetChejanData(
long nFid  // 실시간 타입에 포함된 FID(Field ID)
)
```

OnReceiveChejan() 이벤트가 발생될 때 FID에 해당되는 값을 구하는 함수입니다.
이 함수는 OnReceiveChejan() 이벤트 안에서 사용해야 합니다.
예) 체결가 = GetChejanData(910)

여기서 다음 코드는 fid 9001(종목 코드)을 전달하여 얻어 온 데이터를 code에 저장하라는 의미입니다. 하지만 받아 온 데이터에서 0번째 인덱스를 제외하고 1번째 인덱스부터 사용하는 이유는 fid 9001을 전달하여 얻어 온 종목 코드 값이 'A007700'처럼 앞에 문자가 붙어 있기 때문에 이를 제거하여 숫자 6자리만 얻기 위해서입니다.

```
code = self.dynamicCall("GetChejanData(int)", '9001')[1:]
```

code 변수에 종목 코드를 저장했으면 이제 fid에 해당하는 데이터를 얻어 오도록 하겠습니다.

```
data = self.dynamicCall("GetChejanData(int)", fid)
```

이렇게 얻어 온 데이터는 문자형으로 약간 가공이 필요합니다. 예를 들어 fid, 905(주문 구분)를 전달해서 얻어 온 data에는 '+매수, −매도'처럼 '+, −'가 붙어 있는 경우가 있으므로 이를 제거하는 코드를 넣습니다.

```
data = data.strip().lstrip('+').lstrip('-')
```

문자형 데이터에서 사용할 수 있는 strip 함수는 문자의 맨 앞 혹은 맨 뒤에 붙어 있는 공백을 제거하는 역할을 합니다. 예를 들어 다음과 같이 data 좌우 끝에 공백이 있으면 strip 함수를 사용하여 제거할 수 있습니다.

```
> data = " 안녕하세요 "
> print(data.strip())
안녕하세요
```

lstrip 함수는 strip 함수와 마찬가지로 문자열 데이터에서 사용할 수 있으며, 다음과 같이 문자열 맨 앞(lstrip의 'l'은 left를 의미)에 '특정 문자'가 있으면 제거하는 역할을 합니다.

```
문자열.lstrip("특정문자")
```

예를 들어 다음과 같습니다.

```
> data = "+안녕하세요+"
> print(data.lstrip("+"))
안녕하세요+
```

따라서 data를 다음 코드처럼 처리하면 우리가 받아 온 데이터의 양 끝 값에 공백이 있거나 맨 앞에 +, − 같은 불필요한 문자가 있는 경우 제거하는 역할을 합니다. 공백이나 +, − 문자가 없는 경우에는 아무런 처리가 없으므로 원래 data 값에 영향을 미치지 않습니다.

```
data = data.strip().lstrip('+').lstrip('-')
```

그리고 GetChejanData 호출로 얻어 온 data는 모두 문자열인데, 이 중에 숫자로 변형해야 하는 항목들이 있습니다. 예를 들어 특정 종목의 현재가에 해당하는 fid를 전달하면 data에 문자형 데이터로 '36000' 값이 저장됩니다. 이렇게 원래 숫자형으로 취급해야 하는 데이터를 숫자로 변형하려면 isdigit 함수를 사용합니다.

```
if data.isdigit():
    data = int(data)
```

isdigit 함수는 문자형 데이터를 대상으로 숫자 형태인지 확인하여 참/거짓을 반환합니다. 사용 예는 다음과 같습니다.

```
> data = "매수"
> print(data.isdigit())
>
> data = "123A"
> print(data.isdigit())
>
> data = "36000"
> print(data.isdigit())
False  ----- '매수'는 숫자형이 아님
False  ----- '123A'는 A라는 문자가 붙어 있기에 숫자형이 아님
True   ----- '36000'은 숫자형이므로 True
```

따라서 data가 온전히 숫자만 있는 숫자 형태의 문자형 데이터인 경우 int형으로 바꾸는 작업을 합니다.

다음은 fid 값에 해당하는 항목 이름을 찾아서 item_name 변수에 저장하여 항목 이름과 데이터를 출력하는 코드입니다. FID_CODES는 fid 값이 키(key), 항목 이름이 값(value)으로 저장된 딕셔너리이므로 fid를 전달하면 항목 이름을 얻을 수 있습니다.

```
item_name = FID_CODES[fid]  ----- fid 코드에 해당하는 항목(item_name)을 찾음(@ fid=9201 > item_name=계좌번호)

print("{}: {}".format(item_name, data))  ----- 얻어 온 데이터를 출력(@ 주문 가격: 37600)
```

이제 다음 코드는 s_gubun에 따라 data를 저장합니다.

```
if int(s_gubun) == 0:  ----- 접수/체결(s_gubun=0)이면 self.order, 잔고 이동이면 self.balance에 값 저장
    if code not in self.order.keys():  ----- 아직 order에 종목 코드가 없다면 신규 생성하는 과정
        self.order[code] = {}

    self.order[code].update({item_name: data})  ----- order 딕셔너리에 데이터 저장
elif int(s_gubun) == 1:
```

```
    if code not in self.balance.keys():    ······ 아직 balance에 종목 코드가 없다면 신규 생성하는 과정
        self.balance[code] = {}
        self.balance[code].update({item_name: data})   ····· order 딕셔너리에 데이터 저장
```

s_gubun 값이 0으로 주문이 접수/체결 상태일 때는 주문을 의미하는 딕셔너리 self.order 변수에 종목 코드를 키 값으로 데이터를 저장하고, s_gubun 값이 1로 잔고 이동 상태일 때는 잔고를 의미하는 딕셔너리 self.balance 변수에 종목 코드를 키 값으로 데이터를 저장합니다.

여기서 중요한 두 가지 내용을 알아보겠습니다. 첫째는 앞서 Kiwoom 클래스의 생성자에서 self.order, self.balance를 딕셔너리로 선언했었던 것을 떠올려 보면 self.order와 self.balance는 종목 코드를 키로 갖는 딕셔너리이지만 저장되는 값 또한 딕셔너리라는 점입니다. 둘째는 딕셔너리에 저장된 값을 수정하거나 추가할 때는 update 함수를 사용한다는 점입니다.

하나씩 살펴보겠습니다. 다음 if 조건을 보면 딕셔너리인 self.order에 종목 코드(code)가 키로 존재하지 않으면 self.order[code] = {}를 실행합니다. 이것은 code를 키로 하고 값으로는 빈 딕셔너리({})를 self.order에 저장하라는 의미입니다.

```
if code not in self.order.keys():
    self.order[code] = {}
self.order[code].update({item_name: data})
```

예를 들어 self.order가 빈 딕셔너리고 code가 '007700'이면 이 if 문 블록이 실행된 후 self.order 모습은 다음과 같습니다.

```
{'007700': {}}
```

그다음에 실행될 코드를 보겠습니다.

```
self.order[code].update({item_name: data})
```

여기서 update 함수는 딕셔너리에 저장되어 있는 키를 기준으로 값을 수정하는 기능을 합니다. 하지만 키가 존재하지 않는 경우 딕셔너리에 키-값을 저장하는 역할도 수행합니다.

예를 들어 item_name이 '주문상태'고 저장되는 data가 '접수'라고 하면 다음과 같이 대입해 볼 수 있습니다. 이 코드는 딕셔너리인 self.order[code]에 키가 '주문상태'고 값은 '접수'인 데이터를 저장하라는 의미가 됩니다.

```
self.order[code].update({'주문상태': '접수'})
```

따라서 이 코드가 실행된 후 self.order를 확인해 보면 모습은 다음과 같습니다.

```
{'007700': {'주문상태': '접수'}}
```

이후 딕셔너리에 '주문상태' 키가 존재하는 상태에서 다음 코드를 실행하면 update 함수는 '주문상태' 키에 해당하는 값을 수정하는 역할을 합니다.

```
self.order[code].update({'주문상태': '체결'})
```

다시 self.order를 확인해 보면 모습은 다음과 같습니다.

```
{'007700': {'주문상태': '체결'}}
```

그러면 '주문상태'라는 키에 해당하는 값을 저장했으니 이를 조회하려면 어떻게 해야 할까요? self.order['007700'] 결과가 딕셔너리인 것을 생각해 보았을 때 다시 딕셔너리의 키에 해당하는 '주문상태'에 접근하면 됩니다.

```
self.order['007700']['주문상태']  ····· 체결
```

하지만 주의해야 할 점은 '주문상태'라는 키가 이미 존재했기 때문에 조회가 가능했으며, 반대로 존재하지 않는 키에 접근하려고 하면 에러가 발생합니다. 이 부분은 2장에서 딕셔너리를 다룰 때 설명했습니다.

```
self.order['007700']['체결량']  ····· error!
```

딕셔너리에 또 다른 딕셔너리가 저장된다는 점을 이해했다면 다음은 이렇게 저장한 정보들을 s_gubun에 맞게 출력하는 코드가 등장합니다. s_gubun 값이 0인 주문 접수/체결 상태일 때는 self.order를 출력하고, s_gubun 값이 1인 잔고 이동 상태일 때는 self.balance를 출력합니다.

```
if int(s_gubun) == 0:  ····· s_gubun 값에 따라 저장한 결과 출력
    print("* 주문 출력(self.order)")
    print(self.order)
elif int(s_gubun) == 1:
    print("* 잔고 출력(self.balance)")
    print(self.balance)
```

> Note ☰   s_gubun 값이 0인 주문 접수/체결 상태일 때는 주문 정보가 self.order에 저장되어 있지만 잔고로 이동하지는 않았으므로 self.balance는 비어 있는 상태입니다. 반대로 s_gubun 값이 1인 잔고 이동 상태일 때는 self.balance에 잔고 정보(보유 수량, 총 매입가, 손익률 같은 정보) 값이 저장되어 있는 동시에 이전 단계에서 저장했던 self.order에도 접수/체결 정보가 여전히 남아 있습니다.

이렇게 _on_chejan_slot 함수를 완성했으면 main.py 파일에서 실제 주문을 접수해 보고 주문/체결/잔고 이동을 할 때의 결과를 살펴보겠습니다. 이번에는 체결이 바로 이어질 수 있도록 주문 가격을 현재 가격 수준으로 수정해서 실행해 보겠습니다.

main.py

```python
from api.Kiwoom import *
import sys

app = QApplication(sys.argv)
kiwoom = Kiwoom()

                            ┈┈ 앞에서는 35000에 주문을 접수했지만 여기서는 37600으로 주문 접수
order_result = kiwoom.send_order('send_buy_order', '1001', 1, '007700', 1, 37600, '00')

print(order_result)

app.exec_()
```

다음은 main.py 파일을 실행하여 주문 접수/체결/실행까지 이어진 후의 출력 결과입니다.

```
connected
8*********
0

[Kiwoom] _on_receive_msg is called 1001 / send_buy_order / KOA_NORMAL_BUY_KP_ORD /
[100000] 모의투자 매수주문완료
[Kiwoom] _on_receive_tr_data is called 1001 / send_buy_order / KOA_NORMAL_BUY_KP_ORD
[Kiwoom] _on_chejan_slot is called 0 / 35 / 9201;9203;9205;9001;912;913;302;900;901;902
;903;904;905;906;907;908;909;910;911;10;27;28;914;915;938;939;919;920;921;922;923;949;
10010;969;819
계좌번호: 8011111111
주문번호: 195410
관리자사번:
종목코드: A007700
주문업무분류: JJ
주문상태: 접수
```

종목명: F&F홀딩스
주문수량: 1
주문가격: 37600
미체결수량: 1
체결누계금액: 0
원주문번호: 0
주문구분: 매수
매매구분: 보통
매도수구분: 2
주문시간: 151115
체결번호:
체결가:
체결량:
현재가: 37500
(최우선)매도호가: 37500
(최우선)매수호가: 37450
단위체결가:
단위체결량:
당일매매 수수료: 0
당일매매세금: 0
* 주문 출력(self.order)

{'007700': {'계좌번호': 8011111111, '주문번호': 195410, '관리자사번': '', '종목코드':
'A007700', '주문업무분류': 'JJ', '주문상태': '접수', '종목명': 'F&F홀딩스', '주문수량': 1,
'주문가격': 37600, '미체결수량': 1, '체결누계금액': 0, '원주문번호': 0, '주문구분': '매수', '매
매구분': '보통', '매도수구분': 2, '주문시간': 151115, '체결번호': '', '체결가': '', '체결량':
'', '현재가': 37500, '(최우선)매도호가': 37500, '(최우선)매수호가': 37450, '단위체결가': '',
'단위체결량': '', '당일매매 수수료': 0, '당일매매세금': 0}}

[Kiwoom] _on_chejan_slot is called 0 / 35 / 9201;9203;9205;9001;912;913;302;900;901;902
;903;904;905;906;907;908;909;910;911;10;27;28;914;915;938;939;919;920;921;922;923;949;
10010;969;819
계좌번호: 8011111111
주문번호: 195410
관리자사번:
종목코드: A007700
주문업무분류: JJ
주문상태: 체결
종목명: F&F홀딩스
주문수량: 1
주문가격: 37600
미체결수량: 0
체결누계금액: 37500
원주문번호: 0
주문구분: 매수

매매구분: 보통

매도수구분: 2

주문시간: 151124

체결번호: 1423924

체결가: 37500

체결량: 1

현재가: 37500

(최우선)매도호가: 37500

(최우선)매수호가: 37450

단위체결가: 37500

단위체결량: 1

당일매매 수수료: 130

당일매매세금: 0

* 주문 출력(self.order)

{'007700': {'계좌번호': 8011111111, '주문번호': 195410, '관리자사번': '', '종목코드': 'A007700', '주문업무분류': 'JJ', '주문상태': '체결', '종목명': 'F&F홀딩스', '주문수량': 1, '주문가격': 37600, '미체결수량': 0, '체결누계금액': 37500, '원주문번호': 0, '주문구분': '매수', '매매구분': '보통', '매도수구분': 2, '주문시간': 151124, '체결번호': 1423924, '체결가': 37500, '체결량': 1, '현재가': 37500, '(최우선)매도호가': 37500, '(최우선)매수호가': 37450, '단위체결가': 37500, '단위체결량': 1, '당일매매 수수료': 130, '당일매매세금': 0}}

[Kiwoom] _on_chejan_slot is called 1 / 34 / 9201;9001;917;916;302;10;930;931;932;933;945;946;950;951;27;28;307;8019;957;958;918;990;991;992;993;959;924;10010;25;11;12;306;305;970

계좌번호: 8011111111

종목코드: A007700

신용구분: 0

대출일: 0

종목명: F&F홀딩스

현재가: 37500

보유수량: 9

매입단가: 37611

총매입가: 338500

주문가능수량: 9

당일순매수량: 3

매도/매수구분: 2

당일 총 매도 손익: 0

예수금: 0

(최우선)매도호가: 37500

(최우선)매수호가: 37450

기준가: 37600

손익율: 0.00

신용금액: 0

신용이자: 0

만기일: 0
당일실현손익(유가): 0
당일실현손익률(유가): 0.00
당일실현손익(신용): 0
당일실현손익률(신용): 0.00
담보대출수량: 0
전일대비기호: 5
전일 대비: 100
등락율: 0.27
* 잔고 출력(self.balance)

{'007700': {'계좌번호': 8011111111, '종목코드': 'A007700', '신용구분': 0, '대출일': 0, '종목명': 'F&F홀딩스', '현재가': 37500, '보유수량': 9, '매입단가': 37611, '총매입가': 338500, '주문가능수량': 9, '당일순매수량': 3, '매도/매수구분': 2, '당일 총 매도 손익': 0, '예수금': 0, '(최우선)매도호가': 37500, '(최우선)매수호가': 37450, '기준가': 37600, '손율율': '0.00', '신용금액': 0, '신용이자': 0, '만기일': 0, '당일실현손익(유가)': 0, '당일실현손익률(유가)': '0.00', '당일실현손익(신용)': 0, '당일실현손익률(신용)': '0.00', '담보대출수량': 0, '전일대비기호': 5, '전일 대비': 100, '등락율': '0.27'}}

출력 결과를 잘 살펴보면 노란색으로 표시된 다음 문구가 총 세 번 출력된 것을 알 수 있습니다.

[Kiwoom] _on_chejan_slot is called 's_gubun값' / 'n_item_cnt값' / 's_fid_list값'

이 문구를 기준으로 다음에 한 번 더 출력하기 전까지 나오는 결과가 _on_chejan_slot 함수가 한 번 실행된 것입니다. 처음 주문 접수가 완료된 후 _on_chejan_slot이 한 번 실행된 결과를 살펴보겠습니다.

[Kiwoom] _on_chejan_slot is called 0 / 35 / 9201;9203;9205;9001;912;913;302;900;901;902;903;904;905;906;907;908;909;910;911;10;27;28;914;915;938;939;919;920;921;922;923;949;10010;969;819
계좌번호: 8011111111
주문번호: 195410
관리자사번:
종목코드: A007700
주문업무분류: JJ
주문상태: 접수
종목명: F&F홀딩스
주문수량: 1
주문가격: 37600
미체결수량: 1
체결누계금액: 0
원주문번호: 0
주문구분: 매수

매매구분: 보통

매도수구분: 2

주분시간: 151115

체결번호:

체결가:

체결량:

현재가: 37500

(최우선)매도호가: 37500

(최우선)매수호가: 37450

단위체결가:

단위체결량:

당일매매 수수료: 0

당일매매세금: 0

* 주문 출력(self.order)

{'007700': {'계좌번호': 8011111111, '주문번호': 195410, '관리자사번': '', '종목코드': 'A007700', '주문업무분류': 'JJ', '주문상태': '접수', '종목명': 'F&F홀딩스', '주문수량': 1, '주문가격': 37600, '미체결수량': 1, '체결누계금액': 0, '원주문번호': 0, '주문구분': '매수', '매매구분': '보통', '매도수구분': 2, '주문시간': 151115, '체결번호': '', '체결가': '', '체결량': '', '현재가': 37500, '(최우선)매도가': 37500, '(최우선)매수호가': 37450, '단위체결가': '', '단위체결량': '', '당일매매 수수료': 0, '당일매매세금': 0}}

이후 체결이 되면 _on_chejan_slot 함수가 한 번 더 실행됩니다. 출력 결과는 앞의 출력 내용과 상당 부분 유사하지만, 자세히 보면 접수 때의 출력 결과와 다르게 '체결번호, 체결가, 체결량, 체결시간'과 같은 항목들이 나오는 것을 알 수 있습니다.

```
[Kiwoom] _on_chejan_slot is called 0 / 35 / 9201;9203;9205;9001;912;913;302;900;901;902
;903;904;905;906;907;908;909;910;911;10;27;28;914;915;938;939;919;920;921;922;923;949;
10010;969;819
계좌번호: 8011111111
주문번호: 195410
관리자사번:
종목코드: A007700
주문업무분류: JJ
주문상태: 체결
종목명: F&F홀딩스
주문수량: 1
주문가격: 37600
미체결수량: 0
체결누계금액: 37500
원주문번호: 0
주문구분: 매수
매매구분: 보통
```

```
매도수구분: 2
주문시간: 151124
체결번호: 1423924
체결가: 37500
체결량: 1
현재가: 37500
(최우선)매도호가: 37500
(최우선)매수호가: 37450
단위체결가: 37500
단위체결량: 1
당일매매 수수료: 130
당일매매세금: 0
```

* 주문 출력(self.order)

{'007700': {'계좌번호': 8011111111, '주문번호': 195410, '관리자사번': '', '종목코드': 'A007700', '주문업무분류': 'JJ', '주문상태': '체결', '종목명': 'F&F홀딩스', '주문수량': 1, '주문가격': 37600, '미체결수량': 0, '체결누계금액': 37500, '원주문번호': 0, '주문구분': '매수', '매매구분': '보통', '매도수구분': 2, '주문시간': 151124, '체결번호': 1423924, '체결가': 37500, '체결량': 1, '현재가': 37500, '(최우선)매도호가': 37500, '(최우선)매수호가': 37450, '단위체결가': 37500, '단위체결량': 1, '당일매매 수수료': 130, '당일매매세금': 0}}

마지막 세 번째로 출력되는 결과는 (다시 첨부하지는 않았지만) 잔고로 이동했을 때의 결과이며, s_gubun 값이 1로 나오는 것을 확인할 수 있습니다. 이렇게 되면 주문 접수 이후 체결이 되어 잔고로 이동한 상태까지 완료된 것입니다.

좀 더 살펴볼 것은 s_gubun 값이 0인 주문 접수와 체결 상태입니다. 처음 주문을 접수하면 _on_chejan_slot 함수가 호출되고, 이후 체결이 되면 _on_chejan_slot이 다시 호출됩니다. 하지만 중요한 점은 체결할 때 출력 결과의 주문 수량과 체결량이 같아야 체결이 완료된 것입니다.

```
주문수량: 1
(...)
체결량: 1
```

다음과 같이 주문 수량은 10인데 체결량이 1이면 미체결 수량이 아홉 개 남아 있는 것이고, 이후 남은 물량이 체결될 때마다 _on_chejan_slot 함수가 다시 호출될 수 있습니다. 즉, 주문 〉 체결 〉 잔고 이동 과정에서 _on_chejan_slot이 항상 세 번 출력되는 것이 아니라 부분 체결이 되면 그보다 많이 출력될 수 있습니다(하지만 엄청 많은 물량을 주문하거나 거래량이 너무 없는 경우가 아니고서는 잘 일어나지 않습니다).

```
주문수량: 10
(...)
체결량: 1
```

이 상태에서 장이 끝나기 전까지 남은 수량 아홉 개가 체결될 수도 있지만, 체결되지 않으면 원래 주문을 장 중에 취소하거나 주문가를 정정해서 재접수하거나 그대로 놓아둔 상태로 주문이 취소되길 기다리는 방법 중 하나를 선택할 수 있습니다. 미체결 주문에 대한 처리 방법은 어느 방법을 선택해도 되지만, 주문을 취소하거나 정정하는 것은 개발이 조금 더 복잡해집니다. 따라서 이 책에는 별다른 조치 없이 기다려 다음 날 자동 취소되도록 대기하는 방법을 선택하겠습니다.

지금까지 매수 주문을 실제로 접수하고 체결되는 과정을 다루어 보았습니다. 이후 해당 주문에 대한 정보를 확인하는 방법은 접수/체결을 할 때 저장했던 order 딕셔너리에서 종목 코드를 기준으로 값을 찾는 방법이 있습니다. 하지만 이 order 딕셔너리는 주문 접수/체결이 되는 순간에만 데이터를 저장하기 때문에 프로그램을 껐다 켜면 정보가 사라지는 문제가 있습니다. 따라서 프로그램 재실행에 대비하여 데이터베이스에 따로 저장해서 재실행할 때 조회해 오거나 API를 이용하여 조회하는 방법이 필요합니다. 이 방법은 다음 절에서 알아보겠습니다.

3.13 주문 정보 얻어 오기

주문을 접수하거나 체결이 수행되면 _on_chejan_slot 함수로 응답을 받아 order 딕셔너리에 저장하여 주문 정보와 체결 상태를 확인할 수 있었습니다. 그러나 이는 주문이 접수되고 체결되는 순간에 _on_chejan_slot 함수가 동작하여 데이터를 order에 저장하는 것이기 때문에 가능했습니다. 주문 접수/체결 이후 프로그램을 재실행하면 접수/체결할 때만 호출되는 _on_chejan_slot이 동작하지 않아 이미 접수/체결된 주문 정보가 order에 저장되지 않을 것입니다. 이렇게 되면 접수한 주문 자체를 인지하지 못한 문제가 발생할 수 있으므로 프로그램이 실행될 때 TR을 이용하여 주문 정보를 얻어 와야 합니다.

여기서 사용할 TR은 OPT10075, '미체결 요청'입니다. TR 이름이 미체결 요청이지만, 체결 여부와 상관없이 당일 접수했던 전체 주문을 확인할 수 있습니다.

그러면 TR(OPT10075)을 이용하여 주문 정보를 조회해 와야 하는 이유를 좀 더 살펴보겠습니다. 다음 예시는 프로그램이 실행되고 바로 매수 주문을 접수하는 과정을 거친다고 가정해 보겠습니다.

❶ 프로그램 실행 〉 ❷ 주문 접수 〉 ❸ _on_chejan_slot 함수 실행 〉 ❹ order 데이터 저장 〉 ❺ 프로그램 종료 상황 발생 〉 ❻ 프로그램 재실행 〉 ❼ 재주문 〉 ❽ _on_chejan_slot 함수 실행 〉 ❾ order 데이터 저장

이 예처럼 주문을 접수한 후 프로그램 종료 상황이 발생하여 프로그램을 재실행하면 다시 또 주문을 접수하게 되는 이중 주문이 발생하며, 이 때문에 예수금이 줄어들어 투자 비중 조절에 문제가 생길 수도 있습니다.

이 상황을 해결하고자 ❶ 프로그램 실행과 ❷ 주문 접수 사이에 '주문 조회' 과정을 넣어 이미 접수한 주문이 있다면 주문을 접수하지 않고, 없었다면 접수할 수 있도록 주문 정보를 확인하는 로직이 필요합니다.

❶ 프로그램 실행 〉 ❷ 주문 정보 조회(접수 주문 확인) 〉 ❸ 주문 접수 〉 ❹ _on_chejan_slot 함수 실행 〉 ❺ order 데이터 저장 〉 ❻ 프로그램 종료 상황 발생 〉 ❼ 프로그램 재실행 〉 ❽ 재주문 〉 ❾ _on_chejan_slot 함수 실행 〉 ❿ order 데이터 저장

이렇게 프로그램이 실행되고 주문 정보를 조회하면 프로그램이 다음과 같이 동작하여 이중 주문 문제 또한 발생하지 않습니다.

❶ 프로그램 실행 〉 ❷ 주문 정보 조회(접수 주문 확인) 〉 ❸ 주문 접수 〉 ❹ _on_chejan_slot 함수 실행 〉 ❺ order 데이터 저장 〉 ❻ 프로그램 종료 상황 발생 〉 ❼ 프로그램 재실행 〉 ❽ 주문 정보 조회(접수 주문 확인) 〉 ❾ (주문 정보 확인하고 재주문하지 않음)

따라서 이런 상황에 대비하여 실제로는 주문을 접수한 적이 없었더라도 최초 프로그램을 실행할 때 혹시 이전 실행에 접수한 주문이 있었는지 확인하는 TR이 필요한 것입니다. 하지만 이전에 접수한 주문을 조회한다고 해서 과거 모든 주문 내역이 나오는 것은 아니고 당일 접수한 주문만 조회됩니다. 그럼 주문 조회 TR를 만들기 위해 먼저 KOA에서 설명을 살펴보겠습니다.

[opt10075 : 미체결 요청]

1. Open API 조회 함수 입력 값을 설정합니다.

계좌번호 = 전문 조회할 보유 계좌번호

```
SetInputValue("계좌번호", "입력값 1");
```

전체 종목 구분 = 0: 전체, 1: 종목

```
SetInputValue("전체종목구분", "입력값 2");
```

매매 구분 = 0: 전체, 1: 매도, 2: 매수

```
SetInputValue("매매구분", "입력값 3");
```

종목 코드 = 전문 조회할 종목 코드

```
SetInputValue("종목코드", "입력값 4");
```

체결 구분 = 0: 전체, 2: 체결, 1: 미체결

```
SetInputValue("체결구분", "입력값 5");
```

2. Open API 조회 함수를 호출해서 전문을 서버로 전송합니다.

```
CommRqData("RQName", "opt10075", "0", "화면 번호");
```

Note ≡   KOA 로그인 과정에서 이미 파이참 프로젝트에 프로그램이 실행 중이면 중복 접속할 수 없다며 로그인을 끊겠다는 문구가 나옵니다. 이것은 프로그램을 이용한 로그인과 KOA 로그인이 중복되지 않기 때문에 프로그램을 이용한 로그인 연결을 끊겠다는 의미로, 다시 프로그램을 실행시키면 문제없이 잘 로그인됩니다.

그리고 KOA 화면의 오른쪽 입력부에 필요한 입력 값을 넣고 **조회**를 누르면 다음과 같이 접수한 주문 정보들이 나옵니다. (당연한 이야기이지만 접수한 주문이 없으면 아무 결과도 나오지 않습니다. 필자는 미리 넷마블(251270)을 주문했기 때문에 출력 결과가 나옵니다.)

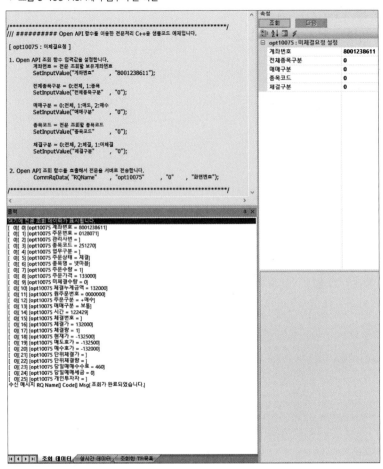

그러면 지금까지 TR을 호출하고 응답받았던 방법들과 동일하게 주문 정보를 얻어 오는 함수를 만들고 _on_receive_tr_data 함수에 해당 TR에 대한 응답을 수신하는 코드를 추가하겠습니다.

우선 다음과 같이 TR을 호출하는 get_order 함수를 Kiwoom.py 파일의 _on_chejan_slot 함수에 이어서 작성합니다.

Kiwoom.py

```
(...)
def get_order(self):  ..... 주문 정보를 얻어 오는 함수
    self.dynamicCall("SetInputValue(QString, QString)", "계좌번호", self.account_number)
    self.dynamicCall("SetInputValue(QString, QString)", "전체종목구분", "0")
    self.dynamicCall("SetInputValue(QString, QString)", "체결구분", "0") .....
                                                          0:전체, 1:미체결, 2:체결
```

```
        self.dynamicCall("SetInputValue(QString, QString)", "매매구분", "0")  ┈┈┈
                                                                0:전체, 1:매도, 2:매수

        self.dynamicCall("CommRqData(QString, QString, int, QString)", "opt10075_req",
                         "opt10075", 0, "0002")

        self.tr_event_loop.exec_()
        return self.tr_data
```

계좌번호는 Kiwoom 객체가 생성될 때 self.account_number에 저장되니 self.account_number 그대로 접근하여 입력 값을 설정했습니다.

TR 호출에 필요한 나머지 입력 값인 "체결구분"은 '0:전체, 1:미체결, 2:체결'처럼 체결, 미체결 여부를 구분하는 값이며, 전체를 의미하는 "0"을 전달하여 사용하겠습니다. 또 "매매구분"은 '0:전체, 1:매도, 2:매수'처럼 매수/매도를 구분하는 값이며, 이 역시 전체를 의미하는 "0"을 전달하여 사용하겠습니다.

입력 값 설정을 마친 후 CommRqData로 TR 호출을 완료하고, 마찬가지로 self.tr_event_loop.exec_()를 사용하여 응답 대기 상태로 만듭니다.

이렇게 함수 구성을 마치고 나서 TR 슬롯 함수 _on_receive_tr_data에 우리가 사용한 TR(opt10075)에 대한 응답 부분을 구성합니다.

Kiwoom.py

```
(...)
elif rqname == "opt10075_req":
    for i in range(tr_data_cnt):
        code = self.dynamicCall("GetCommData(QString, QString, int, QString", trcode,
                                rqname, i, "종목코드")
        code_name = self.dynamicCall("GetCommData(QString, QString, int, QString",
                                     trcode, rqname, i, "종목명")
        order_number = self.dynamicCall("GetCommData(QString, QString, int, QString",
                                        trcode, rqname, i, "주문번호")
        order_status = self.dynamicCall("GetCommData(QString, QString, int, QString",
                                        trcode, rqname, i, "주문상태")
        order_quantity = self.dynamicCall("GetCommData(QString, QString, int, QString",
                                          trcode, rqname, i, "주문수량")
        order_price = self.dynamicCall("GetCommData(QString, QString, int, QString",
                                       trcode, rqname, i, "주문가격")
        current_price = self.dynamicCall("GetCommData(QString, QString, int, QString",
                                         trcode, rqname, i, "현재가")
        order_type = self.dynamicCall("GetCommData(QString, QString, int, QString",
```

```python
                                         trcode, rqname, i, "주문구분")
left_quantity = self.dynamicCall("GetCommData(QString, QString, int, QString",
                                 trcode, rqname, i, "미체결수량")
executed_quantity = self.dynamicCall("GetCommData(QString, QString, int,
                                     QString", trcode, rqname, i, "체결량")
ordered_at = self.dynamicCall("GetCommData(QString, QString, int, QString",
                              trcode, rqname, i, "시간")
fee = self.dynamicCall("GetCommData(QString, QString, int, QString", trcode,
                       rqname, i, "당일매매수수료")
tax = self.dynamicCall("GetCommData(QString, QString, int, QString", trcode,
                       rqname, i, "당일매매세금")

code = code.strip()
code_name = code_name.strip()
order_number = str(int(order_number.strip()))
order_status = order_status.strip()
order_quantity = int(order_quantity.strip())
order_price = int(order_price.strip())

current_price = int(current_price.strip().lstrip('+').lstrip('-'))
order_type = order_type.strip().lstrip('+').lstrip('-')   # +매수, -매도처럼 +, - 제거
left_quantity = int(left_quantity.strip())
executed_quantity = int(executed_quantity.strip())
ordered_at = ordered_at.strip()
fee = int(fee)
tax = int(tax)

self.order[code] = {
    '종목코드': code,
    '종목명': code_name,
    '주문번호': order_number,
    '주문상태': order_status,
    '주문수량': order_quantity,
    '주문가격': order_price,
    '현재가': current_price,
    '주문구분': order_type,
    '미체결수량': left_quantity,
    '체결량': executed_quantity,
    '주문시간': ordered_at,
    '당일매매수수료': fee,
    '당일매매세금': tax
}
```

```
        self.tr_data = self.order
```

주문 정보를 얻어 오는 TR(opt10075)을 통해 조회 가능한 정보는 여러 가지이지만, 다음 항목만 조회하겠습니다.

- 종목 코드
- 종목명
- 주문 번호
- 주문 상태
- 주문 수량
- 주문 가격
- 현재가
- 주문 구분
- 미체결 수량
- 체결량
- 시간
- 당일 매매 수수료
- 당일 매매 세금

> Note ≡   TR 호출 후 조회 가능한 응답 항목들을 확인하는 방법은 KOA 〉 TR 목록 〉 검색할 TR 입력(opt10075)
> 〉 OUTPUT에서 확인할 수 있습니다.

이 값들은 체결 슬롯에서 처리했던 +, − 제거 및 숫자 형태의 문자열을 숫자형으로 반환하는 작업을 거쳐 order 딕셔너리에 저장했습니다. 이렇게 하면 주문 접수 및 체결 이후 프로그램이 종료되더라도 주문 관리가 가능합니다.

그러면 get_order 함수가 실제로 잘 동작하는지 확인하기 위해 다음과 같이 main.py 파일을 실행합니다.

```python
from api.Kiwoom import *
import sys

app = QApplication(sys.argv)
kiwoom = Kiwoom()

orders = kiwoom.get_order()
print(orders)

app.exec_()
```

출력된 orders를 보면, 종목 코드(251270)를 key 값으로 하여 주문 정보를 잘 담고 있는 것을 확인할 수 있습니다. 다만 다음 내용을 참고해 주세요.

❶ 당연한 이야기이지만, 주문을 한 개만 접수했기 때문에 하나의 주문만 조회되었습니다. 복수의 주문을 접수하면 접수한 주문 개수만큼 나옵니다.

❷ 종목 코드를 키 값으로 한 딕셔너리 안에 다시 또 종목 코드가 저장되어 있습니다. 두 번 저장되지 않도록 하는 방법도 있지만, 우선은 주문 정보 데이터를 저장하는 과정을 보여 주려고 제거하지 않았습니다.

❸ 이렇게 접수한 주문은 다음 주식 거래일 장 시작 전에 사라집니다. 예를 들어 금요일에 접수한 주문은 다음 월요일 장 시작 전에 사라지기 때문에 금요일 밤, 토요일, 일요일 그리고 월요일 새벽에도 확인할 수 있습니다.

다음은 전체 출력 결과입니다.

```
connected
8**********
[Kiwoom] _on_receive_msg is called  /  /  /  조회가 완료되었습니다.
[Kiwoom] _on_receive_tr_data is called 0002 / opt10075_req / opt10075
{'251270': {'종목코드': '251270', '종목명': '넷마블', '주문번호': '128071', '주문상태': '체
결', '주문수량': 1, '주문가격': 133000, '현재가': 133500, '주문구분': '매수', '미체결수량': 0,
'체결량': 1, '주문시간': '122429', '당일매수수료': 460, '당일매매세금': 0}}
```

이렇게 get_order 함수로 체결 슬롯이 동작하지 않을 때도 주문 정보를 얻어 올 수 있도록 만들었습니다. 하지만 엄밀히 말해 이 방법은 약간 문제가 발생할 수 있는 소지가 있습니다. 주문에 관련한 정보를 종목 코드를 키 값으로 한 order 딕셔너리에 저장하기 때문에 당일에 같은 종목에 대해

두 번 이상의 주문을 내는 분할 매매, 재주문(동일 종목을 매수 후 매도, 매도 후 매수)의 경우 여러 주문 중 마지막 하나의 주문 정보만 order에 저장됩니다. 그 이유는 키가 중복되면 키 안에 저장되는 값을 새로 덮어쓰기 때문입니다.

이 문제를 해결하려면 주문 접수 이후 발생되는 고유한 값인 주문 번호를 데이터베이스에 따로 저장하고, 이를 키 값으로 사용하여 order 딕셔너리에서 사용하는 키 값이 유일하도록 만들어야 합니다. 다만 이 프로젝트에서는 분할 매매, 재주문을 고려하지 않았기 때문에 딕셔너리의 키를 종목 코드로 구현했습니다.

3.14 / 잔고 얻어 오기

PYTHON AUTO TRADING SYSTEM

잔고(balance)란 익숙한 은행 잔고라는 말에서 예금 및 적금 같은 계좌 잔액을 떠올리기 쉽습니다. 하지만 증권 거래 중에서 주식 잔고란 현재 보유 중인 종목들을 의미하며, 이는 주식 거래를 위해 계좌에 입금했던 예수금과는 구분됩니다.

따라서 '3.12절 주문 접수 및 체결 확인하기'에서 주문 체결 이후 주식이 '잔고'로 이동한다는 표현을 사용했고, 실제로 매수한 종목은 잔고로 이동하는 것을 확인했습니다.

주문 체결 이후 잔고로 이동한 종목들을 얻어 오는 방법은 TR(opw00018: 계좌평가잔고내역요청) 조회를 이용하는 것이며, 잔고를 확인해야 하는 이유는 현재 잔고에서 매도 신호에 부합하는 종목이 있는지 확인하고 매도하려면 보유 종목들을 파악하고 있어야 하기 때문입니다.

그러면 이 '계좌평가잔고내역요청'이라는 TR을 이용하여 얻어 오는 정보는 체결이 완료되어 계좌 잔고로 이동한 종목들입니다. 아직 주문 접수를 하지 않았거나 접수를 했더라도 체결되지 않은 잔고는 비어 있으므로 TR로 얻어 올 정보가 없습니다. 그러나 곧 진행될 프로젝트에서 사용할 코드이므로 다른 때와 똑같이 눈여겨보길 바랍니다. 그럼 잔고를 얻어 오는 데 사용할 TR 사용법을 살펴보겠습니다.

[opw00018: 계좌 평가 잔고 내역 요청]

[주의]

"수익률%" 데이터는 모의투자에서는 소수점 표현, 실거래 서버에서는 소숫점으로 변환 필요합니다.

1. Open API 조회 함수 입력 값을 설정합니다.

　계좌번호 = 전문 조회할 보유 계좌번호

　SetInputValue("계좌번호", "입력값 1");

　비밀번호 = 사용 안 함(공백)

　SetInputValue("비밀번호", "입력값 2");

　비밀번호 입력 매체 구분 = 00

　SetInputValue("비밀번호입력매체구분", "입력값 3");

　조회 구분 = 1: 합산, 2: 개별

　SetInputValue("조회구분", "입력값 4");

2. Open API 조회 함수를 호출해서 전문을 서버로 전송합니다.

　CommRqData("RQName", "opw00018", "0", "화면 번호")

입력 값을 살펴보면 예수금을 조회하는 TR 요청에 필요한 것들과 비슷한 것을 알 수 있습니다. 이쯤이면 TR을 요청하고 응답을 수신하는 코드를 작성하는 방법이 어느 정도 익숙해졌을 것입니다. 다시 한 번 다음 패턴을 머릿속에 떠올리면서 코드를 작성해 보겠습니다.

TR 호출 〉 응답 대기 〉 응답 수신 〉 수신한 데이터 조회

그러면 잔고를 얻어 오는 호출 부분 함수를 만들겠습니다. Kiwoom.py 파일의 get_order 함수에 이어서 다음 코드를 작성합니다.

Kiwoom.py

```
def get_balance(self): ----- 계좌의 잔고를 얻어 오는 함수
    self.dynamicCall("SetInputValue(QString, QString)", "계좌번호", self.account_number)
    self.dynamicCall("SetInputValue(QString, QString)", "비밀번호입력매체구분", "00")
    self.dynamicCall("SetInputValue(QString, QString)", "조회구분", "1")
    self.dynamicCall("CommRqData(QString, QString, int, QString)", "opw00018_req",
                     "opw00018", 0, "0002")
```

```
self.tr_event_loop.exec_()
return self.tr_data
```

TR에 필요한 입력 값 세팅과 CommRqData를 이용한 TR을 호출한 후 self.tr_event_loop.exec_()를 통해 응답 대기 상태로 만듭니다.

이후 TR 응답을 수신하는 slot 함수인 _on_receive_tr_data에서 우리가 호출한 TR(opw00018)에 대한 응답 처리를 해 보겠습니다. 그 전에 응답으로 어떤 값들을 얻어 올 수 있는지 KOA에서 확인해 보겠습니다.

▼ 그림 3-105 opw00018(계좌평가잔고내역요청)의 응답(KOA 〉 TR 목록 〉 opw00018 〉 OUTPUT)

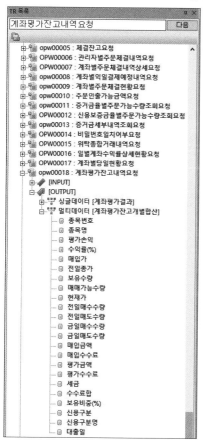

이 중에서 필요한 정보만 GetCommData를 이용하여 얻어 오겠습니다. 얻어 올 항목들은 다음과 같습니다.

- 종목 번호

- 종목명

- 보유 수량

- 매입가

- 수익률(%)

- 현재가

- 매입 금액

- 매매 가능 수량

그러면 _on_receive_tr_data 함수에 다음 코드를 추가합니다.

Kiwoom.py

```
(...)
elif rqname == "opw00018_req":    ····· 보유 종목 정보
    for i in range(tr_data_cnt):
        code = self.dynamicCall("GetCommData(QString, QString, int, QString", trcode,
                                rqname, i, "종목번호")
        code_name = self.dynamicCall("GetCommData(QString, QString, int, QString",
                                trcode, rqname, i, "종목명")
        quantity = self.dynamicCall("GetCommData(QString, QString, int, QString",
                                trcode, rqname, i, "보유수량")
        purchase_price = self.dynamicCall("GetCommData(QString, QString, int, QString",
                                trcode, rqname, i, "매입가")
        return_rate = self.dynamicCall("GetCommData(QString, QString, int, QString",
                                trcode, rqname, i, "수익률(%)")
        current_price = self.dynamicCall("GetCommData(QString, QString, int, QString",
                                QString", trcode, rqname, i, "현재가")
        total_purchase_price = self.dynamicCall("GetCommData(QString, QString, int,
                                QString", trcode, rqname, i, "매입금액")
        available_quantity = self.dynamicCall("GetCommData(QString, QString, int, QString",
                                trcode, rqname, i, "매매가능수량")

        code = code.strip()[1:]    ····· 데이터 형변환 및 가공
        code_name = code_name.strip()
        quantity = int(quantity)
        purchase_price = int(purchase_price)
        return_rate = float(return_rate)
        current_price = int(current_price)
```

```
    total_purchase_price = int(total_purchase_price)
    available_quantity = int(available_quantity)

    self.balance[code] = {
        '종목명': code_name,
        '보유수량': quantity,
        '매입가': purchase_price,
        '수익률': return_rate,
        '현재가': current_price,
        '매입금액': total_purchase_price,
        '매매가능수량': available_quantity
    }

self.tr_data = self.balance
```

일봉 데이터를 얻어 올 때와 마찬가지로 제공받는 응답이 복수(보유 종목이 여러 개일 수 있으므로)이므로 멀티 데이터 처리가 필요합니다. for 반복문에서 사용하는 tr_data_cnt는 응답 데이터 개수로, 현재 계좌에서 tr_data_cnt 만큼의 종목을 보유하고 있음을 의미합니다. 따라서 각각의 종목들에 대한 정보를 반복문으로 얻어 와 종목 코드를 키로 한 balance 딕셔너리에 담습니다. 이렇게 호출 함수 get_balance와 slot 함수를 구성한 후 main.py 파일을 실행해 보겠습니다.

main.py

```
from api.Kiwoom import *
import sys

app = QApplication(sys.argv)
kiwoom = Kiwoom()

position = kiwoom.get_balance()
print(position)

app.exec_()
```

다음과 같이 실행 결과가 나타납니다(현재 모의투자 계좌에 보유 중인 종목이 없으면 아무 잔고 정보도 출력되지 않습니다).

```
connected
8011111111
[Kiwoom] _on_receive_msg is called 0002 / opw00018_req / opw00018 / [100000] 모의투자 조
회완료
```

[Kiwoom] _on_receive_tr_data is called 0002 / opw00018_req / opw00018
{'007700': {'종목명': 'F&F홀딩스', '보유수량': 10, '매입가': 37605, '수익률': -5.3, '현재가': 35950, '매입금액': 376050, '매매가능수량': 10}, '251270': {'종목명': '넷마블', '보유수량': 1, '매입가': 132000, '수익률': 0.21, '현재가': 133500, '매입금액': 132000, '매매가능수량': 1}}

출력된 내용을 보면 노란색으로 표시한 6자리 숫자가 보유 중인 종목 코드로, 007700(F&F홀딩스), 251270(넷마블)을 보유 중인 것으로 나옵니다. 이렇게 TR 조회로 확인한 잔고 정보는 마찬가지로 영웅문(MTS, HTS)에서도 동일하게 확인할 수 있습니다.

▼ 그림 3-106 영웅문S에서 잔고 정보 확인

3.15 실시간 체결 정보 얻어 오기

PYTHON AUTO TRADING SYSTEM

실시간 체결 정보란 체결가, 매수 호가, 매도 호가 등 체결이 될 때마다 발생하는 정보를 의미합니다. 이 정보들은 주식 시장이 열리는 동안 매수세, 매도세에 따라 쉼 없이 변합니다.

이렇게 빠르게 변하는 체결 정보는 TR을 이용하여 호출하고 응답받는 동안에도 수많은 데이터가 생기기 때문에 우리가 수신한 데이터는 과거 데이터가 되어 버립니다.

따라서 실시간으로 체결 정보를 얻어 오려면 요청 〉응답 대기 〉응답 방식으로 진행되는 TR 방식 외에 별도의 방법이 필요하며, KOA의 '실시간 시세 사용법'을 참고할 수 있습니다.

▼ 그림 3-107 실시간 시세 사용법(KOA 〉개발 가이드 〉조회와 실시간 데이터 처리 〉기본 설명)

(…)

[실시간 시세 사용법]

시세 관련 TR 서비스를 요청하는 경우 자동으로 서버에 해당 종목의 실시간 시세가 등록됩니다.
시세 관련 TR 서비스 조회 요청이 불필요한 경우 SetRealReg 함수를 통해 조회 없이 실시간 시세 등록이 가능합니다.

방법1. 조회 서비스 이용

SetInputValue(사용자 호출) → CommRqData(사용자 호출) → OnReceiveTrData(이벤트 발생) → OnReceiveRealData(이벤트 발생)

방법2. SetRealReg 함수 이용

SetRealReg(사용자 호출) → OnReceiveRealData(이벤트 발생)

KOA에 실시간 체결 데이터를 수신하는 방법은 총 두 가지로 설명되는데, 이 책에서는 두 번째 방법인 SetRealReg 함수를 사용하겠습니다. 이 방법을 이용하면 실시간 체결 정보 수신을 희망하는 종목들을 등록(SetRealReg)해 두면 이후 API 서버에서 지속적으로 체결 정보를 전달받을 수 있습니다.

Note ☰ KOA에서 소개하는 첫 번째 방법은 TR(OPT10003)을 호출하는 것인데, 이 방법을 이용해도 실시간 시세를 얻어 올 수 있습니다. 이 방법은 TR 조회 이후 한 번의 체결 데이터를 얻어 오고 끝나는 것이 아니라 입력 값으로 사용한 종목의 체결 정보를 지속적으로 수신하는 처리도 맡습니다. TR 조회 이후 응답을 수신하고 나서 또 다시 TR 조회를 해야 응답을 받아 오는 방식보다는 실시간 데이터 확인에 더 유용합니다. 하지만 데이터를 수신할 종목을 등록하는 과정에서 한 번에 여러 종목을 등록할 수 없는 문제가 있어 여기서는 이를 보완한 두 번째 방법인 SetRealReg 함수를 사용합니다.

사용 방법은 TR을 사용한 호출과 응답 수신을 받는 방법과 많이 유사합니다. 실시간 데이터를 보내 달라는 요청을 전달하고 지속적으로 응답을 받을 슬롯을 만들면 됩니다. 먼저 체결 정보 수신을 희망하는 종목들을 등록(SetRealReg)하는 방법을 알아보겠습니다.

▼ 그림 3-108 SetRealReg( ) 함수(KOA 〉 개발 가이드 〉 조건 검색 〉 관련 함수)

[SetRealReg( ) 함수]

```
SetRealReg(
BSTR strScreenNo,  // 화면 번호
BSTR strCodeList,  // 종목 코드 리스트
BSTR strFidList,   // 실시간 FID 리스트
BSTR strOptType    // 실시간 등록 타입, 0 또는 1
)
```

종목 코드와 FID 리스트를 이용해서 실시간 시세를 등록하는 함수입니다.
한 번에 등록 가능한 종목과 FID 개수는 100종목, 100개입니다.
실시간 등록 타입을 0으로 설정하면 등록한 종목들은 실시간 해지되고 등록한 종목만 실시간 시세가 등록됩니다.
실시간 등록 타입을 1로 설정하면 먼저 등록한 종목들과 함께 실시간 시세가 등록됩니다.

[실시간 시세 등록 예시]

```
OpenAPI.SetRealReg(_T("0150"), _T("039490"), _T("9001;302;10;11;25;12;13"), "0");
// 039490 종목만 실시간 등록
OpenAPI.SetRealReg(_T("0150"), _T("000660"), _T("9001;302;10;11;25;12;13"), "1");
// 000660 종목을 실시간 추가 등록
```

이 KOA에서 설명하는 매개변수를 사용하여 SetRealReg를 호출하는 함수를 만들어 보겠습니다. Kiwoom.py 파일의 send_order 함수에 이어서 다음 코드를 작성합니다.

Kiwoom.py

```
(...)
def set_real_reg(self, str_screen_no, str_code_list, str_fid_list, str_opt_type):
    self.dynamicCall("SetRealReg(QString, QString, QString, QString)",
                    str_screen_no, str_code_list, str_fid_list, str_opt_type)

    time.sleep(0.5) ----- 요청 제한이 있기 때문에 딜레이를 줌
```

함수에 전달되는 매개변수를 먼저 살펴보겠습니다.

❶ str_screen_no는 화면 번호로, TR 요청에서 사용한 것처럼 여러분이 자유롭게 새로 번호를 받아 사용할 수 있습니다.

② str_code_list는 실시간 체결 정보를 얻어 올 종목 코드를 전달합니다. 종목이 하나일 때는 6자리 코드만 전달하면 되지만, 여러 종목을 요청할 때는 다음과 같이 ';'으로 구분 지어 한 문자열로 전달합니다.

예를 들어 삼성전자(005930), F&F홀딩스(007700), SK하이닉스(000660)를 등록하면 str_code_list는 다음과 같이 구성합니다.

'005930;007700;000660;' ····· 삼성전자, F&F홀딩스, SK하이닉스의 정보를 요청할 때

③ str_fid_list는 실시간 체결 정보 중 제공받을 항목에 해당하는 fid들을 의미합니다. fid는 '3.12절 주문 접수 및 체결 확인하기'에서 했던 것처럼 실시간 체결 정보에서도 사용할 수 있습니다.

④ str_opt_type은 최초 등록인지 추가 등록인지를 전달합니다. KOA에는 최초 등록할 때만 0을 전달하고 그 이후부터는 1을 전달하라고 설명되어 있지만, 최초 등록할 때 1을 전달해도 동작에는 영향이 없습니다.

이 매개변수 값들을 self.dynamicCall("SetRealReg")에 전달하면 해당 종목의 체결 정보를 실시간으로 받는 등록이 완료된 것입니다. 응답 슬롯을 만들기 전에 종목 코드를 키 값으로 한 체결 정보를 담을 딕셔너리를 선언합니다.

Kiwoom.py

```
(...)
class Kiwoom(QAxWidget):
    def __init__(self):
        super().__init__()
        self._make_kiwoom_instance()
        self._set_signal_slots()
        self._comm_connect()

        self.account_number = self.get_account_number()

        self.tr_event_loop = QEventLoop()

        self.order = {}
        self.balance = {}
        self.universe_realtime_transaction_info = {} ····· 실시간 체결 정보를 저장할 딕셔너리 선언
```

이렇게 실시간 체결 정보를 요청하는 set_real_reg 함수를 만들어 보았으니 이제는 등록 후 응답을 받아 오는 슬롯을 만들겠습니다. 실시간 체결 데이터 응답을 받아 오는(더 정확히는 응답이 도착했다는 이벤트가 발생할 때 호출되는) 함수명은 OnReceiveRealData이며, KOA에 다음과 같이 설명되어 있습니다.

❤ 그림 3-109 OnReceiveRealData( ) 이벤트(KOA 〉 개발 가이드 〉 조회와 실시간 데이터 처리 〉 관련 함수)

[OnReceiveRealData( ) 이벤트]

```
OnReceiveRealData(
BSTR sCode,      // 종목 코드
BSTR sRealType,  // 실시간 타입
BSTR sRealData   // 실시간 데이터 전문(사용 불가)
)
```

실시간 시세 데이터가 수신될 때마다 종목 단위로 발생됩니다.
SetRealReg( ) 함수로 등록한 실시간 데이터도 이 이벤트로 전달됩니다.
GetCommRealData( ) 함수를 사용해서 수신된 데이터를 얻을 수 있습니다.

그러면 이 설명을 바탕으로 슬롯 함수를 만들겠습니다. 조금 복잡해 보일 수도 있지만 하나씩 천천히 살펴보겠습니다. Kiwoom.py의 set_real_reg 함수에 이어서 다음 코드를 작성합니다.

Kiwoom.py

```
(...)
    def _on_receive_real_data(self, s_code, real_type, real_data):  ····· 실시간 데이터 수신
        if real_type == "장시작시간":
            pass

        elif real_type == "주식체결":
            signed_at = self.dynamicCall("GetCommRealData(QString, int)", s_code,
                                    get_fid("체결시간"))

            close = self.dynamicCall("GetCommRealData(QString, int)", s_code,
                                    get_fid("현재가"))
            close = abs(int(close))

            high = self.dynamicCall("GetCommRealData(QString, int)", s_code,
                                    get_fid('고가'))
            high = abs(int(high))

            open = self.dynamicCall("GetCommRealData(QString, int)", s_code,
```

```
                                  get_fid('시가'))
        open = abs(int(open))

        low = self.dynamicCall("GetCommRealData(QString, int)", s_code,
                                  get_fid('저가'))
        low = abs(int(low))

        top_priority_ask = self.dynamicCall("GetCommRealData(QString, int)",
                                  s_code, get_fid('(최우선)매도호가'))
        top_priority_ask = abs(int(top_priority_ask))

        top_priority_bid = self.dynamicCall("GetCommRealData(QString, int)",
                                  s_code, get_fid('(최우선)매수호가'))
        top_priority_bid = abs(int(top_priority_bid))

        accum_volume = self.dynamicCall("GetCommRealData(QString, int)", s_code,
                                  get_fid('누적거래량'))
        accum_volume = abs(int(accum_volume))

        print(s_code, signed_at, close, high, open, low, top_priority_ask, top_
            priority_bid, accum_volume)
```
5장에서는 삭제할 코드(출력부에 너무 많은 데이터가 나오기 때문에 여기서만 사용)

universe_realtime_transaction_info 딕셔너리에 종목 코드가 키 값으로 존재하지 않으면 생성(해당 종목 실시간 데이터를 최초로 수신할 때)
```
        if s_code not in self.universe_realtime_transaction_info:
            self.universe_realtime_transaction_info.update({s_code: {}})

        self.universe_realtime_transaction_info[s_code].update({
            "체결시간": signed_at,          최초 수신 이후 계속 수신되는 데이터는 update를 이용해서 값 갱신
            "시가": open,
            "고가": high,
            "저가": low,
            "현재가": close,
            "(최우선)매도호가": top_priority_ask,
            "(최우선)매수호가": top_priority_bid,
            "누적거래량": accum_volume
        })
```

체결 정보 외에도 _on_receive_real_data 함수를 사용하면 장 시간(장 시작 전, 장 중, 장 종료) 같은 정보도 실시간으로 수신할 수 있습니다. 따라서 _on_receive_real_data 함수로 전달되는 두 번째 인자 real_type을 사용하여 지금 수신한 데이터 종류가 '장 시작 시간'인지 '체결 정보'인지 구분할 수 있습니다.

이 책에서 장 시작 시간에 대한 확인 및 그에 대한 처리는 다루지 않지만 이렇게 사용될 수도 있다는 의미로 if real_type == '장시작시간' 정도로만 코드를 작성했습니다.

> Note ≡   장 시작 시간에 대한 처리가 필요할 수 있는 순간도 있습니다. 예를 들어 대입 수능 시험이 있는 날에는 주식 시장을 1시간 정도 늦게 개장하는데, 이 사실을 인지하지 못하고 프로그램을 9시부터 동작시키면 매매가 되지 않아 문제가 생겼다고 생각할 수도 있습니다. 하지만 이는 실제로 매매 로직에 문제가 있거나 프로그램 오작동이 아니기 때문에 개장을 늦게 하는 날에 조금 일찍부터 프로그램을 동작시켜도 큰 문제가 없습니다. 또 이렇게 장 시작 시간이 변경되는 이슈가 자주 있지 않기 때문에 장 시작 시간을 이용한 별도의 처리를 하지 않았다는 것을 알립니다.

그다음으로 나오는 elif로 시작하는 코드 블록이 체결 정보를 얻어 오는 부분입니다. 천천히 살펴보겠습니다.

```
elif real_type == "주식체결":
    signed_at = self.dynamicCall("GetCommRealData(QString, int)", s_code,
                                 get_fid("체결시간"))
```

체결 정보를 수신하면 호출되는 함수가 _on_receive_real_data고 그 안에서 데이터를 얻어 올 때는 GetCommRealData를 사용합니다. 어느 종목의 데이터를 얻어 올지는 종목 코드를 의미하는 s_code를 매개변수로 전달하여 결정되며, 이 값은 프로그래머가 정한 것이 아니라 _on_receive_real_data 함수가 호출될 때 전달받은 매개변수 s_code 값 그대로입니다. (set_real_reg에서 체결 정보를 수신하기로 등록한 종목들의 데이터를 얻어 올 수 있습니다. set_real_reg에서 등록하지 않았던 종목들은 _on_receive_real_data에서도 체결 정보를 수신할 수 없습니다.)

get_fid() 함수는 const.py 파일에서 '체결시간, 현재가' 등 fid를 조회합니다. GetCommRealData를 통해 데이터를 수신할 때 조회하고자 하는 항목 이름을 한글로 전달하는 것이 아니라 fid 값을 전달해야 합니다. 따라서 우리가 알고 싶은 항목 이름이 어느 fid와 연결되어 있는지 조회하는 get_fid() 함수가 필요하며, 이 함수는 const.py 파일에 작성되어 있습니다.

코드를 간단히 살펴보면 'fid-항목이름'을 저장해 둔 딕셔너리에서 매개변수로 전달받은 항목 이름이 있는지 확인하고, 전달받은 항목 이름이 있으면 fid 값을 반환합니다.

const.py

```
(...)
def get_fid(search_value):
    keys = [key for key, value in FID_CODES.items() if value == search_value]
    return keys[0]
```

따라서 종목 코드(s_code)와 조회하고 싶은 항목의 fid를 self.dynamicCall에 전달하면 응답으로 해당 종목의 실시간 데이터를 얻어 옵니다. 예를 들어 다음 코드는 get_fid 함수를 사용하여 '체결시간'의 fid를 찾아 전달하므로 '체결시간'을 얻어 와 signed_at 변수에 저장합니다.

```
signed_at = self.dynamicCall("GetCommRealData(Qstring, int)", s_code, get_fid("체결시간"))
```

이처럼 '주식체결' 부분 아래로 이어지는 코드는 같은 방법으로 조회할 항목들을 얻어 온 후 미리 만들어 놓은 self.universe_realtime_transaction_info 딕셔너리에 저장합니다. 눈여겨볼 점은 주문, 잔고 조회 후 order, balance 딕셔너리에 값을 할당했던 방식과 달리 체결 데이터는 프로그램 실행 동안 계속해서 갱신된다는 의미의 update를 이용하여 값을 저장했다는 것입니다.

```
self.universe_realtime_transaction_info[s_code].update({
    "체결시간": signed_at,
    "시가": open,
    "고가": high,
    "저가": low,
    "현재가": close,
    "(최우선)매도호가": top_priority_ask,
    "(최우선)매수호가": top_priority_bid,
    "누적거래량": accum_volume
})
```

그럼 이제 _on_receive_real_data를 슬롯으로 등록하는 코드를 작성하겠습니다. 앞서 했던 방식과 마찬가지로 _set_signal_slots를 다음과 같이 작성합니다.

Kiwoom.py

```
    def _set_signal_slots(self):
        self.OnEventConnect.connect(self._login_slot)

        self.OnReceiveTrData.connect(self._on_receive_tr_data)

        self.OnReceiveChejanData.connect(self._on_chejan_slot)
                                            실시간 체결 데이터를 _on_receive_real_data로 받도록 설정
        self.OnReceiveRealData.connect(self._on_receive_real_data)
```

이와 같이 _set_signal_slots의 마지막 줄에 self.OnReceiveRealData.connect(self._on_receive_real_data)를 추가하여 실시간 체결 정보를 _on_receive_real_data로 응답받을 수 있도록 했습니다.

그럼 이제 실시간 데이터를 잘 받아 오는지 확인하는 main.py 코드를 살펴보겠습니다.

```
main.py
from api.Kiwoom import *
import sys

app = QApplication(sys.argv)
kiwoom = Kiwoom()

# kiwoom.set_real_reg("1000", "", get_fid("장운영구분"), "0")
fids = get_fid("체결시간")
codes = '005930;007700;000660;'
kiwoom.set_real_reg("1000", codes, fids, "0")

app.exec_()
```

앞서 실시간 데이터 슬롯을 이용하여 장 시작 시간도 알 수 있다고 설명했습니다. 이 책에서는 장 시작 시간을 사용하지 않아 kiwoom.set_real_reg("1000", "", get_fid("장운영구분"), "0") 코드를 주석 처리했지만 원한다면 주석을 해제하여 사용할 수 있습니다. 이 코드를 사용할 사람들을 위해 이 함수로 전달되는 인자들을 살펴보겠습니다.

❶ "1000"은 화면 번호입니다.

❷ 특정 종목에 대한 정보를 얻는 것이 아니므로 두 번째 인자는 비어 있습니다.

❸ 무엇을 받아 올지에 대한 fid를 전달합니다. "장운영구분"에 해당하는 fid를 전달하면 됩니다.

❹ 마지막 인자는 최초 등록(0)인지 아닌지(1)를 구분합니다. 주석을 해제하여 사용하면 최초 등록이 되므로 "0"을 전달합니다.

그다음은 실제로 사용할 종목 체결 정보를 등록하는 부분을 살펴보겠습니다.

```
fids = get_fid("체결시간")
codes = '005930;007700;000660;'
kiwoom.set_real_reg("1000", codes, fids, "0")
```

fids = get_fid("체결시간")이라는 코드는 fids에 "체결시간"에 해당하는 fid를 저장합니다. 그다음 등록할 종목 코드를 ';'을 기준으로 연결하여 codes에 저장합니다. 이렇게 인자를 구성한 후 kiwoom.set_real_reg 함수에 전달합니다. 이때 fids를 "체결시간"만 작성했으니 체결 시간만 알 수 있는 것이 아닐까 생각할 수도 있는데, 어느 fid 값이든 하나만 전달하면 다른 데이터들을 함께 얻어 올 수 있습니다(추후 키움증권에서 이 부분을 변경하면 조회하고자 하는 fid를 모두 전달해야 할 수도 있습니다). 이제 main.py 파일을 실행해 보겠습니다.

```
connected
8********
005930 133746 79700 80000 79900 79600 79700 79600 6528281
005930 133746 79700 80000 79900 79600 79700 79600 6528291
005930 133747 79700 80000 79900 79600 79700 79600 6528311
005930 133747 79700 80000 79900 79600 79700 79600 6528312
000660 133747 120500 122000 121000 120000 120500 120000 1729354
005930 133748 79600 80000 79900 79600 79700 79600 6528321
005930 133748 79700 80000 79900 79600 79700 79600 6528322
000660 133748 120000 122000 121000 120000 120500 120000 1729364
(...)
```

실행해 보면 다음 내용이 계속해서 출력되며, 출력 주기와 빈도는 주식 체결량에 따라 다를 수 있습니다.

```
005930 133746 79700 80000 79900 79600 79700 79600 6528281
```

이는 _on_receive_real_data 함수의 print(s_code, signed_at, close, high, open, low, top_priority_ask, top_priority_bid, accum_volume) 코드로 출력된 것이며, 모의투자 환경에서 출력되는 체결 내역은 실제 투자 환경이랑 연동되어 있습니다.

출력 내용을 순서대로 살펴보면 삼성전자(005930)의 체결 시간(13:37:46), 종가(현재가 79700), 고가(80000), 시가(79900), 저가(79600), 최우선 매도 호가(79700)/매수 호가(79600), 당일 누적 거래량(6528281)을 나타냅니다.

당연한 이야기이지만, 우리가 수신한 체결 정보는 체결이 될 수 있는 거래일이면서 개장 시간에만 얻어 올 수 있습니다. 프로그램을 종료하지 않는 이상 한 번 등록하면 실시간으로 계속 데이터를 얻어 옵니다. 뒤에서 배울 매매 종목 구성을 하면 정보를 수신할 종목이 많아지기 때문에 _on_receive_real_data의 print() 함수를 그대로 놓아두면 출력창이 체결 정보로 덮여서 다른 정보를 확인하기 어려울 수 있습니다. 따라서 _on_receive_real_data에 있는 print() 함수를 주석 처리하거나 삭제하는 것이 좋으며, 예제 파일에도 이 부분은 주석 처리되어 제공됩니다.

지금까지 API를 이용하는 방법을 살펴보았습니다. 필자가 키움증권 API를 이용하면서 겪었던 어려움을 설명하다 보니 내용이 많아졌습니다. 특히 파이썬이 처음인 사람에게는 더욱 어렵게 느껴졌을 수 있습니다. 그러나 전부 다 이해하지 못해도 괜찮습니다. 다음 장에서 이어질 프로젝트를 진행하면서 완성된 코드를 응용하다 보면 자연스럽게 눈에 익게 되고, 전체적인 흐름도 이해할 수 있을 것입니다. 그렇기에 지금까지 모든 내용을 전부 다 이해하려고 하기보다는 API를 어떻게 호출하며, 호출한 후에는 어떻게 응답을 받아 오고 그 값을 사용하는지 일련의 과정을 이해한다면 좋겠습니다.

단순히 눈으로만 코드를 보았다면 반드시 꼭 한 번은 파이참으로 코드를 타이핑해 보길 권장합니다. 코드가 방대하므로 제공된 예제 코드를 복사하여 붙여 넣어 보는 것도 괜찮습니다.

4장에서는 우리 프로젝트에서 사용할 매매 전략을 이야기해 보겠습니다.

4장

실전매매 전략

4.1 전략 설명

이 책에서 사용할 매매 전략은 RSI(2)를 기반으로 한 역추세 전략입니다. RSI는 위키백과에 다음과 같이 기록되어 있습니다.

> RSI(Relative Strength Index)는 주식, 선물, 옵션 등 기술적 분석에 사용되는 보조 지표다. RSI는 가격의 상승 압력과 하락 압력 간 상대적 강도를 나타낸다. 1978년 미국의 월레스 와일더 (J. Welles Wilder Jr.)가 개발했다.
>
> RSI 계산 방법은 다음과 같다.
>
> 가격이 전일 가격보다 상승한 날의 상승분은 U(Up) 값이라고 하고, 가격이 전일 가격보다 하락한 날의 하락분은 D(Down) 값이라고 한다. U 값과 D 값의 평균을 구하여 그것을 각각 AU(Average Ups)와 AD(Average Downs)라고 한다. 또 AU를 AD로 나눈 것을 RS(Relative Strength) 값이라고 한다. RS 값이 크다는 것은 일정 기간 동안 하락한 폭보다 상승한 폭이 크다는 것을 의미한다. RSI는 다음과 같이 구할 수 있다.
>
> RSI = 100 * AU / (AU+AD)

[출처: 위키백과]

RSI는 일정 기간 동안 가격의 상승폭과 하락폭 중 어느 쪽이 더 높은지 나타내는 값으로 0~100 사이의 값을 가집니다. RSI 값이 0에 가깝다는 것은 정해진 기간 동안 상승보다는 하락이 많았다는 것으로 하락세를 의미합니다. 반대로 100에 가까울수록 상승세가 강하다는 의미입니다. 계산 방법을 보기 좋게 요약하면 다음과 같습니다.

- U = 전일 주가가 비교 대상 주가보다 상승했을 때 상승폭
- D = 전일 주가가 비교 대상 주가보다 하락했을 때 하락폭
- AU = 일정 기간 동안 U의 평균
- AD = 일정 기간 동안 D의 평균
- RS = AU / AD
- RSI = 100 * AU / (AU+AD)
- RSI 시그널 = RSI의 이동평균선

AU 및 AD 계산에서 사용하는 기간은 RSI 개발자인 월레스 와일더가 제안한 14일을 주로 사용하며, RSI(14)처럼 사용한 기간을 괄호 안에 표시합니다(물론 14일 말고도 자유롭게 설정할 수 있습니다).

하지만 14일이란 주말을 제외한 영업일 기준이기에 약 3주라는 짧지 않은 기간을 두고 단기적인 추세를 파악하기는 어려움이 있을 수 있습니다. 반대로 기준일을 짧게 설정할수록 최근 추세를 파악하기 쉽습니다.

예를 들어 RSI(2) 값이 0이라고 한다면 최근 2일 종가를 기준으로 보면 하루도 상승한 적이 없다는 의미로, 최근 2일 동안 하락이 이어졌음을 알 수 있습니다. 따라서 RSI(2) 값이 낮은 상태인 종목은 단기적으로 하락세라고 판단할 수 있고, 우리 프로젝트에서 사용할 RSI(2) 역추세 전략은 RSI(2) 값이 낮은 하락세인 종목을 매수하는 것입니다.

하지만 하락세인 종목을 필터 없이 고르는 것은 위험할 수 있습니다. 마냥 하락세인 종목은 쉽게 파악하기 어려운 악재가 있을 수 있습니다. 그렇다고 내가 매수한 시점부터 갑자기 상승 추세로 반전될 것이라고 가정하는 것은 부적절하다고 할 수 있습니다.

이런 점을 보완하며 단기적으로는 하락세이지만 다시 상승할 것이라는 가정에 힘을 보태려면 중기적으로 상승 추세에 있으면서 단기적으로 급락한 종목들을 선별하도록 하겠습니다.

따라서 원래 상승 추세에 있던 종목이 잠깐 급락한 경우 다시 원래 상승 추세로 회복할 것이라는 가정으로 평균 회귀 효과를 기대하는 전략입니다.

> **주식용어 ≡** 주식 투자에서 말하는 평균 회귀(mean reversion)란 주가, PER, PBR, ROE 등 지표가 과거, 전체 평균으로 수렴하는 성질이 있다는 의미입니다. 예를 들어 주가가 일시적으로 급등, 급락할 때는 과거 평균 수준으로 수렴하고자 하락, 상승할 것이라는 아이디어에 기반을 둔 투자 방법론입니다.

여기서 중기 추세를 파악하는 데는 20일, 60일 이동평균을 사용하고, 단기 하락을 파악하는 데 RSI(2)를 사용하겠습니다.

> **Note ≡ 이동평균이란?**
>
> 이동평균(moving average)이란 여러 데이터 중에서 특정 집단을 추출하여 평균을 계산하는 방법입니다. 계산 방법이 어렵지는 않지만 개념이 생소할 수 있으므로 예를 들어 살펴보겠습니다. 다음과 같이 10일 치 주가 데이터가 있다고 하겠습니다.
>
> | 일자 | 1일 | 2일 | 3일 | 4일 | 5일 | 6일 | 7일 | 8일 | 9일 | 10일 |
> |---|---|---|---|---|---|---|---|---|---|---|
> | 주가(종가) | 1100 | 1000 | 1150 | 1200 | 1250 | 1180 | 1150 | 1100 | 1250 | 1300 |

↻ 계속

이 데이터를 기준으로 날짜별 3일 이동평균을 계산해 보겠습니다. 주가가 1300인 마지막 날부터 계산하자면 당일 주가 1300을 포함해서 총 3일 치 데이터의 평균을 구합니다.

일자	1일	2일	3일	4일	5일	6일	7일	8일	9일	10일
주가	1100	1000	1150	1200	1250	1180	1150	1100	1250	1300

여기서 10일 차의 이동평균은 당일 주가 1300을 포함해서 데이터의 평균을 총 세 개 구합니다. 따라서 이동평균은 (1100 + 1250 + 1300) / 3의 계산 결과인 1216원이 됩니다(소수점은 버림하겠습니다).

일자	1일	2일	3일	4일	5일	6일	7일	8일	9일	10일
주가	1100	1000	1150	1200	1250	1180	1150	1100	1250	1300
이동평균										1216

그럼 8일 차 이동평균은 어떻게 계산할까요?

일자	1일	2일	3일	4일	5일	6일	7일	8일	9일	10일
주가	1100	1000	1150	1200	1250	1180	1150	1100	1250	1300
이동평균										1216

당일인 8일 차를 포함한 지난 2일의 데이터를 합해서 다음과 같이 계산합니다. 따라서 이동평균은 (1180 + 1150 + 1100) / 3의 계산 결과인 1143원이 됩니다.

일자	1일	2일	3일	4일	5일	6일	7일	8일	9일	10일
주가	1100	1000	1150	1200	1250	1180	1150	1100	1250	1300
이동평균								1143		1216

주가에 사용하는 이동평균은 이렇게 당일, 과거 데이터를 합해서 평균을 계산하지만 1 · 2일 차처럼 데이터 개수가 세 개보다 부족할 때는 어떻게 할까요?

일자	1일	2일	3일	4일	5일	6일	7일	8일	9일	10일
주가	1100	1000	1150	1200	1250	1180	1150	1100	1250	1300
이동평균								1143		1216

이렇게 이동평균 계산에 데이터 개수가 부족할 때는 빈 값으로 두거나 부족한 데이터만 사용하여 계산하는 방법이 있습니다.

일자	1일	2일	3일	4일	5일	6일	7일	8일	9일	10일
주가	1100	1000	1150	1200	1250	1180	1150	1100	1250	1300
이동평균	1100 / 1 = 1100	(1100 + 1000) / 2 = 1050						1143		1216

이렇게 이동평균이란 전체 데이터 중에서 집단을 추출하여 평균을 계산한 것입니다. 이 책에서 사용하는 20일, 60일 이동평균은 전체 주가 데이터 중(여기서 말하는 주가는 종가) 최근 20일 치, 60일 치를 대상으로 구한 평균값입니다. 그리고 이동평균선은 이 이동평균을 구해서 연결한 선을 의미합니다.

4.2 매수/매도 조건

앞서 설명한 내용들을 바탕으로 구체적인 매수 조건과 매도 조건을 살펴보겠습니다.

매수 조건

❶ 20일 이동평균 〉 60일 이동평균

❷ RSI(2) 〈 5

❸ 2일 전 주가 대비 현재 주가 변화율 〈 −2%(현재 주가가 2일 전보다 2% 이상 떨어진 경우)

=〉 당일 종가 부근(15:00)에서 조건에 모두 해당하면 현재 최우선 매수 호가로 매수

매도 조건

❶ RSI(2) 〉 80

❷ 현재가 〉 매수가

=〉 장 중 조건에 모두 해당하면 현재 최우선 매도 호가로 매도

매수 조건 ❸을 넣은 이유는 RSI(2) 값은 기준일 동안 하락했다는 사실은 알 수 있어도 하락한 정도를 알지 못하기 때문입니다. 예를 들어 주가 흐름이 50100 〉 50000 〉 49900 이렇게 100원씩 하락했다고 하면 일반적으로 급락했다고 할 수는 없을 것입니다. 상승 평균인 AU 값이 0이므로 RSI(2) 값이 0이 되기 때문에 RSI(2) 값이 낮다고 해서 무조건 하락세라고 판단하기에는 부족합니다. 따라서 하락폭 자체를 확인하고자 2일 전 종가 대비 현재 종가 변화율을 계산하는 조건 ❸을 넣었습니다.

매도 조건을 살펴보면 조건 ❷는 매수했던 가격보다 낮은 가격에는 팔지 않겠다는 의미입니다. 즉, 손절하지 않는 전략입니다. 손절하지 않는 이유는 손절 조건을 추가하여 과거 데이터를 바탕으로 백테스팅을 해 보면 수익률이 급격하게 떨어지기 때문입니다. 수익률이 떨어지는 원인을 유추해 보자면, 하락세인 종목을 매수한다는 전략 아이디어에서 보았을 때 매수한 이후 하락이 어느 정도 지속되다가 반등하는 경우도 있을 것입니다. 여기서 손절 조건을 추가하면 하락 구간을 견디지 못하고 계속 손절하기 때문에 반등 시점의 이익을 볼 수 없어 누적 손해가 이어질 것입니다.

그렇지만 손절하는 행위 자체가 나쁘다는 의미는 아닙니다. 손절은 더 큰 손해를 보기 전에 손실을 줄이는 긍정적인 효과를 내기도 합니다. 하지만 이 전략에서는 손절을 통해 얻는 이득보다는

오히려 반등 시점을 놓치는 경우가 더 많기 때문에 전체적으로는 수익률이 떨어지는 것이라고 생각할 수 있습니다.

> **주식용어** ≡ 손절이란 손절매(loss cut)의 줄임말로, 손실 중인 자산을 매도하여 추가 손실이 더 발생하지 않도록 하는 것을 의미합니다.

또 이 전략은 매매 주기가 엄청 짧은 소위 단타(짧은 주기로 이루어지는 매매 방법) 전략은 아니며, 매수 종목이 수익권에 돌아올 때까지 보유하는 전략입니다.

단기 하락세에 매수했기 때문에 바로 반등하면 좋겠지만 바로 반등하지 않을 수 있습니다. 따라서 어느 정도 기다리는 구간이 필요하기에 손절 조건을 설정하지 않았습니다.

> **주식용어** ≡ **백테스팅**
> 백테스팅이란 시뮬레이션, 과거 데이터를 가지고 이 전략대로 매매한 시뮬레이션을 의미합니다.

그렇다고 해서 손절하지 않는 전략이 우수하다고 할 수는 없습니다. 전략마다 필요한 조건이 다르며, 같은 조건이라고 해도 전략 아이디어에 따라 좋을 수도 있고 나쁠 수도 있습니다.

물론 손절하지 않다가 상장 폐지나 자본 잠식 같은 악재를 당하면 어떡할 것이냐고 할 수도 있습니다. 나름대로 건실한 기업들을 대상으로 유니버스를 구성했기에 그런 위험이 절대로 없다고는 할 수 없지만, 그래도 최소한으로는 걸러 냈다고 할 수 있을 것입니다.

또 최대 매매 종목 수를 열 개로 분산하여 종목당 투자 비중이 10%입니다. 이 상태에서 매수한 종목이 당분간 다시 매수가를 회복하지 못한다고 해도 계좌에 엄청난 타격이 발생하지는 않기에 인내할 수 있는 정도라고 판단했습니다. 예를 들어 한 종목이 10% 하락해도 전체 계좌에 미치는 영향은 1%의 손실이기 때문입니다.

4.3 유니버스 구성

유니버스 구성 조건을 설명하기 전에 먼저 유니버스란 무엇이고, 구성한다는 것은 무슨 의미인지 이야기해 보겠습니다.

유니버스란 매매 대상으로 삼을 후보군이라고 생각할 수 있습니다. 코스피(KOSPI), 코스닥
(KOSDAQ)에 상장된 전체 종목 수는 3000개가 넘고, 이 중에서 ETF, 우선주 등을 제외하더라도
2000개가 넘습니다. 이렇게 수많은 종목을 아무런 필터 없이 매매 조건에 부합하는지 확인하는
것은 리소스 낭비이며, 그럴 필요 또한 없습니다.

주식용어 ≡ **ETF**

ETF(Exchanged Traded Fund)란 특정 지수의 성과, 자산 가치를 추종하는 펀드를 거래소에 상장하여 주식과 동
일하게 매매가 가능하도록 설계한 상품을 의미합니다.

주식용어 ≡ **우선주**

주식을 산다는 것은 그 회사의 지분을 사는 것과 마찬가지이므로 주식이 많을수록 주주로서 행사할 권리가 많음을 의
미합니다. 이렇게 의결권을 행사할 수 있는 주식을 '보통주'라고 하며, 이와 다르게 의결권은 없으나 특정 권리를 우선
적으로 제공하는 주식을 '우선주'라고 합니다. 우선주는 일반적으로 보통주보다 추가 배당을 받을 권리 및 우선 변제권
(기업 청산 후 남은 자본금을 먼저 배분받을 권리)을 부여받습니다. 우리에게 익숙한 삼성전자(005930)도 삼성전자
우(005935)라는 우선주를 가지고 있습니다.

코스피나 코스닥에 상장된 기업 중에는 이익을 내지 못하고 자본금을 잠식하는 기업도 상당히 많
습니다. 물론 이런 종목들도 충분히 매매 가치가 있을 수 있고 모두 다 턴어라운드하지 못한다는
것은 아니지만, 어느 정도 큰 리스크가 있을 뿐만 아니라 리스크 대비 보상도 상대적으로 낮기 때
문에 일반적으로 투자 대상으로 삼기에는 부적절하다고 생각합니다. 중요한 점은 이런 기업을 찾
기가 결코 쉽지 않다는 것입니다.

Note ≡ 턴어라운드(turn around)란 파산 직전이나 지속적으로 적자를 보고 있는 기업이 기사회생하는 것을 의
미하며, 턴어라운드한 기업은 주가 추세도 상승세로 돌아가는 편입니다.

또 주식은 결국 기업 가치, 실적에 종속하므로 영업 활동을 하여 꾸준히 수익을 창출하는 건실한
기업을 선별한다면 당장은 아니더라도 분명 주가가 상승할 여지가 그렇지 못한 기업들보다는 비
교적 높다고 할 수 있습니다. 그렇기 때문에 우리는 미리 설정한 조건을 바탕으로 트레이딩해도
좋을 훌륭한 기업들을 선별하고, 이들을 대상으로 매매하는 방법이 더 효율적이라고 할 수 있을
것입니다.

그럼 유니버스에 편입할 수 있는 조건을 살펴보겠습니다.

이 조건들은 ❶~❺ 순서대로 필터링됩니다. 예를 들어 조건 ❶에 부합하는 종목을 선별하고 남은 종목들을 대상으로 조건 ❷에 부합하는 종목을 선별하여 최종적으로 조건 ❺에 부합하는 종목들을 대상으로 유니버스를 구성합니다.

❶ **ETF, 우선주 제외**: ETF는 지수 혹은 특정 산업군에 속하는 기업들로 구성할 수 있기 때문에 고려해야 할 사항이 많을 수 있습니다. 예를 들어 2차 전지 산업 종목들로 된 ETF, KODEX 2차 전지산업(305720)을 보면 종목별 구성 비율이 다르고 구성 종목 수도 많습니다. 이 경우 ETF를 구성하는 개별 기업들을 파악하여 매매 대상으로 삼을지 판단하기보다는 각 개별 기업별로 살펴보는 것이 더 쉽고 효율적이기에 ETF는 제외하겠습니다. 또 우선주를 제외하는 이유는 일반적으로 우선주의 주가 추세가 보통주를 따라가는 경향이 있고 거래량이 많지 않기 때문에 보통주만 대상으로 매매하는 것이 낫다고 판단해서 제외했습니다.

❷ **지주 회사(홀딩스) 제외**: 지주 회사는 대기업들이 지배 구조를 확립하기 위해 설립한 경우가 많아 개별 기업으로 보기에 어렵다고 판단해서 제외했습니다.

❸ **매출액 증가율이 0보다 큰 기업**: 매출액이 증가했다는 것은 기업 규모가 성장하고 매출액이 증가 추세인지 확인하여 영업 활동에 문제가 없는 기업인지 판단하고자 설정한 조건입니다. 물론 매출액 증가율만 보고 기업의 영업 활동 상태를 판단하기는 무리일 것입니다. 예를 들어 세계적으로 철강 수요가 줄어들어 철강 회사의 매출이 떨어졌다고 해서 회사 자체에 문제가 있다고 볼 수 없는 것과 마찬가지입니다. 반대로 매출액이 증가하는 회사에 문제가 있다고 판단하는 것은 더 적절하지 못하므로 일차원적으로 매출액 증가 추세인 기업을 선별하고자 했습니다.

❹ **ROE가 0보다 큰 기업**: ROE는 Return On Equity의 약어로 return은 이익이라는 뜻이며, equity는 자본이라는 뜻입니다. 즉, ROE는 '자기자본 이익율'이라고 표현하며, 기업이 자본을 이용하여 얼마만큼 이익을 내는지 백분율로 표현한 지표입니다. ROE가 (-)라는 것은 영업 이익이 적자라는 의미고, ROE가 (+)라는 것은 영업 이익이 흑자라는 의미입니다.

조건 ❸의 매출액 증가율은 매출액이 작년 -1000억에서 올해 -990억으로 똑같이 적자를 냈더라도 매출액 증가율은 (+)로 보이기 때문에 기업이 흑자였는지 판단할 수 있도록 ROE 필터링 조건을 추가했습니다.

❺ **마지막으로 ROE와 1/PER(PER의 역수)로 내림차순했을 때 순위를 구해 두 순위의 평균을 계산한 후 상위 기업 200개 추출**: PER은 '3.10절 가격 정보(일봉) 얻어 오기'에서 설명했듯이 주당 순이익(한 주당 벌어들이는 돈)보다 현재 주가가 얼마나 높은지 나타내는 지표로, 이 값

이 낮을수록 주가가 저평가되어 있다고 할 수 있습니다. 이 PER을 역수로 만들어(1/PER) 값이 클수록 높은 순위가 되도록 정렬합니다(PER이 낮을수록 높은 순위를 받습니다). 그 다음 ROE 값이 클수록 높은 순위가 되도록 정렬합니다. 이렇게 되면 다음과 같이 ROE, 1/PER 값을 기준으로 각 순위를 정할 수 있습니다. 예를 들어 이 과정을 계산해 보겠습니다.

1. ROE와 PER을 기준으로 전체 기업 중 해당 기업의 ROE 순위와 1/PER 순위를 계산합니다.

기업명	ROE	ROE 순위	PER	1/PER	1/PER 순위
A	0.5	4	3	0.33	3
B	2	3	0.7	1.43	1
C	15	1	1	1	2
D	7.6	2	5	0.2	4

2. 이렇게 구한 ROE 순위, 1/PER 순위의 평균값으로 다시 순위를 매기고, 이 값을 간단히 RANK_VALUE라고 하겠습니다.

기업명	ROE	ROE 순위	PER	1/PER	1/PER 순위	RANK_VALUE (ROE 순위 + 1 / PER 순위의 평균)
A	0.5	4	3	0.33	3	3.5
B	2	3	0.7	1.43	1	2
C	15	1	1	0.1	2	1.5
D	7.6	2	5	0.2	4	3

3. 계산한 RANK_VALUE를 기준으로 전체를 정렬합니다.

기업명	ROE	ROE 순위	PER	1/PER	1/PER 순위	RANK_VALUE(ROE 순위 + 1 / PER 순위의 평균)
C	15	1	1	0.1	2	1.5
B	2	3	0.7	1.43	1	2
D	7.6	2	5	0.2	4	3
A	0.5	4	3	0.33	3	3.5

4. 마지막으로 이 순위가 높은 상위 기업을 200개 추출합니다.

RANK_VALUE 값을 기준으로 정렬한 순위가 높을수록 ROE가 높은 정도와 PER이 낮은 정도의 균형이 잘 맞는 지표상 좋은 기업이라고 유추할 수 있습니다. 따라서 이 순위가 높은 상위 기업 200개를 최종적으로 유니버스에 편입시키겠습니다.

이상으로 매매 대상으로 삼을 유니버스를 선정하는 과정을 알아보았습니다. 이후 5장까지 다 구성해 보고 나서 여러분만의 매매 전략을 구현할 때는 이렇게 추출한 유니버스를 그대로 사용해도 좋고 떠오르는 아이디어대로 자유롭게 구성하는 것도 좋습니다.

4.4 백테스팅 결과

백테스팅(backtesting)이란 과거 데이터를 기반으로 매매 전략을 검증하는 것입니다. 여기서 과거 데이터란 과거의 주가 데이터이며, 이를 바탕으로 우리가 앞으로 사용할 조건대로 매매하면 현재 수익이 어떻게 될지 테스트해 보는 것입니다. 하지만 백테스팅은 어디까지나 과거 데이터 기반이기에 결과가 좋더라도 미래 수익을 보장한다고 할 수는 없습니다. 이는 투자의 대가 피터 린치(Peter Lynch)가 한 말처럼 백미러를 보고 운전하는 것과 같습니다. 하지만 한 치 앞을 볼 수 없다면 차라리 백미러라도 보고 나아가는 것이 나을 것입니다.

앞으로 일어날 일은 알 수 없기 때문에 과거 데이터를 사용한 백테스팅 결과를 맹신할 수는 없습니다. 그렇다고 아예 확인하지 않는 것보다는 검증하는 편이 차라리 더 낫다고 할 수 있을 것입니다.

그러면 우리가 사용할 RSI(2) 역추세 전략을 과거부터 사용해 왔다면 수익률이 어떻게 되었을지 확인해 보겠습니다. 유니버스는 2020년 12월 기준 데이터로 구성했으며 테스트 기간 변경 없이 사용했다고 가정하겠습니다. 또 초기 자금은 1000만 원(10,000,000), 최대 보유 종목 수 열 개로 종목당 최대 10%의 비중을 갖도록 설정했으며, 매매 조건은 앞서 설명한 것과 동일하게 적용했습니다.

수수료 및 세금은 키움증권 기준으로 각각 0.015%와 0.3%를 적용했으며, 슬리피지는 고려하지 않았습니다. 수행 기간은 2020-01-01~2021-06-30이고 일봉 데이터를 기준으로 진행했습니다.

❤ 그림 4-1 RSI(2) 역추세 전략의 백테스팅 결과와 코스피, 코스닥 지수의 누적 수익률

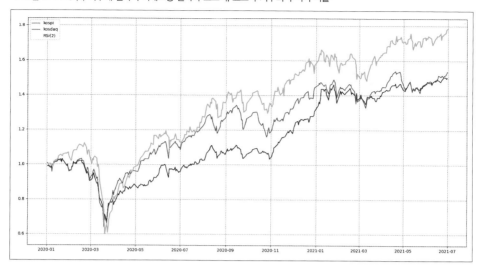

백테스팅 결과를 살펴보겠습니다.

❶ **초기 평가액**: 10,000,000원

❷ **승리 거래**: 221회

❸ **패배 거래**: 0

❹ **매매 승률**: 100%

❺ **최종 평가액**: 21,819,971원

❻ **CAGR**: 68.48%

❼ **MDD**: 39.74%

❽ **MDD 발생일**: 2020-03-23

승리 거래, 패배 거래의 기준은 매매 차익이 발생하면 승리 거래, 손실을 보면 패배 거래로 구분했습니다. 매매 승률은 전체 매매 횟수 중 승리 거래 비율로 100%라는 높은 수치이지만, 손절하지 않고 버티는 전략이므로 승률은 크게 의미가 없습니다. 1000만 원으로 시작하여 약 2100만 원이 되었고 코스피, 코스닥 지수의 수익률보다 조금 높은 수준이었습니다. 또 전 고점 대비 최대 낙폭(Max DrawDown, MDD)은 약 40%였습니다.

하지만 이렇게 과거 데이터를 사용한 백테스팅 결과는 실제 전략을 운용했을 때와 괴리가 발생할 수 있습니다.

그 이유는 다양합니다. 먼저 이 백테스팅 결과는 유니버스를 한 번 구성한 후 백테스팅 기간인 1년 6개월가량 동일한 종목을 대상으로 매매를 진행했다고 가정했습니다. 하지만 실제로 전략을 운용하면서 실적 발표 및 이슈가 생길 때마다 유니버스 구성을 바꾸어 왔다면 매매 대상 종목이 달라지기 때문에 수익에 영향을 미칠 수 있습니다.

또 테스트에 사용한 데이터가 당일 생성된 일봉 데이터(시가, 고가, 저가, 종가)를 기준으로 특정 가격에 매수 주문을 접수해서 체결되었다고 가정합니다. 하지만 실제 매매에서는 내가 주문을 접수한 이후 더 높은 가격으로 거래되는 미체결이 발생하여 수익에 영향을 줄 수 있습니다.

이렇게 백테스팅 결과와 실제 운영 환경에서 차이는 어찌 보면 지극히 당연한 일입니다. 그럼에도 계속해서 자신만의 전략을 만들어 보고 검증하는 과정을 거치면 좋겠습니다.

마지막으로 이 전략은 어디까지나 프로젝트 구현을 위한 예시로, 그대로 사용하기보다는 여러분의 아이디어가 추가된 매매 전략을 구상하고 구현하는 데 참고할 수 있는 전략임을 명심하기 바랍니다.

5^장

프로젝트

이제부터 본격적으로 시스템 트레이딩 프로젝트를 진행하겠습니다. 이 장의 절 제목을 훑어보면 알겠지만, 데이터베이스 사용 및 유니버스 구성(크롤링) 등 지금까지 다루지 않았던 부분까지 이용하여 프로젝트를 진행합니다. 이렇게 갑자기 등장하는 어려운 내용들 때문에 다소 어렵다고 느낄 수도 있지만, 여기서 소개하는 프로젝트를 발전시키거나 응용하는 데 데이터베이스나 유니버스 구성 부분이 꼭 필요하다고 판단했습니다. 동시에 코드도 길어질 수밖에 없는데, 지금까지 한 것처럼 천천히 흐름을 파악하면서 살펴본다면 충분히 해낼 수 있으리라 믿습니다.

5.1 프로젝트 구조

프로젝트의 전체 구조를 살펴보겠습니다.

▼ 그림 5-1 실전 프로젝트 구조 설명

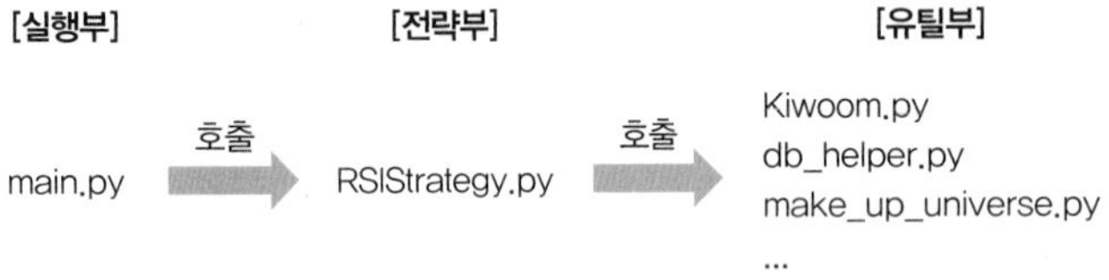

```
[실행부]              [전략부]                    [유틸부]

                                              Kiwoom.py
               호출                  호출       db_helper.py
main.py    ──────▶  RSIStrategy.py  ──────▶   make_up_universe.py
                                              ...
```

왼쪽에 보이는 실행부의 main.py 파일은 전략을 호출하는 영역입니다. 사용할 전략을 호출하는 용도로 main.py 코드를 구성합니다. main에서 호출해서 사용하는 전략부인 RSIStrategy.py 파일은 시스템 동작에 필요한 기능을 모아 놓은 클래스입니다. 시스템 동작에 필요한 기능들을 전략 내부에서 모두 구현하는 것이 아니라 분리할 수 있는 영역은 유틸부(Utility)로 분리했습니다. 이렇게 하면 다수 전략을 운영할 때 전략부마다 유틸을 호출하여 사용할 수 있습니다.

유틸에 들어가는 모듈을 소개하면, 3장에서 만든 Kiwoom API를 제어하는 기능을 담은 Kiwoom.py 파일, 그리고 앞으로 등장할 데이터베이스 제어 역할을 하는 db_helper.py 파일, 유니버스 구성 역할을 하는 make_up_universe.py 파일 등이 들어 있습니다. 그림 5-2와 같이 프로젝트 구조에 새 모듈들을 추가합니다.

```
SystemTrading/
├────── api
├────────── __init__.py
├────────── Kiwoom.py
├────── util
├────────── __init__.py
├────────── const.py
├────────── db_helper.py
├────────── time_helper.py
├────────── make_up_universe.py
├────── strategy
├────────── __init__S.py
├────────── RSIStrategy.py
└────── main.py
```

지금 추가된 새 모듈들은 빈 상태입니다. Kiwoom.py 파일은 util 패키지가 아니라 api 패키지에
위치하는데, api 패키지 역시 공통으로 사용 가능하다는 의미에서 유틸 영역이라고 생각해도 좋
습니다. 이 Kiwoom.py 파일은 3장에서 만들었던 코드를 그대로 사용합니다. 이어서 프로젝트
논리 구조 흐름을 살펴보겠습니다.

▼ 그림 5-3 프로젝트 논리 구조 흐름(프로그램 동작에 필요한 초기화 단계)

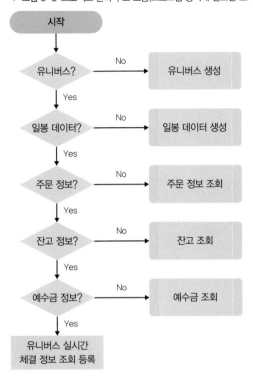

그림의 '시작' 부분부터 보면 프로그램 초기 실행 단계에서는 유니버스가 있는지와 일봉 데이터, 주문, 잔고 정보가 있는지 확인하고 데이터가 없다면 생성하는 작업을 합니다. 그다음 유니버스에 속하는 종목들의 실시간 체결 정보를 조회하고 등록하는 과정을 거쳐 실시간 체결 정보를 얻어 옵니다. 여기까지가 자동매매 프로그램 동작에 필요한 초기화 단계입니다.

이 작업 중 한 단계라도 에러가 발생하면 다음 단계를 진행할 수 없도록 구성해야 합니다. 예를 들어 유니버스 조회 함수가 제대로 동작하지 않은 상태에서는 매매 대상에 문제가 있을 수 있으니 자동매매를 진행해서는 안 되므로, 초기화 단계를 이루는 다른 기능들도 에러가 발생하면 다음 단계로 넘어가지 못하게 해야 합니다.

반대로 초기화 작업이 문제없이 성공하면 그림 5-4에 등장하는 ❶~❼ 단계를 수행합니다.

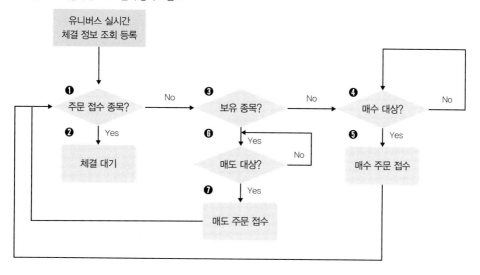

▼ 그림 5-4 자동매매 프로그램의 동작 흐름도

각 단계를 하나씩 살펴보겠습니다.

❶ 초기화 함수에서 얻어 온 주문 정보로 유니버스 중 이미 매매 주문이 접수된 종목이 있는지 확인합니다.

❷ 주문 접수한 종목이라면 체결될 때까지 대기합니다(여기서 접수 시간이 얼마나 지났는지 주문가와 현재 거래가 차이에 따라 주문을 취소하고 재접수하도록 로직을 수정해도 좋지만, 우리 프로그램에서는 대기하는 방법을 사용하겠습니다).

❸ 주문을 접수한 종목이 아니라면 초기화 함수 중 잔고 확인으로 보유한 종목인지 확인합니다.

❹ 보유하지 않은 종목이라면 매수 대상인지 조건을 확인합니다. 매수 대상이 아니라면 이 단계를 계속 반복하여 매수 신호를 확인합니다.

❺ 매수 조건에 해당하는 종목이라면 매수 주문을 접수합니다.

❻ 이미 보유한 종목이라면 매도 대상인지 확인합니다. 매도 대상이 아니라면 계속 반복하며 매도 신호를 확인합니다.

❼ 매도 조건에 해당한다면 매도 주문을 접수합니다.

지금까지 프로젝트 구조와 프로그램 동작 흐름을 알아보았습니다. 프로그램이 어떻게 동작할지 구상한 대로 코드를 만들어 시스템을 구축해야 하는 만큼 아주 중요한 부분입니다. 이 부분이 잘 이해되지 않으면 프로젝트 진행도 어려울 수 있으니 꼭 이해하고 다음 장으로 넘어가길 추천합니다.

5.2 데이터베이스 사용

여러 매체에서 한 번쯤 데이터베이스(database)라는 말을 들어 보았을 것입니다.

데이터베이스란 간단하게 말해 컴퓨터 시스템에 저장하는 구조화된 정보 및 데이터 모음이라고 할 수 있습니다. 보통 데이터베이스는 여러 사람이 동일한 데이터를 공유하려는 것이 목적이지만, 우리는 개인 PC에 매매에 필요한 정보를 저장하고 관리하려는 용도로 사용합니다.

앞서 우리는 Kiwoom API를 이용하여 특정 종목의 일봉 데이터를 조회하고 이를 클래스 변수에 저장했습니다. 하지만 이 데이터는 컴퓨터를 재부팅하는 등 프로그램을 다시 실행하면 사라지는 **휘발성 메모리**(volatile memory)에 저장되어 있습니다.

따라서 프로그램을 실행할 때마다 일봉 데이터를 새로 조회해야 하는 번거로움이 있습니다. 물론 그렇게 사용해도 되지만, 한 번 저장하면 계속 사용할 수 있는 데이터를 프로그램을 실행할 때마다 불러오는 것은 데이터양이 많으면 많을수록 리소스를 소비하는 일입니다. 따라서 이 데이터들을 데이터베이스에 저장하여 안전하게 보관하고 필요할 때마다 불러와 쓰는 것이 더 효율적입니다.

데이터베이스 종류가 다양하지만, 여기서는 별도의 설치가 필요 없는 SQLite라는 데이터베이스를 사용하겠습니다.

파이썬에서는 sqlite3 모듈로 쉽게 SQLite 데이터베이스를 사용할 수 있기에 따로 설치가 필요하지 않으니 바로 코드로 설명하겠습니다. util에 만들어 놓은 db_helper.py 파일에 다음 코드를 작성한 후 실행해 보겠습니다.

db_helper.py

```
import sqlite3
conn = sqlite3.connect('universe_price.db')
```

이 코드는 universe_price라는 데이터베이스 파일(.db)에 연결하겠다는 의미입니다. 해당 파일이 있으면 연결하는 역할만 하지만, 없으면 파일을 생성하는 작업까지 수행합니다. 파일이 생성되는 위치를 지정할 수도 있지만, 경로를 따로 지정하지 않으면 코드가 실행되는 파일(db_helper.py)과 같은 위치에 자동으로 생성됩니다. 따라서 프로젝트의 util 패키지에 다음과 같이 universe_price.db가 생긴 것을 확인할 수 있습니다.

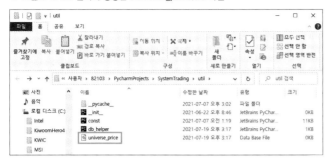

하지만 이미 파일이 있을 때는 연결하는 역할만 하기 때문에 db_helper.py 파일을 재실행한다고 해서 universe_price.db는 다시 생성되지 않습니다.

그럼 이렇게 .db 연결(connection)에 성공하면 이 연결 정보를 conn 변수에 저장한 후 cursor라는 함수를 사용하여 얻은 객체로 데이터베이스를 제어할 수 있습니다. 데이터베이스를 제어한다는 것은 우리가 만든 데이터베이스 파일에 데이터를 삽입·삭제·수정·조회한다는 것을 의미합니다. 이때 SQL이라는 데이터베이스용 프로그래밍 언어를 따로 사용하지만 크게 어렵지 않은 수준이므로 걱정하지 않아도 좋습니다.

그럼 데이터베이스가 어떻게 구성되어 있는지 먼저 테이블(table) 개념부터 살펴보겠습니다.

▼ 그림 5-6 데이터베이스 안 테이블

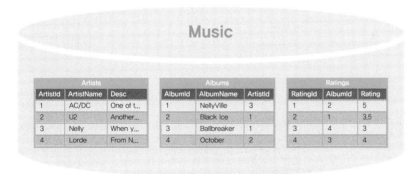

테이블이란 특정한 데이터의 묶음이고, 데이터베이스는 이 테이블들을 담고 있는 시스템이라고 생각할 수 있습니다. 그림 5-6을 보면 Music이란 데이터베이스 안에 Artists, Albums, Ratings라는 테이블이 있고, 테이블마다 저장할 수 있는 column(열) 항목이 각각 다릅니다.

Artists 테이블은 테이블 이름대로 아티스트 이름 및 정보가 들어 있는 것이 적절하고, Albums 테이블에는 앨범 정보가 들어 있도록 테이블을 만들어야 합니다.

이렇게 같은 데이터베이스 내에 서로 다른 여러 테이블이 있을 수 있고, 테이블마다 저장할 수 있는 데이터 항목이 다르기 때문에 다양한 형태의 데이터를 저장할 수 있습니다.

물론 테이블 구조는 데이터를 어떻게 분류하여 저장할지 구상한 프로그래머 마음대로 만들 수 있고 변경할 수 있습니다. 그러면 sqlite3를 이용하여 universe_price.db 안에 테이블을 하나 만들어 보겠습니다. 잔고 정보를 저장하는 balance 테이블을 만들기 위해 다음 코드를 작성합니다.

db_helper.py

```python
import sqlite3
conn = sqlite3.connect('universe_price.db')

cur = conn.cursor()
cur.execute('''CREATE TABLE balance      ----- 테이블 생성
               (code varchar(6) PRIMARY KEY,
                bid_price int(20) NOT NULL,
                quantity int(20) NOT NULL,
                created_at varchar(14) NOT NULL,
                will_clear_at varchar(14)
                )''')

conn.commit()
```

코드를 하나씩 살펴보겠습니다. sqlite3.connect로 연결 객체를 얻어 와 conn 변수에 저장합니다. 하지만 데이터베이스를 실제로 제어하려면 conn.cursor()라는 연결 객체 conn의 cursor가 필요합니다. 이 conn.cursor()를 cur 변수에 담아 SQL을 실행하는 execute 함수를 사용하도록 하겠습니다.

따라서 SQL을 실행하려면 cur.execute(SQL)처럼 SQL을 cur.execute 함수에 전달하여 사용하고, 앞 코드를 보면 SQL은 '''CREATE TABLE balance(code~, bid_price~, quantity~, created_at~, will_clear_at~)'''입니다.

SQL이 데이터베이스용 프로그래밍 언어라고 해서 특별한 것이 아니라 특정한 키워드를 이용한 문자열을 cur.execute()에 전달하면 데이터베이스에서 명령어를 수행하게 됩니다.

그럼 테이블을 생성하는 SQL을 살펴보면 CREATE TABLE로 시작합니다. 이는 테이블을 새로 만들겠다는 것으로, 그다음 등장하는 balance를 테이블 이름으로 사용하겠다는 의미입니다. 이후 등장하는 code varchar(6) PRIMARY KEY는 테이블에 저장할 열(column) 정보입니다.

첫 번째 열은 code라고 이름 짓고 한 칸 띈 후 이 열에 저장될 데이터 타입을 정의합니다. varchar(6)이란 최대 길이 6자리의 문자열로 정하겠다는 의미입니다. PRIMARY KEY는 이 code 열을 기본 키로 지정하겠다는 것으로, balance 테이블 안에 중복되는 code 값이 없다는 것을 의미합니다. 또 이 기본 키는 다른 데이터와 구분되는 유일한 값이어야 하므로 빈 값으로 저장할 수 없습니다.

Note ≡ 기본 키(PRIMARY KEY) 또는 프라이머리 키라고도 하며, 해당 테이블에 저장된 데이터끼리 식별할 수 있는 유일한 값을 의미합니다. 예를 들어 다음과 같이 학생들의 인적 사항을 저장하는 테이블에서는 '성별' 열을 이용해서 데이터를 특정할 수 없기 때문에 '성별'은 기본 키가 될 수 없습니다.

성별	나이	학번
남	26	1001
여	25	1002
남	26	1003
여	20	1004

반대로 '학번'은 학생들마다 고유한 값으로 중복할 수 없기 때문에 학번을 기본 키로 사용할 수 있습니다. 이처럼 테이블 안에 저장된 데이터끼리 구분할 수 있는 유일한 값을 가진 열을 기본 키로 지정할 수 있습니다.

이어서 code 열을 만드는 것처럼 bid_price, quantity, created_at, will_clear_at을 만듭니다. 이 열들을 정의할 때 사용하는 데이터 타입 int(20)은 최대 20자리 정수를 의미하며, NOT NULL은 이 테이블에 데이터를 삽입할 때 해당 열이 빈 상태로는 저장할 수 없다는 것입니다. 즉, balance 테이블에는 bid_price, quantity, created_at 그리고 기본 키로 지정된 code 열을 빈 값으로 저장할 수 없습니다.

이렇게 테이블을 만들어 어떤 데이터를 담을지 구조를 먼저 정의한 후 저장할 수 있습니다. 마지막 라인에 등장하는 conn.commit()이란 데이터베이스를 제어한 후 결과를 최종적으로 확정 짓는 코드입니다. 결과를 확정 짓지 않으면 그동안 데이터를 저장하는 등 변경된 사항들이 데이터베이스에 반영되지 않습니다. 따라서 커밋(commit)을 수행하여 변경 사항을 저장해 주어야 하지만, 데이터베이스를 사용하면서 매번 커밋해 주는 것은 은근히 귀찮고 불편한 일입니다. 이때 데이터베이스에 연결하는 코드 conn = sqlite3.connect('universe_price.db')에 다음과 같이 isolation_level이라는 옵션을 추가하면 커밋하는 코드를 사용하지 않아도 자동으로 커밋 처리를 할 수 있습니다.

db_helper.py

```python
conn = sqlite3.connect('universe_price.db', isolation_level=None)
cur = conn.cursor()

cur.execute('''CREATE TABLE balance
                (code varchar(6) PRIMARY KEY,
                 bid_price int(20) NOT NULL,
                 quantity int(20) NOT NULL,
                 created_at varchar(14) NOT NULL,
                 will_clear_at varchar(14)
                )''')
```

> Note ≡ 이외에도 설명해야 할 점이 많지만 전부 다 설명하기에는 지면 한계가 있으므로 최대한 간략히 설명했습니다. SQL을 더 자세히 익히고 싶다면 다음 웹 사이트를 참고하기 바랍니다.
>
> URL https://www.w3schools.com/sql/

지금까지 코드로 만든 테이블들이 잘 생성되었는지 확인하려면 DB Browser for SQLite라는 데이터베이스 툴을 사용해야 하기에 내려받기 및 설치 과정을 살펴보겠습니다.

1. 먼저 https://sqlitebrowser.org에 접속한 후 Download를 선택합니다.

▼ 그림 5-7 DB Browser for SQLite 웹 사이트 접속

2. 운영체제(Windows)와 비트(32-Bit 또는 64-Bit)에 맞는 버전을 선택하여 설치합니다. 여기서는 Standard installer for 64-bit Windows를 선택했습니다.

▼ 그림 5-8 운영체제에 맞는 DB Browser for SQLite 버전 내려받기

> Note ≡   Standard installer는 설치 파일을 내려받아 따로 설치하고, .zip (no installer)는 zip 파일을 내려받아 압축을 해제하여 그 안에 있는 프로그램을 바로 사용할 수 있습니다. 둘 중 어느 것을 받아도 상관없지만 설치 과정을 통일하고자 Standard installer를 내려받겠습니다.

3. 내려받은 설치 파일을 실행하여 다음 화면이 나오면 Next를 누릅니다.

▼ 그림 5-9 DB Browser for SQLite 설치 시작

4. 라이선스 동의 화면이 나오면 I accept the terms in the License Agreement에 체크하고 Next를 누릅니다.

❤ 그림 5-10 라이선스 동의

❤ 그림 5-10 라이선스 동의

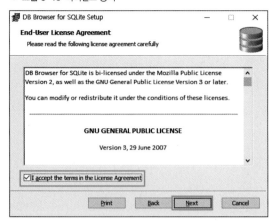

5. 다음 화면에서는 바로가기 파일을 어디에 만들지 설정합니다. 여기서는 DB Browser (SQLite)에 있는 **Desktop**에 체크합니다. 이 옵션은 DB Browser (SQLite)의 바로가기 파일을 바탕화면에 만들겠다는 의미입니다(오른쪽에 있는 DB Browser (SQLCipher)는 암호화된 SQLite 버전을 의미합니다). 그리고 **Next**를 누릅니다.

❤ 그림 5-11 바로가기 파일 위치 설정

6. 설치 위치를 선택하는 화면이 나오면 별도로 설정하지 않고 **Next**를 누릅니다.

▼ 그림 5-12 설치 위치 지정(Dcfault)

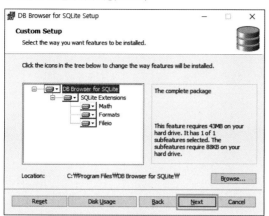

7. 설치 준비를 마쳤으므로 **Install**을 눌러 설치를 시작합니다.

▼ 그림 5-13 [Install] 버튼 클릭

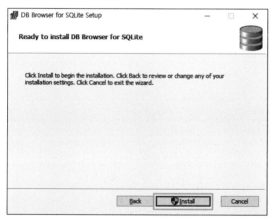

8. 바탕화면에 생성된 DB Browser(SQLite).exe 파일을 실행한 후 **파일** > **데이터베이스 열기**를 선택합니다.

❤ 그림 5-14 DB Browser(SQLite)에서 데이터베이스 열기

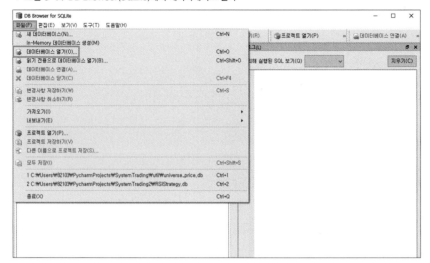

9. universe_price.db가 있는 폴더로 이동하여 해당 파일을 선택하고 **열기**를 누릅니다.

❤ 그림 5-15 universe_price.db 파일 열기

10. 나타난 화면에서 **데이터 보기**를 클릭하면 데이터베이스에 있는 테이블들을 확인할 수 있습니다. '테이블' 옆에 보이는 드롭다운 버튼을 클릭하여 **balance**를 선택하면 우리가 정의한 대로 열들이 만들어진 것을 알 수 있습니다(현재는 balance 테이블을 만들기만 해서 저장된 데이터는 아직 없습니다).

▼ 그림 5-16 universe_price.db 파일에 생성된 balance 테이블 확인

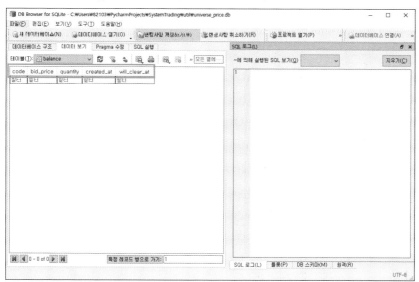

테이블이 정상적으로 생성되었다는 것을 확인했으니 테이블에 데이터를 저장 · 조회 · 수정 · 삭제
하는 방법을 알아보겠습니다.

5.2.1 데이터 삽입: insert

다시 파이참으로 돌아가 balance 테이블에 값을 넣는 코드를 만들어 보겠습니다.

db_helper.py

```python
import sqlite3
conn = sqlite3.connect('universe_price.db', isolation_level=None)
cur = conn.cursor()

# cur.execute('''CREATE TABLE balance
#               (code varchar(6) PRIMARY KEY,
#                bid_price int(20) NOT NULL,
#                quantity int(20) NOT NULL,
#                created_at varchar(14) NOT NULL,
#                will_clear_at varchar(14)
#              )''')

sql = "insert into balance(code, bid_price, quantity, created_at, will_clear_at) values
```

```
               (?, ?, ?, ?, ?)"
cur.execute(sql, ('005930', 70000, 10, '20201222', 'today'))
print(cur.rowcount)
```

테이블 생성에 사용했던 코드는 주석 처리했습니다. 이미 있는 테이블을 다시 생성하려고 하면 테이블이 존재한다는 에러가 발생하기 때문입니다. 여기서 수행하는 SQL을 주석 처리하지 않으려면 CREATE TABLE을 CREATE TABLE IF NOT EXISTS로 고칩니다. 그러면 테이블이 없을 때만 CREATE가 수행되므로 테이블이 있을 때도 문제되지 않습니다. 따라서 SQL에 CREATE TABLE IF NOT EXISTS를 사용한 경우에는 주석 처리를 해제해도 좋습니다.

그러면 데이터를 삽입(insert)하는 데 사용할 SQL를 살펴보겠습니다.

```
sql = "insert into balance(code, bid_price, quantity, created_at, will_clear_at) values
       (?, ?, ?, ?, ?)"
```

SQL이 insert into로 시작하면 테이블에 데이터를 넣겠다는 명령어로, into 다음에는 데이터를 넣을 테이블 이름이 와야 합니다. 이후에는 해당 테이블의 컬럼들이 순서대로 등장합니다.

> Note ≡ 이전에 사용했던 CREATE TABLE 및 INSERT 그리고 앞으로 배울 SELECT, UPDATE, DELETE 등은 모두 SQL에서 사용할 키워드들이며, 대·소문자를 구분하지 않습니다. 여기서는 SQL을 insert into라고 사용했지만 INSERT INTO처럼 대문자로 사용해도 무방합니다.

code, bid_price, quantity, created_at, will_clear_at까지 모든 열 이름을 넣으면 values라는 키워드가 등장합니다. 이 키워드 다음에는 열 수에 맞는 물음표를 넣습니다.

그다음 코드를 살펴보겠습니다.

```
cur.execute(sql, ('005930', 70000, 10, '20201222', 'today'))
```

execute 함수를 보면 매개변수 sql 외에 ('005930', 70000, 10, '20201222', 'today')를 두 번째 매개변수로 사용합니다. 이 값들은 우리가 정의한 테이블의 열 순서인 종목 코드(code), 매수가(bid_price), 수량(quantity), 생성 일자(매수 일자(created_at)), 청산 예정 일자(매도 예정 일자(will_clear_at))를 의미하며, sql에서 values 다음 등장하는 (?, ?, ?, ?, ?)에 순서대로 사용됩니다.

따라서 수행되는 SQL은 balance 테이블에 종목 코드: '005930', 매수가: 70000, 수량: 10, 생성 일자: '20201222', 청산 예정 일자: 'today'인 데이터를 넣으라는 의미입니다.

> **Note ≡** SQL에서 종목 코드는 '005930'처럼 따옴표를 사용하여 문자로 만들고 매수가는 따옴표 없이 숫자로 70000을 사용하는 이유는 balance 테이블을 생성할 때 종목 코드(code) 타입을 문자형, 매수가(bid_price)는 숫자형으로 정의했기 때문입니다.

코드를 실행하면 SQL이 정상적으로 수행되는 것을 알 수 있지만 결과를 직접 확인해 보고자 조금 전에 설치한 DB Browser로 다시 돌아가 보겠습니다. 이전에 balance 테이블 생성을 확인하며 DB Browser를 아직 실행해 놓은 상태라면 새로고침(F5)을 눌러야 변화를 확인할 수 있습니다.

✔ 그림 5-17 DB Browser에서 테이블 조회

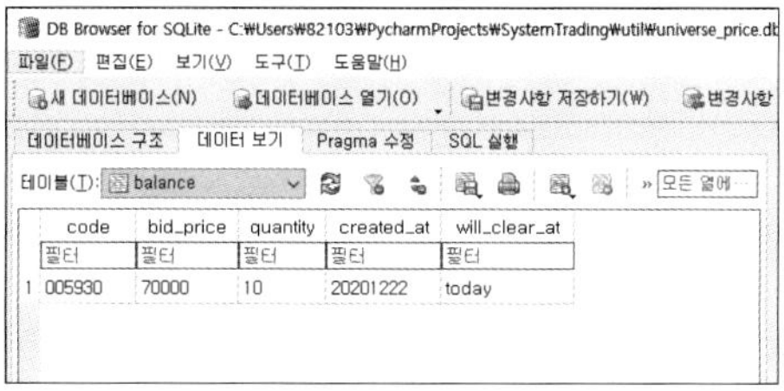

그러면 그림 5-17과 같이 테이블에 데이터가 잘 저장되었음을 알 수 있었습니다. 여기서 파이참에서 실행했던 동일한 insert SQL 코드를 한 번 더 실행하면 어떻게 될까요?

```
Traceback (most recent call last):
  File "C:/Users/82103/PycharmProjects/SystemTrading/util/db_helper.py", line 15, in
<module>
    cur.execute(sql, ('005930', 70000, 10, '20201222', 'today'))
sqlite3.IntegrityError: UNIQUE constraint failed: balance.code
```

이처럼 동일한 insert 문을 다시 실행하면 에러가 발생하는 것을 알 수 있습니다. 에러가 발생하는 이유는 유일함이라는 제약(UNIQUE constraint)이 있기 때문입니다. 무슨 말이냐면 insert 문은 종목 코드 '005930'인 데이터를 balance 테이블에 하나 더 삽입하는 과정을 거칩니다. 하지만 우리가 balance 테이블을 생성할 때 code 열을 다른 데이터들과 구분할 수 있는 유일한 기본 키(PRIMARY KEY)로 설정했기 때문에 데이터 중복이 있을 수 없습니다. 중복된 종목 코드를 사용할 수 없어 에러가 발생하는 것입니다.

그러면 종목 코드를 바꾸어 insert 문을 실행해 보겠습니다. 바뀐 종목 코드에 따라 매수가와 수량도 함께 고쳤습니다.

db_helper.py

```
(...)
cur.execute(sql, ('007700', 35000, 30, '20201222', 'today'))
(...)
```

파이참에서 코드를 실행한 후 다시 DB Browser로 돌아와 새로고침([F5])을 해 보면 데이터가 새로 생성된 것을 알 수 있습니다.

▼ 그림 5-18 DB Browser에서 테이블 조회 - 007700 추가

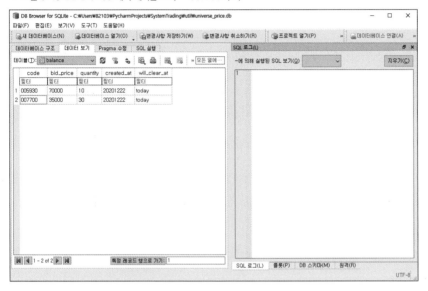

5.2.2 데이터 조회: select

balance 테이블에 넣었던 데이터를 DB Browser 같은 툴 없이 코드로 조회해 보겠습니다. 이 방법은 select라는 키워드를 사용하여 SQL을 구성합니다.

db_helper.py

```
import sqlite3
conn = sqlite3.connect('universe_price.db', isolation_level=None)

cur = conn.cursor()
```

```
cur.execute('select * from balance ')

row = cur.fetchone()
print(row)
```

cur.execute에 전달되는 SQL, 'select * from balance'에서 'select'는 조회하겠다는 것이고, '*'는 해당 테이블에 있는 모든 행(rows)의 모든 열(columns)을 조회하겠다는 것입니다. 반대로 '*'를 사용하지 않고 필요한 열만 조회하고 싶으면 열 이름을 입력합니다. 예를 들어 'select code, created_at from balance'라고 SQL을 작성하면 모든 행에서 code와 created_at이라는 열 두 개만 조회하겠다는 것입니다. 이 부분은 뒤에서 조회 결과를 살펴보며 다시 설명하겠습니다. 그다음 from은 어느 테이블에서 데이터를 얻어 올지 나타내기에 이 다음에는 데이터베이스에 있는 테이블 이름이 와야 합니다. balance 테이블은 데이터베이스에 미리 생성해 둔 테이블이니 이 SQL을 실행하면 정상적으로 조회 결과가 나옵니다. 하지만 from 다음에 존재하지 않는 테이블을 사용하면 에러가 발생합니다.

이어서 다음을 살펴보면 row = cur.fetchone()이라는 코드가 등장합니다. SQL을 실행할 때 cur 객체의 execute 함수로 cur.execute(SQL)처럼 사용했습니다. 이후 SQL 실행 결과는 마찬가지로 cur 객체로 확인할 수 있습니다. 여기서 fetchone이라는 함수는 첫 번째 행 데이터 하나만(one) 가져오겠다는(fetch) 의미입니다. 실행 결과를 확인해 보면 다음과 같습니다.

```
('005930', 70000, 10, '20201222', 'today')
```

이 결과를 살펴보면 fetchone 함수를 사용했기 때문에 하나의 행만 조회되었으며, 모든 열이 조회되는 이유는 'select * from balance'에서 설명한 것처럼 모든 열을 의미하는 *를 사용했기 때문입니다. 이와 다르게 code, created_at 열 두 개만 조회하려고 SQL을 다음과 같이 바꾸면 실행 결과가 다르게 나옵니다.

db_helper.py
```
(...)
cur.execute('select code, created_at from balance')

row = cur.fetchone()
print(row)
```

이 코드의 실행 결과는 다음과 같습니다.

```
('005930', '20201222')
```

이렇게 조회하고자 하는 열을 선택할 수 있지만, 결국 cur.fetchone()이란 조회 결과 중에서 하나의 행만 가져오겠다는 것입니다. 조회 결과에 데이터가 여러 개 있더라도 cur.fetchone() 수행 결과는 그중 먼저 저장되어 있던 하나의 행만 가져옵니다. 조회 결과 전부를 가져오려면 fetchall()을 사용합니다.

db_helper.py

```python
import sqlite3
conn = sqlite3.connect('universe_price.db', isolation_level=None)

cur = conn.cursor()

cur.execute('select * from balance')

rows = cur.fetchall()
print(rows)
```

이 코드의 실행 결과는 다음과 같습니다.

```
[('005930', 70000, 10, '20201222', 'today'), ('007700', 35000, 35, '20201222', 'today')]
```

DB Browser에서 확인했던 한 줄의 행 데이터는 파이썬 코드로 ('005930', 70000, 10, '20201222', 'today')처럼 ()를 사용한 튜플로 조회되며, fetchall()로 전체 행을 조회하면 튜플을 담은 리스트 형태로 조회된다는 것을 기억하기 바랍니다.

혹시 리스트에 튜플이 담긴다는 말이 어렵다면 단순히 조회된 행 데이터들을 출력하는 방법만 기억해도 좋습니다. 다음 코드를 실행하면 테이블에 담긴 행 데이터가 저장된 순서대로 출력됩니다.

db_helper.py

```python
(...)
rows = cur.fetchall()
for row in rows:
    code, bid_price, quantity, created_at, will_clear_at = row
    print(code, bid_price, quantity, created_at, will_clear_at)
```

이 코드의 출력 결과는 다음과 같습니다.

```
005930 70000 10 20201222 today
007700 35000 30 20201222 today
```

이미 출력한 결과에서 알 수 있듯이 fetchall 함수로 조회한 rows는 리스트이므로 for 반복문에 사용할 수 있습니다. 여기서 반복되는 row는 조회된 하나의 행을 의미합니다. 하나의 행은 튜플로 저장되므로 row는 ('005930', 70000, 10, '20201222', 'today')와 같고, 이를 언패킹 (unpacking)하여 출력할 수 있었습니다.

앞으로 데이터베이스에서 select SQL을 이용하여 값을 조회할 때는 앞 코드처럼 for 반복문을 사용하도록 하겠습니다.

지금까지 select로 데이터베이스에 있는 데이터를 조회하는 방법을 살펴보았습니다. 그런데 생각해 보면 조회된 결과는 우리가 원하는 조건에 해당하는 것들이 아니라 그저 데이터베이스에 있는 모든 값을 가져온 것이었습니다. 원하는 조건에 해당하는 행을 선별하고자 where 키워드를 사용하여 조건을 만들어야 합니다. 예를 들어 보겠습니다.

db_helper.py

```python
import sqlite3
conn = sqlite3.connect('universe_price.db', isolation_level=None)

cur = conn.cursor()

sql = "select * from balance where code = :code"
cur.execute(sql, {"code": '007700'})

row = cur.fetchone()
print(row)
```

sql = "select * from balance"에 where 키워드와 조건을 추가했습니다. where 이후에 등장하는 code = :code는 종목 코드(code) 값이 조회하고 싶은 종목 코드(:code)와 같을 때만 조회하라는 의미입니다. 여기서 :code는 cur.execute의 매개변수로 사용되는 딕셔너리 {"code": '007700'}으로 전달받습니다. 따라서 이 코드는 balance 테이블에서 code 값이 '007700'인 행의 모든 열 데이터를 조회합니다. 이 코드를 실행하면 다음과 같이 출력됩니다.

```
('007700', 35000, 30, '20201222', 'today')
```

조회하여 사용할 조건이 여러 개라면 다음과 같이 조건들 사이에 and를 사용합니다.

```python
sql = "select * from balance where code = :code and created_at = :created_at"
cur.execute(sql, {'code': '005930', 'created_at': '20201222'})
```

sql 문에 and를 넣어 조건을 하나 더 추가하면 cur.execute에 전달하는 매개변수 딕셔너리에도 마찬가지로 조건에 해당하는 (키-값)을 추가해야 합니다. code 조건 외에 created_at 조건을 추가했으니 딕셔너리는 다음과 같이 code와 created_at에 해당하는 값을 전달해야 합니다.

```
{'code': '005930', 'created_at': '20201222'}
```

이렇게 하면 balance 테이블에서 code 값이 '005930'이면서 created_at 값이 '20201222'인 행을 조회합니다.

```
('005930', 70000, 10, '20201222', 'today')
```

지금은 테이블에 저장되어 있는 데이터가 두 개뿐이고 그마저도 서로 다른 code 값을 기준으로 구분되기에 code 열 하나의 조건을 사용해도 충분하지만, 데이터양이 많아질수록 조회에 필요한 조건도 많아질 수 있습니다.

5.2.3 데이터 수정: update

다음은 테이블의 데이터를 변경하는 update 문을 알아보겠습니다. 현재 balance 테이블은 다음과 같은 상태입니다.

❤ 그림 5-19 balance 테이블의 현재 상태

update 문의 사용법은 select 문과 비슷합니다.

---

db_helper.py

```python
import sqlite3
conn = sqlite3.connect('universe_price.db', isolation_level=None)

cur = conn.cursor()
```

```
sql = "update balance set will_clear_at=:will_clear_at where bid_price=:bid_price"
cur.execute(sql, {"will_clear_at": "next", "bid_price": 70000})

print(cur.rowcount)
```

sql은 update + 테이블 이름 + set + 업데이트할 column + where + column 조건절로 구성됩니다. 이 코드는 position 테이블의 will_clear_at 열을 where 키워드를 사용하여 bid_price 값에 따라 변경하겠다는 의미입니다. 다음 줄에 {"will_clear_at": "next", "bid_price": 70000}이라고 되어 있으므로 sql은 balance 테이블에서 bid_price가 70000일 때만 will_clear_at 값을 next로 변경하는 작업을 수행합니다. 반대로 조건에 해당하는 데이터가 없으면 변경되는 것은 아무것도 없을 수 있습니다. 우리가 사용한 SQL에는 조건에 해당하는 행 데이터가 있으므로 코드를 실행한 후 DB Browser 화면을 새로고침해 보면 다음과 같이 will_clear_at 열이 변경되었음을 알 수 있습니다.

❤ 그림 5-20 update 문을 수행한 후 balance 테이블

마지막 줄에 있는 print(cur.rowcount) 코드는 해당 SQL이 실행되고 조회, 삽입, 수정, 삭제 등 SQL 실행에 성공한 데이터 건수를 출력합니다. 여기서는 하나의 데이터가 수정되었으므로 출력 결과는 1이며, 수행 조건에 해당하는 데이터가 없도록 조건을 바꾼다면 print(cur.rowcount) 결과는 0이 될 것입니다.

update 문을 사용할 때 주의해야 할 점은 where 문을 이용하여 조건을 넣지 않으면 해당 테이블 (balance)에 들어 있는 모든 데이터가 변경됩니다. 따라서 where 문으로 데이터를 변경하고 싶은 행의 조건을 상세화해서 의도하지 않은 수정은 피해야 합니다.

5.2.4 데이터 삭제: delete

다음은 데이터를 삭제하는 방법을 알아보겠습니다. 여기서 데이터란 테이블 자체가 될 수도 있고 테이블에 있는 행(row)이 될 수도 있습니다. 우리가 삭제할 데이터는 테이블에 들어 있는 행을 의미하며, 여기서는 delete 문을 사용합니다. 혹시 테이블 자체를 삭제하고 싶다면 drop이라는 SQL을 사용해야 합니다.

> Note ☰   이 책에서는 drop 문을 사용하지 않아 따로 설명하지는 않았으므로 더 자세한 내용이 궁금한 독자는 다음 게시물을 참고하기 바랍니다.
>
> Python SQLite – Drop Table
>
> URL https://bit.ly/3hleadZ

그러면 delete 문의 사용법을 알아보겠습니다. 사용법은 update 문과 비슷하며 이 역시 where 조건을 명확히 넣어 의도한 값을 삭제하도록 해야 합니다. 여기서는 will_clear_at 열이 next인 경우를 삭제해 보겠습니다.

db_helper.py

```
(...)
sql = "delete from balance where will_clear_at=:will_clear_at"
cur.execute(sql, {"will_clear_at": "next"})
(...)
```

이 sql을 살펴보면 delete + from + 테이블 이름 + where 조건으로 구성됩니다. 마찬가지로 where 다음에 나올 조건으로 사용할 열을 여러 개 만들고 싶다면 and를 사용합니다. 코드를 실행한 후 DB Browser를 새로고침해 보면 데이터가 삭제되었음을 알 수 있습니다.

❤ 그림 5-21 delete 문을 수행한 후 balance 테이블

지금까지 delete 문을 간단하게 알아보았습니다. 데이터 삭제는 항상 신중하게 해야 하며, update 문을 사용할 때 주의 사항과 마찬가지로 where 조건을 사용하지 않는다면 테이블에 있는 데이터를 전부 다 지우게 되므로 항상 where 조건을 상세히 지정해서 삭제하고 싶은 데이터만 삭제해야 합니다.

5.2.5 연결 객체 종료: with

지금까지 SQLite 데이터베이스를 사용하는 방법을 알아보았는데, 프로젝트 진행에 사용하지 않아서 다루지 않은 내용도 많습니다. 하지만 나중에 규모가 크고 협업이 필요한 애플리케이션을 만들 때는 데이터베이스를 사용한 후 연결을 종료하는 방법도 알아야 합니다.

데이터베이스를 사용한 후 종료하지 않으면 컴퓨터 자원을 불필요하게 소모하는 메모리 누수가 발생하여 프로그램에 문제가 생길 수 있기 때문입니다. 종료하는 코드는 다음과 같이 conn 객체에 close 함수를 사용합니다.

```
conn.close()
```

하지만 이렇게 사용한 후 매번 close 함수를 호출하는 것은 귀찮은 일일 수 있으므로, 다음과 같이 연결 코드 앞에 with 문을 사용하면 자동으로 conn.close()가 수행되도록 할 수 있습니다. with를 사용하면 얻는 또 하나의 장점은 isolation_level=None을 넣지 않아도 자동으로 커밋까지 수행하는 것입니다.

```
with sqlite3.connect('universe_price.db') as conn:
    cur = conn.cursor()  ⸳⸳⸳⸳ with 문 아래 블록은 들여쓰기 합니다.
```

코드를 이렇게 작성하면 연결 이후에 자동으로 연결을 끊기 때문에 일일이 close 함수를 호출하지 않아도 됩니다. 물론 with나 conn.close()를 사용하지 않는다고 해서 소규모 프로그램에서 반드시 문제가 생긴다고 할 수는 없습니다. 혹시 모를 위험에 대비하거나 나중에 더 큰 프로젝트를 진행하기 전 습관을 들인다는 마음으로 앞으로 데이터베이스 연결을 수행할 때는 with 문을 사용하겠습니다.

5.3 유니버스 만들기

이번에는 4.3절에서 설명한 조건대로 매매 대상을 만들어 보겠습니다. 이 과정에서 크롤링 (crawling)과 데이터프레임(dataframe)을 사용합니다. 하지만 데이터프레임은 간단히 사용해 본 정 도고, 크롤링은 아예 처음 소개하는 내용이라 어렵게 느낄 수 있습니다. 이 두 가지 모두 하나씩 차근차근 설명하면 좋겠지만 지면상 그렇지 못해서 너무 어렵게 느껴진다면 코드에 달린 주석 위 주로 살펴본 후 코드를 실행하여 그 세부 내용은 천천히 이해해도 좋습니다.

그러면 유니버스를 구성할 조건을 다시 정리해 보겠습니다.

❶ ETF, 우선주 제외

❷ 지주 회사(홀딩스) 제외

❸ 매출액 증가율이 0보다 큰 기업

❹ ROE가 0보다 큰 기업

❺ ROE와 1/PER(PER의 역수)로 내림차순했을 때 순위를 구해 두 순위의 평균을 계산한 후 상위 기업 200개 추출

5.3.1 데이터 크롤링

크롤링이란 원하는 데이터들을 수집하는 작업으로, 우리에게 필요한 데이터란 유니버 스 구성 조건으로 사용할 매출 증가율, ROE, PER 같은 것들입니다. 이 데이터들은 Naver Finance(https://finance.naver.com/) 페이지를 크롤링해 얻어 올 예정입니다. 하지만 데이터 를 수집한다고 해서 일일이 수작업으로 가져오는 것이 아니라 파이썬 코드를 이용하여 자동화하 는 작업입니다. 그럼 크롤링 대상이 되는 Naver Finance에 접속하여 우리가 수집할 데이터를 살 펴보겠습니다.

Naver Finance에서 **국내증시 > 시가총액**을 클릭하면 그림 5-22와 같이 매출 증가율, ROE, PER 등을 확인할 수 있습니다.

▼ 그림 5-22 Naver Finance 페이지에서 시가총액 탭 선택

N	종목명	현재가	전일비	등락률	액면가	거래량	상장주식수	매출액증가율	외국인비율	PER	ROE	토론실
1	삼성전자	79,000	0	0.00%	100	12,336,366	5,969,783	2.78	53.43	18.97	9.99	
2	SK하이닉스	118,500	▼ 500	-0.42%	5,000	1,941,352	728,002	18.19	49.03	16.92	9.53	
3	NAVER	439,000	▼ 4,000	-0.90%	100	786,745	164,263	21.76	56.95	4.47	15.32	
4	카카오	152,000	▼ 2,000	-1.30%	100	6,617,165	444,460	35.40	31.85	221.25	2.70	
5	삼성바이오로직스	913,000	▼ 3,000	-0.33%	2,500	125,001	66,165	N/A	10.26	227.68	N/A	
6	삼성전자우	72,300	▼ 200	-0.28%	100	938,002	822,887	N/A	75.64	17.36	N/A	
7	LG화학	815,000	▼ 5,000	-0.61%	5,000	103,206	70,592	9.96	46.88	35.48	2.93	
8	삼성SDI	731,000	▼ 12,000	-1.62%	5,000	252,601	68,765	11.86	43.48	71.60	4.54	
9	현대차	227,000	▼ 500	-0.22%	5,000	632,864	213,668	-1.65	29.29	27.47	2.04	
10	셀트리온	273,000	▲ 10,000	+3.80%	1,000	1,101,452	137,917	63.86	20.32	62.63	16.68	
11	기아	87,100	▲ 1,300	+1.52%	5,000	2,143,961	405,363	1.76	33.38	15.65	5.05	
12	POSCO	330,000	▼ 4,500	-1.35%	5,000	392,600	87,187	-10.21	53.85	12.89	3.61	
13	LG전자	162,500	▲ 5,000	+3.17%	5,000	1,335,970	163,648	1.53	31.04	15.14	13.23	
14	LG생활건강	1,698,000	▼ 13,000	-0.76%	5,000	10,964	15,618	2.07	46.57	36.60	17.92	
15	현대모비스	279,000	▼ 1,000	-0.36%	5,000	153,946	94,793	-3.74	36.47	14.89	4.66	

이 페이지를 보면 각 기업마다 확인 가능한 항목은 20개가 넘지만 동시에 확인 가능한 항목은 최대 여섯 개입니다. 이 정보들은 내려받을 수 없는 제약이 있지만, 우리는 파이썬 크롤링을 이용하여 제공되는 모든 항목을 얻어 오겠습니다.

먼저 우리가 웹 브라우저에 접속하여 웹 페이지 정보를 눈으로 볼 수 있는 것처럼 파이썬 코드로 해당 웹 페이지 정보를 받아 올 수 있다는 점을 알아야 합니다. 물론 직접 크롤링 기능을 구현하는 것은 쉽지 않겠지만 다행히 파이썬을 이용하여 쉽게 크롤링할 수 있게 도와주는 패키지들이 있습니다. 그중 beautifulsoup4 패키지를 이용하겠습니다.

이 패키지는 아나콘다 프롬프트로 설치합니다. 먼저 우리가 만든 가상 환경 system_trading_py38_32에 진입한 후 패키지 설치를 위해 다음과 같은 명령어를 입력합니다.

```
conda activate system_trading_py38_32
pip install requests bs4 lxml openpyxl numpy
```

진행 과정에서 필요한 패키지들(lxml, openpyxl, numpy)도 있기 때문에 bs4(beautifulsoup4)처럼 설치했습니다. 설치 이후에는 크롤링을 수행할 util 패키지의 make_up_universe.py 파일에 다음과 같이 코드를 작성합니다.

```python
import requests
from bs4 import BeautifulSoup
import numpy as np
import pandas as pd
from datetime import datetime


BASE_URL = 'https://finance.naver.com/sise/sise_market_sum.nhn?sosok='
```

크롤링 및 가공에 필요한 패키지들을 import하고 크롤링할 대상이 되는 그림 5-23의 웹 페이지 주소를 BASE_URL에 저장하는 코드입니다.

▼ 그림 5-23 크롤링할 대상 페이지

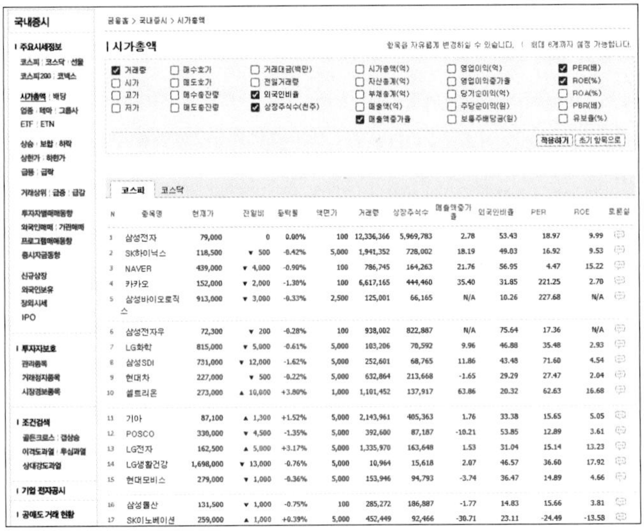

그럼 본격적으로 크롤링하는 코드를 작성하기 전에 반대로 손으로 일일이 데이터를 수집한다고 상상해 보고 수집 과정을 떠올려 보겠습니다.

그림 5-24에 있는 모든 종목의 데이터를 수집하려면 첫 페이지부터 마지막 페이지까지 하나씩 차례로 클릭하여 정보를 모두 확인해야 합니다.

▼ 그림 5-24 시가총액 탭의 여러 웹 페이지

46	한온시스템	15,800	▼ 150	-0.94%	100	1,034,800	533,800	-3.93	18.26	62.45	5.09	
47	LG디스플레이	22,900	▲ 100	+0.44%	5,000	2,111,316	357,816	3.21	18.90	24.26	-0.70	
48	우리금융지주	11,250	▼ 50	-0.44%	5,000	1,088,616	722,268	26.11	25.78	5.58	5.87	
49	한화솔루션	42,200	▼ 50	-0.12%	5,000	830,627	191,278	-2.77	17.20	11.31	5.30	
50	기업은행	10,200	▼ 100	-0.97%	5,000	1,012,995	744,301	9.66	12.84	4.99	6.44	

1 2 3 4 5 6 7 8 9 10 다음 › 맨뒤 ››

크롤링을 이용하는 방법도 이와 비슷합니다. 그림으로 이 과정의 흐름을 정리해 보겠습니다.

▼ 그림 5-25 모든 웹 페이지의 데이터를 수집하는 과정

❶ 전체 페이지 수를 알아냅니다.

1626	KBSTAR 200금융	9,060	▲ 10	+0.11%	0	34	380	0.00	793	N/A	N/A	
1627	KINDEX 배당성장	40,705	0	0.00%	0	33	80	0.00	0	N/A	N/A	
1628	대신 인버스 니켈선물 ETN(H)	4,620	▼ 40	-0.86%	0	32	700	0.00	4	N/A	N/A	
1629	KBSTAR 200에너지화학	13,350	▲ 25	+0.19%	0	32	240	0.00	105	N/A	N/A	
1630	KODEX MSCI EM선물(H)	10,505	▼ 35	-0.33%	0	32	300	0.00	303	N/A	N/A	
1631	KBSTAR 미국장기국채선물인버스2X(합성 H)	5,730	▲ 25	+0.44%	0	32	550	0.00	2,568	N/A	N/A	
1632	ARIRANG 코스닥150	15,170	▲ 95	+0.63%	0	30	200	0.00	250	N/A	N/A	
1633	KBSTAR 모멘텀밸류	14,975	▲ 140	+0.94%	0	30	200	0.00	14	N/A	N/A	
1634	KBSTAR 200철강소재	9,745	▼ 10	-0.10%	0	29	300	0.00	212	N/A	N/A	
1635	KBSTAR 국채선물10년	56,120	▼ 20	-0.04%	0	26	46	0.00	368	N/A	N/A	
1636	KBSTAR 200생활소비재	8,725	0	0.00%	0	21	240	0.00	35	N/A	N/A	
1637	KBSTAR 팔라듐선물인버스(H)	4,820	▲ 45	+0.94%	0	19	400	0.00	83	N/A	N/A	
1638	KBSTAR 200경기소비재	11,645	▲ 115	+1.00%	0	16	140	0.00	620	N/A	N/A	
1639	KBSTAR 200산업재	13,005	▼ 75	-0.57%	0	16	120	0.00	11	N/A	N/A	

«« 맨앞 ‹ 이전 31 32 33

❷ 각 페이지에서 제공하는 데이터를 가져와 데이터프레임 형태로 만듭니다(페이지 수만큼 데이터프레임 생성).

❸ 각 페이지마다 생성된 데이터프레임을 모두 합쳐 하나의 데이터프레임으로 만듭니다.

손으로 데이터를 수집할 때와 마찬가지로 크롤링을 이용할 때도 첫 페이지부터 마지막 페이지까지 모든 페이지에 있는 데이터를 DataFrame으로 변형한 후 하나로 합치는 작업을 수행합니다.

그러면 좀 더 자세한 흐름을 살펴보겠습니다. 먼저 가져와야 할 전체 페이지 수를 알아내야 합니다. 그림 5-24에서 '맨뒤'를 클릭하면 총 페이지 수는 32페이지(코스피 기준)로, 각 페이지당 종목 정보를 최대 50개 나타내는 것을 알 수 있습니다(이 페이지는 여러분이 확인하는 때에 따라 늘어나거나 줄어들 수 있습니다). 그럼 전체 종목 수는 1595개(2021년 7월 기준)인 것을 눈으로 확인할 수 있습니다.

이렇게 우리가 눈으로 몇 페이지까지 데이터가 있는지 확인한 것처럼 전체 페이지 정보를 크롤링하려면 **먼저 전체 페이지의 총수부터 크롤링해서 알아내야 합니다.**

총 페이지 수는 시시각각 변하는 값은 아니기에 32라는 숫자를 그대로 사용하여 크롤링할 수 있습니다. 하지만 언제 바뀔지 모르는 값을 고정으로 두고 사용하기보다 그때그때 확인해서 가져오도록 만들어 보겠습니다. 우선은 크롤링할 전체 페이지 수가 몇 개인지 알아내기 위해 페이지 수를 크롤링하는 코드를 만들어 보겠습니다.

---

make_up_universe.py

```python
import requests
from bs4 import BeautifulSoup
import numpy as np
import pandas as pd
from datetime import datetime


BASE_URL = 'https://finance.naver.com/sise/sise_market_sum.nhn?sosok='
START_PAGE = 1
fields = []


CODES = [0, 1]   ····· KOSPI:0, KOSDAQ:1

res = requests.get(BASE_URL + str(CODES[0]))   ····· 코스피 total_page를 가져오는 requests
page_soup = BeautifulSoup(res.text, 'lxml')
print(page_soup)
```

밑에서 세 번째 줄에 있는 res = requests.get 부분부터 살펴보겠습니다. requests.get(페이지 주소)를 호출하면 파이썬 코드로 인터넷 웹 브라우저에 나타나는 페이지 정보를 얻어 올 수 있습니다. 이 함수로 전달되는 매개변수가 페이지 주소가 되는데, 현재는 BASE_URL과 CODES[0]을 문자로 바꾼 str(CODES[0])을 합쳐 전달하고 있습니다. 그림 5-23에 나오는 페이지 주소가 https://finance.naver.com/sise/sise_market_sum.nhn?sosok=0이기 때문입니다.

상수 BASE_URL에는 https://finance.naver.com/sise/sise_market_sum.nhn?sosok=가 저장되어 있고 맨 마지막 sosok 다음에 전달되는 값(0:코스피, 1:코스닥)에 따라 코스피 종목과 코스닥 종목을 구분해서 보여 줍니다. 따라서 requests.get 함수에 전달하는 페이지 주소를 BASE_URL + str(CODES[0])처럼 구성하면 코스피 종목들만 나타나는 웹 페이지에 접속합니다.

URL을 이렇게 구성하고 requests.get 함수로 전달하면 URL에 해당하는 웹 페이지 정보를 받아와 res에 저장하고 bs4를 이용하여 웹 페이지에 보이는 글자들을 가져올 수 있습니다. 이 결과를 print(page_soup) 코드를 통해 출력해 볼 수 있습니다.

그림 5-26은 앞 코드를 실행한 결과입니다.

❤ 그림 5-26 시가총액 페이지의 HTML을 가져온 모습

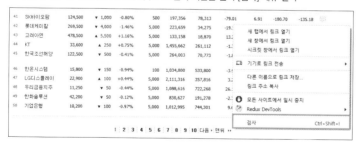

코드를 실행하여 print(page_soup) 결과를 보면 아주 많은 내용이 출력됩니다. 이 내용은 HTML
이라는 웹 페이지를 위한 마크업 언어로 구성되어 있습니다. HTML을 알고 있는 사람도 있겠지만
혹시 모르는 사람을 위해 간략히 설명하자면, 웹 브라우저로 접속한 웹 페이지에 보이는 글자와
디자인은 HTML 언어로 구성되어 있으며, 그림 5-26의 출력 결과와 같은 모습입니다. 이를 웹 브
라우저가 보기 편하게 변형해 주는 것입니다.

하지만 크롤링으로 얻어 온 웹 페이지 정보는 HTML 형태 그대로 보이기 때문에 〈p〉, 〈a〉처럼 태
그와 글자가 섞여 있습니다. 이처럼 웹 페이지는 HTML을 바탕으로 구성되어 있고, 각 요소(글자
나 이미지)들로 되어 있는 상태입니다. 여기서 우리는 수집하고 싶은 데이터가 있는 요소를 추출
하여 필요한 데이터를 얻어 올 수 있습니다. 그렇다면 추출하고 싶은 요소를 확인하는 방법을 알
아보겠습니다(편의상 Chrome Browser를 이용하겠습니다).

웹 페이지의 확인하고 싶은 요소에서 **마우스 오른쪽 버튼**을 눌러 **검사**를 선택합니다. 여기서는 마
지막 웹 페이지를 알기 위해 **맨뒤**에서 마우스 오른쪽 버튼을 눌러 보겠습니다.

❤ 그림 5-27 웹 페이지 요소에서 마우스 오른쪽 버튼을 눌러 [검사] 메뉴 선택

41	SK바이오팜	124,500	▼ 1,000	-0.80%	500	197,356	78,313	-79.01	6.91	-180.70	-135.18	⋯
42	롯데케미칼	269,500	▼ 4,000	-1.46%	5,000	223,659	34,275	-19.:				
43	고려아연	478,500	▲ 5,500	+1.16%	5,000	133,158	18,870	13.:				
44	KT	33,600	▲ 250	+0.75%	5,000	1,455,662	261,112	-1.:				
45	한국조선해양	122,500	▼ 500	-0.41%	5,000	264,003	70,773	-1.:				
46	한온시스템	15,800	▼ 150	-0.94%	100	1,034,800	533,800	-3.:				
47	LG디스플레이	22,900	▲ 100	+0.44%	5,000	2,111,316	357,816	3.:				
48	우리금융지주	11,250	▼ 50	-0.44%	5,000	1,088,616	722,268	26.:				
49	한화솔루션	42,200	▼ 50	-0.12%	5,000	830,627	191,278	-2.:				
50	기업은행	10,200	▼ 100	-0.97%	5,000	1,012,995	744,301	9.4				

새 탭에서 링크 열기
새 창에서 링크 열기
시크릿 창에서 링크 열기

🖿 기기로 링크 전송 ▶

다른 이름으로 링크 저장...
링크 주소 복사

⬤ 모든 사이트에서 일시 중지
Redux DevTools ▶

검사   Ctrl+Shift+I

1 2 3 4 5 6 7 8 9 10 다음 › 맨뒤 ››

그러면 다음과 같이 네이버에서 제공하는 웹 페이지의 HTML 구조가 웹 브라우저에 나타납니다.

그림 5-28 [검사] 메뉴 선택 후 출력되는 HTML

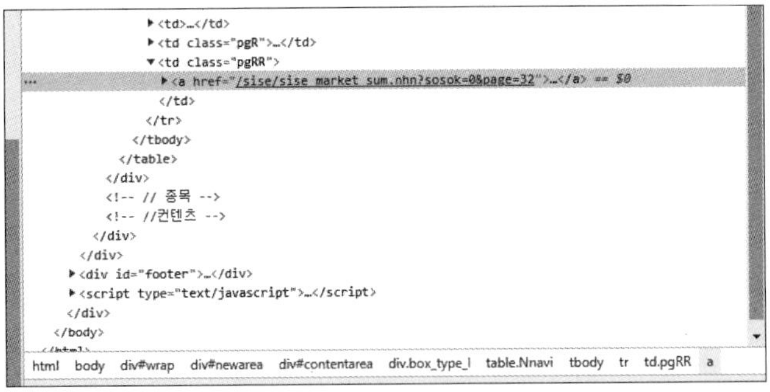

그림 5-28과 같이 음영 처리된 부분을 클릭해 보겠습니다.

그림 5-29 〈a〉 태그의 하위 정보

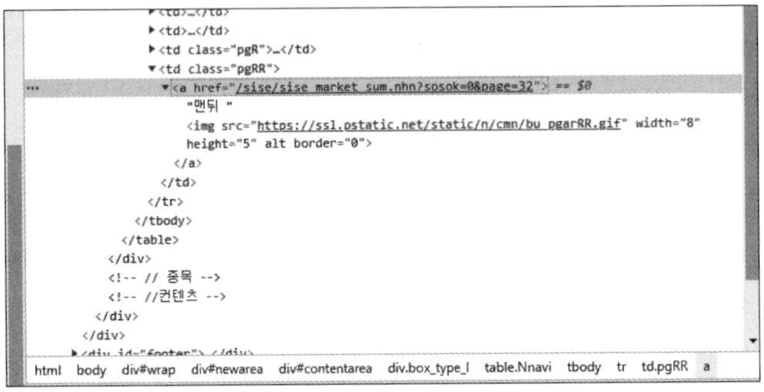

클릭하면 〈a〉 태그의 하위 정보가 나옵니다. 그림 5-29와 같이 〈a〉 태그 밑에 '맨뒤'라는 글자가 포함되어 있는 것을 알 수 있습니다. HTML을 알고 있다면 태그에 입히는 class와 id를 이해하겠지만 HTML을 모르는 사람을 위해 간단히 설명하겠습니다. 이 웹 페이지에 있는 여러 〈td〉 태그와 〈a〉 태그 중 필요한 요소를 구별할 수 있는 별도의 구분자가 있어야 합니다. 이를 위해 사용하는 것이 바로 해당 태그의 클래스이며, 우리가 확인하고 싶은 [맨뒤] 버튼은 여러 〈td〉 중에서 클래스가 pgRR인 〈td〉 태그 바로 밑에 있는 〈a〉 태그에 있다는 것을 알 수 있습니다.

따라서 해당 버튼을 다음과 같이 특정 지을 수 있습니다.

```
td.pgRR > a
```

이것을 조금 더 해석해 보면 클래스명이 pgRR(class='pgRR')인 〈td〉 태그 밑에 있는 〈a〉 태그를 선택하겠다는 의미입니다. 이렇게 선택된 〈a〉 태그가 우리가 찾고자 하는 [맨뒤] 버튼을 구성하는 요소입니다. 이 선택된 〈a〉 태그를 좀 더 살펴보면, <a href="/sise/sise_market_sum.nhn?sosok=0&page=32">처럼 href 값 마지막에 page=32라는 부분이 있습니다. 이것은 우리 눈에 보이는 웹 페이지에서 **맨뒤**를 누르면 사실은 <a href="/sise/sise_market_sum.nhn?sosok=0&page=32">를 누르게 되어 마지막 페이지인 32로 이동하는 것입니다. 따라서 이 <a> 태그의 href 값을 추출하면 마지막 페이지 번호를 알아낼 수 있는 것입니다.

지금까지 작업은 프로그래밍을 처음 접하는 사람에게는 상당히 어려웠을 것입니다. 더 자세히 설명하고 싶었지만 HTML까지 다루는 것은 이 책 범위를 벗어나므로 최대한 간략히 설명했습니다. 이 과정은 단순히 웹 페이지를 구성하는 요소를 가져오는 작업이라고 생각하기 바랍니다.

그럼 이 과정을 코드로 나타내면 다음과 같습니다.

make_up_universe.py
```
(...)
res = requests.get(BASE_URL + str(CODES[0]))
page_soup = BeautifulSoup(res.text, 'lxml')
print(page_soup)

                                      '맨뒤'에 해당하는 태그를 기준으로 전체 페이지 수 추출
total_page_num = page_soup.select_one('td.pgRR > a')
print(total_page_num)
total_page_num = int(total_page_num.get('href').split('=')[-1])
print(total_page_num)
```

추가된 다음 코드는 HTML 정보가 담긴 page_soup에서 클래스가 pgRR인 <td> 태그 밑 <a> 태그를 하나만 선택(select_one)하겠다는 의미입니다. total_page_num 변수에는 해당 <a> 태그의 정보가 저장되어 있습니다.

```
total_page_num = page_soup.select_one('td.pgRR > a')     '맨뒤'에 해당하는 태그를 기준으로
                                                          전체 페이지 수 추출
```

따라서 첫 번째 출력 결과를 보면 다음과 같이 <a> 태그 정보가 나옵니다. 그럼 이 <a> 태그 정보가 담긴 total_page_num 변수에서 href 값에 포함된 page 값을 추출해야 합니다. 이 과정은 다음 코드를 이용합니다.

이 코드는 href 값인 "/sise/sise_market_sum.nhn?sosok=0&page=32"를 split 함수를 사용하여 =을 기준으로 구분하면 뒷부분에 저장된 페이지 번호를 숫자형으로 바꾸어 다시 total_page_num에 저장하겠다는 의미입니다.

```
total_page_num = int(total_page_num.get('href').split('=')[-1])
```

따라서 전체 실행 결과는 첫 번째 print 문을 사용하여 <a> 태그 정보가 나오고, 두 번째 print 문을 사용하여 32라는 전체 페이지 정보가 나오는 것입니다.

```html
<a href="/sise/sise_market_sum.nhn?sosok=0&amp;page=32">맨뒤
                              <img alt="" border="0" height="5" src="https://ssl.
pstatic.net/static/n/cmn/bu_pgarRR.gif" width="8"/>
</a>
32
```

그럼 이제 우리가 작업해야 하는 반복 횟수(전체 페이지 수)를 알았으니 한 페이지씩 크롤링하는 방법을 알아보겠습니다. 먼저 페이지마다 얻을 수 있는 정보가 무엇이 있는지 알려면 제공되는 항목들을 담은 박스 정보를 크롤링해야 합니다. 이 박스의 HTML 태그 정보는 다음과 같습니다.

▼ 그림 5-30 항목 박스의 HTML 정보

이 항목 박스 정보를 크롤링하는 코드는 다음과 같습니다.

make_up_universe.py

```python
(...)
total_page_num = page_soup.select_one('td.pgRR > a')
print(total_page_num)
total_page_num = int(total_page_num.get('href').split('=')[-1])
print(total_page_num)

ipt_html = page_soup.select_one('div.subcnt_sise_item_top')  ----- 조회할 수 있는 항목 이름들을 추출
fields = [item.get('value') for item in ipt_html.select('input')]
print(fields)
```

마찬가지로 크롤링할 대상 요소의 태그 정보(클래스가 subcnt_sise_item_top인 div 태그)를 select_one 함수에 전달하면 ipt_html 변수에는 항목 박스에 해당하는 HTML이 저장됩니다. 이 항목 박스에서 선택 가능한 항목들은 input 태그들로 구성되어 있고, 이 input 태그의 'value'를 반복해서 추출하여 fields 변수에 저장합니다.

그러면 우리가 가져올 수 있는 항목명들이 전부 리스트에 담겨 출력된 결과는 다음과 같습니다.

```
<a href="/sise/sise_market_sum.nhn?sosok=0&amp;page=32">맨뒤
                                  <img alt="" border="0" height="5" src="https://ssl.
pstatic.net/static/n/cmn/bu_pgarRR.gif" width="8"/>
</a>
32
['quant', 'ask_buy', 'amount', 'market_sum', 'operating_profit', 'per', 'open_val',
'ask_sell', 'prev_quant', 'property_total', 'operating_profit_increasing_rate', 'roe',
'high_val', 'buy_total', 'frgn_rate', 'debt_total', 'net_income', 'roa', 'low_val',
'sell_total', 'listed_stock_cnt', 'sales', 'eps', 'pbr', 'sales_increasing_rate',
'dividend', 'reserve_ratio']
```

HTML 태그를 다시 살펴보면 웹 브라우저에 보이는 항목명은 한글인 반면 출력 결과에 나온 value들은 영문입니다. 이런 차이가 발생하는 이유는 그림 5-31에 나오듯이 우리 눈에 보이는 "거래량"은 사실 <label> 태그로 구성되어 있고, '거래량'을 선택하면 실제로는 <label> 태그 위에 value가 quant인 <input> 태그를 선택하게 되는 것입니다. 결론적으로 코드로 출력된 결과는 영문이기에 웹 브라우저로 확인한 것과 달라 보일 수 있지만, 사실은 영문으로 된 <input> 태그의 value를 선택하는 것이니 같은 값으로 보아도 무방합니다.

▼ 그림 5-31 HTML 태그 값과 웹 브라우저의 항목 이름

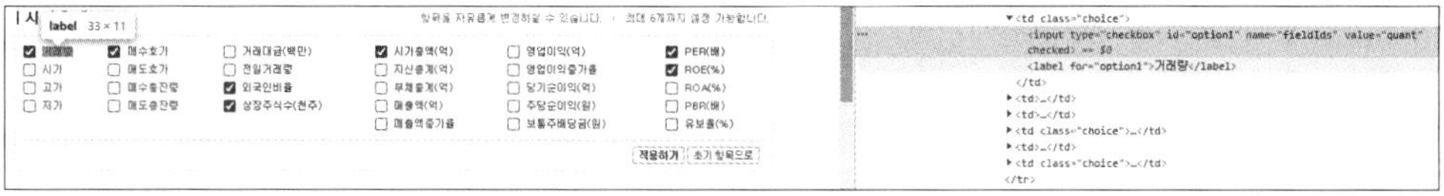

전체 항목 이름의 태그를 알게 되었다면 이 값을 네이버 서버에 전달해서 정보를 얻어 옵니다. 조금 더 설명하면 '거래량' 정보를 알고 싶어 웹 브라우저에서 '거래량'에 체크하면 실제로는 그림 5-31에 나오는 것처럼 <input> 태그의 value인 quant를 선택한 것입니다. 이후 [적용하기] 버튼을 누르면 네이버 서버로 quant 값을 전달해 달라고 요청하고 곧 우리 웹 브라우저로 해당 정보를 전달해 줍니다.

이 과정에서 웹 브라우저로 선택할 수 있는 〈input〉 태그의 value가 최대 여섯 개만 가능하도록 제한되어 있는데, 코드로 모든 〈input〉 태그의 value들을 요청하면 한꺼번에 모든 항목 정보를 받아 올 수 있습니다.

▼ 그림 5-32 [적용하기] 버튼을 눌러 선택한 항목들의 값 요청

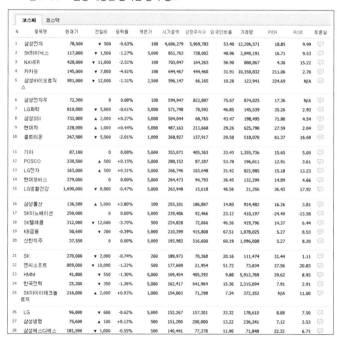

이제 항목 정보들에 대한 크롤링이 완료되었으니 이를 바탕으로 전체 데이터를 크롤링해 보겠습니다.

▼ 그림 5-33 크롤링 대상인 종목별 항목 정보

N	종목명	현재가	전일비		등락률	액면가	시가총액	상장주식수	외국인비율	거래량	PER	ROE	토론실
1	삼성전자	78,500	▼	500	-0.63%	100	4,686,279	5,969,783	53.40	12,206,571	18.85	9.99	💬
2	SK하이닉스	117,000	▼	1,500	-1.27%	5,000	851,763	728,002	48.96	2,840,191	16.71	9.53	💬
3	NAVER	428,000	▼	11,000	-2.51%	100	703,047	164,263	56.90	880,867	4.36	15.22	💬
4	카카오	145,000	▼	7,000	-4.61%	100	644,467	444,460	31.91	10,350,832	211.06	2.70	💬
5	삼성바이오로직스	901,000	▼	12,000	-1.31%	2,500	596,147	66,165	10.26	123,941	224.69	N/A	💬
6	삼성전자우	72,300		0	0.00%	100	594,947	822,887	75.67	874,025	17.36	N/A	💬
7	LG화학	810,000	▼	5,000	-0.61%	5,000	571,798	70,592	46.85	145,539	35.26	2.93	💬
8	삼성SDI	733,000	▲	2,000	+0.27%	5,000	504,044	68,765	43.47	198,495	71.80	4.54	💬
9	현대차	228,000	▲	1,000	+0.44%	5,000	487,163	213,668	29.26	625,790	27.59	2.04	💬
10	셀트리온	267,500	▼	5,500	-2.01%	1,000	368,927	137,917	20.50	518,070	61.37	16.68	💬
11	기아	87,100		0	0.00%	5,000	353,071	405,363	33.43	1,355,736	15.65	5.05	💬
12	POSCO	330,500	▲	500	+0.15%	5,000	288,152	87,187	53.78	196,811	12.91	3.61	💬
13	LG전자	163,000	▲	500	+0.31%	5,000	266,746	163,648	31.42	825,985	15.18	13.23	💬
14	현대모비스	279,000		0	0.00%	5,000	264,473	94,793	36.45	132,299	14.89	4.66	💬
15	LG생활건강	1,690,000	▼	8,000	-0.47%	5,000	263,948	15,618	46.56	21,356	36.43	17.92	💬
16	삼성물산	136,500	▲	5,000	+3.80%	100	255,101	186,887	14.80	914,482	16.26	3.81	💬
17	SK이노베이션	259,000		0	0.00%	5,000	239,486	92,466	23.12	410,197	-24.49	-13.58	💬
18	SK텔레콤	312,000	▼	12,000	-3.70%	500	224,828	72,060	46.36	419,796	14.37	6.44	💬
19	KB금융	50,600	▼	200	-0.39%	5,000	210,399	415,808	67.51	1,078,025	5.27	8.53	💬
20	신한지주	37,550		0	0.00%	5,000	193,983	516,600	60.19	1,096,008	5.27	8.20	💬
21	SK	270,000	▼	2,000	-0.74%	200	189,973	70,360	20.16	111,474	31.44	1.11	💬
22	엔씨소프트	809,000	▼	10,000	-1.22%	500	177,608	21,954	51.72	73,834	37.56	20.83	💬
23	HMM	41,800	▼	550	-1.30%	5,000	169,454	405,392	9.88	5,913,769	39.62	8.93	💬
24	한국전력	25,300	▼	350	-1.36%	5,000	162,417	641,964	15.36	2,315,094	7.91	2.91	💬
25	SK아이이테크놀로지	216,000	▲	2,000	+0.93%	1,000	154,003	71,298	7.34	372,352	N/A	11.00	💬
26	LG	96,800	▼	600	-0.62%	5,000	152,267	157,301	33.32	178,610	8.88	7.50	💬
27	삼성생명	75,600	▲	100	+0.13%	500	151,200	200,000	13.22	236,341	7.12	3.53	💬
28	삼성에스디에스	181,500	▼	1,000	-0.55%	500	140,441	77,378	11.90	71,848	22.32	6.71	💬

수집하고 싶은 요소 정보를 웹 브라우저에서 확인했던 것처럼 전체 크롤링 대상이 되는 그림 5-33의 표 위쪽에서 마우스 오른쪽 버튼을 눌러 **검사**를 선택하면 클래스를 확인할 수 있습니다.

```
                <!-- 종목 -->
···     ▼<div class="box_type_l"> == $0
        ▶<div class="tab_style_l">…</div>
         <!-- [D] 활성화된 탭메뉴에 따라 blind text 변경해주세요 -->
         <h4 class="blind">코스피</h4>
        ▶<table summary="코스피 시세정보를 선택한 항목에 따라 정보를 제공합니다." cellpadding="0"
         cellspacing="0" class="type_2">…</table>
        ▼<table summary="페이지 네비게이션 리스트" class="Nnavi" align="center">
           <caption>페이지 네비게이션</caption>
          ▼<tbody>
            ▼<tr>
              ▶<td class="on">…</td>
              ▶<td>…</td>
html   body   div#wrap   div#newarea   div#contentarea   div.box_type_l
```

다만 이 테이블에 있는 값들을 가져와서 우리가 원하는 데이터프레임 형태로 가공하는 것은 생각
보다 복잡합니다. 코드를 작성하는 원리는 필요한 요소를 찾고 수집하여 데이터프레임에 넣는 것
이므로, 여기서는 이 형태로 만들지 않고 예제 코드를 보여 주는 것으로 대신하겠습니다. 코드에
주석을 최대한 상세히 작성했으니 천천히 확인해 보길 바랍니다.

make_up_universe.py

```python
import requests
from bs4 import BeautifulSoup
import numpy as np
import pandas as pd
from datetime import datetime

BASE_URL = 'https://finance.naver.com/sise/sise_market_sum.nhn?sosok='
CODES = [0, 1]
START_PAGE = 1
fields = []

now = datetime.now()
formattedDate = now.strftime("%Y%m%d")


def execute_crawler():
    df_total = []     ····· KOSPI, KOSDAQ 종목을 하나로 합치는 데 사용할 변수

    for code in CODES:     ····· CODES에 담긴 KOSPI, KOSDAQ 종목 모두를 크롤링하려고 for 문 사용

        res = requests.get(BASE_URL + str(CODES[0]))     ····· 전체 페이지 수를 가져오는 코드
        page_soup = BeautifulSoup(res.text, 'lxml')
                                             '맨뒤'에 해당하는 태그를 기준으로 전체 페이지 수 추출
        total_page_num = page_soup.select_one('td.pgRR > a')     ·····
```

```python
        total_page_num = int(total_page_num.get('href').split('=')[-1])
```
조회할 수 있는 항목 정보들 추출
```python
        ipt_html = page_soup.select_one('div.subcnt_sise_item_top') ┈┈┈┈┘

        global fields ┈┈┈ 전역 변수 fields에 항목들을 담아 다른 함수에서도 접근 가능하도록 만듦
        fields = [item.get('value') for item in ipt_html.select('input')]
```
페이지마다 존재하는 모든 종목의 항목 정보를 크롤링해서 result에 저장(여기서 crawler 함수가 한 페이지씩 크롤링해 오는 역할 담당)
```python
        result = [crawler(code, str(page)) for page in range(1, total_page_num + 1)] ┈┘
```
전체 페이지를 저장한 result를 하나의 데이터프레임으로 만듦
```python
        df = pd.concat(result, axis=0, ignore_index=True) ┈┈┈┘

        df_total.append(df) ┈┈┈ df 변수는 KOSPI, KOSDAQ별로 크롤링한 종목 정보고,
                                이를 하나로 합치고자 df_total에 추가

    df_total = pd.concat(df_total) ┈┈┈ df_total을 하나의 데이터프레임으로 만듦
    df_total.reset_index(inplace=True, drop=True) ┈┈┈ 합친 데이터 프레임의 index 번호를 새로 매김

    df_total.to_excel('NaverFinance.xlsx') ┈┈┈ 전체 크롤링 결과를 엑셀로 출력

    return df_total ┈┈┈ 크롤링 결과를 반환


def crawler(code, page):

    global fields          Naver Finance에 전달할 값들 세팅(요청을 보낼 때
                          는 menu, fieldIds, returnUrl을 지정해서 보내야 함)
    data = {'menu': 'market_sum', ┈┈┈┈┘
            'fieldIds': fields,
            'returnUrl': BASE_URL + str(code) + "&page=" + str(page)}
                          ┌┈┈┈ 네이버로 요청을 전달(post 방식)
    res = requests.post('https://finance.naver.com/sise/field_submit.nhn', data=data)

    page_soup = BeautifulSoup(res.text, 'lxml')

    table_html = page_soup.select_one('div.box_type_l') ┈┈┈┐
                          크롤링할 table의 html을 가져오는 코드(크롤링 대상 요소의 클래스는 웹 브라우저에서 확인)
    header_data = [item.get_text().strip() for item in table_html.select('thead th')]
                  [1:-1] ┈┈┈ column 이름을 가공
                                              종목명 + 수치 추출(a.title = 종목명, td.number = 기타 수치)
    inner_data = [item.get_text().strip() for item in table_html.find_all(lambda x: ┈┐
                                        (x.name == 'a' and
                                        'tltle' in x.get('class', [])) or
```

```
                                            (x.name == 'td' and
                                            'number' in x.get('class', []))
                                        )]

    no_data = [item.get_text().strip() for item in table_html.select('td.no')]  ······ 페이지마다 있는 종목의 순번 가져오기
    number_data = np.array(inner_data)

    number_data.resize(len(no_data), len(header_data))  ····· 가로×세로 크기에 맞게 행렬화

    df = pd.DataFrame(data=number_data, columns=header_data)  ·····
    return df                                                        한 페이지에서 얻은 정보를 모아 데이터프레임으로 만들어 반환

if __name__ == "__main__":
    print('Start!')
    execute_crawler()
    print('End')
```

> **Note** ≡ 이 코드는 유니버스를 구성하는 make_up_universe.py 파일의 일부입니다. 예제 코드에 있는 make_up_universe.py 파일은 크롤링 과정뿐만 아니라 유니버스를 구성하는 모든 코드가 담겨 있어 초보자가 보기에는 헷갈릴 수 있습니다. 크롤링 과정만 담은 practice_crawling.py 파일을 따로 만들어 두었으니 학습에 참고하기 바랍니다.

양이 많아 복잡해 보이지만 앞서 설명한 것처럼 페이지를 하나씩 크롤링(crawler 함수 사용)해서 얻어 온 정보를 합치는 과정(execute_crawler 함수 사용)을 수행하는 것입니다.

이 코드를 실행하면 make_up_universe.py 파일이 위치한 경로에 크롤링한 결과를 담은 엑셀 파일이 생깁니다. 엑셀 파일을 살펴보면 다음과 같이 Naver Finance가 제공하는 KOSPI, KOSDAQ 전체 종목에 대한 항목별 정보를 확인할 수 있습니다.

▼ 그림 5-35 엑셀로 출력한 크롤링 결과

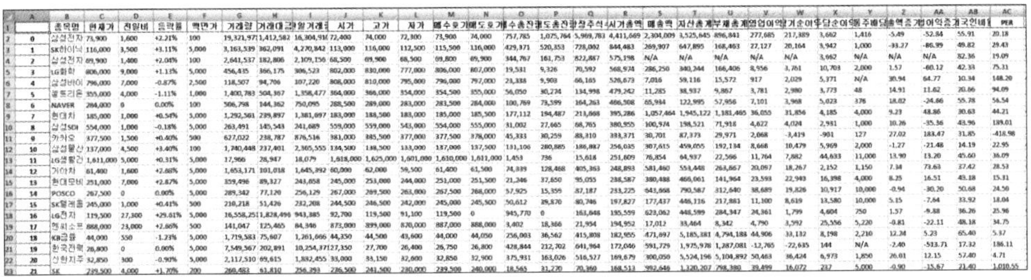

지금까지 배운 크롤링 방법은 Naver Finance 페이지에서 우리에게 필요한 데이터가 포함된 요소의 클래스 정보를 알아내 이를 바탕으로 정보를 추출하는 방식이었습니다. 하지만 여기서 찾아 사용한 요소의 클래스명이 변경되면 그에 따라 코드도 변경되어야 합니다. 예를 들어 현재는 데이터 항목 정보(그림 5-32에서 선택 가능한 정보)를 담은 태그(div)의 클래스명이 subcnt_sise_item_top이기 때문에 다음 코드를 이용하여 크롤링할 수 있었습니다.

```
ipt_html = page_soup.select_one('div.subcnt_sise_item_top')
```

그러나 혹시 클래스명이 바뀌어 이 코드들이 동작하지 않을 때는 여기서 배운 것처럼 크롬(Chrome)에서 찾고자 하는 요소 위에서 마우스 오른쪽 버튼을 눌러 클래스명을 새로 알아내야 합니다. 이외에도 select_one 함수에 새로운 클래스명을 전달해야 하는 등 practice_crawling.py 소스를 변경해야 하는 일이 발생할 수도 있습니다.

5.3.2 유니버스 구성하기

이제 크롤링해 온 데이터를 바탕으로 구성 조건에 맞게 유니버스를 생성해 보겠습니다. 앞서 작성한 크롤링 코드 다음에 get_universe 함수를 추가해 보겠습니다.

make_up_universe.py

```
(...)
def get_universe():
    df = execute_crawler()  ····· 크롤링 결과를 얻어 옴

    mapping = {',': '', 'N/A': '0'}
    df.replace(mapping, regex=True, inplace=True)

    cols = ['거래량', '매출액', '매출액증가율', 'ROE', 'PER']  ····· 사용할 column들 설정

    df[cols] = df[cols].astype(float)  ····· column들을 숫자 타입으로 변환(Naver Finance를
                                             크롤링해 온 데이터는 str 형태)

    df = df[(df['거래량'] > 0) & (df['매출액'] > 0) & (df['매출액증가율'] > 0) & (df['ROE']
            > 0) & (df['PER'] > 0) & (~df.종목명.str.contains("지주")) &
            (~df.종목명.str.contains("홀딩스"))]  ····· 유니버스 구성 조건 ❶~❹를 만족하는 데이터 가져오기

    df['1/PER'] = 1 / df['PER']  ····· PER 역수

    df['RANK_ROE'] = df['ROE'].rank(method='max', ascending=False)  ····· ROE의 순위 계산

    df['RANK_1/PER'] = df['1/PER'].rank(method='max', ascending=False)  ····· 1/PER의 순위 계산
```

334

```python
df['RANK_VALUE'] = (df['RANK_ROE'] + df['RANK_1/PER']) / 2
```
ROE 순위, 1/PER 순위를 합산한 랭킹

```python
df = df.sort_values(by=['RANK_VALUE'])
```
RANK_VALUE를 기준으로 정렬

```python
df.reset_index(inplace=True, drop=True)
```
필터링한 데이터프레임의 index 번호를 새로 매김

```python
df = df.loc[:199]
```
상위 200개만 추출

```python
df.to_excel('universe.xlsx')
```
유니버스 생성 결과를 엑셀로 출력
```python
return df['종목명'].tolist()
```

기존에 만들었던 execute_crawler 함수로 크롤링한 데이터를 get_universe 함수 내 df 변수에 저장했습니다. 그다음 df의 행, 열에서 빈 값이나 'N/A'로 표현된 값을 0으로 바꾸어 주고 숫자로 되어 있는 문자형 데이터들을 실수형(float)으로 바꾸어 주는 작업을 했습니다.

이후 다음 코드부터는 앞서 설명한 유니버스를 구성하는 조건 ❶~❹를 만족하는 데이터만 필터링하여 df에 저장합니다.

```python
df = df[(df['거래량'] > 0) & (df['매출액'] > 0) & (df['매출액증가율'] > 0) & (df['ROE'] > 0) &
(df['PER'] > 0) & (~df.종목명.str.contains("지주")) & (~df.종목명.str.contains("홀딩스"))]
```

(df['거래량'] > 0) & (df['매출액'] > 0) 코드는 거래량과 매출액이 모두 0보다 크다는 의미로, 이는 거래 중지 종목 및 우선주, ETF를 제외하는 필터 역할을 합니다. (df['매출액증가율'] > 0) & (df['ROE'] > 0)은 코드 그대로 매출액 증가율과 ROE가 0보다 큰 종목을 가져오며, (df['PER'] > 0)은 PER이 낮을수록 좋다고 평가하는 과정에서 (−) 값인 PER를 가진 종목이 높은 순위를 받지 않도록 미리 제외하는 필터 역할을 합니다. 마지막으로 (~df.종목명.str.contains("지주")) & (~df.종목명.str.contains("홀딩스"))는 종목명에 '지주'이거나 '홀딩스'인 데이터를 제외합니다.

이어서 나오는 다음 코드를 살펴보겠습니다.

```python
df['1/PER'] = 1 / df['PER']
```

데이터프레임 df 변수에 대괄호를 이용하면(df['PER']) 열 데이터에 접근할 수 있는데, 처음 크롤링해 만든 데이터프레임에는 '1/PER'이라는 열이 없습니다. 이 상태에서 앞 코드처럼 열 이름을 지정하여('1/PER') 대괄호 안에 넣고 오른쪽에 값을 할당하면 1/PER이라는 이름의 열이 추가됩니다.

이렇게 필요에 따라 열을 추가할 수 있는 것이 Dataframe의 특징 중 하나입니다. 이 코드로 추가한 열 데이터를 확인하고 싶다면 다음과 같이 to_excel 함수를 호출하여 생성된 엑셀 파일을 열어보거나 print(df)로 출력할 수 있습니다.

```
df['1/PER'] = 1 / df['PER']
df.to_excel('NaverFinance.xlsx')
print(df)
```

df에 '1/PER'이라는 열을 만든 이유는 PER 값을 역수로 계산한 후 내림차순으로 순위를 부여하기 위해서입니다(새로운 열을 만들지 않고 PER 값만 기준으로 오름차순하여 순위를 부여해도 됩니다).

그다음 ROE 값 및 1/PER이 클수록 높은 순위가 되도록 내림차순 정렬한 후 이 결과를 RANK_ROE, RANK_1/PER 열을 만들어 저장합니다. df['ROE'].rank란 ROE 열을 기준으로 순위를 매긴 것으로, 이 순위를 RANK_ROE 열에 저장합니다. rank 함수에 전달되는 method='max'는 동점을 처리하는 방법으로, 두 값이 같아 공동 1등이라면 둘 다 2등으로 처리하는 방식을 의미합니다. 또 ascending=False란 오름차순(ascending)이 아니라는 것으로 내림차순 정렬을 의미합니다.

```
df['RANK_ROE'] = df['ROE'].rank(method='max', ascending=False)
```

```
df['RANK_1/PER'] = df['1/PER'].rank(method='max', ascending=False)
```

이후 ROE와 1/PER 순위의 평균을 계산해서 RANK_VALUE라는 새로운 열을 만듭니다. RANK_VALUE가 작을수록 RANK_ROE, RANK_1/PER의 순위가 높다는 것이며, 그만큼 ROE는 크고 PER은 낮은 값을 갖고 있다는 의미입니다.

따라서 우리는 RANK_VALUE를 기준으로 종목들을 오름차순 정렬한 후 상위 종목 200개를 추출하고자 인덱스 번호를 이용하여 행을 슬라이싱하는 loc 함수를 사용했습니다.

```
df['RANK_VALUE'] = (df['RANK_ROE'] + df['RANK_1/PER']) / 2
```

```
df = df.sort_values(by=['RANK_VALUE'])
df.reset_index(inplace=True, drop=True)
df = df.loc[:199]
```

코드를 실행하면 ROE가 큰 순위와 PER이 낮은 순위를 합한 총 순위가 높은 상위 종목 200개가 출력되며, util 패키지 밑에 생성된 엑셀 파일(universe.xlsx)로도 확인할 수 있습니다. 앞서 생성된 universe.xlsx 파일을 열어 둔 상태에서 make_up_universe.py 파일을 재실행시키면 universe.xlsx 파일을 다시 생성하는 과정에서 에러가 발생할 수 있습니다.

make_up_universe.py

```
( ... )
def get_universe():
    ( ... )
    df = df.loc[:199]

    df.to_excel('universe.xlsx')
    return df['종목명'].tolist()


if __name__ == "__main__":
    print('Start!')
    get_universe()
    print('End')
```

이 코드에서 get_universe 함수의 호출은 if __name__ == "__main__":이라는 if 문에서 이루어집니다. 그 이유를 알아보기 전에 먼저 if 문을 제거했을 때 발생하는 문제를 알아보겠습니다. if 문을 삭제하고 들여쓰기를 없앤 후 get_universe 함수를 호출해도 잘 동작하기는 합니다. 다만 다음과 같은 문제가 생길 수 있습니다. 다른 모듈에서 make_up_universe 모듈을 사용하려고 import make_up_universe를 넣는다면 이 코드가 실행되는 순간 make_up_universe.py 파일이 실행되어 get_universe 함수가 동작합니다.

여기서 중요한 점은 'import 모듈' 코드는 '모듈'을 한 번 실행한다는 것입니다. 예를 들어 main. py 파일에 import make_up_universe를 넣고 파일을 실행하면 import 문 때문에 make_up_universe.py 파일과 get_universe 함수가 함께 실행됩니다. 따라서 모듈을 import하는 과정에서 함수의 의도하지 않은 실행을 막고자 if __name__ == "__main__": 코드를 넣으면 다른 모듈에서 해당 모듈을 import할 때 if 문 아래 코드들은 실행되지 않습니다. import 문으로 해당 모듈이 실행될 때는 __name__ 변수가 __main__이 아니기 때문입니다(여기서 __name__은 전역 변수로 별도로 선언하지 않더라도 자동으로 파이썬 모듈명을 저장합니다). 오로지 모듈을 단독으로 실행할 때만 __name__ 값이 __main__이 됩니다.

정리하면 모듈이 실행되는 경우는 두 가지입니다. 하나는 해당 모듈을 단독으로 실행하는 것이며, 이때 __name__ 변수는 __main__입니다. 나머지 하나는 다른 모듈에서 import되는 경우입니다. 이 때는 __name__ 변수에 패키지 및 해당 모듈명이 저장됩니다. 따라서 make_up_universe.py 파일을 단독으로 실행할 때만 get_universe 함수를 호출하도록 if __name__ == "__main__":이라는 조건을 추가한 것입니다.

Start!
['휴림로봇', '제놀루션', '한라', '씨앤투스성진', '마크로젠', '신세계 I&C', '케이엠', '엑세스바이오', '서희건설', '키움증권', '씨젠', 'CNH', 'DSC인베스트먼트', '우리기술투자', '선진', '미투젠', '디바이스이엔지', '코오롱', '멕아이씨에스', '에스디바이오센서', '시디즈', 'DL건설', '오리엔탈정공', '디알젬', '동원산업', '이베스트투자증권', '성호전자', '오파스넷', '바이오니아', '다우기술', 'DMS', '바디텍메드', '앱코', '알톤스포츠', '한국자산신탁', '샘표식품', '코오롱글로벌', '뉴파워프라즈마', '세하', '싸이맥스', '국동', '고려신용정보', 'SK케미칼', '슈피겐코리아', '오스템임플란트', '메리츠화재', '파이오링크', '미래에셋벤처투자', '웹젠', 'NAVER', '한양증권', '남광토건', '코웰패션', '다우데이타', '삼양통상', '신영증권', '아이씨디', 'LX인터내셔널', 'DB금융투자', '우진', '넵튠', '스페코', '케이탑리츠', '위니아딤채', '다나와', '노바텍', '휴온스', '한국알콜', '에이피티씨', 'KCC', '네오위즈', '뉴트리', 'KTB투자증권', '코웨이', '삼양식품', '넷게임즈', '에이치시티', '팜젠사이언스', '미래나노텍', '컬러레이', '에이치엘사이언스', '에스에이엠티', '메리츠증권', '크리스에프앤씨', '비비씨', '피엔티', '한국경제TV', '아이즈비전', '심텍', '에이플러스에셋', '오션브릿지', '한국카본', '더블유게임즈', '한국큐빅', '삼천리자전거', '흥국', '메디아나', '웅입푸드', '한솔로지스틱스', '에코마케팅', '에이티넘인베스트', '부국증권', '서흥', '팜스토리', '쿠쿠홈시스', '퍼스텍', '동성화인텍', 'KG케미칼', '우원개발', '한진중공업', '유비쿼스', '매커스', '피씨디렉트', '노바렉스', '금화피에스시', '크린앤사이언스', '디와이피엔에프', '아주IB투자', 'NH투자증권', '에이치피오', '교보증권', '나이스디앤비', '콜마비앤에이치', '삼지전자', 'AP시스템', 'KT&G', '이엔에프테크놀로지', '대상', '로체시스템즈', '민앤지', '국보디자인', '디씨엠', '사조오양', '우진플라임', '매일유업', '엠투아이', '마이크로프랜드', '우리손에프앤지', '제일전기공업', '삼성증권', '사조대림', '한독크린텍', '우리종금', '와이엔텍', '유진투자증권', 'HRS', '골든센츄리', '한국캐피탈', '쿠콘', '테스', '엑시콘', '에스폴리텍', '동부건설', '삼보판지', '샘표', 'MH에탄올', 'SK디앤디', '컴퍼니케이', '켐트로닉스', 'TS인베스트먼트', '유니드', '대륙제관', 'DB하이텍', '엠브레인', '유니퀘스트', 'KG이니시스', '자이에스앤디', '동진쎄미켐', '미스터블루', '태웅로직스', '디에이치피코리아', '모비릭스', 'KB금융', 'KCI', '영림원소프트랩', '삼성엔지니어링', 'DB손해보험', '크리스탈신소재', '비아트론', '현대차증권', '이크레더블', '유안타증권', '미원상사', '대한제강', '세진티에스', '동원F&B', '종근당', '현대이지웰', '아세아제지', '월덱스', 'NI스틸', '미래에셋증권', '한국컴퓨터', '효성ITX', '한세실업', '인산가', '서원인텍', '인지디스플레', '해태제과식품', '한국기업평가']
End

프로그램이 수행되는 시점에 따라 선정되는 종목이 달라 출력 결과도 다를 수 있습니다.

이렇게 네이버 금융 페이지를 크롤링하고 유니버스 편입 종목들을 추출하여 반환하는 것이 get_universe 함수의 역할입니다. 이후에는 전략부인 RSIStrategy.py 파일에서 이 함수를 호출하여 유니버스를 구성할 것입니다. 데이터프레임을 처음 다룬다면 굉장히 난해하고 어려웠을 텐데요. 여러 번 말했듯이 모두 이해하고 나서 사용하기보다 사용하면서 배운다고 생각하기 바랍니다.

Note ≡ 데이터프레임을 사용하는 방법을 더 알고 싶다면 다음 주소를 참고하길 바랍니다.

10 minutes to pandas

URL https://bit.ly/3yCcQK2

5.4 유니버스 저장 · 조회하기

유니버스 구성은 프로그램이 동작할 때마다 매번 새로 생성하지 않고 데이터베이스에 저장해서 불러와 사용할 수 있도록 만들어 보겠습니다.

처리 과정을 설명하면 프로그램이 처음 시작할 때는 데이터베이스에서 유니버스 테이블의 존재 유무를 먼저 확인하고, 유니버스 테이블이 없다면 get_universe 함수로 얻어 온 유니버스를 데이터베이스에 저장합니다. 반대로 유니버스 테이블이 있다면 이를 가져오는 작업을 합니다.

이는 매매가 진행되기 전 프로그램이 처음 시작될 때 필요한 작업이기 때문에 이렇게 초기화에 필요한 기능들은 초기화 함수를 따로 만들어 사용하겠습니다.

먼저 미리 만들어 둔 strategy 패키지의 RSIStrategy.py 파일에 프로그램 뼈대를 만들겠습니다.

RSIStrategy.py

```python
from api.Kiwoom import *
from util.make_up_universe import *
from util.db_helper import *
import math


class RSIStrategy(QThread):
    def __init__(self):
        QThread.__init__(self)
        self.strategy_name = "RSIStrategy"
        self.kiwoom = Kiwoom()
        self.init_strategy()

    def init_strategy(self):  ----- 전략 초기화 기능을 수행하는 함수
```

```
        pass

    def run(self):  ···· 실질적 수행 역할을 하는 함수
        pass
```

RSIStrategy 클래스를 살펴보면 QThread를 상속받고 있습니다. 앞서 API를 요청하고 응답을 기다리는 도중에 다른 작업을 수행할 수 있다고 설명했는데요. 이를 위해 PyQt5 패키지의 QThread를 사용해야 하기 때문입니다.

QThread를 상속하는 RSIStrategy 클래스에서 QThread의 run 함수를 재정의하여 키움 API를 이용하는 작업들과 병행할 수 있도록 만들겠습니다. run 함수는 실질적으로 전략을 수행하는 곳이라고 생각하면 될 것 같습니다.

생성자 함수(__init__) 안에 등장하는 QThread.__init__(self)는 QThread를 사용하는 데 필요한 초기화 함수라고 할 수 있습니다. 그다음 self.strategy_name = "RSIStrategy"는 전략 이름을 설정한 것으로, 전략이 많아지면 데이터베이스 이름이나 변수들을 구분하는 데 사용할 수 있습니다.

이후 self.kiwoom = Kiwoom() 코드로 키움 API를 이용할 수 있는 객체를 만들어 self.kiwoom에 저장했습니다. 이제 Kiwoom.py 파일에서 만든 함수를 RSIStrategy 클래스 안에서 호출할 수 있습니다. 예를 들어 삼성전자의 일봉을 얻어 오고 싶다면 다음과 같이 사용할 수 있습니다.

```
price_df = self.kiwoom.get_price_data("005930")
```

계속해서 살펴보면 클래스 생성자 함수(__init__)와 이름이 비슷한 init_strategy 함수를 생성자 안에서 호출하고 있습니다. 이 함수는 자동매매에 필요한 기능들을 초기화합니다. 객체가 생성될 때 호출되는 생성자 안에서 초기화를 수행해도 될 것 같지만 따로 함수를 만드는 이유는 객체가 생성된 이후에도 초기화가 필요할 수 있기 때문에 별도의 함수를 두었습니다.

여기서는 유니버스가 생성되어 있는지, 잔고에는 어느 종목들이 있는지 확인하는 것처럼 본격적인 매매가 수행되기 전에 점검이 필요한 기능들을 넣을 예정입니다.

먼저 데이터베이스에서 유니버스를 조회하여 유니버스가 없다면 생성하고 있다면 가져오는 기능을 가진 함수를 만들겠습니다. 앞서 작성한 RSIStrategy.py 파일의 init_strategy 함수에 이어서 다음 코드를 작성하겠습니다.

RSIStrategy.py

```
(...)
def check_and_get_universe(self): ----- 유니버스가 있는지 확인하고 없으면 생성하는 함수
    pass
(...)
```

데이터베이스에서 유니버스 테이블의 존재 여부를 확인하고, 없다면 생성하는 함수명은 check_
and_get_universe입니다. 이 함수를 구현하려면 먼저 데이터베이스에 테이블이 존재하는지 확
인하는 기능이 필요합니다. 이를 db_helper.py 파일에서 구현하겠습니다. 앞서 연습했던 db_
helper.py 파일의 내용을 모두 지우고 다음 코드를 작성합니다.

db_helper.py

```
import sqlite3


def check_table_exist(db_name, table_name):
    with sqlite3.connect('{}.db'.format(db_name)) as con:
        cur = con.cursor()
        sql = "SELECT name FROM sqlite_master WHERE type='table' and name=:table_name"
        cur.execute(sql, {"table_name": table_name})

        if len(cur.fetchall()) > 0:
            return True
        else:
            return False
```

check_table_exist 함수 내부를 하나씩 살펴보겠습니다. 이 함수는 데이터베이스 이름과 테이블
이름을 매개변수로 전달받아 데이터베이스에 테이블이 있는지 확인하는 역할을 합니다. 처음은
with 문을 이용하여 데이터베이스에 연결합니다. 아직 프로젝트의 .db 파일이 없으니 코드가 실
행되면 매개변수로 전달받은 데이터베이스 이름으로 .db 파일을 만들게 됩니다.

이후 등장하는 sql을 보면 sqlite_master라는 테이블에서 우리가 조회할 테이블 이름이 있는지
확인합니다. sqlite_master 테이블은 우리가 이미 만들어 둔 테이블이 아니라 데이터베이스가 처
음 생성되면 자동으로 생성되는 메타데이터(데이터들의 데이터) 테이블입니다. 즉, 데이터베이스
에서 테이블을 생성하면 테이블 정보가 자동으로 sqlite_master 테이블에 저장되므로, 확인하고
싶은 테이블이 있다면 sqlite_master 테이블에서 sql을 이용하여 조회하면 됩니다.

그다음에 나오는 cur.fetchall()은 조회한 데이터 개수가 0보다 큰지 확인하여 0보다 크면 데이터베이스에 해당 테이블이 있다는 의미입니다. 반대로 조회되는 개수가 0이라면 테이블이 없다는 것을 알 수 있습니다.

다시 RSIStrategy.py 파일로 돌아가서 check_table_exist 함수로 check_and_get_universe를 완성해 보겠습니다.

RSIStrategy.py

```python
(...)
    def check_and_get_universe(self): ----- 유니버스가 있는지 확인하고 없으면 생성하는 함수
        if not check_table_exist(self.strategy_name, 'universe'):
            universe_list = get_universe()
            print(universe_list)
```

check_table_exist에 전달되는 첫 번째 인자는 전략 이름인 RSIStrategy이며, 이는 우리가 앞으로 사용할 데이터베이스의 파일명(RSIStrategy.db)이 됩니다. 그다음으로 전달되는 값은 조회할 테이블 이름입니다. universe 테이블이 있는지 확인할 것이므로 문자열 universe를 전달합니다. 여기까지 설명한 내용을 코드로 정리하면 다음과 같습니다. check_and_get_universe 함수를 전략 초기화 함수인 init_strategy에서 호출하도록 구성했습니다.

RSIStrategy.py

```python
from api.Kiwoom import *
from util.make_up_universe import *
from util.db_helper import *
import math


class RSIStrategy(QThread):
    def __init__(self):
        QThread.__init__(self)
        self.strategy_name = "RSIStrategy"
        self.kiwoom = Kiwoom()
        self.init_strategy()

    def init_strategy(self): ----- 전략 초기화 기능을 수행하는 함수
        self.check_and_get_universe() ----- 유니버스를 조회하여 없으면 생성

    def check_and_get_universe(self): ----- 유니버스가 있는지 확인하고 없으면 생성하는 함수
        if not check_table_exist(self.strategy_name, 'universe'):
```

```
        universe_list = get_universe()
        print(universe_list)

    def run(self):
        pass
```

이제 main.py 파일에서 전략을 호출해 보겠습니다.

main.py

```
from strategy.RSIStrategy import *
import sys

app = QApplication(sys.argv)

rsi_strategy = RSIStrategy()
rsi_strategy.start()

app.exec_()
```

main.py 파일을 실행하고 조금 기다리면 다음 결과가 출력됩니다.

```
connected
8********
['휴림로봇', '제놀루션', '한라', '씨앤투스성진', '마크로젠', '케이엠', '신세계 I&C', '엑세스바이
오', '키움증권', '서희건설', '씨젠', ( … )  '미래에셋증권', 'NI스틸', '효성ITX', '한세실업',
'인산가', '인지디스플레', '해태제과식품', '서원인텍', '레몬']
```

첫 줄에 나오는 connected는 API에 연결되었다는 의미고, Kiwoom 객체가 생성되며 get_account_number 함수가 실행되어 계좌번호가 나옵니다. 이후 RSIStrategy에서 get_universe 함수가 호출되어 생성된 유니버스 universe_list가 출력됩니다.

하지만 이렇게 가져온 종목들의 이름을 바탕으로 종목 코드를 가져오는 작업을 거쳐 최종적으로는 종목명과 종목 코드가 universe 테이블에 저장되어야 합니다. 종목 코드가 필요한 이유는 API를 사용할 때 필요한 키(key)가 종목명이 아니라 종목 코드이기 때문입니다. 예를 들어 일봉 데이터를 얻어 올 때 '삼성전자' 정보를 요청한 것이 아니라 '005930' 정보를 요청하기 때문입니다.

따라서 종목 코드를 찾기 위해 Kiwoom.py 파일에 만들어 두었던 get_code_list_by_market과 get_master_code_name 함수가 필요합니다(계속해서 RSIStrategy.py 파일의 check_and_get_universe 함수를 완성해 보겠습니다).

343

```
(...)
def check_and_get_universe(self):
    if not check_table_exist(self.strategy_name, 'universe'):
    universe_list = get_universe()
    print(universe_list)
    universe = {}
    now = datetime.now().strftime("%Y%m%d")  ----- 오늘 날짜를 20210101 형태로 지정

    kospi_code_list = self.kiwoom.get_code_list_by_market("0")  ----
                          KOSPI(0)에 상장된 모든 종목 코드를 가져와 kospi_code_list에 저장

    kosdaq_code_list = self.kiwoom.get_code_list_by_market("10")  ----
                          KOSDAQ(10)에 상장된 모든 종목 코드를 가져와 kosdaq_code_list에 저장

    for code in kospi_code_list + kosdaq_code_list:  ----- 모든 종목 코드를 바탕으로 반복문 수행
        code_name = self.kiwoom.get_master_code_name(code)  ----
                          종목 코드에서 종목명을 얻어 옴

        if code_name in universe_list:  ----- 얻어 온 종목명이 유니버스에 포함되어
            universe[code] = code_name          있다면 딕셔너리에 추가

        universe_df = pd.DataFrame({  ----- 코드, 종목명, 생성 일자를 열로 가지는 DataFrame 생성
            'code': universe.keys(),
            'code_name': universe.values(),
            'created_at': [now] * len(universe.keys())
        })
                                          universe라는 테이블 이름으로 DataFrame을 DB에 저장
        insert_df_to_db(self.strategy_name, 'universe', universe_df)  ----
```

이 코드는 get_code_list_by_market으로 KOSPI, KOSDAQ 전체 종목 코드를 가져온 후 반복문을 수행하여 코드별로 get_master_code_name의 호출 결과인 종목명을 얻어 옵니다. 이 종목명이 universe_list에 속하는 종목명과 같을 때 '종목 코드-종목명'을 미리 만들어 놓은 universe 딕셔너리에 저장한 후 최종적으로 데이터프레임으로 만들어 데이터베이스에 저장합니다.

universe_list에 들어 있는 종목명 200개에 대한 종목 코드를 찾아내고 '종목 코드-종목명'을 키(key)-값(value)으로 한 딕셔너리 universe에 저장합니다. 여기에 생성 일자('created_at')를 추가하여 universe_df라는 데이터프레임을 만듭니다.

```
'created_at': [now] * len(universe.keys())
```

([now] * len(universe.keys()))는 universe의 데이터 길이만큼 리스트에 현재 날짜를 채워 넣으라는 의미로, universe df가 생성될 때 데이터끼리 길이를 맞추는 코드입니다.

이렇게 유니버스 정보를 담은 universe_df를 만들고 나면 데이터베이스에 저장하는 과정을 거쳐야 합니다. 데이터를 저장하는 기능은 insert_df_to_db 함수로 아직 구현하지 않았는데, db_helper.py 파일에서 구현하겠습니다.

db_helper.py

```python
import sqlite3


def check_table_exist(db_name, table_name):
    with sqlite3.connect('{}.db'.format(db_name)) as con:
        cur = con.cursor()
        sql = "SELECT name FROM sqlite_master WHERE type='table' and name=:table_name"
        cur.execute(sql, {"table_name": table_name})

        if len(cur.fetchall()) > 0:
            return True
        else:
            return False

def insert_df_to_db(db_name, table_name, df, option="replace"):
    with sqlite3.connect('{}.db'.format(db_name)) as con:
        df.to_sql(table_name, con, if_exists=option)
```

insert_df_to_db 함수에서 사용하는 df.to_sql을 보면 to_sql은 DataFrame 객체가 사용할 수 있는 함수로, 데이터베이스 연결 객체(con)를 매개변수로 전달하면 해당 데이터베이스로 DataFrame을 저장하는 아주 편리한 기능이 있습니다.

함수의 첫 번째 매개변수인 table_name은 저장될 데이터의 테이블 이름이 되며, 다음 매개변수는 데이터베이스 연결 객체(con), 마지막에는 option을 전달합니다. 이 값은 결국 to_sql 함수로 전달되며, 데이터를 저장하는 과정에서 해당 테이블에 데이터가 이미 있을 때 기존 데이터를 처리하는 방법입니다. 여기서 option을 replace로 지정하면 이미 데이터가 있는 경우 현재 데이터로 대체합니다.

이렇게 함수를 구성하고 main.py 파일을 실행해 보겠습니다. 실행 후에는 main.py 파일이 있는 경로에 RSIStrategy.db가 생성되어 있는 것을 알 수 있습니다.

✔ 그림 5-36 데이터베이스에 저장된 유니버스

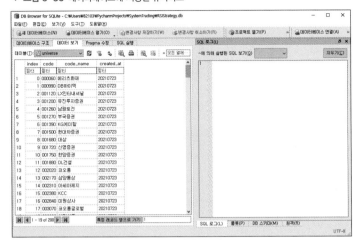

DB Browser를 이용하여 생성된 RSIStrategy.db 파일을 확인해 보면 universe 테이블에 데이터가 잘 저장되었다는 것을 알 수 있습니다. 이렇게 유니버스를 한 번 생성해 놓고 나면 다음부터는 유니버스 테이블이 있다고 확인되므로 새로 유니버스를 생성하지 않고 이미 저장된 데이터를 불러올 것입니다.

하지만 데이터베이스에 저장된 유니버스는 구성 당시의 실적을 고려한 것으로 시간이 지나 기업들의 실적이 변경되면 이에 맞추어 재구성할 필요가 있습니다. 실적 변경이 있었는데 한 번 생성한 유니버스를 계속 사용하는 것은 좋은 기업을 선별하여 매매하겠다는 취지에 어긋날 수 있습니다. 따라서 유니버스 테이블이 없을 때만 유니버스를 생성하는 것이 아니라 이미 유니버스 테이블이 있더라도 created_at을 기준으로 분기마다 새로 구성하는 코드가 있으면 좋습니다. 다만 지면상 이유로 여기서는 아이디어만 제시하고 코드는 따로 다루지 않겠습니다.

그러면 이제 유니버스 데이터를 생성했으니 이를 조회하여 저장하는 코드를 만들어 보겠습니다. 먼저 클래스 초기화 함수에서 사용할 변수로 self.universe = {}를 선언합니다.

RSIStrategy.py

```
(...)
class RSIStrategy(QThread):
    def __init__(self):
        QThread.__init__(self)
        self.strategy_name = "RSIStrategy"
        self.kiwoom = Kiwoom()
```

```
        self.universe = {}    ····· 유니버스 정보를 담을 딕셔너리

        sclf.init_strategy()
(...)
```

이후 데이터베이스에서 select SQL로 유니버스를 조회할 수 있는 함수를 만듭니다. 함수명은 SQL을 실행한다는 의미에서 execute_sql로 지었으며, select 문뿐만 아니라 update 문, insert 문 같은 SQL 실행 역할도 할 수 있습니다.

db_helper.py

```
(...)
def execute_sql(db_name, sql, param={}):
    with sqlite3.connect('{}.db'.format(db_name)) as con:
        cur = con.cursor()
        cur.execute(sql, param)
        return cur
```

이 함수는 SQL과 SQL에 필요한 매개변수들을 딕셔너리 형태로 전달받아 SQL을 실행한 후 결과를 반환하는 역할을 합니다.

여기서 SQL 실행 결과를 반환하는 cur 객체는 사용한 SQL에 따라서 다음과 같이 쓸 수 있습니다.

❶ select 문은 cur.fetchall(), cur.fetchone()을 사용하여 조회 결과를 확인할 수 있습니다.

❷ 나머지(insert, update, delete)는 cur.rowcount를 사용하여 성공적으로 수행한 횟수를 확인할 수 있습니다.

따라서 execute_sql 함수는 SQL 실행 후에 결과를 확인할 수 있는 객체를 반환하며, SQL 결과 확인은 execute_sql을 호출한 영역에서 담당합니다.

데이터베이스에서 유니버스를 조회할 수 있는 함수를 만들었으니 check_and_get_universe 함수로 돌아가 코드를 완성해 보겠습니다.

RSIStrategy.py

```
(...)
def check_and_get_universe(self):
    if not check_table_exist(self.strategy_name, 'universe'):
        universe_list = get_universe()
        print(universe_list)
```

```python
        universe = {}
        now = datetime.now().strftime("%Y%m%d")

        kospi_code_list = self.kiwoom.get_code_list_by_market("0")

        kosdaq_code_list = self.kiwoom.get_code_list_by_market("10")

        for code in kospi_code_list + kosdaq_code_list:
            code_name = self.kiwoom.get_master_code_name(code)

            if code_name in universe _list:
                universe[code] = code_name

        universe_df = pd.DataFrame({
            'code': universe.keys(),
            'code_name': universe.values(),
            'created_at': [now] * len(universe.keys())
        })

        insert_df_to_db(self.strategy_name, 'universe', universe_df)

    sql = "select * from universe"
    cur = execute_sql(self.strategy_name, sql)
    universe_list = cur.fetchall()
    for item in universe_list:
        idx, code, code_name, created_at = item
        self.universe[code] = {
            'code_name': code_name
        }
    print(self.universe)
```

데이터베이스에 유니버스가 없다면 앞서 생성한 if 문 안에서 유니버스를 생성하고, 유니버스가 있다면 select 문으로 유니버스를 조회합니다. 조회해서 얻어 온 유니버스는 self.universe에 저장됩니다.

여기서 중요한 점은 universe 딕셔너리에 들어가는 값(value) 또한 딕셔너리라는 것입니다. main.py 파일을 실행해서 self.universe에 저장되어 있는 데이터를 확인해 보겠습니다. 이번에 main.py 파일을 다시 실행할 때는 유니버스가 생성되어 있기 때문에 not check_table_exist(self.strategy_name, 'universe') 결과가 False가 되어 유니버스를 생성하는 과정을 거치지 않습니다. 하지만 아직 유니버스를 생성하지 않고 main.py 파일을 실행할 때는 계좌번호가 출력된 후 유니버스 구성 종목 전체가 리스트 형태로 출력될 수 있습니다.

```
connected
8*********
{'000060': {'code_name': '메리츠화재'}, '000990': {'code_name': 'DB하이텍'}, '001120':
{'code_name': 'LX인터내셔널'},  (...)  '900250': {'code_name': '크리스탈신소재'}}
```

self.universe는 딕셔너리를 값으로 가지고 있는 딕셔너리인 것을 확인할 수 있습니다.

지금까지 데이터베이스에서 확인한 유니버스 존재 여부에 따라 유니버스를 생성하고 저장하는 방법을 다루었습니다. 여러 패키지와 모듈을 오가며 소스를 추가하는 일이 쉽지만은 않았을 것입니다. 앞서 말했듯이 모든 코드를 하나하나 이해하기보다 매매를 수행하는 데 꼭 필요한 유니버스를 만들고 저장하는 과정의 흐름을 이해하는 것이 중요합니다.

PYTHON AUTO TRADING SYSTEM

5.5 일봉 저장·조회하기

이 절에서는 앞서 생성한 유니버스에 속하는 종목들의 일봉 데이터를 얻어 와 데이터베이스에 저장하고 조회하는 코드를 만들겠습니다. 이 역시 유니버스 저장·조회와 마찬가지로 전략 초기화 함수에서 구현합니다. 다만 염두에 두어야 할 것은 데이터 구성 시점입니다.

유니버스는 단순히 테이블의 존재 여부를 확인하고 유니버스를 새로 생성할지 결정했습니다(물론 유니버스도 생성 시점에 따라 재구성이 필요할 수 있다고 설명했습니다). 하지만 일봉 데이터는 계속 축적되는 데이터이기 때문에 단순히 테이블이 있다고 해서 끝이 아니라 최근 일자까지 가격 데이터를 저장하고 있는지 확인해서 추가할 데이터가 있는지도 판단해야 합니다.

❶ **일봉 데이터가 아예 없는 경우**: 프로그램 최초 실행으로 데이터가 아예 존재하지 않는 경우 최근 거래일까지 일봉 데이터를 가져와 저장합니다. 주의해야 할 점은 프로그램을 최초 실행하는 시점이 거래가 일어나는 장 중이라면 이 작업은 수행하지 않습니다. 장 중에는 금일 종가, 고가, 저가가 확정되지 않아서 장 마감 후에 확정된 데이터를 저장해야 하기 때문입니다. 이때 장 마감 전이라도 전 영업일까지 데이터를 먼저 저장해 놓고 장 마감 후 다시 금일 데이터만 저장하는 방법도 있지만, 여기서는 장 마감 후에만 데이터를 저장하도록 만들겠습니다.

❷ **일봉 데이터가 있고 금일 장이 끝난 경우**: 이때는 이미 있는 데이터를 확인하여 저장이 필요한 만큼 데이터를 가져와야 합니다. 예를 들어 가장 최근 저장된 데이터가 월요일이고 프로그램 실행 시점이 같은 주 목요일이면 화요일, 수요일, 목요일 3일 치 데이터를 저장하는 것이 적절할 것입니다. 하지만 여기서는 부족한 만큼의 데이터만 받아 와 저장하는 것이 아니라 전체 일봉 데이터를 받아 와 기존에 저장된 데이터를 대체하도록 했습니다.

❸ **일봉 데이터가 있고 현재 장 중인 경우**: 장 중일 때는 데이터를 저장하는 작업은 하지 않고 저장된 데이터를 조회만 합니다. (이때 현재 테이블에 저장된 데이터를 그대로 사용하는 것으로 저장된 데이터가 전 영업일까지 최신 데이터를 포함하고 있다고 가정합니다. 물론 이 부분까지 검증하는 코드를 추가하면 좋겠지만 지면 관계상 여기까지는 다루지 않겠습니다.)

❹ **일봉 데이터가 있고 장이 열리기 전인 경우**: 프로그램 실행 시점이 당일 장이 열리기 전일 때는 ❸과 동일하게 저장된 데이터를 조회만 하겠습니다.

경우에 따라 일봉 정보를 조회하고 저장하는 함수를 check_and_get_price_data라 이름 짓고 유니버스를 구성했던 함수와 마찬가지로 전략 초기화 함수에 추가하겠습니다. 먼저 데이터가 아예 없는 ❶을 살펴보겠습니다.

RSIStrategy.py

```
(...)

def check_and_get_price_data(self):    ----- 일봉 데이터가 있는지 확인하고 없다면 생성하는 함수
    for idx, code in enumerate(self.universe.keys()):
        print("({}/{}) {}".format(idx + 1, len(self.universe), code))

        if check_transaction_closed() and not check_table_exist(self.strategy_name,
code):    ----- 사례 ❶: 일봉 데이터가 아예 없는지 확인(장 종료 이후)    API를 이용하여 조회한 가격 데이터 price_df에 저장
            price_df = self.kiwoom.get_price_data(code)    --------------------
            insert_df_to_db(self.strategy_name, code, price_df)    ----
        else:                                        코드를 테이블 이름으로 해서 데이터베이스에 저장
            pass    ----- 사례 ❷~❹: 일봉 데이터가 있는 경우
```

함수 코드를 하나씩 살펴보겠습니다. 첫 줄은 유니버스에 속한 모든 종목을 대상으로 일봉 데이터를 얻어 오고자 for 문을 이용한 반복문을 수행합니다. 그다음 print 문은 진행 상태를 나타내는 것으로, 종목 200개 중 현재 몇 번째 종목의 일봉 데이터를 조회 및 저장하고 있는지 나타냅니다.

그다음 if 문부터가 사례 ❶에 대한 코드입니다. if의 조건절은 두 가지가 있는데 하나는 check_transaction_closed() 함수 결과고, 또 하나는 not check_table_exist(self.strategy_name, code) 결과입니다. check_transaction_closed( ) 함수는 이름 그대로 현재 시간이 장 종료 이후인지 확인하는 역할(장 종료하면 True 반환)을 하며, 사례 ❶이 장 종료 이후에만 수행되어야 하기에 필요합니다.

장 종료 및 장 중인지 확인하는 함수들은 나머지 사례에서도 사용하므로 미리 만들어 놓겠습니다. util 패키지에 미리 만들어 둔 time_helper.py 파일에 다음 코드를 추가해 보겠습니다.

time_helper.py

```
from datetime import datetime

def check_transaction_open():  ····· 현재 시간이 장 중인지 확인하는 함수
    now = datetime.now()
    start_time = now.replace(hour=9, minute=0, second=0, microsecond=0)
    end_time = now.replace(hour=15, minute=20, second=0, microsecond=0)
    return start_time <= now <= end_time

def check_transaction_closed():  ····· 현재 시간이 장이 끝난 시간인지 확인하는 함수
    now = datetime.now()
    end_time = now.replace(hour=15, minute=20, second=0, microsecond=0)
    return end_time < now
```

동시 호가를 제외한 시간(09:00~15:20)을 기준으로 현재 시간이 장 중인지 확인하는 check_transaction_open 함수를 만들었습니다. 이 함수 내부를 보면 datetime 모듈을 이용하여 현재 시간을 의미하는 now를 만듭니다.

```
now = datetime.now()
```

현재 시간이 9시와 15시 20분 사이에 있는지 확인하는 비교 연산을 하여 장 중인지 확인합니다.

```
start_time <= now <= end_time
```

같은 방법으로 현재 시간이 15시 20분 이후인지 비교하여 장 종료라고 판단하는 check_transaction_closed 함수를 만든 후 RSIStrategy.py로 돌아가 time_helper.py 파일을 import 하는 코드를 추가합니다.

RSIStrategy.py

```
from api.Kiwoom import *
from util.make_up_universe import *
from util.db_helper import *
```

351

```
from util.time_helper import *
import math
(...)
```

check_transaction_closed를 만들었으니 if 문의 다른 조건을 살펴보면 check_table_exist 함수를 이용하여 종목별 가격 정보를 담은 테이블이 없는지 확인합니다. 여기서 테이블 이름은 해당 종목의 종목 코드를 사용합니다.

종목 코드를 이름으로 한 테이블이 데이터베이스에 없다면 check_table_exist(self.strategy_name, code) 결과는 False로 반환되고, not 연산자로 최종 결과는 True가 됩니다. 따라서 장 종료 이후고 테이블도 없어 if 문 안으로 진입하게 되면, API를 이용하여 상장일부터 가장 최근 거래 일자까지 일봉 데이터를 얻어 와 price_df에 저장됩니다.

```
if check_transaction_closed() and not check_table_exist(self.strategy_name, code):

    price_df = self.kiwoom.get_price_data(code)
    insert_df_to_db(self.strategy_name, code, price_df)
else:
    pass
```

price_df에 저장된 데이터는 insert_df_to_db 함수로 데이터베이스에 저장됩니다. 이후 프로그램이 다시 실행될 때는 테이블이 이미 생성되어 있으므로, check_table_exist(self.strategy_name, code) 결과는 True가 되고 not 연산자로 조건 결과는 False가 되기 때문에 if 문 안으로 진입하지 않습니다.

```
insert_df_to_db(self.strategy_name, code, price_df)
```

즉, 프로그램을 최초 실행 후 유니버스 구성 종목별로 일봉 데이터를 저장했다면 그다음부터는 check_and_get_price_data 함수의 if 문에 진입하지 않습니다(유니버스를 새로 만들거나 종목 변경이 있다면 다시 if 문에 진입할 수도 있습니다).

반대로 테이블이 있는 사례 ❷~❹는 if 문에 해당하지 않으므로 else 문으로 진입합니다. 이 사례들은 일봉 데이터를 담은 테이블이 있다는 점은 동일하지만 장 종료 여부에 따라 다르게 처리합니다.

```
( ... )
    else:      ----- 사례 ❷~❹: 일봉 데이터가 있는 경우
        if check_transaction_closed():      ----- 사례 ❷: 장이 종료되면 API를 이용하여 얻어 온 데이터 저장
            sql = "select max(`{}`) from `{}`".format('index', code)
            cur = execute_sql(self.strategy_name, sql)          저장된 데이터의 가장 최근 일자 조회

            last_date = cur.fetchone()      ----- 일봉 데이터를 저장한 가장 최근 일자 조회

            now = datetime.now().strftime("%Y%m%d")      ----- 오늘 날짜를 20210101 형태로 지정

            if last_date[0] != now:      ----- 최근 저장 일자가 오늘이 아닌지 확인
                price_df = self.kiwoom.get_price_data(code)
                                                    코드를 테이블 이름으로 해서 데이터베이스에 저장
                insert_df_to_db(self.strategy_name, code, price_df)      -----

        else:      ----- 사례 ❸~❹: 장 시작 전이거나 장 중인 경우 데이터베이스에 저장된 데이터 조회
            sql = "select * from `{}`".format(code)
            cur = execute_sql(self.strategy_name, sql)
            cols = [column[0] for column in cur.description]
                                            데이터베이스에서 조회한 데이터를 DataFrame으로 변환해서 저장
            price_df = pd.DataFrame.from_records(data=cur.fetchall(), columns=cols)      -----
            price_df = price_df.set_index('index')
            self.universe[code]['price_df'] = price_df      -----  가격 데이터를 self.universe에서
                                                                 접근할 수 있도록 저장
```

먼저 사례 ❷인 장이 종료된 경우부터 살펴보겠습니다. 이때는 상장일부터 금일까지 데이터를 조회하여 데이터베이스에 저장하는 작업을 수행합니다. 단순한 작업이기는 하지만 추가로 데이터를 중복해서 저장하지 않도록 날짜를 비교하는 코드도 필요합니다. 왜 그런지 이유를 생각해 보겠습니다. 장이 종료되고 사례 ❷대로 오늘 생성된 일봉 데이터를 저장한 후 프로그램을 재실행하면 또 다시 같은 종목의 일봉 데이터를 저장하게 됩니다. 사례 ❷에 진입하는 조건이 테이블이 있고 장이 마감된 경우라면 API를 이용하여 조회한 데이터를 저장하기 때문입니다. 따라서 저장된 데이터의 가장 최근 일자와 오늘 날짜를 비교해서 동일하다면 이미 작업이 끝났다는 의미이기에 생략하고, 그렇지 않다면 데이터를 요청 및 저장합니다.

최근 저장 일자를 확인하여 데이터를 중복해서 저장하지 않아야 하는 이유가 있습니다. 3장에서 키움 API를 이용하면 데이터를 요청할 수 있는 횟수에 제한이 있다고 설명했습니다(1초에 최대 5회). 따라서 우리는 TR을 호출할 때 time.sleep 함수를 사용하여 프로그램 동작을 지연시켜서 API 제한 정책에 위배되지 않고자 했습니다. 하지만 그렇다고 해서 무제한으로 API 호출이 가능한 것은 아닙니다. 종목 200개의 일봉 데이터를 조회하다 보면 API 호출 제한이 걸려 프로그램을 재실행해야 할 때가 있습니다.

▼ 그림 5-37 API 호출 제한 안내

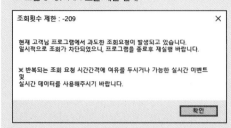

이런 문제가 생기면 프로그램을 재실행할 때 이미 일봉 데이터를 저장한 종목은 생략하고 넘어가도록 코드를 만들어야 합니다. 그렇지 않으면 모든 종목의 데이터를 저장하지 못하고 계속해서 중간에 멈추는 문제가 생길 수 있습니다. 예를 들어 종목 200개 중 110번째의 일봉 데이터를 얻어 오다 에러가 발생하여 재실행하면 다시 첫 번째 종목부터 시작해서 110번째 근처에서 또 API 호출 제한이 발생할 수 있습니다. 따라서 오늘 날짜에 해당하는 데이터 저장을 마친 종목인지 확인하고 111번째 종목부터 시작할 수 있도록 해야 모든 종목의 데이터를 얻어 올 수 있습니다.

그럼 일봉 데이터가 저장된 테이블에서 가장 최근 날짜를 조회하려고 SQL을 select max(열)처럼 만들어 사용하겠습니다. 그러나 다음 코드에서 format에 전달되는 문자들을 치환하여 SQL을 살펴보면 조금 의아한 부분이 있습니다. SQL을 보면 종목 코드 테이블에서 가장 큰 index를 조회하라는 의미인데, 가장 큰 index를 조회하는 이유는 get_price_data 함수에서 얻어 온 데이터를 데이터베이스에 저장할 때 날짜(date)를 index로 저장했기 때문입니다. 따라서 데이터베이스에서 조회할 때는 index가 날짜를 의미하게 됩니다.

```
sql = "select max(`{}`) from `{}`".format('index', code)
cur = execute_sql(self.strategy_name, sql)
last_date = cur.fetchone()
```

이후 SQL의 조회 결과인 데이터의 가장 최근 저장 일자가 last_date에 저장됩니다. 이 날짜와 오늘 날짜를 비교하여 같지 않다면 데이터 저장 작업이 필요하다고 판단해서 API로 얻어 온 데이터를 저장합니다. 반대로 last_date가 오늘 날짜와 같다면 이미 저장 작업을 수행한 후 프로그램이 재실행된 것이라고 판단하여 해당 종목은 저장하지 않고 넘어갑니다.

마지막으로 사례 ❸~❹는 장 시작 전이거나 장 중일 때 처리입니다. 이때는 데이터베이스에 저장된 일봉 데이터를 조회해 와 매매에 활용할 수 있도록 self.universe에 저장하는 작업을 수행합니다.

```
    else:
        sql = "select * from `{}`".format(code)
        cur = execute_sql(self.strategy_name, sql)
        cols = [column[0] for column in cur.description]

        price_df = pd.DataFrame.from_records(data=cur.fetchall(), columns=cols)
        price_df = price_df.set_index('index')
        self.universe[code]['price_df'] = price_df
```

조금 어려울 수 있는 부분은 데이터베이스에서 조회한 결과를 데이터프레임으로 변형하는 과정입니다. SQL 조회 결과가 담겨 있는 cur 객체에서 열 정보를 얻어 와 리스트 cols에 저장합니다. cols를 출력하는 코드는 추가하지 않았지만 cols에는 ['index', 'open', 'high', 'low', 'close', 'volume']이 저장되어 있습니다. 이후 cur 객체에 저장된 조회 결과를 데이터프레임으로 변형해서 price_df에 저장하고, 이 값을 다시 self.universe에 저장하면 사례 ❸~❹에 대한 처리까지 완료됩니다.

하지만 여기서 조회해 온 데이터에 중요한 점이 있습니다. 바로 조회해 온 일봉 데이터가 금일을 제외한 이전 거래일까지의 데이터라는 것입니다. 예를 들어 프로그램 실행 시점이 금요일 장 중이며 현재 가격이 5일 이동평균보다 높으면 매수하는 방식으로 매매한다고 하겠습니다. 이 경우 check_and_get_price_data 함수로 얻어 온 일봉 데이터는 같은 주 목요일까지 데이터이기 때문에 오늘 가격에 해당하는 금요일 가격 데이터가 추가로 필요하지만, check_and_get_price_data 함수로는 얻어 오지 못합니다.

이에 대한 설명은 뒤에서 배울 '5.7절 전략 구현하기'에서 다룰 예정이며, 현재는 check_and_get_price_data 함수의 역할과 장 중에 얻어 오는 일봉 데이터는 금일을 제외한 이전 거래일까지의 데이터라는 점을 기억하기 바랍니다.

그럼 마지막으로 초기화 함수에서 check_and_get_price_data 함수를 호출하는 코드를 추가하겠습니다.

RSIStrategy.py

```
(...)
def init_strategy(self):
    self.check_and_get_universe()

    self.check_and_get_price_data()    ····· 가격 정보를 조회하여 필요하면 생성
(...)
```

5.6 초기화 함수 구성하기

이 절에서는 전략 초기화 함수 코드를 완성해 보겠습니다. 새로운 코드를 만드는 것이 아니라 앞서 만들었던 것을 Kiwoom.py 파일에 추가하는 정도이므로 천천히 따라 하기 바랍니다.

다음 코드는 유니버스들의 실시간 체결 정보를 요청하는 함수입니다. 앞서 설명했듯이 '체결 시간' 의 fid를 전달한다고 해서 '체결 시간'만 가져오는 것은 아니며, 임의의 fid를 하나 전달하면 다른 값들을 받아 올 수 있습니다.

RSIStrategy.py

```python
(...)
def set_universe_real_time(self):  ····· 유니버스의 실시간 체결 정보 수신을 등록하는 함수
    fids = get_fid("체결시간")  ·····
        임의의 fid를 하나 전달하는 코드(아무 값의 fid라도 하나 이상 전달해야 정보를 얻어 올 수 있음)
    # self.kiwoom.set_real_reg("1000", "", get_fid("장운영구분"), "0")  ·····
                                        장 운영 구분을 확인하는 데 사용할 코드

    codes = self.universe.keys()  ····· universe 딕셔너리의 키 값들은 종목 코드들을 의미
    codes = ";".join(map(str, codes))  ····· 종목 코드들을 ';'을 기준으로 연결
                                    화면 번호 9999에 종목 코드들의 실시간 체결 정보 수신 요청
    self.kiwoom.set_real_reg("9999", codes, fids, "0")  ·····
```

---

set_universe_real_time 함수의 코드는 set_real_reg 함수를 호출하는 데 사용했던 main. py 파일의 코드와 동일합니다. 한 가지 다른 점은 280쪽에서는 예시로 종목('005930; 007700;000660;') 세 개만 등록했는데, 이제는 유니버스에 속하는 모든 종목 코드를 등록한다는 것입니다.

유니버스의 모든 종목을 등록하는 과정을 살펴보겠습니다. self.universe 딕셔너리의 키는 종목 코드들로 codes에 저장됩니다. 이를 Kiwoom API로 전달할 때는 ';'을 기준으로 연결해서 전달해야 합니다. 그러므로 codes = ";".join(map(str, codes))라는 코드로 codes에 저장된 코드들을 ';'을 기준으로 구분한 하나의 긴 문자열로 다시 codes에 저장합니다. 따라서 codes에는 '000001;000002;000003; …'처럼 종목 코드들이 ';' 값과 함께 저장되어 있습니다.

이 codes 값을 self.kiwoom.set_real_reg에 전달하면 유니버스에 속하는 모든 종목의 실시간 체결 정보를 요청한 것이며, 이것으로 초기화 함수에서 수행할 모든 단계를 마칩니다.

'5.1절 프로젝트 구조'에서는 프로그램을 동작하는 데 필요한 초기화 여섯 단계를 설명했습니다 (그림 5-3).

❶ 유니버스 조회 및 생성

❷ 일봉 데이터 조회 및 저장

❸ 주문 정보 조회

❹ 잔고 정보 조회

❺ 예수금 정보 조회

❻ 실시간 체결 정보 조회 등록

❶~❷ 단계는 5.4절과 5.5절에서 따로 설명했지만 나머지 ❸~❻ 단계는 앞서 만들었던 Kiwoom.py의 코드를 RSIStrategy.py 파일에서 호출하는 정도로 끝나기 때문에 한꺼번에 초기화 함수에 추가해서 마무리하겠습니다.

RSIStrategy.py

```python
(...)
class RSIStrategy(QThread):
    def __init__(self):
        QThread.__init__(self)
        self.strategy_name = "RSIStrategy"
        self.kiwoom = Kiwoom()

        self.universe = {}
        self.deposit = 0          ····· 계좌 예수금
        self.is_init_success = False     ····· 초기화 함수 성공 여부 확인 변수

        self.init_strategy()
(...)
```

먼저 초기화 함수를 마무리하는 데 필요한 변수들을 생성자 안에 추가하겠습니다. 계좌에서 사용 가능한 예수금 정보를 담을 변수와 초기화 단계에서 에러가 발생했는지 확인할 수 있는 변수를 선언했습니다.

그리고 기존에 만든 init_strategy 함수 안에 코드를 다음과 같이 try-except 문으로 감싸 혹시 예외가 발생해도 프로그램이 강제 종료되지 않고 에러를 출력할 수 있도록 traceback 모듈을 이용합니다. 그러기 위해 import traceback 코드도 import 문이 모인 위쪽에 추가하겠습니다.

```
from api.Kiwoom import *
from util.make_up_universe import *
from util.db_helper import *
from util.time_helper import *
import math
import traceback

(...)
def init_strategy(self):
    try:
        self.check_and_get_universe()

        self.check_and_get_price_data()

        self.is_init_success = True

    except Exception as e:
        print(traceback.format_exc())
```

초기화 작업의 성공 여부를 확인하는 self.is_init_success 변수는 try 블록 마지막에 도달했을 때 True로 바꾸어 초기화 함수가 성공적으로 종료될 때만 True 값을 갖도록 만들었습니다. 그리고 이 구조에서 ❸~❻ 단계에 해당하는 함수들을 추가하면 다음과 같습니다.

```
(...)
def init_strategy(self):
    try:
        self.check_and_get_universe()

        self.check_and_get_price_data()

        self.kiwoom.get_order()         ----- 주문 정보 확인

        self.kiwoom.get_balance()       ----- 잔고 확인

        self.deposit = self.kiwoom.get_deposit()   ----- 예수금 확인

        self.set_universe_real_time()   ----- 유니버스 실시간 체결 정보 등록
```

```
        self.is_init_success = True

    except Exception as e:
        print(traceback.format_exc())
```

추가된 코드를 순서대로 살펴보면 self.kiwoom.get_order()는 ❸ 주문 정보 조회의 기능을 합니다. Kiwoom.py 파일에서 생성한 get_order 함수를 그대로 호출하여 주문 정보를 얻어 오도록 하고, 이렇게 얻어 온 주문 정보는 RSIStrategy 클래스에서 self.kiwoom.order를 사용해서 접근할 수 있습니다.

다음 self.kiwoom.get_balance()는 ❹ 잔고 정보 조회의 기능을 하고, 조회한 잔고 정보에 접근할 때는 self.kiwoom.balance를 사용하면 가능합니다.

self.kiwoom.get_deposit()은 ❺ 예수금 정보 조회의 기능을 하고, 이 함수의 반환값인 예수금을 RSIStrategy 클래스 내 self.deposit 변수에 저장합니다.

마지막으로 self.set_universe_real_time()은 ❻ 실시간 체결 정보 조회 등록의 기능을 합니다.

PYTHON AUTO TRADING SYSTEM

5.7 전략 구현하기

지금까지 트레이딩에 필요한 준비 단계 기능들을 구현하여 초기화 함수에서 호출하는 작업을 했습니다. 5.1절에서 설명한 프로세스를 토대로 현재 단계를 살펴보면 '유니버스 실시간 체결 정보 조회 등록'까지 마치고 본격적인 트레이딩 단계를 앞두고 있습니다.

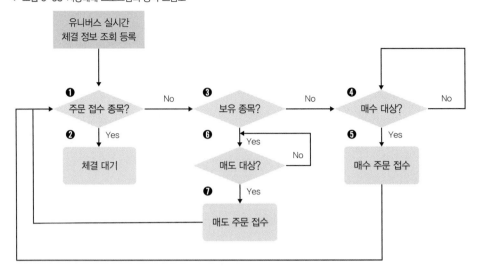

❤ 그림 5-38 자동매매 프로그램의 동작 흐름도

준비를 마쳤으니 이제부터는 그림 5-38의 ❶~❼ 단계를 순서대로 진행하겠습니다.

먼저 유니버스에 있는 종목별로 접수한 주문이 있는지 확인하고, 접수한 주문이 있다면 체결되기를 기다립니다. 여기서 이미 접수한 주문이 있는지 여부는 '주문 정보 확인하기' 단계에서 얻어 온 주문 정보를 바탕으로 확인합니다. 접수한 주문이 없다면 이미 보유한 종목인지 확인합니다. 보유한 종목인지 여부는 '잔고 확인하기' 단계에서 얻어 온 잔고 정보를 바탕으로 확인합니다. 보유 중인 종목이면서 매도 조건에 부합한다면 매도 주문을 접수하고, 보유 종목이 아니라면 매수 조건에 부합하는지 확인하고 매수 주문을 접수합니다.

이 프로세스에서 이미 구현된 것과 만들어야 하는 것을 구분해서 정리해 보겠습니다.

❶ **주문 접수 여부 확인**: 초기화 단계에서 Kiwoom 클래스의 get_order 함수로 주문 정보를 확인할 수 있기에 이미 구현되어 있습니다.

❷ **체결 대기**: 체결 여부는 따로 처리할 것이 없으므로 구현해야 할 대상은 아닙니다.

❸ **보유 종목 여부 확인**: 초기화 단계에서 Kiwoom 클래스의 get_balance 함수로 잔고 정보를 확인할 수 있기에 이미 구현되어 있습니다.

❹, ❻ **매수/매도 대상**: 매매 조건에 해당하는지 확인하는 부분은 아직 구현되지 않았습니다.

❺, ❼ **주문 접수**: 주문을 접수하는 함수는 이미 구현했기에 매수, 매도에 맞게 필요한 값만 전달하면 바로 사용할 수 있습니다. 이미 구현되었다고 볼 수 있습니다.

이제 남은 작업은 구현된 기능들을 적절히 호출하는 것과 매수/매도 조건에 해당하는지 확인하고 주문을 접수하는 코드를 만드는 것입니다. 하나씩 천천히 만들겠습니다.

5.7.1 틀 구성하기

5장을 시작하며 코드를 실행부, 전략부, 유틸부로 구분했습니다(그림 5-1). 전략부에서는 전략을 운용하는 데 필요한 유틸 코드들을 호출해서 사용했고, 실행부인 main.py 파일에서는 다음과 같이 전략을 호출하는 역할을 했습니다.

main.py
```
from strategy.RSIStrategy import *
import sys

app = QApplication(sys.argv)

rsi_strategy = RSIStrategy()
rsi_strategy.start()

app.exec_()
```

여기서 RSIStrategy 클래스의 객체인 rsi_strategy를 만들어 rsi_strategy.start() 코드를 실행시키면 RSIStrategy 클래스 내부에 있는 run 함수가 실행됩니다. 객체를 생성하면서 전략 초기화 함수인 init_strategy()가 실행되었다면 그 외의 실질적인 동작은 run 함수 안에 구현되어 있어야 main.py 파일에서 실행시킬 수 있습니다.

따라서 초기화 함수 뒤에 이어질 프로세스는 run 함수 안에서 구현되며, 한 번 수행하고 종료되지 않도록 무한 루프 반복문을 사용하겠습니다.

RSIStrategy.py
```
(...)
def run(self):  ····· 실질적 수행 역할을 하는 함수
    while True:
        print("계속 실행됩니다.")
        time.sleep(0.5)
```

time.sleep(0.5) 코드는 0.5초 동안 동작을 멈추겠다는 의미로, 무한 루프 결과를 천천히 출력하고자 넣었습니다. 이제 main.py 파일을 실행하겠습니다.

> Note ≡ 파이썬을 처음 다룬다면 RSIStrategy.py 파일에서 대부분의 코드를 만들었기 때문에 RSIStrategy.py 파일을 실행해야 한다고 생각할 수 있습니다. 그러나 RSIStrategy.py 파일에서는 클래스를 선언하기만 하고 생성해서 사용하지는 않으므로, RSIStrategy.py 파일을 실행해도 동작하는 것이 없습니다. 따라서 앞으로는 프로그램을 실행한다고 하면 RSIStrategy 객체를 생성하는 main.py 파일을 떠올리길 바랍니다.

처음 출력되는 실행 결과는 유니버스 구성 여부 및 일봉 데이터 수집 완료 여부에 따라서 다를 수 있습니다. 다음 출력 결과는 유니버스를 이미 만들어 놓고 일봉 데이터가 준비된 상태에서 장 중에 실행한 것입니다.

```
connected
8*********
{'000060': {'code_name': '메리츠화재'}, '000990': {'code_name': 'DB하이텍'}, '001120':
{'code_name': 'LX인터내셔널'}, '001200': {'code_name': '유진투자증권'}, '001260': {'code_
name': '남광토건'}, (...) '357230': {'code_name': '에이치피오'}, '950190': {'code_name':
'미투젠'}, '950130': {'code_name': '엑세스바이오'}, '900280': {'code_name': '골든센츄리'},
'900250': {'code_name': '크리스탈신소재'}}
(1/200) 000060
(2/200) 000990
(3/200) 001120
(4/200) 001200
(5/200) 001260
(...)
[Kiwoom] _on_receive_msg is called  /  /  /  조회가 완료되었습니다.
[Kiwoom] _on_receive_tr_data is called 0002 / opt10075_req / opt10075
[Kiwoom] _on_receive_msg is called 0002 / opw00018_req / opw00018 / [100000] 모의투자 조
회완료
[Kiwoom] _on_receive_tr_data is called 0002 / opw00018_req / opw00018
[Kiwoom] _on_receive_msg is called 0002 / opw00001_req / opw00001 / [100000] 모의투자 조
회완료
[Kiwoom] _on_receive_tr_data is called 0002 / opw00001_req / opw00001
5827820 ----- 예수금
(...)
계속 실행됩니다.
계속 실행됩니다.
계속 실행됩니다.
(...)
```

프로그램을 실행하면 무한 루프로 구성한 while True 코드 안에서 '계속 실행됩니다'가 0.5초마다 출력됩니다. 하지만 그렇다고 해서 run 안에 있는 코드만 동작하고 있는 것은 아닙니다. 함수 내에 print("계속 실행됩니다")를 제거한 후 유니버스 전체 코드를 반복적으로 출력하도록 변경합니다.

```python
def run(self):
    while True:
        for idx, code in enumerate(self.universe.keys()):
            print(code)
            time.sleep(0.5)
```

실행하면 유니버스를 구성하는 종목 200개의 코드가 반복적으로 출력되는 것을 알 수 있습니다. 이 상태에서 종목 코드만 출력하는 것이 아니라 종목명과 전체 유니버스 중 몇 번째인지 나타내는 코드, 초기화 단계에서 등록했던 실시간 체결 정보 요청에 대한 응답을 잘 받아 오는지 확인하는 코드를 추가해 보겠습니다.

```python
def run(self):
    while True:
        for idx, code in enumerate(self.universe.keys()):
            print('[{}/{}_{}]'.format(idx+1,
                len(self.universe), self.universe[code]['code_name']))
            time.sleep(0.5)

            if code in self.kiwoom.universe_realtime_transaction_info.keys():
                print(self.kiwoom.universe_realtime_transaction_info[code])
```

현재 종목 코드가 실시간 체결 정보를 담은 딕셔너리에 있는지 확인

있다면 결과 출력

3.15절에서 실시간 체결 정보를 수신하면 이를 Kiwoom 클래스 내 universe_realtime_transaction_info 딕셔너리에 저장했습니다. 따라서 RSIStrategy 클래스에서는 self.kiwoom.universe_realtime_transaction_info를 이용하여 해당 딕셔너리에 접근할 수 있습니다. 그러나 self.kiwoom.universe_realtime_transaction_info에는 항상 모든 종목의 데이터가 저장되어 있다고 할 수 없습니다. 먼저 체결이 된 후 우리 프로그램이 데이터를 수신해야 self.kiwoom.universe_realtime_transaction_info에 데이터가 저장되는데, 조회하는 시점에 아직 아무런 체결도 되지 않았거나 딕셔너리에 데이터를 저장하기 전 미리 접근하여 조회하려는 경우가 있을 수

있기 때문입니다. 그러므로 self.kiwoom.universe_realtime_transaction_info에 체결 데이터가
항상 있다고 판단하기보다 if 문으로 다음과 같이 확인하는 코드가 필요합니다.

```
if code in self.kiwoom.universe_realtime_transaction_info.keys():
```

다시 한 번 main.py 파일을 실행하여 실시간 체결 정보를 확인해 보겠습니다.

```
(...)
[1/200_메리츠화재]
{'체결시간': '105255', '현재가': 24900, '고가': 25700, '시가': 24700, '(최우선)매도호가':
24950, '(최우선)매수호가': 24900, '누적거래량': 201757}
[2/200_DB하이텍]
{'체결시간': '105306', '현재가': 61200, '고가': 61800, '시가': 60800, '(최우선)매도호가':
61200, '(최우선)매수호가': 61100, '누적거래량': 206824}
[3/200_LX인터내셔널]
{'체결시간': '105241', '현재가': 30900, '고가': 31400, '시가': 30400, '(최우선)매도호가':
30950, '(최우선)매수호가': 30900, '누적거래량': 96923}
[4/200_유진투자증권]
{'체결시간': '105227', '현재가': 4065, '고가': 4120, '시가': 4060, '(최우선)매도호가': 4070,
'(최우선)매수호가': 4065, '누적거래량': 76594}
(...)
```

> Note ≡ 이 결과는 평일 장 중에만 확인할 수 있습니다.

체결 정보가 없어 종목 코드만 출력될 때도 있지만 대부분 거래량이 많은 종목이라 체결 정보들이
잘 출력되는 것을 확인할 수 있습니다. 여기서 알 수 있는 사실은 RSIStrategy.py 파일의 run 함
수가 동작하는 동시에 TR 및 실시간 응답을 받는 데 사용한 Kiwoom 클래스의 슬롯들 역시 잘 동작
하고 있다는 것입니다.

이제 미리 구상했던 프로세스대로 로직을 하나씩 채워 보겠습니다.

RSIStrategy.py
```
(...)
def run(self):
    while self.is_init_success:
        try:
            if not check_transaction_open():  ----- 장 중인지 확인
                print("장시간이 아니므로 5분간 대기합니다.")
```

```
            time.sleep(5 * 60)
            continue

        for idx, code in enumerate(self.universe.keys()):
            print('[{}/{}_{}]'.format(idx+1, len(self.universe), self.universe[code]
                ['code_name']))
            time.sleep(0.5)

            if code in self.kiwoom.order.keys():     ----- 접수한 주문이 있는지 확인
                print('접수 주문', self.kiwoom.order[code]) ----- 주문이 있음
                                                    '미체결수량'을 확인하여 미체결 종목인지 확인
                if self.kiwoom.order[code]['미체결수량'] > 0: ----
                    pass

except Exception as e:
    print(traceback.format_exc())
```

먼저 앞 코드에서 while 문의 수행 조건은 항상 True로 무한 루프였습니다. 초기화 함수에서 수행하는 작업들이 성공적으로 진행된 후에야 매매 프로세스를 진행할 수 있으므로 초기화 함수 성공 여부를 확인했던 self.is_init_success 변수를 while 문의 수행 조건으로 사용하겠습니다. 따라서 초기화 단계가 성공하여 self.is_init_success가 True이면 while 문이 동작하고, False라면 while 문이 동작하지 않아 매매되지 않습니다.

또 while 문 안은 try-except를 사용하여 예외 처리가 가능하도록 만들었습니다. 이렇게 예외 처리를 넣으면 혹시 예외가 발생하더라도 프로그램이 종료되지 않고 계속 동작할 수 있습니다. 준비를 마치고 처음 확인해야 할 것은 장 시간입니다. check_transaction_open 함수를 사용하여 현재가 장 중인지 확인하며, 개장 시간이 아니라면 5분 동안 대기했다가 다시 개장 여부를 체크할 수 있도록 time.sleep(5 * 60) 코드를 추가했습니다(time.sleep에 전달하는 숫자는 초 단위입니다).

Note ☰   time.sleep(5 * 60) 코드를 사용할 경우, 8시 59분에 장 시간을 확인하면 check_transaction_open() 결과는 거짓이 되고, 장 시간인 9시 4분까지는 대기 상태가 되므로 장 시작 후 4분 동안 비는 시간이 발생할 수 있습니다. 이 책에서는 이 정도의 공백이 전체 매매에 미치는 영향이 미미하다고 판단했으나 프로그램을 응용해서 사용할 때는 개장 직후 바로 매도하는 등 개장 직후 시간을 중요하게 다룰 수도 있습니다. 개장이 얼마 남지 않았을 때는 time.sleep 코드를 사용하지 않거나 대기 간격을 줄이는 방법 혹은 개장 때까지 남은 시간을 계산해서 time.sleep에 전달하는 방법을 사용할 수도 있습니다.

이렇게 코드를 만들면 개장 전에는 5분마다 개장 여부를 계속해서 체크하고, 개장하면 먼저 접수한 주문이 있는지 확인합니다. 접수한 주문이 있는지 확인하는 방법은 주문 정보를 저장한 Kiwoom 클래스의 order 딕셔너리에 유니버스의 종목 코드가 있는지 확인하는 것입니다. 종목 코드가 이 딕셔너리에 키로 존재한다면 접수한 주문 정보를 출력합니다.

이후 '미체결수량'을 확인하여 주문이 체결 상태인지 확인합니다. 이때 Kiwoom 클래스의 order 딕셔너리에 존재하는 '주문상태'로 체결 상태를 확인할 수 있다고 생각할 수 있지만, '주문상태'는 접수한 주문량 중 일부만 체결된 상태라도 '체결'이라고 출력하기 때문에 주문 상태만 보고는 체결 여부를 확신할 수 없습니다. 그보다는 '미체결수량'이 0인지 확인하는 방법으로 체결 여부를 확인하는 것이 좋습니다. 반대로 '미체결수량'이 0보다 크다는 것은 아직 체결되어야 하는 수량이 남아 있다는 것이며, 이에 대한 처리는 여기서는 다루지 않으므로 pass를 사용하여 비워 두겠습니다.

계속해서 보유한 종목인지 확인하는 코드를 작성합니다. 현재 종목이 Kiwoom 클래스의 balance 딕셔너리에 존재하는지를 통해 보유 종목을 확인할 수 있습니다.

RSIStrategy.py

```
(...)
def run(self):
    while self.is_init_success:
        try:
            if not check_transaction_open():
                print("장시간이 아니므로 5분간 대기합니다.")
                time.sleep(5 * 60)
                continue

            for idx, code in enumerate(self.universe.keys()):
                print('[{}/{}_{}]'.format(idx+1, len(self.universe), self.universe[code]
                    ['code_name']))
                time.sleep(0.5)

                if code in self.kiwoom.order.keys():
                    print('접수 주문', self.kiwoom.order[code])

                    if self.kiwoom.order[code]['미체결수량'] > 0:
                        pass

                elif code in self.kiwoom.balance.keys():      ----- 보유 종목인지 확인
                    print('보유 종목', self.kiwoom.balance[code])
```

```
    if self.check_sell_signal(code): ····· 매도 대상 확인
        pass ····· 매도 대상이면 매도 주문 접수

except Exception as e:
    print(traceback.format_exc())
```

elif 문에서 Kiwoom 클래스의 balance 딕셔너리에 종목 코드가 존재하는지 확인합니다. 종목 코드가 존재한다면 보유 중인 종목이라는 의미고, 이후에 매도해야 하는 대상인지는 아직 구현하지 않은 check_sell_signal 함수로 확인합니다. 다음 절에서는 이 함수 및 매매 프로세스를 구현해 보겠습니다.

5.7.2 매도 조건 확인하기

그럼 매도 대상인지 확인하는 check_sell_signal 함수를 만들어 보겠습니다. 먼저 함수의 매개변수로 종목 코드를 전달받고 universe 딕셔너리에 접근하여 어떤 데이터를 가지고 있는지 확인해 보겠습니다. universe에 들어 있는 데이터를 universe_item 변수를 사용하여 확인할 수 있도록 다음과 같이 코드를 만들고 출력까지 해 보겠습니다. RSIStrategy.py 파일의 set_universe_real_time 함수에 이어서 다음 코드를 작성합니다.

RSIStrategy.py
```
(...)
def check_sell_signal(self, code):
    universe_item = self.universe[code]
    print(universe_item)
    print(universe_item.keys())
```

main.py 파일을 실행하여 check_sell_signal 함수를 호출하면 실행 결과는 다음과 같습니다. universe에 저장된 정보를 확인해 보면, 종목 코드 이름인 code_name과 일봉 데이터, price_df가 들어 있습니다. 여기서는 유니버스를 구성하는 종목 중 하나인 '메리츠화재'를 미리 매수했기 때문에 check_sell_signal 함수가 실행되어 보유 종목의 price_df를 확인할 수 있습니다. 하지만 아직 보유 중인 종목이 없으면 아래 결과를 확인하기 어려울 수 있습니다.

유니버스에 속한 종목을 매수하려면 '5.4절 유니버스 저장 · 조회하기'에서 저장한 임의의 종목을 '3.12.1절 주문 접수하기'를 참고해서 매수하거나 모의투자 환경으로 영웅문S에 접속하여 매수할 수 있습니다.

```
(...)
{'code_name': '메리츠화재', 'price_df':          open    high     low   close  volume
index
          open   high    low  close  volume  index
19850104   310    310    310    310       0
19850105   310    310    310    310       0
19850107   310    310    310    310       0
19850108   310    310    310    310       0
19850109   317    317    317    317       0
...         ...    ...    ...    ...     ...
20210723 22550  23200  22400  22900  278073
20210726 23000  23100  22800  22800  214903
20210727 22950  23450  22900  23350  202481
20210728 23400  24600  23200  23850  453441
20210729 24000  25050  23850  24950  539972
[9661 rows x 5 columns]}      ····· print(universe_item)의 출력 결과
dict_keys(['code_name', 'price_df'])      ····· print(universe_item.keys())의 출력 결과
```

첫 번째 print(universe_item) 코드로 출력된 내용은 code_name과 price_df라는 키 값을 가진 딕셔너리입니다. 즉, universe_item은 딕셔너리이며, code_name과 price_df라는 키를 가지고 있습니다. 이 데이터에 접근하려면 다음과 같이 각각의 키를 이용합니다.

```
universe_item['code_name']
universe_item['price_df']
```

여기서 중요한 점은 universe_item['price_df']가 가격 데이터를 담은 데이터프레임이라는 것이며, open high low close volume은 각각 시가, 고가, 저가, 종가, 누적 거래량을 의미합니다. 프로그램을 실행한 날인 2021년 7월 30일 기준으로 출력 결과를 살펴보면 상장일부터 전 영업일인 2021년 7월 29일까지 일봉 데이터가 저장되어 있는 것을 알 수 있습니다.

그럼 이 price_df에 있는 전 영업일까지의 과거 데이터와 오늘 생성된 시가, 고가, 종가, 저가 데이터를 병합하면 해당 종목의 모든 가격 정보를 가져온 것이며, 이를 매매 신호를 확인하는 데 사용합니다.

현재 price_df에는 전 영업일까지의 과거 데이터가 저장되어 있으니 필요한 것은 오늘 생성된 가격 데이터입니다. 장 중에 오늘 가격 데이터는 실시간으로 변하기 때문에 self.kiwoom.universe_realtime_transaction_info에 저장된 실시간 체결 데이터를 사용하겠습니다.

정리하면 과거 가격 데이터들과 금일 가격 데이터를 이용하여 매도 신호를 체크하고자 price_df에 있는 과거 데이터와 실시간 체결 데이터 슬롯에서 받아 온 금일 데이터를 합치는 작업이 필요합니다. 이 과정을 코드로 만들면 다음과 같습니다.

RSIStrategy.py

```
(...)
def check_sell_signal(self, code):
universe_item = self.universe[code]
    print(universe_item)
    print(universe_item.keys())

                                                              현재 체결 정보가 존재하는지 확인
    if code not in self.kiwoom.universe_realtime_transaction_info.keys(): ┄┄
        print("매도대상 확인 과정에서 아직 체결정보가 없습니다.") ┄┄┄
        return                             체결 정보가 없으면 더 이상 진행하지 않고 함수 종료
                  실시간 체결 정보가 존재하면 현시점의 시가 / 고가 / 저가 / 현재가 / 누적 거래량 저장
    open = self.kiwoom.universe_realtime_transaction_info[code]['시가'] ┄┄┄┄┄┄┐
    high = self.kiwoom.universe_realtime_transaction_info[code]['고가']      │
    low = self.kiwoom.universe_realtime_transaction_info[code]['저가']       │
    close = self.kiwoom.universe_realtime_transaction_info[code]['현재가']    │
    volume = self.kiwoom.universe_realtime_transaction_info[code]['누적거래량'] ┄┘
                        오늘 가격 데이터를 과거 가격 데이터(DataFrame)의 행으로 추가하고자 리스트로 만듦
    today_price_data = [open, high, low, close, volume] ┄┄┄

    df = universe_item['price_df'].copy()

                                          과거 가격 데이터에 금일 날짜로 데이터 추가
    df.loc[datetime.now().strftime('%Y%m%d')] = today_price_data ┄┄┄

    print(df)
```

먼저 현재 실시간 체결 정보가 존재하는지 if 문으로 확인하는 과정이 필요합니다. 프로그램을 실행한 지 얼마 되지 않았다면 체결 정보를 아직 수신하지 못해 데이터가 없을 수 있습니다. 체결 정보가 없다면 금일 데이터를 바탕으로 한 정확한 매도 조건을 확인하기 어렵기 때문에 더 이상 진행하지 않고 함수를 종료합니다. 반면 체결 정보가 있으면 시가, 고가, 저가, 현재가, 누적 거래량을 조회하여 변수에 저장합니다.

이후 today_price_data라는 리스트에 금일 시가, 고가, 저가, 현재가, 누적 거래량을 저장합니다. 그다음 과거 가격 데이터를 데이터프레임으로 저장한 universe_item['price_df'] 변수에 금일 데이터를 저장한 today_price_data를 universe_item['price_df']의 한 행으로 추가해야 합니다.

추가하기 전에 앞으로 데이터프레임을 이용한 연산이 많으니 일일이 universe_item['price_df']라고 타이핑하지 않고 간단히 표현하고자 universe_item['price_df']를 df라는 변수에 저장해서 사용하겠습니다.

```
df = universe_item['price_df'].copy()
```

> Note ☰ copy 함수는 원본인 universe_item['price_df']를 복사하여 df에 따로 저장하는 것이며, 이 경우 df를 수정해도 universe_item['price_df']에는 영향이 없습니다. 하지만 copy를 사용하지 않을 때 df를 수정하면 수정한 내용이 universe_item['price_df']에도 똑같이 적용되기 때문에 이를 분리하고자 copy 함수를 사용했습니다.

그럼 df에 오늘 가격 데이터인 today_price_data를 추가하겠습니다.

```
df.loc[datetime.now().strftime('%Y%m%d')] = today_price_data
```

이 코드를 보면 데이터프레임의 행(날짜)에 접근하려고 loc 함수를 사용했습니다. datetime. now().strftime('%Y%m%d')란 오늘 날짜를 'YYYYMMDD'로 표현한 것으로 오늘 날짜가 2021년 7월 30일이라면 datetime.now().strftime('%Y%m%d') 결과는 '20210730'이 됩니다. 따라서 df.loc[datetime.now().strftime('%Y%m%d')]는 df.loc['20210730']이 됩니다.

df에는 상장일부터 '20210729'까지 데이터만 저장되어 있고 '20210730' 일자의 데이터는 없으므로 df.loc['20210730'] = today_price_data 코드는 '20210730'일의 행을 새로 만들며, 기존 df의 열 데이터인 시가, 고가, 저가, 현재가, 누적 거래량에 today_price_data를 추가합니다. 이렇게 데이터를 병합하고 나면 print(df) 결과에는 '20210729'까지 데이터가 저장되어 있던 상태에서 금일 데이터(20210730)가 추가됩니다.

> Note ☰ df의 열이 시가, 고가, 저가, 현재가, 누적 거래량 순으로 되어 있기 때문에 여기에 행으로 추가할 데이터인 today_price_data 리스트도 시가, 고가, 저가, 현재가, 누적 거래량 순으로 데이터를 저장했습니다.

```
(...)
            open    high     low  close  volume   index
19850104    310     310     310     310     310       0
19850105    310     310     310     310     310       0
19850107    310     310     310     310     310       0
19850108    310     310     310     310     310       0
19850109    317     317     317     317     317       0
(...)
20210726  23000   23100   22800   22800  214903
20210727  22950   23450   22900   23350  202481
20210728  23400   24600   23200   23850  453441
20210729  24000   25050   23850   24950  539972
20210730  25100   25700   24700   25050  395662
```

이렇게 현재까지 가격 데이터를 병합한 데이터프레임을 만들었으면 본격적으로 매도 조건을 확인해 보겠습니다. 다시 한 번 앞서 언급한 매도 조건을 살펴보겠습니다.

❶ RSI(2) 〉 80

❷ 현재가 〉 매수가

각 조건마다 계산에 필요한 값들을 살펴보겠습니다.

❶ RSI(2)를 계산해야 합니다.

❷ 매수가를 조회해야 합니다.

그러면 필요한 값들을 하나씩 만들어 보겠습니다. 먼저 RSI(2)를 계산해 보겠습니다. 4장에서 다룬 RSI를 구하는 공식을 그대로 적용하면 어려울 것은 없습니다. 앞서 만든 check_sell_signal 함수에 다음 코드를 추가합니다.

RSIStrategy.py

```
(...)
def check_sell_signal(self, code):
(...)
    period = 2  ..... 기준일 N 설정
    date_index = df.index.astype('str')
    U = np.where(df['close'].diff(1) > 0, df['close'].diff(1), 0) ......
    D = np.where(df['close'].diff(1) < 0, df['close'].diff(1) * (-1), 0) ......
    AU = pd.DataFrame(U, index=date_index).rolling(window=period).mean() .....
```

df.diff로 '기준일 종가 - 기준일 전일 종가'를 계산하여 0보다 크면 증가분을 넣고, 감소했으면 0을 넣음

df.diff로 '기준일 종가 - 기준일 전일 종가'를 계산하여 0보다 작으면 감소분을 넣고, 증가했으면 0을 넣음

AU, period = 2일 동안 U의 평균

371

```
AD = pd.DataFrame(D, index=date_index).rolling(window=period).mean() ┈┈┈
                                                      AD, period = 2일 동안 D의 평균
RSI = AU / (AD + AU) * 100 ┈┈┈┈┈
df['RSI(2)'] = RSI        RSI(N) 계산, 0부터 1로 표현되는 RSI에 100을 곱함
```

period = 2라는 것은 RSI 계산에 사용할 기준일이 2일이라는 것으로, 이 값을 14로 바꾸면 14일을 기준으로 한 RSI(14)를 계산할 수 있습니다.

이어서 U = np.where(df['close'].diff(1) > 0, df['close'].diff(1), 0) 코드를 보겠습니다. np.where 함수의 사용법은 다음과 같습니다.

> np.where(조건절, '조건이 참이면 선택되는 영역', '거짓이면 선택되는 영역')

금일 종가와 전 영업일 종가의 차이를 계산하는 df['close'].diff(1)이 0보다 크다는 것은 금일 종가가 전일 종가보다 높다는 것을 의미합니다. 이 경우 np.where의 조건절이 참이 되므로 np.where(df['close'].diff(1) > 0, df['close'].diff(1), 0) 결과는 df['close'].diff(1)이 되고 U 변수에 저장됩니다. 반대로 df['close'].diff(1)이 0보다 작다면 np.where의 조건절은 거짓이 되므로 U 변수에는 0이 저장됩니다.

계속해서 D = np.where(df['close'].diff(1) < 0, df['close'].diff(1) * (-1), 0) 코드를 살펴보겠습니다. 금일 종가와 전일 종가의 차이를 계산하는 df['close'].diff(1)이 0보다 작다는 것은 금일 종가가 전일 종가보다 하락했다는 것을 의미합니다. 이 경우 np.where의 조건절이 참이 되므로 np.where(df['close'].diff(1) < 0, df['close'].diff(1) * (-1), 0) 결과는 df['close'].diff(1) * (-1)이 되어 D 변수에 저장됩니다. 여기서 -1을 곱하는 이유는 음수인 df['close'].diff(1)을 양수로 만들기 위해서입니다. 반대로 df['close'].diff(1)이 0보다 크면 D 변수에는 0이 저장됩니다.

그다음은 U와 D 각각의 평균을 구하는 코드로, 평균 상승분인 AU와 평균 하락분인 AD를 계산합니다.

```
AU = pd.DataFrame(U, index=date_index).rolling(window=period).mean()
AD = pd.DataFrame(D, index=date_index).rolling(window=period).mean()
```

이후 RSI를 구하는 공식대로 AU / (AD + AU) * 100을 통해 RSI(2)를 계산해서 df에 새로운 열로 추가합니다. 이후 출력한 결과를 확인해 보겠습니다.

open	high	low	close	volume	RSI(2)	index
19850104	310	310	310	310	0	NaN
19850105	310	310	310	310	0	NaN
19850107	310	310	310	310	0	NaN
19850108	310	310	310	310	0	NaN
19850109	317	317	317	317	0	100.000000
...	...	...	...	...	...	...
20210726	23000	23100	22800	22800	214903	77.777778
20210727	22950	23450	22900	23350	202481	84.615385
20210728	23400	24600	23200	23850	453441	100.000000
20210729	24000	25050	23850	24950	539972	100.000000
20210730	25100	25700	24700	25050	395662	100.000000

결과를 보면 모든 행에 대해 df에 RSI(2) 열이 추가된 것을 확인할 수 있습니다. 여기서 살펴볼 점은 해당 종목의 금일(20210730) 매도 신호를 확인하기 때문에 금일 RSI(2) 값만 계산하면 되므로 그 이전 데이터는 필요한 값은 아니지만 연산이 오래 걸리지 않아 전체를 대상으로 RSI(2)를 계산했습니다. 또 19850104~19850109 결과는 NaN으로 표시되어 있는데, 이는 Not a Number의 약어로 계산이 불가능하다는 의미입니다.

RSI(2) 값을 계산했으니 다음 조건을 살펴보겠습니다. 두 번째 매도 조건은 매수 가격보다 매도 가격이 크다는 것입니다. '매입가' 정보는 Kiwoom 클래스 내 balance 딕셔너리에 존재합니다. 이에 접근하면 매입 가격을 확인할 수 있으며, 금일 RSI(2) 값은 df의 마지막 행에 접근해서 얻을 수 있습니다(계속해서 check_sell_signal 함수에 코드를 추가합니다).

RSIStrategy.py

```
(...)
purchase_price = self.kiwoom.balance[code]['매입가']  ····· 보유 종목의 매입 가격 조회
rsi = df[-1:]['RSI(2)'].values[0]  ····· 금일의 RSI(2) 구하기
```

매도 조건에 필요한 데이터들을 구했으니 이 조건을 모두 만족시킬 때 매도 신호를 반환하도록 해 보겠습니다(계속해서 check_sell_signal 함수에 코드를 추가합니다).

RSIStrategy.py

```
(...)
if rsi > 80 and close > purchase_price:
    return True
else:
    return False
```

매도 조건에 부합하는 경우 check_sell_signal 함수가 True를 반환하며, 종료되고 이후 매도 주문 접수가 됩니다. 반대로 조건에 맞지 않는 경우에는 False를 반환하여 매도 주문이 되지 않도록 합니다. 여기까지 설명한 check_sell_signal 함수를 다시 한 번 정리해 보겠습니다(이해를 돕고자 추가했던 print 함수들은 제거했습니다).

RSIStrategy.py

```
(...)
def check_sell_signal(self, code):       ----- 매도 대상인지 확인하는 함수
    universe_item = self.universe[code]

                                                              현재 체결 정보가 있는지 확인
    if code not in self.kiwoom.universe_realtime_transaction_info.keys():  ----
        print("매도대상 확인 과정에서 아직 체결정보가 없습니다.")  ----
        return                          체결 정보가 없으면 더 이상 진행하지 않고 함수 종료
                              실시간 체결 정보가 존재하면 현시점의 시가 / 고가 / 저가 / 현재가 / 누적 거래량 저장
    open = self.kiwoom.universe_realtime_transaction_info[code]['시가']  ----
    high = self.kiwoom.universe_realtime_transaction_info[code]['고가']  ----
    low = self.kiwoom.universe_realtime_transaction_info[code]['저가']  ----
    close = self.kiwoom.universe_realtime_transaction_info[code]['현재가']  ----
    volume = self.kiwoom.universe_realtime_transaction_info[code]['누적거래량']  ----

                                오늘 가격 데이터를 과거 가격 데이터(DataFrame)의 행으로 추가하고자 리스트로 만듦
    today_price_data = [open, high, low, close, volume]  ----

    df = universe_item['price_df'].copy()

                                                        과거 가격 데이터에 금일 날짜로 데이터 추가
    df.loc[datetime.now().strftime('%Y%m%d')] = today_price_data  ----

    period = 2       ----- 기준일 N 설정                      df.diff로 '기준일 종가 - 기준일 전일 종가'를 계산하여
    date_index = df.index.astype('str')                     0보다 크면 증가분을 넣고, 감소했으면 0을 넣음
    U = np.where(df['close'].diff(1) > 0, df['close'].diff(1), 0)  ----
    D = np.where(df['close'].diff(1) < 0, df['close'].diff(1) * (-1), 0)  ----
                   df.diff로 '기준일 종가 - 기준일 전일 종가'를 계산하여 0보다 작으면 감소분을 넣고, 증가했으면 0을 넣음
    AU = pd.DataFrame(U, index=date_index).rolling(window=period).mean()  ----
                                                      AU, period = 2일 동안 U의 평균

    AD = pd.DataFrame(D, index=date_index).rolling(window=period).mean()  ----
                                                      AD, period = 2일 동안 D의 평균

    RSI = AU / (AD + AU) * 100   ----- RSI(N) 계산, 0부터 1로 표현되는 RSI에 100을 곱함
    df['RSI(2)'] = RSI

    purchase_price = self.kiwoom.balance[code]['매입가']  ----- 보유 종목의 매입 가격 조회
    rsi = df[-1:]['RSI(2)'].values[0]   ----- 금일의 RSI(2) 구하기

    if rsi > 80 and close > purchase_price:   ----- 매도 조건 두 가지를 모두 만족하면 True
```

374

```
                return True
        else:
            return False
```

5.7.3 매도 주문 접수

check_sell_signal은 보유 종목이 매도 조건에 해당하는지 판별하는 역할을 했는데, 이후에는 매도 조건 확인 결과에 따라 매도 주문을 접수해 보겠습니다.

매도 주문 접수 함수가 위치할 곳은 run 함수에서 매도 조건을 확인한 다음이며, 매도 주문을 하려고 만든 함수라는 것을 유추할 수 있도록 함수명을 order_sell로 지었습니다.

RSIStrategy.py

```
(...)
def run(self):
    while self.is_init_success:
        try:
            if not check_transaction_open():
                print("장시간이 아니므로 5분간 대기합니다.")
                time.sleep(5 * 60)
                continue

            for idx, code in enumerate(self.universe.keys()):
                print('[{}/{}_{}]'.format(idx+1,
                    len(self.universe), self.universe[code]['code_name']))
                time.sleep(0.5)

                if code in self.kiwoom.order.keys():
                    print('접수 주문', self.kiwoom.order[code])

                    if self.kiwoom.order[code]['미체결수량'] > 0:
                        pass

                elif code in self.kiwoom.balance.keys():
                    print('보유 종목', self.kiwoom.balance[code])
                    if self.check_sell_signal(code):
                        self.order_sell(code)  ····· 매도 대상이면 매도 주문 접수
        except Exception as e:
            print(traceback.format_exc())
```

매도·매수 주문 모두 결국 Kiwoom 클래스에 있는 주문 접수 함수인 send_order를 사용합니다. 그렇기 때문에 매도와 매수 주문을 구분하지 않고 하나의 함수로 만들어 사용하는 것도 가능하지만, 추후에 매도와 매수를 구분하여 처리할 일이 생길 수도 있으므로 함수를 구분했습니다.

그러면 이제 order_sell로 주문을 접수하면서 필요한 데이터들을 생각해 보겠습니다. 먼저 매도할 수량 정보가 필요합니다. 이는 Kiwoom 객체 내 balance 딕셔너리에 '보유수량'이라는 키로 얻어 올 수 있습니다. 그다음에는 얼마에 매도할지를 나타내는 가격 정보가 필요하며, 매도할 가격은 최우선 매도 호가를 사용하겠습니다. 주가가 상승 중인 추세라면 조금 더 기다렸다가 파는 것이 유리해 보이지만, 혹시라도 하락 추세로 돌아선다면 체결되지 않는 문제가 생길 수 있으니 조금 더 비싸게 팔기보다 더 빨리 체결되도록 하겠습니다.

> *주식용어* ☰ 최우선 매도 호가란 그림 5-39에 보이는 호가창에서 매도세 중 체결에 제일 유리한 25,050원을 의미합니다.

▼ 그림 5-39 최우선 매도 호가

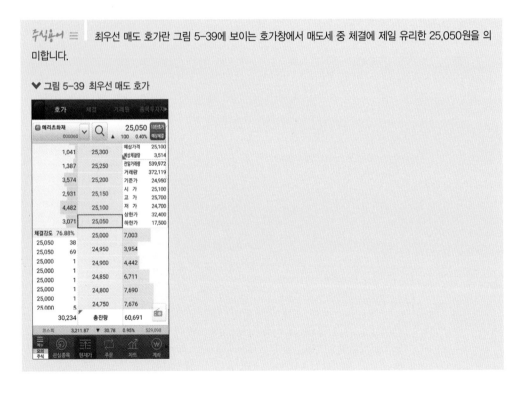

이 최우선 매도 호가는 추세에 따라 실시간으로 변하는 정보이므로 실시간 체결 슬롯을 이용하여 얻어 온 self.kiwoom.universe_realtime_transaction_info 딕셔너리에서 확인할 수 있습니다. 이를 코드로 나타내면 다음과 같습니다(RSIStrategy.py 파일의 check_sell_signal 함수 다음에 다음 코드를 작성합니다).

```
(...)
def order_sell(self, code):  ····· 매도 주문 접수 함수
    quantity = self.kiwoom.balance[code]['보유수량']  ···┐
                            보유 수량 확인(전량 매도 방식으로 보유한 수량을 모두 매도함)
    ask = self.kiwoom.universe_realtime_transaction_info[code]['(최우선)매도호가']  ·····┐
                                                최우선 매도 호가 확인
    order_result = self.kiwoom.send_order('send_sell_order', '1001', 2, code, quantity,
                                          ask, '00')
```

주문 수량(quantity)과 매도 호가(ask)에 필요한 값을 넣은 후 send_order 함수를 사용하여 지정 가로 접수합니다. 주문이 접수되면 Kiwoom 클래스에서 구현한 주문 체결 슬롯인 _on_chejan_slot 함수로 다음과 같이 접수 내용을 출력합니다.

```
(...)
계좌번호: 8011111111
주문번호: 152543
관리자사번:
종목코드: A000060
주문업무분류: JJ
주문상태: 접수
종목명: 메리츠화재
주문수량: 10
주문가격: 25050
미체결수량: 10
체결누계금액: 0
원주문번호: 0
주문구분: 매도
매매구분: 보통
매도수구분: 1
주문시간: 134915
체결번호:
체결가:
체결량:
현재가: 25050
(최우선)매도호가: 25050
(최우선)매수호가: 25000
단위체결가:
단위체결량:
당일매매 수수료: 0
당일매매세금: 0
```

5.7.4 매수 조건 확인 및 주문 접수

주문을 접수한 종목인지 혹은 보유 중인 종목인지 확인했을 때 모두 해당되지 않는다면 매수 조건을 확인하고 매수 주문을 접수합니다. 매수 대상인지 확인하는 로직은 run 함수의 제일 마지막 부분에서 하므로 if로 연결된 조건문의 else 부분에 작성합니다.

RSIStrategy.py

```python
def run(self):
    while self.is_init_success:
        try:
            if not check_transaction_open():
                print("장시간이 아니므로 5분간 대기합니다.")
                time.sleep(5 * 60)
                continue

            for idx, code in enumerate(self.universe.keys()):
                print('[{}/{}_{}]'.format(idx+1,
                    len(self.universe), self.universe[code]['code_name']))
                time.sleep(0.5)

                if code in self.kiwoom.order.keys():
                    print('접수 주문', self.kiwoom.order[code])

                    if self.kiwoom.order[code]['미체결수량'] > 0:
                        pass

                elif code in self.kiwoom.balance.keys():
                    print('보유 종목', self.kiwoom.balance[code])
                    if self.check_sell_signal(code):
                        self.order_sell(code)
                else:
                    self.check_buy_signal_and_order(code)
```
접수한 종목 및 보유 종목이 아니라면 매수 대상인지 확인 후 주문 접수
```python
        except Exception as e:
            print(traceback.format_exc())
```

해당 종목이 매수 대상인지 확인하면서 매수 주문을 접수하는 데 사용할 함수명은 check_buy_signal_and_order입니다. 보유한 종목이 매도 대상인지 확인하고 주문을 접수하는 과정은 매도 신호 확인 함수(check_sell_signal)와 주문 함수(order_sell)로 구분했지만 매수는 이와 다르게 check_buy_signal_and_order라는 하나의 함수로 구성하겠습니다.

이를 두 개로 나누어 매수 신호 확인 함수 및 매수 주문 함수로 구분한다면 현재 보유한 예수금으로 매수할 수 있는 주문 가능 수량 계산 로직이 중복되는 문제가 있어 하나의 함수로 구성했습니다. 하지만 코드를 중복하는 것이 문제일 뿐 함수 두 개로 구분하여 구현해도 상관없습니다.

그럼 이제 check_buy_signal_and_order 함수를 구현해 보겠습니다. 매수 조건에서 설명했듯이 매수는 15시가 넘은 장 종료 시점부터 되므로 시간을 체크할 수 있는 함수를 time_helper.py 파일에 작성합니다.

time_helper.py

```
( ... )                              현재 시간이 장 종료 부근인지 확인하는 함수(매수 시간 확인용)
def check_adjacent_transaction_closed_for_buying():
    now = datetime.now()
    base_time = now.replace(hour=15, minute=0, second=0, microsecond=0)
    end_time = now.replace(hour=15, minute=20, second=0, microsecond=0)
    return base_time <= now < end_time
```

그다음 check_buy_signal_and_order가 시작할 때 먼저 매수 신호를 확인하는 시간인지 체크합니다(RSIStrategy.py 파일의 order_sell 함수 다음에 다음 코드를 입력합니다).

RSIStrategy.py

```
( ... )
def check_buy_signal_and_order(self, code):  ----- 매수 대상인지 확인하고 주문을 접수하는 함수
    if not check_adjacent_transaction_closed_for_buying():  ----- 매수 가능 시간 확인
        return False

    universe_item = self.universe[code]
```

매수 조건 확인은 매도 조건 확인에서 사용했던 RSI(2)와 추가로 20일, 60일 이동평균을 계산해서 사용합니다. 함수 처리 순서는 매도 조건 확인 때와 마찬가지로 현재 체결 정보가 있는지 확인하여 없으면 함수를 종료하고, 있다면 RSI(2)와 이동평균을 계산합니다. RSI(2)의 계산은 매도 조건 확인 과정에서 계산한 방법과 같으니 동일한 코드를 사용합니다. 다만 매수 조건 확인에서 추가된 것은 '4.2절 매수/매도 조건'에서 설명했듯이 20일, 60일 이동평균을 구하는 것과 하락한 정도를 파악하고자 오늘부터 2일 전 종가와 현재가 차이를 구하는 것입니다.

먼저 20일, 60일 이동평균을 계산하는 방법을 살펴보겠습니다. 마찬가지로 과거 가격 데이터를 담고 있는 universe_item['price_df']를 df 변수에 저장하도록 한 후 이동평균을 구해 보겠습니다.

```
(...)
def check_buy_signal_and_order(self, code):
    if not check_adjacent_transaction_closed():
        return False

    universe_item = self.universe[code]

    if code not in self.kiwoom.universe_realtime_transaction_info.keys():
        print("매수대상 확인 과정에서 아직 체결정보가 없습니다.")
        return                          check_buy_signal_and_order 함수에서 사용한
                                        실시간 체결 정보 조회 및 RSI(2) 계산 코드와 같은 코드

    open = self.kiwoom.universe_realtime_transaction_info[code]['시가']
    high = self.kiwoom.universe_realtime_transaction_info[code]['고가']
    low = self.kiwoom.universe_realtime_transaction_info[code]['저가']
    close = self.kiwoom.universe_realtime_transaction_info[code]['현재가']
    volume = self.kiwoom.universe_realtime_transaction_info[code]['누적거래량']

    today_price_data = [open, high, low, close, volume]

    df = universe_item['price_df'].copy()

    df.loc[datetime.now().strftime('%Y%m%d')] = today_price_data

    period = 2 ----- 기준일 N 설정
    date_index = df.index.astype('str')
    U = np.where(df['close'].diff(1) > 0, df['close'].diff(1), 0)
    D = np.where(df['close'].diff(1) < 0, df['close'].diff(1) * (-1), 0)
    AU = pd.DataFrame(U, index=date_index).rolling(window=period).mean()
    AD = pd.DataFrame(D, index=date_index).rolling(window=period).mean()
    RSI = AU / (AD + AU) * 100 ----- RSI(N) 계산, 0부터 1로 표현되는 RSI에 100을 곱함
    df['RSI(2)'] = RSI

    df['ma20'] = df['close'].rolling(window=20, min_periods=1).mean()
    df['ma60'] = df['close'].rolling(window=60, min_periods=1).mean()

    rsi = df[-1:]['RSI(2)'].values[0]
    ma20 = df[-1:]['ma20'].values[0]
    ma60 = df[-1:]['ma60'].values[0]
```

df['ma20'] = df['close'].rolling(window=20, min_periods=1).mean() 코드를 보면 df['close']
종가를 기준으로 20일 동안(window=20) 데이터를 묶어 평균을 구하는 mean() 함수를 사용했습니

다. 이렇게 코드를 만들면 20일 동안 종가(close)의 평균 데이터가 ma20이라는 열의 df에 추가되며 마찬가지로 ma60이라는 열은 60일 동안 종가의 평균값이 저장됩니다.

이후 df를 출력해서 ma20이 제대로 생성되었는지 확인해 보겠습니다(참고로 다음 출력 결과는 매도 함수에서 확인했던 메리츠화재(000060)의 데이터가 아니라 DB하이텍(000990)의 가격 데이터입니다).

```
             open    high     low   close    volume          ma20           ma60
19850104     5930    5930    5930    5930       109   5930.000000    5930.000000
19850105     5912    5912    5912    5912         0   5921.000000    5921.000000
19850107     5875    5875    5875    5875         0   5905.666667    5905.666667
19850108     5838    5838    5838    5838         0   5888.750000    5888.750000
19850109     5838    5838    5838    5838         0   5878.600000    5878.600000
...           ...     ...     ...     ...       ...           ...            ...
20210726    65500   65600   63500   63700    776842  63175.000000   57861.666667
20210727    64200   64700   62800   63300    658833  63305.000000   57995.000000
20210728    62700   63300   60300   61800   1228966  63275.000000   58106.666667
20210729    62300   62700   60500   61300    778988  63220.000000   58205.000000
20210730    61600   61800   60600   61000    499480  63240.000000   58298.333333
```

출력 결과를 살펴보면 종가를 20일, 60일을 기준으로 평균을 계산한 'ma20', 'ma60' 열이 생성되어 있습니다. 특이한 점은 19850105~19850109일자는 20일 치, 60일 치 종가 데이터가 없음에도 'ma20', 'ma60' 열이 계산되어 있습니다. min_periods=1이라는 옵션을 추가하면 평균 계산에 필요한 데이터 개수가 부족하더라도 우선 가지고 있는 데이터를 이용하여 평균을 계산하기 때문입니다. 이 옵션을 사용하지 않으면 20일 치, 60일 치 데이터가 있는 날부터 'ma20', 'ma60' 열이 생성됩니다. RSI(2) 계산 때와 마찬가지로 금일을 제외한 과거의 이동평균값은 사용되지는 않지만 그대로 남겨 두었습니다.

마지막으로 금일 RSI(2)와 20일, 60일 이동평균을 각각 rsi, ma20, ma60 변수에 저장하겠습니다. 다음은 2일 전 종가와 현재가 차이를 계산하도록 하겠습니다. 2일 전 종가를 조회하는 것은 데이터프레임을 이용한 연산이 필요합니다. df에는 이동평균을 계산할 때처럼 universe_item['price_df']가 저장되어 있다고 생각하기 바랍니다(계속해서 check_buy_signal_and_order 함수에 다음 내용을 추가합니다).

RSIStrategy.py

```python
def check_buy_signal_and_order(self, code):
    (...)
    idx = df.index.get_loc(datetime.now().strftime('%Y%m%d')) - 2
```

```
close_2days_ago = df.iloc[idx]['close']
price_diff = (close - close_2days_ago) / close_2days_ago * 100
```

df.index.get_loc 함수에 전달되는 datetime.now()는 현재 시간을 의미하며, 여기에 strftime 을 추가한 datetime.now().strftime('%Y%m%d')는 오늘 날짜를 문자 형태로 반환하는 코드입니다. 예를 들어 '20210730' 같은 식입니다. 따라서 df.index.get_loc(datetime.now().strftime ('%Y%m%d')) - 2는 df.index.get_loc('20210730') - 2로 바꾸어 생각할 수 있고, 이 코드는 '20210730'일로부터 2일 전 행 위치를 idx에 저장하라는 의미입니다.

기준일로부터 2일 전 행 위치를 알아내 idx에 저장했다면, loc 함수를 사용하여 idx에 접근한 후 2일 전 종가를 구하고 현재가와 차이를 (%)로 계산해서 price_diff에 저장합니다. 따라서 price_diff가 -2라면 2일 전 종가를 기준으로 현재가가 2%만큼 하락했다는 것을 의미합니다. 매수 조건 확인에 필요한 값들을 구했으니 매수 조건에 해당되면 주문을 접수하는 코드가 실행되지만, 그렇지 않으면 함수가 종료됩니다. 여기까지 코드를 보면 다음과 같습니다.

RSIStrategy.py

```
(...)
    def check_buy_signal_and_order(self, code):
        if not check_adjacent_transaction_closed_for_buying():
            return False

        universe_item = self.universe[code]
                                                        현재 체결 정보가 존재하는지 확인
        if code not in self.kiwoom.universe_realtime_transaction_info.keys():
            print("매수대상 확인 과정에서 아직 체결정보가 없습니다.")
            return
                                                체결 정보가 없으면 더 이상 진행하지 않고 함수 종료

        open = self.kiwoom.universe_realtime_transaction_info[code]['시가']
        high = self.kiwoom.universe_realtime_transaction_info[code]['고가']
        low = self.kiwoom.universe_realtime_transaction_info[code]['저가']
        close = self.kiwoom.universe_realtime_transaction_info[code]['현재가']
        volume = self.kiwoom.universe_realtime_transaction_info[code]['누적거래량']
                        실시간 체결 정보가 존재하면 현시점의 시가 / 고가 / 저가 / 현재가 / 누적 거래량 저장
        today_price_data = [open, high, low, close, volume]
                        오늘 가격 데이터를 과거 가격 데이터(DataFrame)의 행으로 추가하고자 리스트로 만듦
        df = universe_item['price_df']
                                        과거 가격 데이터에 금일 날짜로 데이터 추가
        df.loc[datetime.now().strftime('%Y%m%d')] = today_price_data
```

```python
period = 2                    # ····· 기준일 N 설정
date_index = df.index.astype('str')
U = np.where(df['close'].diff(1) > 0, df['close'].diff(1), 0)
D = np.where(df['close'].diff(1) < 0, df['close'].diff(1) * (-1), 0)

AU = pd.DataFrame(U, index=date_index).rolling(window=period).mean()

AD = pd.DataFrame(D, index=date_index).rolling(window=period).mean()

RSI = AU / (AD + AU) * 100    # ····· 0부터 1로 표현되는 RSI에 100을 곱함
df['RSI(2)'] = RSI

df['ma20'] = df['close'].rolling(window=20, min_periods=1).mean()
df['ma60'] = df['close'].rolling(window=60, min_periods=1).mean()

rsi = df[-1:]['RSI(2)'].values[0]
ma20 = df[-1:]['ma20'].values[0]
ma60 = df[-1:]['ma60'].values[0]


idx = df.index.get_loc(datetime.now().strftime('%Y%m%d')) - 2


close_2days_ago = df.iloc[idx]['close']


price_diff = (close - close_2days_ago) / close_2days_ago * 100

if ma20 > ma60 and rsi < 5 and price_diff < -2:    # ····· 매수 신호 확인(조건에 부합하면 주문 접수)
    pass    # ····· 매수 주문을 구현할 부분
else:    # ····· 매수 신호가 없다면 종료
    return
```

df.diff로 '기준일 종가 − 기준일 전일 종가'를 계산하여 0보다 크면 증가분을 넣고, 감소했으면 0을 넣음

df.diff로 '기준일 종가 − 기준일 전일 종가'를 계산하여 0보다 작으면 감소분을 넣고, 증가했으면 0을 넣음

AU, period = 2일 동안 U의 평균

AD, period = 2일 동안 D의 평균

종가(close)를 기준으로 이동평균 구하기

2 거래일 전 날짜(index)를 구함

위 index부터 2 거래일 전 종가를 얻어 옴

2 거래일 전 종가와 현재가를 비교

코드 마지막에 if-else 구문에서 매수 신호 확인을 거쳐 매수 신호가 없으면 함수가 종료되지만, 있다면 매수 주문을 접수하는 로직을 if 블록 밑에 pass 코드가 위치한 곳에 구현할 예정입니다. 이 부분을 만들려면 고려해야 할 점이 있습니다.

매도 주문을 구현한 order_sell 함수는 단순히 보유 중인 수량만큼 매도하면 되었지만 매수 주문 로직은 종목당 얼마만큼 매수할지를 의미하는 투입 비중 조절이 필요합니다. 비중 조절이 필요한 이유는 종목당 투입 금액을 고르게 맞추어서 위험을 분산하기 위해서입니다. 그렇지 않은 경우를 생각해 보겠습니다. 예를 들어 하나의 종목을 매수하는 데 전체 예수금의 51%를 사용하고 나머지 49%의 예수금으로 종목 아홉 개를 나누어 매수했다고 가정하면, 이 아홉 개가 모두 다 상승해도 51%만큼 매수한 한 종목이 조금 더 하락해도 전체 계좌는 손실 상태가 될 수 있습니다.

따라서 최대 보유 가능한 종목 수 안에서 예수금을 나누어 종목당 얼마의 금액을 투입할지 계산해야 합니다. 하지만 주의해야 할 것은 한 종목당 투자 가능한 비중이 10%이므로 단순히 예수금의 10%씩 매수한다고 하면 다음 문제가 생길 수 있습니다.

최초 예수금: 1,000,000원

1번째 주문에 투입할 금액: 현재 예수금(1,000,000)의 10% 〉 **투입 금액: 100,000원** / 남은 예수금: 900,000원

2번째 주문에 투입할 금액: 현재 예수금(900,000)의 10% 〉 **투입 금액: 90,000원** / 남은 예수금: 810,000원

3번째 주문에 투입할 금액: 현재 예수금(810,000)의 10% 〉 **투입 금액: 81,000원** / 남은 예수금: 729,000원

매수 주문 후 보유 예수금의 10%를 다음 종목을 매수하는 데 사용한다고 하면, 주문을 거듭할수록 전체 예수금이 줄어들기 때문에 점점 투입 금액이 줄어들어 결국 종목당 투입 비중이 달라집니다.

따라서 투입 금액을 정할 때는 현재 예수금을 (최대 보유 가능 종목 수 – 보유 종목 수)로 나누어 이전에 보유한 종목 수를 감안한 투입 금액을 계산해야 합니다. 전체 계산은 다음 순서로 하며, 각 계산에서 소수점이 발생할 경우 내림 처리합니다.

❶ 종목당 최대 투입 금액 = 현재 예수금 / (최대 보유 가능 종목 수 – 보유 종목 수)

❷ 주문 수량 = 내림(종목당 최대 투입 금액 / 주문 가격)

❸ 실제 투입 금액 = 주문 가격 * 주문 수량

❹ 현재 예수금 = 현재 예수금 – 실제 투입 금액 * 1.00015(수수료 0.015% 적용)

그러면 이 방법을 이용하여 다시 투입 금액을 계산해 보겠습니다.

최초 예수금: 1,000,000원

1번째 주문에 투입할 금액: 현재 예수금(1,000,000) / (10: 최대 보유 가능 종목 수 – 0: 보유 종목 수 = 10) 〉 **투입 금액: 100,000원** / 남은 예수금: 900,000원

2번째 주문에 투입할 금액: 현재 예수금(900,000) / (10: 최대 보유 가능 종목 수 – 1: 보유 종목 수 = 9) 〉 **투입 금액: 100,000원** / 남은 예수금: 800,000원

3번째 주문에 투입할 금액: 현재 예수금(800,000) / (10: 최대 보유 가능 종목 수 – 2: 보유 종목 수 = 8) 〉 **투입 금액: 100,000원** / 남은 예수금: 700,000원

하지만 이렇게 계산하는 방법이 완벽하다고 할 수는 없습니다. 종목당 최대 투입 금액을 계산해 놓아도 주식 가격에 따라 전체 예수금 대비 투입 비중이 달라질 수 있기 때문입니다.

예를 들어 다시 최초 예수금 1,000,000원으로 매수 가격이 각각 60,000과 5500인 주식을 순서대로 주문한다고 가정하고 계산해 보겠습니다. 보유 종목이 없는 상태에서 60,000원인 종목을 주문하는 데 사용할 금액은 1,000,000 / (10 - 0) = 100,000입니다. 주문 수량은 100,000 / 60,000의 몫을 내림한 결과로 1이 나옵니다. 따라서 투입 금액은 1 * 60,000으로 60,000이 되고, 여기에 매매 수수료 0.015%를 곱한 금액을 제외한 값이 남은 예수금이 됩니다.

> 1,000,000 - 60,000 * 1.00015 = 939,991 / 실제 투입 금액: 60,009 / 최초 예수금 대비 비중: 약 6%

계속해서 가격이 5500인 종목을 매수한다고 해 보겠습니다. 현재 예수금이 939,991원이고 보유 종목 수가 하나이니 최대 투입 금액은 다음과 같이 계산합니다.

> 939,991 / (10 - 1) = 104,443

주문 수량은 104,443 / 5500의 몫으로 최대 18개를 살 수 있습니다. 즉, 투입할 금액은 5500 * 18 = 99,000이지만 0.015%의 수수료를 곱해야 하므로 주문 후 남는 예수금은 다음과 같습니다.

> 939,991 - 99,000 * 1.00015 = 840,976 / 실제 투입 금액: 99,015 / 최초 예수금 대비 비중: 약 9%

이처럼 종목당 최대 투입 금액을 일정하게 맞추려고 해도 매수할 주식 주가에 따라 투입 비중이 달라질 수도 있지만(예수금이 클수록 그 차이는 미미) 그래도 종목끼리 투입 비중을 큰 차이가 발생하지 않는 선에서 조절할 수는 있습니다.

이 방법을 코드로 만들고자 현재 보유 종목 수와 매수 주문을 접수한 종목 수가 필요합니다. 보유 종목 수는 단순히 Kiwoom 클래스의 balance 딕셔너리에 저장된 키 개수를 세면 된다고 생각할 수 있지만, 잔고 정보를 얻어 오는 과정이 프로그램이 처음 실행되는 초기화 단계에서 진행되고 이후 수정되지 않기 때문에 다음 문제가 생길 수 있습니다.

❶ 프로그램 초기화 단계에서 self.kiwoom.balance 정보 수신

❷ 매도 조건에 부합한 종목 매도

❸ 하지만 self.kiwoom.balance에는 매도한 종목이 보유 수량 0인 상태로 남아 있음(보유 수량은 없지만 self.kiwoom.balance에 종목 코드가 키로 남아 있음)

④ 이 상태에서 self.kiwoom.balance의 키 개수(종목 수)를 세면 이미 매도한 종목까지 계산되어 실제 보유 종목 수보다 많이 카운팅됨

이런 문제를 해결하는 데 두 가지 방법이 있습니다.

- 매도가 되면 self.kiwoom.balance에 매도한 종목 정보를 바로 삭제하거나 Kiwoom 클래스의 get_balance를 다시 호출하여 self.kiwoom.balance를 최신으로 유지합니다.
- 보유 종목 수를 세는 것이 목적이므로 self.kiwoom.balance의 전체 종목 수를 계산한 후 self.kiwoom.order에서 매도 주문이 체결된 종목이 있는지 확인하고 있다면 전체 보유 종목 수에서 제외합니다.

첫 번째 방법은 Kiwoom 클래스 내 _on_chejan_slot에서 매도 주문 체결이 완료될 경우 self.kiwoom.balance에 해당 종목의 키를 삭제하거나 매수 주문 전에 Kiwoom 클래스의 get_balance를 다시 호출해서 최신 상태를 확인합니다. 두 번째 방법은 self.kiwoom.balance의 전체 종목 수를 계산한 후 self.kiwoom.order에서 매도 주문 접수 종목 수를 뺍니다. 두 번째 방법이 비교적 간단하다는 장점이 있어 이 방법을 이용하여 실제 보유 종목 수를 계산하겠습니다.

여기서 좀 더 생각해 보면 매수에 투입할 금액을 계산하려면 잔고 종목 수를 세는 것뿐만 아니라 현재 매수 주문을 접수한 종목 수도 계산해서 잔고 종목 수에 합해야 합니다. 보유 종목 수를 세는 목적은 전체 예수금에서 이미 투입된 금액이 얼마 정도인지 계산하기 위해서입니다. 마찬가지로 아직 체결이 완료되지 않았더라도 매수 주문을 접수한 경우도 이미 금액을 투입했다는 점에서 보유 종목 수로 계산해야 합니다.

이 설명대로 프로그램을 만들 수 있게 매도 주문을 접수한 종목을 제외한 실제 보유 종목 수를 구하는 get_balance_count 함수와 매수 주문 종목 수를 계산하는 get_buy_order_count 함수를 만들어 보겠습니다(RSIStrategy.py 파일의 check_buy_signal_and_order 함수 다음에 다음 코드를 입력합니다).

RSIStrategy.py

```
(...)                    매도 주문이 접수되지 않은 보유 종목 수를 계산하는 함수
def get_balance_count(self): ┄┄┄
    balance_count = len(self.kiwoom.balance)          kiwoom balance에 존재하는 종목이 매도 주문
                                                      접수되었다면 보유 종목에서 제외시킴
    for code in self.kiwoom.order.keys(): ┄┄┄┄┄┄┄┄
        if code in self.kiwoom.balance and self.kiwoom.order[code]['주문구분'] == "매도"
                and self.kiwoom.order[code]['미체결수량'] == 0:
            balance_count = balance_count - 1
```

```
        return balance_count

    def get_buy_order_count(self): ····· 매수 주문 종목 수를 계산하는 함수
        buy_order_count = 0
        for code in self.kiwoom.order.keys(): ····· 아직 체결이 완료되지 않은 매수 주문
            if code not in self.kiwoom.balance and self.kiwoom.order[code]['주문구분'] ==
                "매수":
                buy_order_count = buy_order_count + 1
        return buy_order_count
```

다음은 이 함수를 check_buy_signal_and_order에서 사용하는 코드입니다.

RSIStrategy.py

```
(...)
def check_buy_signal_and_order(self, code):
    if not check_adjacent_transaction_closed_for_buying():
        return False

    universe_item = self.universe[code]

    if code not in self.kiwoom.universe_realtime_transaction_info.keys():
        print("매수대상 확인 과정에서 아직 체결정보가 없습니다.")
        return

(...)

    if ma20 > ma60 and rsi < 5 and diff_days_ago < -2:
        if (self.get_position_count() + self.get_buy_order_count()) >= 10: ·····
            return                          이미 보유한 종목, 매수 주문 접수한 종목의 합이 보유 가능 최대치
                                            (열 개)라면 더 이상 매수 불가능하므로 종료

        budget = self.deposit / (10 - (self.get_position_count() +
            self.get_buy_order_count())) ·····
                              주문에 사용할 금액 계산(10은 최대 보유 종목 수로 const.py 파일에 상수로 만들어 관리하는 것도 좋음)
        bid = self.kiwoom.universe_realtime_transaction_info[code]['(최우선)매수호가'] ·····
                                                        최우선 매수 호가 확인

        quantity = math.floor(budget / bid) ····· 주문 수량 계산(소수점은 제거하기 위해 버림)

        if quantity < 1: ····· 주문 주식 수량이 1 미만이라면 매수 불가능하므로 체크
            return
                        현재 예수금에서 수수료를 곱한 실제 투입 금액(주문 수량 * 주문 가격)을 제외해서 계산
        amount = quantity * bid ·····
        self.deposit = math.floor(self.deposit - amount * 1.00015)
```

```
if self.deposit < 0:  ····· 예수금이 0보다 작아질 정도로 주문할 수는 없으므로 체크
    return

order_result = self.kiwoom.send_order('send_buy_order', '1001', 1, code,
                                      quantity, bid, '00') ·····┐
                                                              계산을 바탕으로 지정가 매수 주문 접수
self.kiwoom.order[code] = {'주문구분': '매수', '미체결수량': quantity} ·····┐
                                                              _on_chejan_slot이 늦게 동작할 수도 있기 때문에
                                                              미리 약간의 정보를 넣어 둠
else:
    return
```

코드를 살펴보면 budget = self.deposit / (10 - (self.get_balance_count() + self.get_buy_order_count()))로 한 종목에 최대 얼마의 금액을 투입할 수 있는지 계산합니다. 이후 최우선 매수 호가를 기준으로 주문 가능한 수량을 계산한 후 self.kiwoom.send_order로 매수 주문을 접수합니다. 여기서 다시 한 번 짚고 넘어갈 부분은 다음 코드입니다.

```
amount = quantity * bid
self.deposit = math.floor(self.deposit - amount * 1.00015)
```

현재 예수금에서 투입할 금액을 빼는 것은 실제 보유하고 있는 예수금에 영향은 미치지 않습니다. 영향이 없는데도 이처럼 감액하는 이유는 순전히 API 이용을 줄이기 위해서입니다. 예수금을 의미하는 self.deposit은 전략이 초기화될 때 한 번 조회한 후에는 다시 조회하지 않아 실시간으로 갱신되지 않습니다. 그래도 괜찮은 이유는 예수금에 변경이 생기는 순간은 이체, 송금을 제외하고 오로지 매매 시점이기에 굳이 매번 API를 이용하여 현재 예수금이 얼마 남았는지 조회하지 않고도 직접 계산해서 사용할 수 있기 때문입니다.

반대로 매도 주문을 접수한 후 예수금을 늘이는 코드는 넣지 않았습니다. 매수 주문은 주문을 접수하는 즉시 전체 예수금에서 투입한 금액이 차감되며, 남은 예수금이 얼마인지 아는 것이 다음 주문을 접수하는 데 영향을 미치므로 바로바로 계산이 필요하기 때문입니다.

또 amount에 1.00015를 곱하는 이유는 매수 수수료인 0.015%를 제외한 금액을 계산하기 위해서입니다. 하지만 모의투자에서 적용되는 수수료율이 0.035%라서 amount에 1.0035를 곱하는 것이 모의투자 환경에서는 정확한 계산이지만, 나중에 실제 투자 환경으로 전환될 것을 염두에 두고 수수료율 0.015%를 적용했습니다.

마지막으로 살펴볼 부분은 다음 코드입니다.

```
order_result = self.kiwoom.send_order('send_buy_order', '1001', 1, code, quantity, bid, '00')
self.kiwoom.order[code] = {'주문구분': '매수', '미체결수량': quantity}
```

이 코드는 매수 주문을 접수한 후 주문 정보를 저장하는 Kiwoom 클래스의 order 딕셔너리에 주문 접수한 종목 코드를 키로 하여 {'주문구분': '매수', '미체결수량': quantity}를 저장합니다. 주문 접수한 후에는 _on_chejan_slot으로만 Kiwoom 클래스의 order 딕셔너리에 주문 정보가 저장됩니다. 이 경우 A 종목을 주문하고 _on_chejan_slot이 해당 종목에 대한 주문 정보를 저장하기 전에 B 종목을 바로 주문하면 주문 수량 계산에 문제가 생기기 때문입니다.

B 종목을 매수할 때는 A 종목을 이미 주문했기 때문에 self.get_buy_order_count 함수 호출 결과가 1이어야 하지만, _on_chejan_slot이 동작하기 전에 B 종목을 주문하면 Kiwoom 클래스의 order 딕셔너리를 기준으로 이미 접수한 매수 주문 개수를 계산하는 self.get_buy_order_count 함수 호출 결과가 0이 되기에 B 종목 주문 수량이 잘못 계산될 수 있습니다. 이런 문제를 방지하고자 주문을 접수한 후 '주문구분'과 '미체결수량' 같은 간단한 정보를 먼저 self.kiwoom.order에 저장해 두어 다음 종목을 매수할 때 주문 수량 계산에 문제가 없도록 했습니다.

하지만 이런 문제가 발생하는 상황과 다르게 A 종목 매수 후 충분한 시간을 두어 _on_chejan_slot 이 동작한 후 B 종목을 매수한다는 보장이 있다면 이 코드가 필요하지 않을 수도 있지만, 혹시 모를 상황에 대비하여 추가했습니다.

5.8 최종 마무리

PYTHON AUTO TRADING SYSTEM

지금까지 실전 투자 전략을 바탕으로 트레이딩에 필요한 데이터를 수집하고 미리 정해 놓은 규칙 대로 매매하는 프로그램을 개발했습니다. 이 절에서는 프로젝트를 최종적으로 마무리하는 데 필요한 내용들을 담았습니다.

5.8.1 LINE 알림 받기 및 예외 처리

키움증권은 모의투자 환경이 아닌 실제 투자 환경에서 주문 체결에 관한 알림을 SMS 혹은 카카오톡으로 보내 줍니다. 하지만 이런 체결에 관한 알림 말고도 자동매매 프로그램에 문제가 발생할 경우를 대비하여 별도의 알림 체계가 있으면 더 빠르게 대응할 수 있어 좋습니다. 우리가 알림을 수신할 수 있는 매체는 슬랙(slack), 텔레그램(telegram) 등 여러 가지가 있지만, 이 책에서는 라인(LINE)을 사용하겠습니다.

1. 모바일에서 LINE 앱을 내려받은 후 로그인합니다. 계정이 없다면 전화번호를 사용하여 간단히 가입할 수 있습니다.

▼ 그림 5-40 LINE 앱 내려받기

2. 로그인한 후 화면 위쪽에서 **설정** > **계정**을 선택합니다. 기본 정보에서 **이메일**을 눌러 이메일 인증을 마치고 **비밀번호**를 눌러 등록을 마치면 다음과 같이 '등록됨'이라는 문구가 나타납니다.

▼ 그림 5-41 계정 설정

3. 아래쪽 메뉴에서 **대화**를 누르고, 위쪽 **대화방 만들기** > **그룹**을 선택합니다.

▼ 그림 5-42 대화방 만들기

4. 대화 상대로 LINE Notify를 선택하고 **다음**을 누릅니다. 그룹 이름에 SystemTrading을 입력하고 **만들기**를 누릅니다.

▼ 그림 5-43 대화 화면에서 SystemTrading 그룹 만들기

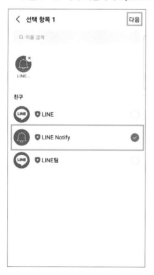

5. LINE Notify 웹 사이트(https://notify-bot.line.me/en/)에 접속하여 앞서 등록한 이메일과
   비밀번호를 이용해서 로그인합니다.

   ❤ 그림 5-44 LINE Notify 웹 사이트 로그인

6. 로그인 이후 화면 위에 보이는 **이름** > My page를 누릅니다.

   ❤ 그림 5-45 LINE Notify 웹 사이트의 [My page] 선택

   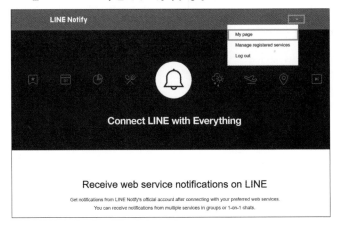

7. 아래쪽에 보이는 Generate token을 누릅니다.

   ❤ 그림 5-46 [Generate token] 버튼 선택

8. 여기서 생성하는 토큰은 LINE 알림 서비스를 사용할 수 있는 고유한 키 값입니다. 토큰명을 지정하고(필자는 SystemTrading으로 입력), LINE 앱에서 만들었던 SystemTrading을 선택한 후 Generate token을 누릅니다.

▼ 그림 5-47 알림을 위한 토큰 생성

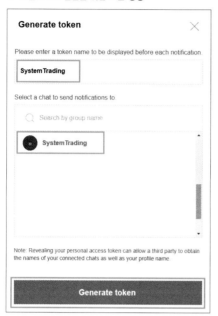

9. Copy를 눌러 생성된 토큰 주소를 복사합니다.

▼ 그림 5-48 토큰 주소 복사

이제 프로젝트로 돌아와 util 패키지에 있는 const.py 모듈에 상수 RSI_STRATEGY_MESSAGE_TOKEN 을 만들고 복사한 토큰 값을 붙여 넣습니다.

```
(...)
                                                            발급받은 LINE 토큰 붙여 넣기
RSI_STRATEGY_MESSAGE_TOKEN = "WNAfWeqUrx5On6z6sTiDBiGVOOGMTIz64W"
```

그리고 util 패키지에 notifier.py 모듈을 새로 만들어 다음 코드를 붙여 넣습니다.

```
import requests

TARGET_URL = 'https://notify-api.line.me/api/notify'

def send_message(message, token=None):    LINE Notify를 사용한 메시지 보내기
    try:
        response = requests.post(
            TARGET_URL,
            headers={
                'Authorization': 'Bearer ' + token
            },
            data={
                'message': message
            }
        )
        status = response.json()['status']

        if status != 200:    전송 실패 체크                     에러가 발생할 때만 로깅
            raise Exception('Fail need to check. Status is %s' % status)

    except Exception as e:
        raise Exception(e)
```

send_message 함수의 첫 번째 매개변수에는 전송할 메시지 내용을 전달받고, 두 번째 매개변수에는 방금 발급받았던 LINE 토큰을 전달받습니다. 따라서 함수를 사용할 때는 메시지 내용과 LINE 토큰을 전달하면 됩니다.

notifier.py를 RSIStrategy.py 파일에서 사용하고자 import합니다.

```
from api.Kiwoom import *
from util.make_up_universe import *
from util.db_helper import *
```

```
from util.time_helper import *
from util.notifier import *
import math
```

이렇게 준비가 완료되었다면 우리는 다음 두 가지 상황에서 알림을 보내도록 구성하겠습니다. 두 상황의 공통점은 프로젝트를 진행하며 try-except로 예외 처리를 한 부분입니다.

❶ 초기화 함수 실행 중 예외가 발생한 경우

❷ run 함수 동작 중 예외가 발생한 경우

먼저 초기화 함수의 except 구문 아래에 다음 구문을 추가합니다.

RSIStrategy.py

```
def init_strategy(self):
    try:
        (...중략...)
    except Exception as e:
        print(traceback.format_exc())
        send_message(traceback.format_exc(), RSI_STRATEGY_MESSAGE_TOKEN)
```
LINE 메시지를 보내는 부분

이렇게 하면 초기화 함수 실행 중 예외가 발생할 때 except 문에서 send_message 함수를 호출하여 우리에게 알림을 보낼 수 있습니다. 그다음 run 함수 수행 중 예외가 발생하면 알림을 보내도록 하겠습니다. run 함수도 마찬가지로 except 구문 아래에 동일한 코드를 넣습니다.

RSIStrategy.py

```
def run(self):
    while self.is_init_success:
        try:
            (...중략...)
        except Exception as e:
            print(traceback.format_exc())
            send_message(traceback.format_exc(), RSI_STRATEGY_MESSAGE_TOKEN)
```
LINE 메시지를 보내는 부분

이처럼 send_message 함수를 사용하면 매수와 매도 주문을 주문하거나 체결되었을 때도 알림을 보낼 수 있습니다. 참고로 send_message 함수의 두 번째 매개변수인 토큰은 호출할 때마다 달라지는 값이 아니므로 굳이 매개변수로 전달하지 않고 send_message 함수 내부에 선언해서 사용할 수 있습니다. 그럼에도 토큰을 매개변수로 전달받도록 한 것은 RSIStrategy 외의 다른 전략 클래스를 만들어 사용하거나 하나의 전략을 사용하더라도 메시지 중요도에 따라 LINE 알림을 구분해서 받고 싶을 때를 대비하기 위해서입니다.

5.8.2 프로그램 무한 실행 방법

지금까지 이용한 프로그램 실행 방법은 파이참 내에서 main.py 파일을 실행하는 방식이었습니다. 물론 이 방법은 우리가 잘 사용해 왔듯이 아무 문제없습니다. 다만 하루 종일 실행하다 보면 예상치 못한 문제로 프로그램이 종료될 수 있습니다.

예를 들어 종종 새벽에 수행하는 키움증권 API 점검이나 장 중 API 사용 제한으로 프로그램이 동작하지 않는 경우가 발생할 수 있습니다. 이런 문제가 발생하면 수동으로 프로그램을 재실행할 수도 있겠지만, 자동매매 프로그램을 운영하며 동작 여부를 계속해서 확인해야 한다면 '자동' 의미가 많이 퇴색될 수 있습니다. 따라서 언제 발생할지 모르는 에러에 대비하고자 주기적으로 프로그램을 재실행하여 프로그램을 무한히 동작시킬 수 있는 방법을 알아보겠습니다.

이 방법은 프로그램 메인 역할을 하는 main.py 파일을 30분마다 자동으로 실행시키는 배치 파일(.bat)을 이용합니다. 배치 파일이란 cmd.exe 같은 명령 프롬프트에서 실행할 수 있는 Windows 명령어로 구성된 실행 파일입니다. 배치 파일에 적힌 명령어는 줄 단위로 위에서 아래로 실행되며, 배치 파일을 이용하여 파이썬을 실행시킬 수 있습니다.

그러면 배치 파일을 한 번 만들어 보겠습니다(이 배치 파일은 예제 코드에 첨부되어 있으므로 예제 코드를 이미 내려받았다면 따로 만들지 않아도 됩니다).

1. 파이참 프로젝트에서 마우스 오른쪽 버튼을 누르고 **New** › **File**을 선택합니다.

▼ 그림 5-49 배치 파일 생성

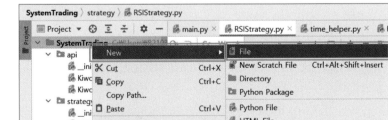

2. 파일 이름을 입력하는 창이 나타나면 **system_starter.bat**라고 입력하고 Enter를 누릅니다.

❤ 그림 5-50 배치 파일명 입력

New File
system_starter.bat

3. 생성된 파일에 다음 코드를 입력합니다.

```
@echo off

:init
@echo Started: %date% %time%
echo init starts
cd C:\Users\82103\PycharmProjects\SystemTrading    ····· 프로젝트 경로(각자 경로로 수정 필요)
call activate system_trading_py38_32    ····· 가상 환경 이름
@taskkill /f /im "python.exe"
set loop=0
set max_loop=900

:loop
set /a loop+=1
echo %loop%
timeout 2 > NUL
if %loop%==%max_loop% goto init
if %loop%==1 goto starter
if not %loop%==1 goto loop

:starter
start python main.py
timeout 10 > NUL
goto loop
```

> Note ≡ 배치를 동작시킬 때 사용하는 명령어들은 우리가 배운 파이썬 코드가 아니기에 무슨 말인지 이해하기 어려울 수 있습니다. 지금은 이 배치가 무엇을 하고자 하고 제대로 실행시키려면 무엇을 수정해야 하는지에 집중하겠습니다.

이 명령어들은 main.py 파일이 있는 프로젝트 경로로 이동한 후 아나콘다 가상 환경(system_trading_py38_32)을 활성화합니다. 이후 main.py 파일을 약 30분 간 실행하다 파이썬 프로그램을 모두 종료한 후 다시 약 30분 동안 실행시키는 것을 반복합니다. 중간중간 들어 있는

timeout은 그다음에 오는 숫자(초)만큼 대기하겠다는 의미입니다. 이 숫자를 조정하여 프로그램 재실행 주기를 조절할 수 있습니다.

그리고 배치 파일을 제대로 실행하려면 다음 사항을 반드시 확인해야 합니다.

❶ **프로젝트 경로 주소**: 위에서 6번째 줄에 표시된 것처럼 cd 명령어 다음에는 main.py 파일이 있는 프로젝트 경로가 들어가야 합니다. 프로젝트가 있는 경로는 각자 다르므로 반드시 수정하기 바랍니다.

❷ **가상 환경 이름**: 이어서 나오는 다음 줄에 등장하는 system_trading_py38_32는 가상 환경 이름입니다. 앞서 가상 환경을 구성할 때 책과 다르게 만들었다면 여러분이 설정한 가상 환경 이름으로 고쳐야 합니다.

❸ **배치 파일 위치 및 실행 파일명**: 배치 파일은 main.py와 같은 경로에 있어야 하며, 전략을 실행하는 모듈명은 main.py 파일로 정해야 합니다. 그렇지 않은 경우 배치 파일 내 main.py를 작성한 이름으로 바꾸어야 합니다.

❹ **set max_loop=900**: 이 코드는 숫자를 1부터 증가시키다 900이 되면 재실행한다는 의미입니다. 이 숫자를 증가시킬수록 재실행 주기가 길어지며, 현재는 약 30분 주기로 재실행됩니다. set max_loop=600으로 바꾼다면 약 20분 주기로 재실행됩니다.

❺ 배치 파일을 실행하면 프롬프트 창이 두 개 나옵니다(그림 5-51은 흰색 바탕의 화면이지만 여러분은 검은색 화면의 창이 보일 것입니다). 보안 프로그램 때문에 창이 두 개 나오지 않는다면 보안 프로그램에서 system_starter.bat 파일을 예외 처리하거나 감시 제어를 해제합니다. 실행 중 하나의 창이라도 꺼 버렸다면 다른 나머지 창도 종료한 후 다시 system_starter.bat를 실행해야 합니다.

▼ 그림 5-51 배치 파일 실행 후 나타나는 창 두 개

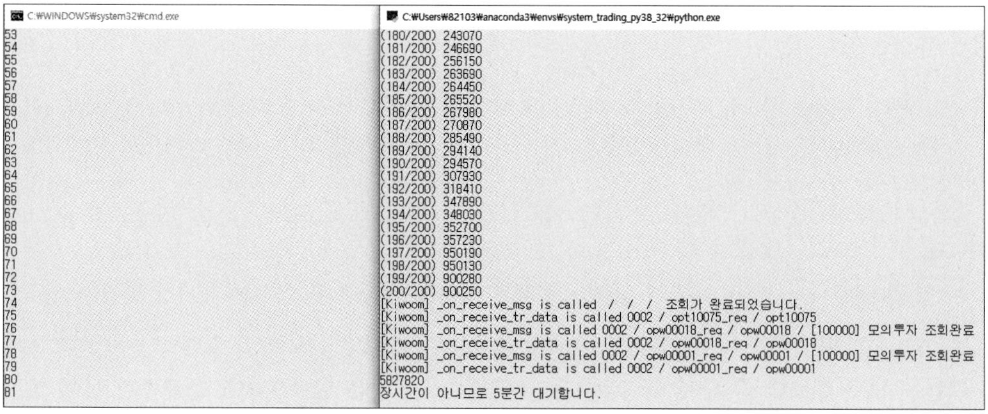

이 내용들을 잘 확인한 후 배치 파일을 실행시키면 프로그램을 무한히 동작시킬 수 있습니다. 배치 파일은 파이참에서 실행하는 것이 아니라 system_starter.bat 파일이 위치한 폴디에서 해당 파일을 더블클릭해서 실행합니다.

5.8.3 프로그램에 에러가 발생할 때의 대응

시스템을 동작시키다 보면 프로그램 장애가 발생했을 때 코드를 즉각 수정할 수 없는 상황이 생길 수도 있습니다. 물론 예외가 발생해도 프로그램이 계속 동작하게끔 try-except 문을 사용했습니다. 예를 들어 매수나 매도 과정에 문제가 생겨 금전적인 피해로 이어질 수 있는 경우 프로그램 동작을 멈추어야 합니다. 이렇게 장애가 발생했을 때 프로그램을 동작시킨 컴퓨터를 바로 이용할 수 없다면 모바일을 이용한 원격 제어 방법이 필요하기 때문에 이것을 알아보겠습니다.

1. PC를 사용하여 Google 계정에 로그인한 후 Chrome 원격 데스크톱(https://remote desktop.google.com/access)에 접속하고 원격 액세스 설정에서 **다운로드**를 클릭합니다.

▼ 그림 5-52 Chrome 원격 데스크톱 내려받기

2. 설치 후 준비 완료 화면이 나타나면 컴퓨터 이름을 자유롭게 정합니다.

▼ 그림 5-53 원격 접속 컴퓨터 이름 설정

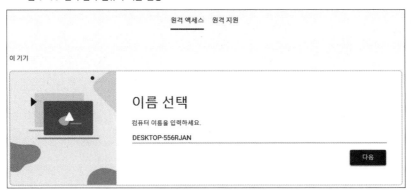

3. 컴퓨터에 접속하는 데 필요한 PIN을 설정합니다.

▼ 그림 5-54 PIN 설정

4. 모바일에서 Chrome 원격 데스크톱 애플리케이션을 설치합니다.

▼ 그림 5-55 Chrome 원격 데스크톱 애플리케이션 설치

5. 앱을 실행한 후 동일한 Google 계정으로 로그인하면 앞서 설정한 기기가 목록에 나타납니다. 해당 기기를 선택한 후 PIN을 입력합니다.

▼ 그림 5-56 Chrome 원격 데스크톱 애플리케이션에서 내 기기 연결

6. 연결이 완료되면 모바일에서 여러분의 PC 화면을 제어할 수 있습니다. 배치 파일을 사용하여 프로그램을 동작시키는 중일 때는 실행 중인 프롬프트 창을 모두 끄면 프로그램이 종료됩니다.

▼ 그림 5-57 원격 제어로 프로그램 종료

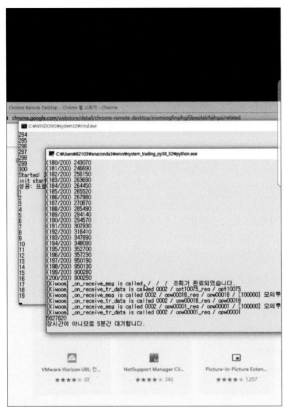

5.8.4 실전 투자 전환 방법

지금까지 API 이용 및 프로젝트 진행은 모의투자 환경에서 했고, 전략 검증 및 테스트는 앞으로도 모의투자 환경에서 진행해야 할 것입니다. 하지만 당장은 아니더라도 나중에 필요할 실전 투자 환경 전환 방법을 알아보겠습니다.

1. 파이참으로 API에 로그인하거나 KOA로 API에 로그인한 경우 PC 작업 표시줄 오른쪽 아래에 있는 트레이 아이콘을 클릭하면 다음과 같은 API 아이콘이 생성되어 있습니다. 이 아이콘을 마우스 오른쪽 버튼으로 눌러 **계좌비밀번호 저장**을 선택합니다.

❤ 그림 5-58 API 아이콘에서 마우스 오른쪽 버튼 클릭

2. '3.7절 자동 로그인 설정하기'에서 AUTO로 설정했던 체크 박스를 해제합니다. 이후 비밀번호 (0000)를 입력하고 **등록**을 눌러 자동 로그인이 되지 않도록 설정합니다.

❤ 그림 5-59 자동 로그인 설정 해제

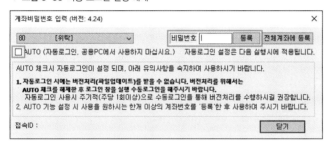

3. 파이참 프로젝트로 돌아가 main.py 파일을 실행하면 자동 로그인되지 않고 로그인 화면이 나타납니다. 이때 모의투자 접속을 체크 해제한 후 비밀번호와 인증서를 발급할 때 만들었던 인증비밀번호를 입력하여 로그인합니다(여기서 비밀번호란 4~8자리로 된 계좌 비밀번호가 아니라 그림 3-13에서 설정했던 비밀번호입니다).

❤ 그림 5-60 모의투자 접속 체크 해제

4. 지금까지 진행한 내용대로 프로젝트를 구성했다면 main.py 파일을 재실행하고 로그인했을 때 다음 에러가 발생합니다. 에러가 발생하는 이유는 실제 계좌의 비밀번호를 등록하지 않은 상태에서 Kiwoom 클래스 내 get_deposit 함수를 호출해서 그렇습니다.

▼ 그림 5-61 계좌 비밀번호 에러창 팝업

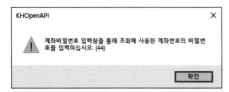

5. main.py 파일을 실행한 상태에서 다시 트레이 아이콘에 있는 API 아이콘을 마우스 오른쪽 버튼으로 누르고 AUTO에 체크한 후 계좌 비밀번호(4~8자리 숫자)를 입력하고 **등록**을 누릅니다(main.py 파일을 실행하여 API에 로그인해야 API 아이콘이 나타납니다).

▼ 그림 5-62 계좌 비밀번호 입력 및 AUTO 설정

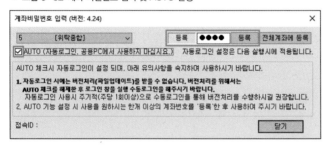

다시 main.py 파일을 실행시키면 실전 투자 환경으로 접속됩니다. 이후에 매매는 전부 실제 계좌에서 진행하기에 소중한 돈이 왔다 갔다 합니다. 그러므로 꼭 믿을 수 있는 본인만의 전략을 개발하고 충분한 테스트를 거친 후 실전 투자로 전환하길 바랍니다.

더 고민할 것들

이것으로 이 책에서 다루는 프로젝트가 끝이 났습니다. 하지만 그렇다고 해서 자동매매 프로그램 개발이 완전히 끝났다고 할 수는 없을 것입니다. 어떻게 보면 이제부터 시작이니 앞으로 더 고민해야 하거나 개선이 필요한 부분을 알아보겠습니다.

유니버스 구성

유니버스를 구성할 때 사용하는 데이터들은 Naver Finance(네이버 금융)의 시가총액 페이지를 크롤링해서 얻었습니다. 하지만 이 데이터를 사용할 때는 감안해야 할 점이 있습니다. 해당 페이지에서 제공하는 ROE 계산 방식이 최근 분기 실적을 반영하지 못할 때가 있다는 것입니다.

예를 들어 PER은 2021년 08월 기준으로 실적 발표가 나지 않은 6월을 제외하고 최근 4분기 (2021.03, 2020.12, 2020.09, 2020.06)를 이용하여 계산한 반면, ROE는 2020년 연간 합산 데이터를 기준으로 계산되어 있습니다. 즉, 최근 기업 실적이 좋아져 ROE가 상승했다고 하더라도 이를 반영하지 못한 데이터를 가져오기 때문에 실적이 대폭 상승하거나 반대로 급격히 악화되는 기업들을 알아내기 어렵습니다.

따라서 최신 데이터를 얻으려고 크롤링 대상 페이지를 변경하거나 최근 분기 데이터들을 따로 얻어 와 제공되는 합산 데이터를 사용하지 않고 직접 ROE를 계산하는 방법을 고려할 수 있습니다.

또 유니버스 구성 방법에도 개선이 필요한 점이 있습니다.

❶ **개수**: 현재 유니버스를 구성하는 종목 수는 총 200개입니다. 이 수가 너무 많으면 좋은 기업들을 미리 선별해 두겠다는 의미가 퇴색될 수 있지만, 반대로 너무 적어도 매매가 잘 되지 않아 성과에 영향을 미칠 수 있습니다. 이 점을 고려하여 적절한 조절이 필요합니다.

❷ **생성 주기**: 유니버스 구성 시점은 데이터베이스에 유니버스 테이블이 없는 경우입니다. 따라서 현재 구조로는 한 번 유니버스가 생성되면 그 이후로는 변경 혹은 재생성되지 않습니다. 이렇게 되면 기업 실적이 발표되더라도 이를 반영하지 못하는 문제가 발생할 수 있기 때문에 적어도 기업 실적이 발표되는 매 분기마다 유니버스를 다시 구성하도록 RSIStrategy 클래스의 check_and_get_universe 함수를 변경하길 권장합니다.

❸ **시가총액 규모 구분**: 현재 유니버스 구성 조건은 ROE, PER을 기준으로 필터링한 후 이 지표들이 높고 낮은 정도를 파악하여 지표 특성별로 순위를 매겨 추출하고 있습니다. 여기서 PER이 낮은 종목일수록 유니버스에 편입될 확률이 상승하는데, 이 경우 대체로 PER이 낮은 대형주들이 유니버스에 많이 편입되고 상대적으로 중소형주들이 적게 편입될 수 있습니다.

이런 구성이 꼭 잘못된 것은 아니지만 전략 특성에 따라 대형주에서 좋은 성과를 보일 수도 있고, 중소형주에서 좋은 성과를 보일 수도 있습니다. 따라서 의도적으로 전략이 잘 통하는 그룹 위주로 편성한 것이 아니라면 유니버스에 편입된 기업들이 한쪽 그룹으로 편향되지 않도록 주의해야 합니다.

전략 운영 방식

전략을 운영하며 사용해 볼만 한 장치가 많이 있습니다. 예를 들어 우리가 다룬 RSI(2) 전략은 손절하지 않는 전략이지만 직접 전략을 개발할 때는 손절과 익절을 나름의 기준으로 세워 볼 수 있습니다. 물론 이 말은 손절과 익절을 적용하는 전략이 무조건 좋고 그렇지 않은 전략은 나쁘다는 것이 아닙니다. 전략에 따라 손절과 익절이 필요할 수도 있고, 아닐 수도 있기 때문입니다.

예를 들어 매수 후 1~3일 정도 보유하는 단타 매매를 한다고 했을 때 짧은 손절 기준(1~2% 하락할 때는 손절)을 적용한다면 보유 기간 중 잦은 손절로 상승을 기다리지 못하고 손실이 누적될 것입니다. 이 경우 손절을 아예 넣지 않는 것이 더 좋은 성과를 낼 수 있습니다. 따라서 사용할 전략을 정하고 그 전략의 특성을 파악한 후 백테스팅으로 검증해 볼 것을 권장합니다.

이외에도 현재 전량 매수, 매도하는 방식을 분할 매매 방식으로 변경하거나 매수 신호를 확인한 종목을 순서대로 매수하는 것이 아니라 우선순위를 정해서 매수하는 방식을 고려해 볼 수 있습니다. 또 현재 전략은 매도 조건에 부합하지 않으면 계속 보유하도록 되어 있는데, 그렇지 않고 최대 보유 기간을 설정해서 이 기간을 지나면 매도 조건과 상관없이 매도하도록 만들어 보유 종목의 회전율을 높일 수도 있습니다.

추가로 지속적으로 손실이 발생할 때는 시스템 동작을 멈추는 시스템 스탑룰(system stop rule)과 같은 매매에 도움이 될 수 있는 장치들의 필요성을 생각해 보고 적용 여부를 천천히 고려해 보기 바랍니다. 중요한 점은 절대적으로 무엇을 사용하는 것이 좋다 나쁘다는 추측보다는 백테스팅으로 얻은 데이터나 모의투자 환경에서 운영하며 쌓은 경험을 기반으로 판단하길 권장합니다.

프로그램 개선

현재 프로젝트 구조는 실행부, 전략부, 유틸부로 나뉘어 있습니다. 사실 소스양이 엄청나게 많은 편은 아니므로 그저 .py 파일 한두 개에 모든 소스를 넣어 개발할 수도 있었습니다. 하지만 그러지 않고 구조를 나눈 이유는 확장성 때문입니다. 이 프로젝트는 하나의 전략만 수행하도록 만들었지만, 직접 개발할 때는 복수 전략을 만들어 운영할 수도 있으므로 모듈별로 나누었습니다.

다만 복수 전략을 운영하기 전에 해결해야 할 숙제가 있습니다. 예를 들어 전략마다 Kiwoom API를 필수적으로 이용해야 하지만, 현재 Kiwoom.py 파일은 전략별로 분리되어 호출될 수 있는 완벽한 구조가 아닙니다. 무슨 말이냐면 Kiwoom 클래스가 생성될 때 수행하는 로직들이 클래스 생성 때마다 다시 수행되는 것은 적절하지 못할 수 있습니다. 또 현재는 접수한 주문과 보유 종목들이 하나의 계좌로 묶여 있기 때문에 전략을 여러 개 운영한다면 데이터베이스를 이용하여 어느 전략에서 접수한 주문인지, 보유 중인 종목인지를 구분해서 전략별로 관리할 수 있도록 구현해야 합니다.

이외에도 로깅(logging) 처리가 있으면 유용합니다. 로깅이란 이벤트를 기록하는 것이라고 생각하면 좋습니다. 현재는 시스템에서 에러가 발생하면 알림으로 에러가 발생했다는 사실은 알 수 있지만, 에러가 발생하기까지 어느 단계들을 거쳤는지 확인하기는 어려울 수 있습니다. 따라서 시스템을 운영 및 개발하며 발생하는 일들을 기록하려고 로깅 처리를 넣는다면 혹시 모를 에러가 발생했을 때 원인을 더 수월하게 찾을 수 있을 것입니다.

이 책으로 파이썬 자체를 처음 접한 사람도 있고, 파이썬은 알고 있지만 증권사 API를 이용한 자동매매 프로그램 개발처럼 뭔가 유의미한 프로젝트를 경험하고 싶었던 사람도 있었을 것입니다. 목적이 무엇이든 이 책이 원하는 바를 이루는 데 조금이나마 도움이 되었길 바랍니다.

마지막으로 당부하고 싶은 점은 책 머리말에서 언급한 것처럼 제공되는 예제 코드 및 전략은 어디까지나 프로그램을 구성하는 방법을 학습하는 참고용이므로 이를 바탕으로 하여 여러분만의 매매 전략을 개발해야 합니다. 지면 관계상 많은 이야기를 할 수는 없지만 혹시 도움이 필요하거나 좀 더 많은 이야기를 나누고 싶다면 필자 블로그를 이용합니다.

URL https://jsp-dev.tistory.com

끝으로 이 책을 보는 모든 독자의 건승을 진심으로 바랍니다. 감사합니다.

예제 코드
내려받기

지금까지 진행한 프로젝트의 예제 코드를 내려받아 실행하는 방법을 알아보겠습니다. 그 전에 1장을 참고하여 파이참과 아나콘다를 설치하고 가상 환경을 생성해 주세요. 또 키움증권 계좌가 없다면 3장을 참고하여 계좌를 생성하고 모의투자 신청 및 Open API를 설치해야 합니다.

1. 파이참을 실행하고 File 〉 New Project를 선택합니다.

▼ 그림 A-1 새로운 프로젝트 생성 1

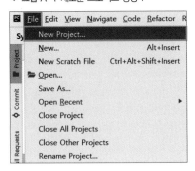

2. 프로젝트 이름을 자유롭게 정합니다. 여기서는 pythonProject로 정하고 Create를 누릅니다.

▼ 그림 A-2 새로운 프로젝트 생성 2

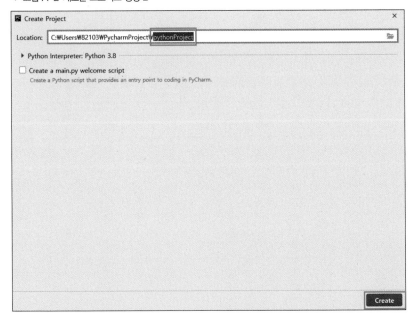

3. 새로운 프로젝트 화면을 띄울 방법을 선택합니다. This Window를 눌러 이전 프로젝트 창을 새 프로젝트(pythonProject) 창으로 대체하겠습니다.

▼ 그림 A-3 새로운 프로젝트 창 선택

4. 새로운 프로젝트가 열리면 VCS > Get from Version Control을 선택합니다.

▼ 그림 A-4 VCS 클릭

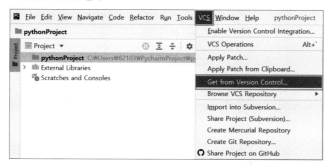

5. 'Git is not installed'라는 문구가 나오면 오른쪽에 보이는 Download and Install을 클릭합니다. 여기서 Git은 프로젝트 버전 관리를 위한 시스템입니다.

▼ 그림 A-5 Git 설치

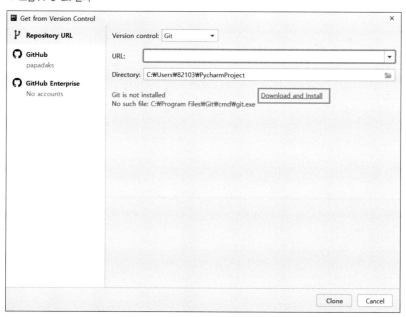

411

6. Git 설치가 완료되면 'Git has been installed'라는 문구가 나옵니다. 그러면 URL란에 https://github.com/papadaks/SystemTrading.git을 입력합니다. 이어서 Directory란에 프로젝트를 어디에 저장할지 경로를 입력해야 합니다. SystemTrading이라는 이름의 파이참 프로젝트를 이미 생성했다면 Directory를 바탕화면에 있는 폴더 등으로 설정하고 **Clone**을 누릅니다.

▼ 그림 A-6 Git Clone

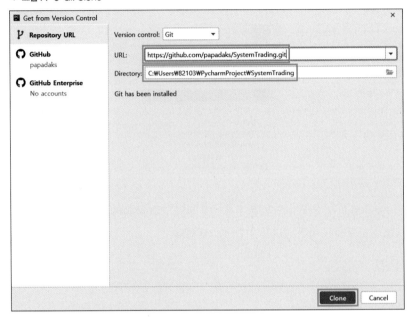

Note ≡ 주의할 점은 어느 경로에 저장해도 상관없으나 이 Directory는 항상 비어 있는 폴더로 지정해야 합니다. 예를 들어 바탕화면에 저장하고 싶어 다음 경로를 입력하면 에러가 발생합니다.

C:\Users\{사용자이름}\Desktop

7. 내려받은 프로젝트 화면을 띄울 방법을 선택합니다. 다시 **This Window**를 눌러 이전 프로젝트 (pythonProject) 창을 새 프로젝트(SystemTrading) 창으로 대체하겠습니다.

▼ 그림 A-7 새로운 프로젝트 창 선택

8. 가상 환경을 새로 만들지 묻는 창이 열립니다. system_trading_py38_32 환경을 이미 만들었다면 Cancel을 누르고(환경에 따라 이 창이 나오지 않을 수도 있고, 이미 가상 환경을 구성해 놓은 상태에서 [OK] 버튼을 눌러 가상 환경을 다시 만들려고 하면 에러가 발생할 수 있음), 가상 환경을 아직 구성하지 않았다면 OK를 누릅니다.

▼ 그림 A-8 가상 환경 구성 여부를 묻는 창

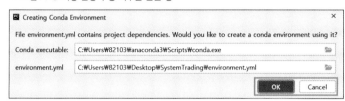

9. 다음은 예제 코드에서 사용하는 파이썬 패키지를 내려받습니다. 파이참 아래쪽의 Terminal을 클릭하여 conda activate system_trading_py38_32를 입력합니다.

▼ 그림 A-9 가상 환경 진입

Note ≡ Terminal을 이용하지 않고 아나콘다 프롬프트 창을 이용해도 좋습니다. 다만 이때는 cd 명령어를 사용하여 현재 내려받은 프로젝트가 위치한 경로로 이동해야 합니다.

10. 이후 conda env update -f environment.yml --prune 명령어를 입력하면 프로젝트에서 사용하는 모든 패키지를 한 번에 내려받을 수 있습니다. 명령어를 입력한 후 다음 화면이 나오면 패키지 설치가 완료된 것입니다.

A

여져 코드 내려받기

11. File > Settings를 선택합니다.

▼ 그림 A-11 [Settings] 메뉴 선택

12. 왼쪽 메뉴에서 Project: SystemTrading > Python Interpreter를 클릭하고 오른쪽 화면에서 Python Interpreter를 system_trading_py38_32로 설정합니다(자세한 설정 방법은 '1.2.2절 새 프로젝트 만들기'를 참고하세요).

▼ 그림 A-12 Python Interpreter 설정

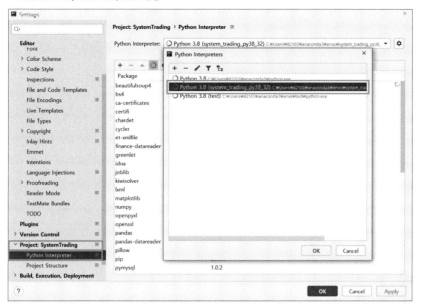

13. 가상 환경 설정을 완료했으면 main.py 파일을 실행합니다.

▼ 그림 A-13 main.py 파일 실행

예제 코드를 전달하며, 마지막으로 몇 가지 당부할 사항이 있습니다.

❶ 프로그램을 내려받고 처음 동작시킬 때는 장 종료 이후에 실행하기 바랍니다. 프로그램을 최초로 실행하면 유니버스를 생성하고 유니버스의 일봉 데이터를 저장하는 작업이 필요한데, 일봉 데이터 정보 수집은 장이 종료된 이후에만 하기 때문입니다.

❷ 예제 코드를 내려받은 후 파이참에서 main.py 파일을 실행하여 정상 실행 여부를 꼭 확인하기 바랍니다. 에러가 발생하는 상태에서 배치 파일(.bat)을 사용하여 프로그램을 동작시키면 에러 내용을 확인하기 어려울 수 있습니다. 따라서 파이참에서 main.py 파일을 먼저 실행하여 프로그램이 전체적으로 잘 동작하는지 꼭 확인하기 바랍니다.

❸ 프로그램을 무한히 동작시키는 배치 파일은 여러분 환경에 맞게 프로젝트 경로 및 가상 환경 이름을 수정한 후 실행해야 잘 동작합니다. '5.8.2절 프로그램 무한 실행 방법'을 참고하여 system_starter.bat 파일을 꼭 수정해 주세요.